U0648164

中国商业会计学会
China Commercial Accounting Institute

薪税师
基本原理与实务

全国薪税师考试专家委员会 ◎ 组织编写

人民出版社

责任编辑：龚　勋

封面设计：汪　莹

图书在版编目(CIP)数据

薪税师基本原理与实务/全国薪税师考试专家委员会 组织编写. —北京:人民出版社,
　2021.1

ISBN 978－7－01－023052－8

Ⅰ.①薪⋯　Ⅱ.①全⋯　Ⅲ.①工资管理-税收管理　Ⅳ.①F810.423

中国版本图书馆 CIP 数据核字(2021)第 012183 号

薪税师基本原理与实务

XINSHUISHI JIBEN YUANLI YU SHIWU

全国薪税师考试专家委员会　组织编写

人 民 出 版 社 出版发行

(100706　北京市东城区隆福寺街 99 号)

北京盛通印刷股份有限公司印刷　新华书店经销

2021 年 1 月第 1 版　2021 年 1 月北京第 1 次印刷

开本:787 毫米×1092 毫米 1/16　印张:20.5

字数:388 千字

ISBN 978－7－01－023052－8　定价:40.00 元

邮购地址 100706　北京市东城区隆福寺街 99 号

人民东方图书销售中心　电话 (010)65250042　65289539

版权所有·侵权必究

凡购买本社图书,如有印制质量问题,我社负责调换。

服务电话:(010)65250042

前　　言

在现代企业管理体系下,薪酬管理工作是人力资源部门的核心业务,而税务管理工作则是财务部门的核心工作。随着新个人所得税法以及社保入税的颁布与实施,企业面临着诸多如专项扣除等实务操作性问题,而企业薪酬管理体系的设计与实施,也需要融入税务管理、财务管理、社会保险和法律法规等相关知识,这些都对企业人力资源管理和财务管理工作提出了更高的要求。

在此背景下,本书试图在人力资源、税务管理、财务管理和法律法规等交叉领域中开展一次引领性的探索,把人力资源的薪酬福利管理与税务管理、财务管理进行无缝对接,帮助广大实务工作人员全面系统地掌握和熟练运用薪酬管理的科学方法,融会贯通税务管理、财务管理、管理学以及经济法等领域的相关专业知识与工具方法。

本书适用于从事薪税管理的中坚骨干人员,适用于人力资源或财务管理领域从事薪税管理工作岗位的中层专业管理人员或具有初级薪税师水平并有志于向中层专业管理人员发展的人员。

由于本书涉及面广、内容层次多,错漏之处在所难免,恳请读者和专家批评指正,以便进一步修正和完善。

本书编写组

2020 年 12 月 31 日

目　　录

第一章　薪酬体系设计的基本原理

第一节　薪酬的构成

薪酬主要由基本薪酬、可变薪酬和间接薪酬构成。

基本薪酬包括固定工资和岗位津贴。一般情况下,基本薪酬是依据岗位的相对价值确定的,具有保障性的特点,是员工薪酬的主要部分。

可变薪酬由奖金、提成及红利等组成,其与绩效表现直接挂钩。可变薪酬具有激励性的特点。

间接薪酬又称为员工福利,包括货币和非货币性的福利,常见的项目包括五险一金、带薪休假、各类补贴,以及企业提供给员工的各种人性化服务。员工福利分为公司个性化的福利和法定福利。

第二节　薪酬体系设计的基本原则

一、战略性原则

在薪酬体系设计中,薪酬方案要与企业的竞争战略相结合,即薪酬体系是以支撑公司竞争战略,增强企业核心竞争能力为前提,因此,需要体现公司战略导向,不断满足业务发展需求。因此,在进行薪酬体系设计时,一方面要努力使薪酬休系能够满足企业自身的竞争战略;另一方面,也要从战略角度出发,全面分析各种要素,将实现企业的竞争战略转化为每一个员工的要求与期望,再将这种要求与期望进一步转化为员工的动力,即对员工的激励。

二、公平性原则

设计薪酬体系时,要通过外部薪酬数据调研,并根据企业发展特点和战略定位确定合理的薪酬水平,从而实现外部公平。同时,薪酬体系的设计,要以岗位价值和个人贡献为依据,注重内部公平性,实现按劳分配、按岗位付薪、按能力付薪、按绩效付薪等多种方式相结合的形式,不断完善员工的薪酬方案,从而实现公平、公正、公开,同时也能对员工产生很好的激励作用,从而促进企业的整体发展。

三、激励性原则

薪酬体系设计要体现薪酬的激励性特征,在设置岗位时要根据各自不同的职责和标准设计不同的薪酬水平,杜绝"同工同酬"的平均主义制度,还要注意将员工个人绩效与员工收入挂钩,适当拉大员工收入差距,真正做到"按劳分配、多劳多得"的原则。另外,要充分发挥多种激励方式并存的制度,激发员工的积极性和责任心,从而形成积极的绩效结果导向企业文化。

四、效益性原则

首先,在薪酬体系设计过程中,薪酬水平的设计要与企业规模效益挂钩,脱离企业规模效益的薪酬方案是不能满足企业发展需要的,也不能很好地促进企业可持续发展。其次,员工个人薪酬水平要与个人绩效挂钩,这样才能提升员工的满意度,还能对员工起到一定的激励作用,能促进他们不断发挥其主观能动性。最后,薪酬体系的设计要使员工的职业生涯与公司发展密切联系。薪酬体系设计要强调员工的职业发展路线,积极为员工职业发展提供相应的晋升机会,从而提升员工对公司的满意度和忠诚度。

五、合法性原则

薪酬方案设计要遵守国家相关法律规定,包括国家和地方颁布的法律文件,以及具备法律效力的相关法律条款,这样才能避免可能会出现的用工风险。同时,薪酬设计优化要求在合法的前提下对员工的收入分配进行适当合理的调整,从根本上保证和维护员工的正常合法收入。

第三节 薪酬体系设计流程[①]

在现代企业人力资源管理中,薪酬体系设计流程通常包括六个步骤。

---

① 主要引用自赵曙明、赵宜萱:《薪酬管理:理论、方法、实务》,人民邮电出版社 2018 年版。

一、职位分析

（一）职位分析概述

职位分析，又称为岗位分析或工作分析，是现代人力资源管理的一项核心职能，是企业薪酬管理最常规的工具，也是薪酬体系设计的基础。职位分析，是指以单位各类劳动者的工作岗位为对象，采用多种科学方法，通过系统地收集、确定与组织目标职位有关的信息（例如，工作内容、工作性质、繁简难易、责任轻重、执行工作应具备的知识技能与经验等），对目标职位进行研究分析，最终确定目标职位的名称、岗位定位、岗位目的、督导关系、工作职责、任职要求、管理幅度与垂度、工作权限、工作环境、实用工具、考核指标等基本要素的活动过程。

科学的职位分析，不仅是确认工作相关信息的技术手段，并且直接影响薪酬管理的运行效果。做好职位分析，可以改善和弥补组织功能不足的缺陷，在达成组织目标的同时给予员工更高的工作满意度，最终提高组织绩效和生产力。

职位分析的成果包括职位说明书（Job Description）和职位分析报告（Job Specification）。其中，职位说明书，是指描述组织内的某个职位，并以某种形式对与该职位相关的信息进行描述和介绍。职位分析报告，是对某职位的设置原因、职位目的、工作关系、任职要求、主要职责、考察标准、工作权限、工作方式、主要流程及制度等方面做出充分的、详细的分析及说明。

职位分析是一项需要耗费大量人力物力的工作，因此，当企业出现以下情况时，表明非常需要进行职位分析：（1）经常出现推诿扯皮、职责不清或决策困难的现象；（2）当需要招聘某个职位上的新员工时，发现很难确定用人标准；（3）新技术的出现，导致业务流程的变革和调整；（4）企业竞争战略和业务模式发生变化等。

（二）职位分析的主要内容

企业进行职位分析主要解决7个方面的问题：为何做、由谁做、做什么、与谁做、如何做、在哪做和何时做。

1. 为何做

"为何做"，主要解决某职位存在的价值所在，即这个职位存在的原因与理由是什么；如果不设立该职位组织将会面对什么样的消极结果；通过设立该职位，能够解决什么样的问题；能够完成什么样的工作等。

2. 由谁做

"由谁做"，要解决的主要内容包括：确定职位名称；任职者姓名；部门从属关系；主管职位和主管人姓名;该职位在组织中的层次关系;上级主管的职位和姓名,上级主管的平级职位名称和平级职位主管姓名,上级主管的下属职位名称和人员情况等。

3. 做什么

"做什么",主要是指某岗位的工作职责,包括职责主要内容,职责的衡量标准;与职责相关的具体活动,这些活动发生的频率;各项职责在总工作量中的比重等。做什么,包括某岗位的权限和责任。常见的职位权限与职责的描述,如表1-1所示。

表1-1 职位的权限与职责一览表

权限与职责类型	具体说明
财务权限	资金支出审批额度和范围
计划权限	做哪些计划以及做计划的时间周期
决策权限	独立做出决策的事项范围
建议权限	具有建议权和审核权的事项范围
管理权限	管理下属的数量,以及管理什么样的下属
经济责任	需要承担的经济责任类型,包括直接责任和间接责任等
在企业声誉和内部组织方面的权限和职责	岗位性质对公司整体声誉和经济利益的影响

4. 与谁做

"与谁做",是指与岗位关联的相关职位或人员,包括界定某职位在单位内部和单位外部的工作关联方,如同事、客户、供应商等;与关联方之间的工作联系方式;沟通方式和沟通频率等。

5. 如何做

"如何做",主要包括工作的流程和作业、所需工具和该职位所必需的任职资格。工作的流程和作业因岗位不同而有所不同。常见的职位任职资格包括从业者的学历和专业要求、工作经验、专业资格要求、专业知识方面要求、职位所需要的技能(沟通能力、领导能力、决策能力、写作能力、外语水平、计算机水平、空间想象能力和创意能力等)、个性要求(可选项,比如,最佳年龄段、身体状况和身高等)和与岗位培训相关的内容等。

6. 在哪做

"在哪做",主要包含实际工作地点,实际工作地点还包含工作环境相关信息,例如,该岗位是否需要经常出差,以及出差的频率如何;工作场所的环境状况如何,是否安全、舒适;工作地点或者环境对心理和身体的消耗程度如何,对压力、耐力等的需求如何等。

7. 何时做

"何时做",主要是对某职位的工作时间安排,包含对工作日的界定、每日工作时间的界定以及对加班的界定等。例如,是否实行倒班制度,实行弹性工作日、固定工作日还是综合计时制度等。

企业进行职位分析的常用方法主要包括观察法、问卷调查法和面谈法等几大类。另外,在实务中也会采用参与法、典型事件法、工作日志法、材料分析法和专家讨论法等。

二、职位评价

职位评价是单位进行薪酬体系设计的前提和基础。通过职位评价可以确定职位等级,进而确定各职位的薪酬等级。职位评价是连接职位分析和薪酬设计的重要桥梁,职位分析和职位评价都是为了解决企业薪酬内部公平性的问题。

(一)职位评价概述

职位评价,是在职位分析的基础上采用一定的方法对单位中各种工作职位的性质、责任、权力、劳动强度、任职资格条件等特征进行全面系统的评估,从而确定职位相对价值的过程。职位评价的目标是系统地确定单位各个职位之间的相对价值,从而为组织建立一个等级序列结构。

职位评价主要是基于以下 3 个方面的假设:(1)根据职位对组织的重要性和相对价值来支付薪酬是符合逻辑的,是大多数人都能接受的;(2)根据员工所承担职位的相对价值来确定该员工的薪酬,员工会感觉比较公平;(3)单位可以通过基于职位相对价值的等级序列结构来构建合理的组织结构,从而支持企业目标的实现。

(二)职位评价的基本原则

1. 实用性原则

在开展职位评价工作时,应当将单位的现实情况作为切入点,挑选的评价要素必须与单位开展的核心业务活动存在密不可分的关系,而且能够有效提升单位的运营效率。职位评价不能盲目地脱离单位的实际情况,采用单位不具备实施条件的评估方法,不仅不能起到职位价值评估的作用,还会给单位带来一定的负担。

2. 系统性原则

职位评价是一项各步骤相关性很强的工作,这就要求过程中要注意各步骤之间的逻辑性和系统性,才能保证达到最终的效果。

3. 标准化原则

职位评价的目标,就是在不同的职位之间建立一套可以通用的价值评估标准,因此,标准化原则就成为职位评价要遵守的重要原则,评估因素和评估方法标准化,是为了比较各个职位的相对价值,从而保证职位评价的公平性和可比性。

4. 优化原则

优化原则要求职位评价的目标在于,不断优化单位的职级体系、薪酬体系和管理体系等各方面。优化原则既要在一些细节上有所体现,也要在评价流程和评价方法中有所反映。

(三)职位评价的基本方法

职位评价,首先需要采用合理的职位评价方法。职位评价方法一般分为定性评价法和定量评价法两类,定性职位评价方法包括分类法、排序法、职位参照法等,定量职位评价方法有因素比较法和因素计分法等。另外,国际上常用的两个著名职位评价方法,分别是海氏职位评价系统和美世国际职位评估法。本章主要介绍海氏职位评价系统。

海氏职位评价系统又叫"指导图表—形状构成法",它实质上是一种评分法,是定量分析的一种,是由美国工资设计专家艾德华·海在1951年开发的。该系统适用于管理类和技术类岗位。海氏职位评价系统将付酬因素抽象为具有普遍适用性的三大类因素,并设计三套标尺性评价量表,最后将所得分值加以综合,计算出各个职位的相对价值。

1. 职位薪酬要素

海氏职位评价系统的三大类要素包括技能水平、解决问题能力和风险责任,每一个薪酬要素又分别由数量不等的子因素构成,具体如表1-2所示。

表1-2 职位薪酬三要素一览表

薪酬要素	解释说明	子要素	子要素解释说明
技能水平	技能水平,是指使职位绩效达到可接受的程度所必须具备的专业理论知识及相应的实际操作技能的总和	专业知识	所在领域的理论、方法和技术等的理解程度,分为基本的、初等业务的、中等业务的和高等业务的
		管理技能	为达到职位绩效水平而必需的计划、组织、执行、控制及评价等管理能力
		人际能力	有关激励、沟通、协调和培养等人际关系技巧

薪酬要素	解释说明	子要素	子要素解释说明
解决问题能力	解决问题能力是指任职者在工作中发现、诊断、分析问题,并提出解决办法的能力	思维环境	根据环境对工作职位承担者要求的紧松程度或应变能力强弱,分为高度常规的、常规性的、半常规性的、标准化的、明确规定的,广泛规定的、一般规定的和抽象规定的8个等级
		思维难度	针对解决问题所需的创造性思维,由低到高分为重复性的、模式化的、中间型的、适应性的和无先例的5个等级。
风险责任	风险责任,是指任职者行为对工作结果的影响程度及相应的职位责任大小	行动自由度	根据任职者工作时间受指导和控制的程度,分为有规定的、受控制的、标准化的、一般性规范的、有指导的、方向性指导的、广泛性指引的、战略性指引的和一般性无指引的9个量级
		行为结果的作用	分为后勤性、辅助作用、分摊性和主要作用4个级别
		职位责任	分为微小的、少量的、中级的和大量的4个等级,并有相应的金额范围

企业价值的产出是利用员工的技能水平来解决实际问题的结果,将员工个人能力转化或者转移为企业的资源。在这个转化或者转移的过程中,员工为企业和社会创造价值的过程在于利用自身的资源为企业解决问题,从而实现了个人价值输出。海氏测评法的三种付酬要素之间的逻辑关系如图1-1所示。

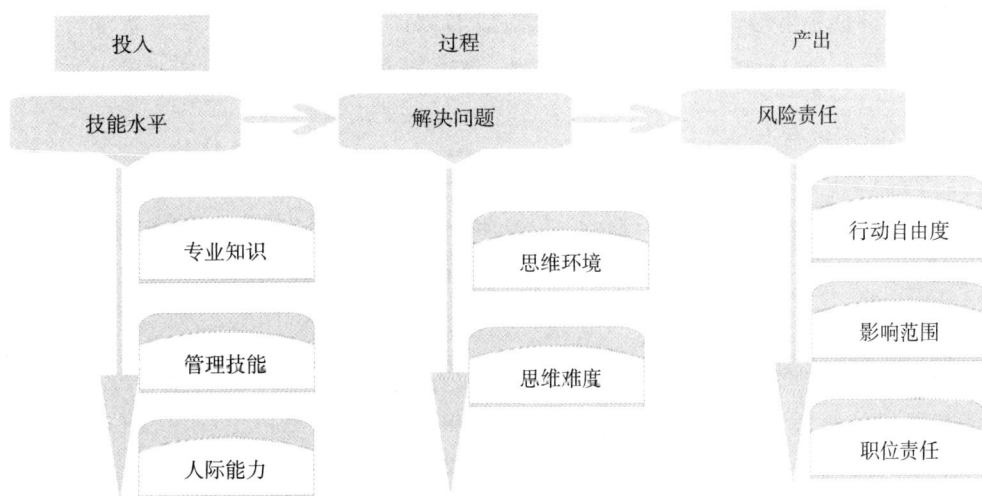

图1-1 海氏测评法三种付酬因素的逻辑关系图

在海氏职位评价系统中,技能水平、解决问题能力和风险责任这三类要素,在加总评价分数时实际上被归结为两个方面。

(1)技能水平与解决问题能力的乘积。该乘积反映的是某职位人力资本存量使用性价值,即该职位承担者所拥有的技能水平(人力资本存量)实际使用后的绩效水平。

(2)风险责任反映的是某工作职位人力资本增量创新性价值,即某职位承担者利用其主观能动性进行创新所获得的绩效水平。

2. 海氏职位评价的操作流程

海氏职位评价是一种非常有效、实用的职位评价方法,在实际操作中,必须遵循一定的操作程序,否则评价结果的准确性将大打折扣。海氏职位评价的操作流程一般分为以下6个步骤。

(1)选取标杆职位。标杆职位选择有3个原则:够用,即标杆职位选择不能过多也不能过少,过多则评价难度太大,不够精简,过少则安排难度太大,有些职位价值得不到评价;好用,即所选择的标杆职位有利于与其他职位进行横向比较;中用,即标杆职位的选择要具有广泛的代表性,这样才有利于评价所有职位。

(2)标杆职位的工作说明书确认。工作说明书是职位测评的基础,尤其是在对所有标杆职位不是很清晰的情况下,完善、科学的职位说明书能有效避免测评者出现仅凭主观印象对职位打分的现象。

(3)成立专家评估小组。评估小组的人员应该包括外部专家与内部评估人员两个部分,其中,外部专家能站在中立、客观的角度,对内部评估人员进行评估培训,而内部评估人员则具有对企业内部业务和职位非常了解的优势。

(4)对评估小组培训。聘请外部专家对所有测评者进行培训,使其在从事测评工作前全面了解、掌握海氏测评法的设计原理、逻辑关系、评分过程、评分方法和评价技巧等。

(5)对标杆职位进行评分。海氏测评法的培训专家可以首先选出两个标杆职位并进行对比打分,详细阐述打分的过程和缘由,同时要求测评人员进行评价演练,直到掌握全部打分技术。测试完毕后应对测试结果统计分析,专家认为测试结果满意后再全面铺开评价工作。

(6)计算职位的海氏得分并建立职位等级。计算出各标杆职位的平均分后,算出每位评分者的评分与平均分的离差,去除离差较大(超出事先设定标准)的分数。然后,将所有标杆职位按分数从高到低进行排序,并按一定的分数差距(级差可根据划分等级的需要而定)对标杆职位分级分层。最后,再将非标杆职位按其对应的标杆职位安排到相应的层级中。

3. 职位的形状构成图

在海氏职位评价系统中,职位是具有一定的"形状",该形状主要取决于"技能水平和解决问题能力"两个因素与"风险责任"的权重占比。根据"技能水平和解决问题能力"与"风险责任"的权重占比不同,将职位分成"上山型""平路型"和"下山型"三种类型:

(1)"上山型"。后者比前者权重比例大。比如,公司副总裁、销售总监或经理和安保人员等。

(2)"平路型"。前者和后者的权重比例相当。比如,财务部和人力资源部等职能部门的管理者。

(3)"下山型"。前者比后者的权重比例大。比如,技术研发、市场分析和编码技术等职位的员工等。

4. 职位评价的得分计算

在海氏职位评价系统中,评估总分数的计算公式为:

$$S = \alpha \times (A + A \times B) + \beta \times C$$

其中,S表示三因素评估总分;A、B和C分别表示技能水平和解决问题能力和风险责任。α百分数代表技能水平和解决问题能力这两因素的权重,β百分数代表风险责任因素的权重。另外,α+β=100%。

不同职位类型的权重分配规则:

(1)对于"上山型"的职位,风险责任因素比技能水平与解决问题能力因素更为重要,故α取30%权重,而β取70%权重;

(2)对于"平路型"的职位,风险责任与技能水平与解决问题能力因素的重要性相当,故α和β各占一半权重;

(3)对于"下山型"的职位,技能水平与解决问题能力因素比风险责任因素更为重要,故α取70%权重,而β取30%权重。

三、薪酬调查与薪酬水平设计

(一)薪酬调查

薪酬调查是指企业在进行薪酬结构编制前,借助专业统计调查方法,有针对性地了解有关市场薪酬信息,掌握薪酬数据资料,为薪酬管理体系的设计和薪酬战略规划提供依据。薪酬调查,主要通过对本区域和本行业的外部人才市场的薪酬调查来了解和掌握其他企业的薪酬水平,尤其是竞争对手的薪酬水平,并及时结合本企业的实际情况制订和调整薪酬水平,实现员工薪酬水平的外部公平性,以获取持续性的人力资源优势。

影响单位薪酬水平的首要因素是外部竞争性,单位如果不掌握外部薪酬行情,自然也无法构建具有外部竞争优势的薪酬管理体系,而薪酬调查为单位提供了薪酬设计方面的决策依据和参考。鉴于薪酬外部竞争力的重要性,薪酬调查也已经是现代薪酬管理体系中的重要组成部分和重要技术,对单位的可持续发展具有十分重要的意义。

(二)薪酬水平设计

1. 薪酬水平概述

薪酬水平,是指在一定时期内,从某个角度按照某种标准考察的某一领域内员工薪酬的高低程度。薪酬水平是相对的,它可以是单位内部各职位的薪酬水平,也可以是单位在劳动力市场上的薪酬水平,还可以特指某一领域范围内劳动者的薪酬水平。薪酬水平的计算公式如下:

薪酬水平=劳动者薪酬总额/劳动者总人数

从上式可以看出,薪酬水平受到劳动者薪酬总额与劳动者总人数两个因素的共同影响,薪酬水平与劳动者薪酬总额成正比,与劳动者总人数成反比。

薪酬水平的设计需要确定单位薪酬水平和个人薪酬水平,了解薪酬水平的影响因素能帮助企业设计更合理的薪酬水平。薪酬水平的影响因素可以分为3类:宏观因素、企业因素和个人因素,其中,宏观因素又包括劳动力市场的供求水平、地区工资水平、生活水平和物价水平、行业工资水平等,企业因素包括岗位价值、工作任务、工作性质、工作时间、工作环境、工作强度和工作风险等,个人因素包括员工个人贡献大小、员工职务高低、员工所在职位的相对价值、技术水平的高低、工作时间、补偿性工资差别以及年龄与工龄。

2. 薪酬水平策略

一般来说,企业在其竞争战略和人力资源战略的指引下,往往会根据劳动力市场状况制定薪酬水平策略。薪酬水平策略的类型主要有4种,分别是:薪酬领袖策略、市场追随策略、市场拖后型策略和薪酬混合型策略。

(1)薪酬领袖策略。

薪酬领袖策略是一种主动领先型的薪酬策略,是指企业采取劳动力市场中较高分位值薪酬水平的策略。采取薪酬领袖策略的企业,其薪酬水平至少在市场中保持在75分位值以上,大部分处在90分位值以上。

当企业规模较大,实力较强,利润较高,资金充足,能够通过提供较高的薪酬水平吸引和留住市场中的较优秀人才时,才适合采取薪酬领袖策略。这种策略一般常见于知识密集型、技术密集型和资本密集型企业,以及一些行业龙头企业、咨询企业和外资企业。

薪酬领袖策略的优点包括以下几个方面:

①提高企业的雇主品牌形象;

②能够最大限度地吸引优秀人才、减少企业在招聘和选拔方面的费用;

③能够增加员工离职的机会成本,降低员工的离职率;

④能够提高员工的满意度和工作的积极性、改善员工绩效;

⑤能够减少企业薪酬管理的成本。

薪酬领袖策略的缺点包括以下几个方面:

①增加人力成本,给企业造成一定的财务压力;

②一定程度上可能限制薪酬管理的弹性空间;

③对行业有一定的要求和局限性,有些行业的特性决定了无法采取这种策略。

(2)市场追随策略。

市场追随策略,是一种被动跟随型的薪酬策略,是指企业采取劳动力市场薪酬水平中位值的策略。采取市场追随策略的企业,其薪酬水平一般保持在劳动力市场的50分位值至75分位值区间的水平。市场追随策略适用于大部分行业和企业。

市场追随策略的优点包括以下几个方面:

①相比于薪酬领先策略,人力成本较低,企业财务压力较小;

②招募人才时,依然可以吸引到市场中的大部分求职者。

市场追随策略的缺点包括以下几个方面:

①需要及时掌握劳动力市场的薪酬水平,对薪酬市场调研的时效性和准确性具有一定的要求,对薪酬管理的敏锐度和管理能力具有一定的要求;

②难以招募到行业中最顶尖的优秀人才。

(3)市场拖后策略。

市场拖后策略,是一种被迫拖后型的薪酬策略,是指企业采取劳动力市场薪酬水平较低分位值的策略。采取市场拖后策略的企业,其薪酬水平一般保持在劳动力市场低于50分位值的水平。

当企业规模较小,盈利水平较低,市场竞争异常激烈,财务状况较差,经营遇到困难,企业的战略转变为维持现状、减少产量或缩小经营范围时,适合采取该种策略。

市场拖后策略的优点在于,能够减少人力成本,减少企业的财务压力。其缺点在于,企业经营状况改善,希望招募人才时很难吸引到人才。

在企业被迫采用市场拖后策略时,为有效地留住人才可采取以下方式:

①给员工提供远期收益,比如期权、分红和远期福利等,这种方式不仅能够有效减少这种策略带来的负面影响,而且不会让员工对企业失去信心,导致员工满意度下降。

②在劳动力市场上的其他方面取得竞争优势,比如,信任员工并充分授权,提供理

想的工作场所,提供弹性的工作时间或工作地点,提供更有挑战性和成熟感的工作,保证企业和谐的上下级关系和文化氛围,提供行业内领先的学习和培训机会,给员工更大的成长和发展空间,等等。

(4)薪酬混合策略。

薪酬混合策略,是指非跨区域经营的企业中同一地区所有员工的薪酬水平并未采用同一类型的薪酬策略,或跨区域经营的企业中不同地区相同岗位的薪酬水平并未采用同一类型的薪酬策略,而是结合地区发展阶段、战略目标、经营状况、成本承受能力以及职位评价等指标,对内部不同地区、不同职位族等分别选择不同的薪酬水平决策或在不同的薪酬构成部分之间实行不同的薪酬策略。例如,对核心职位族选择"领先型薪酬策略",对非核心职位族选择"跟随型薪酬策略"。在固定薪酬部分选择等于甚至略低于市场或同行业竞争对手,但在浮动薪酬方面则选择领先市场或者同行业竞争对手,从而确保公司总薪酬整体水平的外部竞争力。

薪酬混合策略,通常具有两种表现形式。

①在同一企业中,对于不同岗位的员工采取不同的薪酬定位策略。例如,对于一家以技术研发为主营业务的企业,技术岗位人才是企业的核心人才,因此,企业对技术岗位人才实施薪酬领袖策略,对管理岗位人才采取市场追随策略,而对部分后勤保障人员实行市场拖后策略,但同时为后勤保障人员提供良好的生活保障设施,为核心技术人才和管理岗位人才提供更有挑战性的工作。

②对企业内部同一岗位实行薪酬组合形式的不同薪酬定位策略。例如,一家以大宗交易为主营业务的某商贸流通企业,对销售经理岗位采取基本工资加业绩提成的方式。该企业为激励销售经理完成业绩目标,在基本工资水平的设置上,采取市场追随策略,在业绩提成水平的设置上,采取薪酬领袖策略。

薪酬混合策略的特点在于,能够实现薪酬的外部竞争性和内部公平性的有机结合,提高薪酬管理的效用和效率。但在实际运用过程中,企业需要注意外部竞争性和内部公平性之间的关系,防止出现员工队伍不稳定,离职潮等现象。因此,企业在实施薪酬混合策略时需要注意以下几个方面:

①企业内部实施薪酬领袖策略、市场追随策略或市场拖后策略的三部分员工群体的薪酬差别应控制在合理的、员工可接受的范围之内。

②最好将这三部分员工群体的工作场所设在不同地点,设法减少这三部分员工群体日常除正常工作需要外的交流和沟通。

③对实施薪酬追随策略的员工群体,企业应及时了解市场的薪酬状况,并及时跟上市场薪酬变化。

④对实施市场拖后策略的员工群体,企业应在其他领域为他们寻找领先或特有的福利。

3. 薪酬水平的设计原则

为保证薪酬管理的有效性,薪酬水平的设计原则就是要确保其外部竞争性、内部公平性和成本效益对等性。

(1)外部竞争性。

外部竞争性,在实际操作中表现为设定一个高于、低于或者等于竞争对手的薪酬水平,或者确定与竞争对手相对应的薪酬组合,其目标在于合理控制人工成本的同时,为单位吸引和保留优秀人才。

(2)内部公平性。

内部公平性,是指单个企业内部不同工作、技能、能力人员之间的薪酬具有公平性。内部一致性原则强调在设计薪酬时要保持企业内部的平衡。企业内部薪酬的不合理,会造成不同部门或相同部门员工之间在比较中产生不公平感,造成心理失衡。员工对于公平的感知,不仅取决于是不是因为做了同样的工作而得到相同的报酬,他们还关心薪酬是如何体现技能水平、职责范围、服务质量和危险程度等要素的。因此,要保证薪酬内部公平性,就必须合理确定企业内部不同岗位的相对价值,做好企业内部的岗位评价和绩效考核工作。

(3)成本效益对等性。

薪酬是企业为员工提供的劳动报酬,对企业而言是一项可变成本。一个企业要想在竞争激烈的市场环境中不断地发展壮大,就需要以最小的成本去赚取最大收益。但是,以极具竞争力的薪酬水平吸引和保留优秀人才,又是与同行业竞争的一个重要手段,因此,成本效益对等性原则要求企业在保持具有竞争力的薪酬水平与控制人工成本之间寻求一种平衡。

4. 薪酬水平的设计方式

在设计薪酬水平时,企业可以依据其经济实力、市场薪酬水平、招聘面试信息和企业生命周期等因素来确定企业薪酬水平。

(1)依经济实力而定。

以企业的经济实力为主导确定薪酬水平,主要是指结合劳动力市场的薪酬调查数据,从企业实际经营状况出发对其薪酬水平进行调整。

市场对企业产品的需求是企业对劳动力需求的基础。市场对其产品的需求状况决定了企业的薪酬水平。例如,市场对企业产品的需求价格弹性越大,企业就越要注意控制产品成本,这意味着对人工成本要加强控制,进而需要企业控制内部薪酬水平。

（2）依市场薪酬水平而定。

以市场薪酬水平为基本依据确定企业的薪酬水平,关键是对本企业竞争对手的薪酬水平进行了解和调查。竞争对手主要是指同行业中生产同类产品、类似产品或者替代品的企业,或采用类似技术的企业,原因在于他们对劳动力市场的需求是相似的,因此,只有他们的薪酬水平才值得本企业去开展调查。

（3）依招聘面试信息而定。

企业在进行人员招聘面试时,一般会与应聘人员进行薪酬方面的沟通。在应聘人员正式入职之后,企业通常会根据之前的沟通情况来确定薪酬水平。这种方式有利于稳定员工队伍,也有利于树立企业良好信誉。

（4）依企业生命周期而定。

①处于初创期的企业。

处于初创期的企业具有以下特点:经营规模小、品牌影响力弱、资金计划性差、市场占有率低、核心人才缺乏;其组织架构和业务流程不清晰,各岗位分工不明确,存在一人身兼多职的现象。处于该时期的企业,更加注重提高产品和服务质量,企业资源重点投向生产、销售和服务等创造价值的环节。

处于初创期的企业薪酬水平会受到来自企业规模、发展目标、产品生命力和被市场接受的程度等诸多因素的影响。因此,处于初创期的企业强调外部竞争性,而淡化内部公平性。企业核心人才的薪酬水平,对外一定要极具竞争力,企业非核心人才的薪酬水平,基本保持在行业的市场平均薪酬水平之上。另外,由于组织架构不清晰,分工不明确,很多人身兼数职等特点,处于初创期的企业不应该过分要求内部薪酬差距,要让企业员工淡化对内部公平性的关注。

此外,处于初创期的企业的财务可控性相对较差,流动资金较为紧张。为了适当控制企业人工成本,企业一般采用长期激励方式来吸引和保留核心人才,采取加大浮动薪酬(比如,绩效奖金的比重和调节范围)的薪酬政策来激励非核心人才。

②处于发展期的企业。

处于发展期的企业具有以下特点:经营规模不断扩大,组织架构和主要业务流程日趋稳定,岗位职责划分清晰,逐步进入规范化阶段;成长速度加快,人才需求日益加大;生产经营能力强,企业现金流量净额不断增加。因此,处于发展期的企业一般选择薪酬领袖型薪酬水平策略,即支付高于同行业标杆企业的薪酬水平,从而达到激励、吸引和保留优秀人才的目的。

③处于成熟期的企业。

处于成熟期的企业具有以下特点:企业内部管理更加规范、更加科学;企业市场占有率以及净资产收益率基本处于稳定状态;优秀人才的获取开始从外部劳动力市场转向内部劳动力市场。企业人力资源管理的重心从靠高薪吸引外来人才,调整为从企业内部发现人才和培养人才;更加强调组织效率和团队合作。

处于成熟期的企业的员工,与处于发展期的企业的员工相比,更加注重长远和稳定的工作和由此带来的长期收益。因此,处于这个阶段的企业,会选择市场追随型薪酬水平策略,即与同行业竞争对手的薪酬水平不相上下。在具体设计薪酬组合时,基本薪酬(比如,固定薪酬和岗位薪酬等),应保持与市场竞争对手持平,而浮动薪酬(比如,奖金等)可以调整至适当偏低或与市场竞争对手薪酬水平持平状态,同时保持较高的员工福利待遇,持续增加员工对企业的认同感和归属感。处于这个阶段的企业还应当特别注重员工薪酬的内部公平性,充分调动员工的工作积极性和创造性,提高人均生产效能,同时尽量控制或者减少人工成本,为企业赚取更多的利润。

④衰退期企业。

处于衰退期的企业具有以下特点:市场销售额迅速下降,成本不断上升;人员流失率高。处于这个阶段的企业,一般会选择市场拖后型薪酬水平策略。对于浮动薪酬部分(比如,奖金等),企业可以沿用成熟期所采取的薪酬水平,从而达到降低企业整体薪酬水平的目标。

四、薪酬结构设计

在人力资源管理的诸多模块中,薪酬结构设计是富有挑战性的项目之一。单位在设计薪酬结构时,应结合本单位所在行业的性质、特点以及各职位的工作特点,并秉承合法性、公平公正、激励性和竞争性等原则。

(一)薪酬结构设计概述

薪酬结构,是指各职位的薪酬组成结构,即每个职位的薪酬是由哪几部分组成,以及组成比例。薪酬结构设计是对各项工作的相对价值及其对应的实付薪酬之间保持何种关系的设计,包括对薪酬的各组成部分(如职位薪酬、技能薪酬、绩效薪酬、津贴、福利,以及股票、期权等)的合理组合及组合比例的确定,即薪酬结构横向设计。薪酬结构设计还包括对企业的组织结构中各项职位的相对价值及其应付薪酬之间的关系的确定,即薪酬结构纵向设计。

在实际工作中,体现企业不同薪酬结构的薪酬制度主要包括职位工资制、技能工资制、绩效工资制和组合工资制等,如表1-3所示。

表 1-3   薪酬结构确定和常用方法

薪酬方案	方法说明	主要特点	适用范围
职位工资制	薪酬水平和结构针对职位而不是针对员工个人	建立在职位分析的基础上,通过职位评价,综合考虑薪酬策略,确定不同职位薪酬水平等级和级差的标准	适用于责权清晰的单位
绩效工资制	将员工个人绩效与企业绩效相关联,并根据其绩效来支付薪酬	员工薪酬需要根据一定的技术标准来衡量和评定,个人绩效会随着业绩的变动而变动,比如,业绩提成和资金等。	适用于任务饱满且有超额工作必要的单位
技能工资制	薪酬水平和结构是以任职者技能和能力为基础的	通过对任职者技能和能力的评价和鉴定来确定其薪酬水平、薪酬等级和薪酬级差和级差标准	适用于技术性强、技术复杂及技术差别影响较大的企业
组合工资制	将薪酬分解成几部分,分别确定各部分所占比例和额度,比如,职位工资、技能工资制和薪点工资制	薪酬结构反映诸要素的差别,各要素各有其职能,分别计酬,从不同侧面和角度反映员工的贡献大小	适用于各种类型的企业

(二)薪酬结构设计的模式

在企业总体薪酬中,固定部分薪酬与浮动部分薪酬所占比重的大小体现了不同的薪酬设计策略。一般而言,单位对于不同级别和类别的员工所采用的薪酬结构是不同的,通常是根据差异性和稳定性来进行区分,常见的薪酬结构模式主要包括以下 3 种。

1. 高稳定性薪酬结构

在高稳定性薪酬结构中,固定薪酬所占比例比较高,浮动薪酬所占比例比较低,例如,职位工资制和技能工资制。这种薪酬结构的优点在于,员工收入与业绩关联不大,且波动小,从而使单位员工安全感很强。其缺点在于,缺乏激励功能,容易造成员工懒散。这种薪酬结构适用于稳定性较强的组织队伍、员工对组织忠诚度较高的单位,但由于激励性较差,单位需要承担较高的固定人工成本。目前,这种薪酬模式已不太符合现代薪酬管理理念。

2. 高弹性薪酬结构

在高弹性薪酬结构中,浮动薪酬所占比例比较高,固定薪酬所占比例比较低,例如,绩效工资制。在这种薪酬模式下,由于激励薪酬所占比重比较大,一定时期内员工的薪酬起伏可能较大,员工薪酬的多少几乎完全依赖于员工工作绩效的好与坏。因此,这种薪酬模式的优点在于,激励性很强,可以有效避免大锅饭现象,且单位需要支付的固定人工成本比较低。但是,在这种薪酬模式下,由于员工收入波动性很大,员工心理上缺乏安全感和收入保障,容易产生短期行为的倾向。因此,单位在选择高弹性薪酬结构时,应当根据员工的特点和其风险偏好有针对性地采用。

3. 折中性薪酬结构

固定薪酬和浮动薪酬各占一定的合理比例,对员工既具有一定的激励性也具有一定的稳定性。随着固定薪酬和浮动薪酬的比例调整和变化,这种薪酬模式一般演变为以稳定性为主或以激励性为主的薪酬模式。折中性薪酬结构的设计注重适度弹性和适度差异性,在薪酬分配中比较注重员工的业绩、个人资历和单位经营业绩的有机统一。这种薪酬结构综合了高稳定性薪酬结构和高弹性薪酬结构的优势,因而为大多数企业所钟爱。

(三)薪酬结构的横向设计

薪酬结构的横向设计,主要是指将薪酬的各组成部分,如基本薪酬、职位薪酬、技能薪酬、绩效薪酬、津贴、福利、股票和期权等进行合理组合,并确定其各组成要素的比例大小。薪酬结构横向设计的目标在于,使得薪酬组合方式在符合企业战略、企业文化和企业实际情况等因素下,达到最佳的薪酬激励效果。

1. 薪酬结构的组成部分及其影响

薪酬结构的组成部分可分为长期激励部分与短期激励部分、固定部分与浮动部分等不同的薪酬形式,并且各个薪酬组成要素对员工具有不同的影响。

表 1-4　　　　　　　　　　薪酬组成要素对员工的影响

薪酬组成要素	对员工的影响		
	吸引	保留	激励
基本薪酬	高	高	中
员工福利	低	中	低
特殊津贴	低	中	低
短期激励	中	中	高
长期激励	中	高	中

2. 薪酬横向结构框架

基于职位的要素特征,通常可以将职位分为管理序列、职能序列、技术序列、销售序列和操作序列 5 大类别,从而也相应地形成了 5 种常见的薪酬结构框架。

(1)管理序列薪酬结构框架。

管理序列职位,是指从事管理工作并拥有一定管理职务的职位。例如,一般企业使用比较粗放的"中层"和"高层"的概念。

管理序列的薪酬构成框架基本采用如下形式：

薪酬=基本薪酬+奖金+红利+福利+津贴

①基本薪酬。一般来说,基本薪酬往往占员工总薪酬的 1/3 至 2/3,具体要视管理职位的高低而定,管理职位越低,基本薪酬占比就越高。

②奖金和红利。它是薪酬体系中的浮动部分,包括短期奖金和长期奖金。其中,短期奖金的适用范围更为广泛,适用于单位各个阶层的管理岗位,而长期奖金侧重于单位的中高层管理人员。与基本薪酬相比,奖金和红利与管理人员的工作绩效以及企业绩效之间紧密相连,这种绩效往往是基于企业经营业绩,目标在于将管理人员的利益与企业整体利益结为一体。

③福利与津贴。管理人员可享用的福利津贴很多,一般有养老金计划、住房补贴、各种商业保险和舒适的工作办公环境等,这些福利与津贴是企业为吸引和稳定管理人员的竞争手段之一。

（2）职能序列薪酬结构框架。

职能序列职位,是指从事职能管理和生产管理等职能工作且不具备或不完全具备管理职责的职位。与上述"管理序列"的区别在于,该职位可能会有下属员工,被管理对象有可能是人也有可能是物。职能序列职位人员的薪酬结构整体框架,通常采用如下形式：

年总薪酬=年基本薪酬+年其他薪酬

=（月固定工资+工龄工资+各类补贴或补助）+（月绩效工资+年度延迟支付工资+企业业绩分享）

职能序列薪酬结构框架的优点在于,能促进员工稳定性和提高员工日常工作的积极性。很多企业一般也为职能序列的职位增加福利项目,但总体数量要比高层管理人员少,额度也偏低。

（3）技术序列薪酬结构框架。

技术序列职位,是指单位内部从事技术研发、设计和操作的职位,完成这些职位的工作需要一定的技术和技能,企业付薪的依据主要是该职位所具备的技能和技术,一般付薪的项目并不体现为计件的形式,但不排除少量的项目奖金。

由于从事技术序列职位的员工在短期内不容易产生业绩表现,并且其平时行为不易被监督,因此薪酬结构的整体框架通常采用如下形式：

年总薪酬=年基本薪酬+年其他薪酬

=（月固定工资+工龄工资+技能工资）+（项目奖金+福利和服务+年度延迟支付工资）

技术序列薪酬结构框架增强了企业对技术人员薪酬控制和行为监督的灵活性。

（4）销售序列薪酬结构框架。

销售序列职位，是指在市场上从事专职销售的职位，销售职位员工一般工作场所不固定。销售序列职位的薪酬结构的整体框架一般采用如下两种形式。

①纯佣金制。即销售人员没有基本薪酬，薪酬完全取决于个人业绩的大小。

②基本薪酬+佣金制。具体公式如下所示：

年总薪酬＝年基本薪酬+年其他薪酬

＝（月固定工资+工龄工资+各类补贴或补助）+（佣金+销售奖金+年度延迟支付工资）

基于这种岗位的特殊性，企业在设置固定工资与浮动工资时适用的比例一般为1：1。

（5）操作序列薪酬结构框架。

操作序列职位，是指在单位内部从事生产作业或者从事最基础的决策层工作的职位，其工作场所一般比较固定，其岗位对创新的要求较低，工作内容单一且专业。其薪酬结构常采用以下形式：

年总薪酬＝年基本薪酬+年其他薪酬

＝（月固定工资+工龄工资+各类补贴或补助）+（计件工资+年度延迟支付工资）

（四）薪酬结构的纵向设计

薪酬结构的纵向设计，是指对职位的相对价值大小与其实付薪酬之间的关系的设计，它需要根据劳动的复杂程度、繁重程度、精确程度和工作责任大小等因素对单位的不同职位进行等级划分，确定其等级数量和等级差距，以及确定等级差距的标准。薪酬结构的纵向设计包括薪酬等级数量、各个薪酬等级之间的级差和每个薪酬等级的薪酬变动范围等。

①薪酬等级的定义。

薪酬等级，是指在同一单位内部，因不同的职位或者技能等级而形成的序列关系式的或梯次结构形式的不同薪酬标准，主要反映不同职位在薪酬结构中的差别，并将职位价值相近的职位归入同一个管理等级，且采取一致的管理方法处理该等级内的薪酬管理问题。

在进行薪酬管理时，单位要遵循一定的薪酬等级划分原则，做到公平、适度、安全、认可、成本控制和平衡等，才能保证薪酬等级的有效性。在管理实践中，每个单位的薪酬等级数目差异较大。一般来说,企业薪酬结构的等级构成主要是以单位的规模、性质、组织结构和工作复杂程度来衡量,其数目大小是没有绝对标准的。

②薪酬等级的类型。

薪酬等级主要包括以下两种类型:

一是分层式薪酬等级类型,即等级工资制。其特点是单位包含的薪酬等级比较多,薪酬等级与组织层级存在着一定的对应关系,总体上呈现金字塔形排列,因此,员工薪酬水平受到员工职位等级的制约,薪酬水平的提高与个人职位级别的向上发展紧密相关。这种等级类型在成熟的、传统的等级型企业中比较常见。在分层式薪酬等级类型中,由于等级比较多,因此,每等级的薪酬浮动幅度一般比较小。

分层式薪酬等级类型有其独特的优点包括:容易操作,方便管理;客观性比较强;员工的工作积极性可以通过职位晋升的竞争而得到提升。

分层式薪酬等级类型有其独特的缺点包括:薪酬水平只与职位等级相关,因此无法有效激励专业技术人员;不利于员工个人能力的增强和职位职能的提升,缺乏内部竞争的公开性;形成企业内部等级森严的气氛,不利于团队合作,且容易出现论资排辈的氛围。

二是宽泛式薪酬等级类型。这种类型的特点在于,单位包括的薪酬等级比较少,与组织结构层级关系并不紧密,员工薪酬水平的提高可以通过个人职位级别向上发展而实现,也可以通过横向工作调整来实现。这种薪酬等级类型在不成熟的、业务灵活性强的企业中较为常见,一般适用于扁平式的组织结构形式。

这种薪酬等级类型体现了一种新的薪酬策略,其目标在于让员工明白,借助各种不同的职位去提升自身比职位升迁更为重要,而企业是根据员工的能力而不是根据职位来提供薪酬的。

在进行等级划分时,单位要综合考虑企业规模、组织层级等因素。需要注意的是,等级越多,薪酬管理制度和规范要求越明确,但容易导致机械化;等级越少,相应的灵活性也越高,但容易使薪酬管理失去控制。因此,企业要根据行业特点、规模大小、组织结构、企业文化和发展阶段等各项因素,设计适合自身的薪酬等级。

③薪酬等级的结构。

企业薪酬等级结构的确定,通常有三种基本设计思路。

一是以职位为主导的薪酬等级结构,即根据职位价值评估的结果来确定薪酬的高低。这种薪酬等级结构是目前最为普遍的薪酬设计基准,比较适用于职能管理岗位和职责比较固定的职位。

二是以能力为主导的薪酬等级结构,即根据任职者的能力素质高低来确定其薪酬的高低。这种薪酬等级结构适用于科研人员和技术类等职位。

三是以业绩为主的薪酬等级结构,即根据员工的实际业绩来决定其薪酬的高低。这种薪酬等级结构适用于销售类等职位。

由于单位不同部门以及不同岗位的性质差异很大,目前很少单位在薪酬等级结构设计中采用单一的基准,而是多种基准的综合使用。薪酬等级结构设计更为常见也更为科学的做法为:不同的序列采用不同的薪酬设计基准;而不同序列之间的薪酬由于设计基准的不同,在相互之间不具有可比性;只有同一序列内的员工薪酬因为等级结构的设计采用了相同的基准才具有可比性。

④薪酬级差。

薪酬级差又称中点差异,是指相邻薪酬等级中位值之间的差距。在实务中,设计薪酬级差之前,一般先确定最高与最低薪酬等级的中位值,对不同的等级级差进行统一处理,即不同的薪酬等级中级差相同,也可以根据不同的薪酬等级将级差设置差别化。

薪酬级差可以用绝对额和薪酬等级系数表示,薪酬级差绝对额形式下的职位薪级标准的公式如下:

职位薪级标准=薪酬基数×薪酬系数

薪酬基数水平的高低,取决于员工基本生活保障和企业经营状况。薪酬系数取决于职位评估、技术评定或者能力测评的结果,薪酬系数也反映了薪酬管理体系中最高值和最低值薪酬水平之间的差距,例如,薪酬系数是1—5,则说明最高薪酬水平是最低薪酬水平的5倍。

一般来说,薪酬级差的大小与等级数量的多少成反比关系,等级之间的劳动差别越大,薪酬级差越大。单位在确定薪酬级差时需要注意的是,级差过大可能会使单位整体薪酬成本超过企业支付能力,另外,级差主要用于激励低级别的员工,对高层管理者来说一般不适合。

(五)薪酬结构设计的关键要点

单位在进行薪酬结构设计时需要注意以下几个方面。

(1)薪酬结构设计是一个系统工程,不同的薪酬结构适用于单位的不同发展阶段。因此,随着企业的不断发展,需要持续优化企业的薪酬结构,要使薪酬结构设计与企业所在行业的特点、竞争战略和企业文化等因素相一致。

(2)需要平衡薪酬结构中各个部分之间的比例关系。构成薪酬结构的基本薪酬、激励薪酬、津贴和福利等都具有自身的特点,其中,基本薪酬具有高刚性和高差异性,激励薪酬具有高差异性和低刚性,津贴具有低差异性和低刚性,而福利具有高刚性和低差异性。针对这些薪酬构成的特性及功能，单位要注意在薪酬结构中进行比例综合平衡。

（3）在进行薪酬结构设计时要注意运用多种策略选择，不能过分强调基本薪酬或奖金，更应该注意薪酬结构的激励功能。例如，对高管实施薪酬领袖策略时，可以把基本薪酬定位在市场薪酬水平中等偏上，把激励薪酬比重提升。

（4）单位在进行薪酬结构设计时不仅要考虑到成本概念，还应该注重薪酬与企业绩效之间的结合关系。例如，可以考虑使激励性薪酬与企业未来绩效相结合，让员工和股东的共同利益及风险程度适度挂钩，在员工群体中建立长期风险性报酬的观念，适当拉开薪酬差距等。

（5）薪酬结构设计要注意到各类职位的特点。基于职位性质的差异，企业可以选择不同的薪酬结构。例如，掌握核心技术的专业人员关系到企业的生存和发展，他们工作的困难程度和重要性是显而易见的，却因许多工作不是常态的，而不易衡量。因此，这一类人员的薪酬结构应充分体现职能资格不同的薪资差异和创新奖励，甚至还包括收益提成、利润分享和企业股票认购等。

五、宽带薪酬结构设计

随着市场竞争的日趋激烈，为了提升企业核心竞争力，越来越多企业采取了组织扁平化和业务流程再造等管理思路和工具，这些新管理工具和方法对传统的薪酬模式提出了挑战。宽带薪酬设计作为一种新型的薪酬结构设计方式，是对传统上带有大量等级层次的垂直型薪酬结构的一种改进或替代，它对企业竞争战略和运营战略的实现具有非常重要的作用。

（一）宽带薪酬概述

宽带薪酬，是指将组织中用少数跨度较大的薪酬范围替代原有的跨度较小、级别较多的一种新型薪酬结构。在宽带薪酬结构中，薪酬等级压缩成相对较少的薪酬等级，同时将每个薪酬等级所对应的薪酬浮动范围拉大，从而形成一种新的薪酬管理系统及操作流程。

宽带薪酬结构与窄带薪酬结构的主要区别，如表1-5所示。

表1-5　　　　　　　宽带薪酬结构与窄带薪酬结构的主要区别

内容	窄带薪酬结构	宽带薪酬结构
薪酬等级	多	少
薪酬变动范围	小	大
薪酬驱动力	职位驱动	绩效驱动

续表

内容	窄带薪酬结构	宽带薪酬结构
适应企业组织类型	层级制组织结构	扁平式组织结构
直接管理者参与	几乎没有	更多参与
职工职业发展模式	单一的	多元的
薪酬调整方向	纵向	横向及纵向

宽带薪酬的设计基础是海氏测评法,并着眼于确定不同工作对实现组织目标的相对重要性。根据海氏测评方法可以给企业的每一个职位提供一个评价点数,一般来说,每个薪酬等级的最高值与最低值之间的区间变动比率达到100%或以上。一个典型的宽带薪酬可能不会超过4个等级,每个薪酬等级的最高值和最低值之间的变动比率可达到200%—300%。而在传统薪酬结构中,这种薪酬区间的变化通常只有40%—50%。

宽带薪酬结构的最大优势在于,通过压缩薪酬级别及拉大同一等级的跨度而使薪酬体系更加灵活和简洁,并形成规范的薪酬操作流程及管理体系。同级别的薪酬范围,随着薪酬等级的减少而拉大,员工只要在其职位上取得的业绩优秀,就能够获得更高的薪酬,这打破了传统的"低职位、低薪,高职位、高薪"现象。同时,企业可根据员工的需要和其能力,对其进行横向流动的晋升(即不同职位之间的流动)。

宽带薪酬结构将复杂的工资级别进行压缩,形成扁平化的薪资级别体系,同时拉大同级别的工资范围,达到将复杂的工资简单灵活化的目的。从本质上来说,宽带薪酬结构是一种战略性的薪酬支付结构。

(二)宽带薪酬结构的主要特点

与传统的等级薪酬结构相比,宽带薪酬结构具有以下四大特征:

1. 组织结构扁平化管理

宽带薪酬结构打破了传统薪酬管理中由职位等级决定薪酬等级的观念,企业组织架构趋于扁平化设计,减少了工作之间纵向的等级差别,薪酬更具有弹性,同时有助于企业保持自身组织结构的灵活性,从而提升了企业有效地适应外部环境的能力。

2. 员工薪酬增长不再依赖职位的晋升

在传统等级的薪酬结构下,员工薪酬的增长通常取决于个人职务的提升,员工职业发展路径单一,只有管理职级晋升路径,没有体现技术技能等级晋升路径,造成"千军万马过独木桥"的晋升机制。而在宽带薪酬结构设计下,同一岗位对应的薪酬范围从最低薪档到最高薪档有多个档级,员工通过工作技能和工作业绩的提升也可以实现薪酬的快速增长。

3. 重视员工个人技能的培养

在传统的等级薪酬模式下,员工薪酬主要取决于其所处的职位等级,员工更多的是考虑如何实现职位晋升,而不是选择横向发展来轮岗,从而不会具有把自身变成复合型人才的意愿,也不愿意学习新知识和新技能。而在宽带薪酬结构下,员工更愿意接受岗位轮换,从而可以实现个人职业生涯转型,也有利于企业实现复合型人才战略。

4. 有利于推动良好的工作绩效

在宽带薪酬结构下,绩效表现突出的员工薪酬增长非常明显,绩效好的员工薪酬增长具有积极的导向作用,即高绩效产生高回报,从而有助于形成绩效导向的企业文化。宽带薪酬结构削弱了员工之间以晋升为目的的恶性竞争关系,而更多地强调团队协作和知识共享,共同进步,从而有助于企业培养积极的团队绩效文化。

(三)宽带薪酬结构的适用条件

适用于宽带薪酬结构的企业需要具备以下条件:

1. 采取了扁平化的组织机构

相比于官僚层级型的组织结构,扁平化的组织结构更能提升企业的运营效率,更加有利于现代化管理,越来越多的企业纷纷采用扁平化的组织结构。但扁平化组织机构最大的问题在于,压缩后的层级让员工晋升变得更为困难,容易打击企业员工的积极性。为解决弥补上述问题,宽带薪酬结构就应运而生。由此可见,宽带薪酬结构是围绕扁平化的组织机构而来的。其最大特点就是打消了传统组织结构中员工追求职位晋升的观念,淡化了传统组织中的等级制度,突出个人在组织中的价值,更加强调绩效和能力开发。由此可见,宽带薪酬结构更匹配扁平化的组织结构,他们之间相辅相成,并作为彼此功能实现的前提条件。

2. 积极参与型的管理风格

在宽带薪酬结构下,同一薪酬等级中,薪酬的高峰值与低峰值之间存在较大的变动比率。为此,企业需要赋予管理人员更多的提升员工薪资水平的权限,这让管理人员拥有衡量下属薪资水平的权限,从而使得薪资水平的决策权不再仅仅是人力资源部门的职责与权利。因此,各部门经理需要在人力资源管理方面具备专业胜任能力,这样才能更好地与人力资源部门一起做出各种关键性决策,从而能保证宽带薪酬结构的执行效果。

3. 具有明确而清晰的竞争战略和人力资源战略

实施宽带薪酬结构的目标是提升企业整体绩效,而整体绩效的取得在很大程度上取决于企业薪酬体系与企业竞争战略和人力资源战略的匹配程度。因此,一家企业决定采用哪种薪酬结构时,首先要具有明确而清晰的竞争战略和人力资源战略。结合其灵活特性,宽带薪酬结构显然更适用于处于成长阶段的技术型和创新型企业,而不是劳动密集型企业。另外,宽带薪酬结构设计思路要随着企业竞争战略和人力资源战略的变化而不断拓展或紧缩薪酬宽带,从而保证企业薪酬管理体系与企业竞争战略和人力资源战略的匹配程度。

4. 注重员工能力和绩效的企业文化

实施宽带薪酬结构的一个重要假设在于员工能力是存在差异的。因此,企业应当按照员工个人专业能力和对企业的贡献大小来决定其薪酬水平,而不是依据员工的工龄或职务高低。构建宽带薪酬结构的基础,首先是创建公平、合作与交流的企业文化,积极转变员工与管理者的等级观念,要以有能力的关键员工为核心,要重点关注员工的绩效。其次是有效及时的沟通,包括企业内各成员的沟通、员工和领导之间的沟通,其目的是让所有职工都能了解和理解宽带薪酬结构的核心所在,对其职业生涯规划具有更为清晰的认识,鼓励员工采取与企业目标相一致的工作行为,避免在实施过程中出现抵触情绪。

(四)宽带薪酬结构的主要指标

宽带薪酬结构主要关注以下主要指标:

(1)等级最小值,即宽带薪酬结构某一层级员工可能得到的是企业里面最低的工资。

(2)等级最大值,即宽带薪酬结构某一层级员工可能获得的是企业里面最高的工资。

(3)中位值级差,即两个等级间递进的增加率。

(4)宽带,即宽带薪酬结构中各薪资等级的级别宽度。

(5)重叠度,即两个相邻的薪酬等级之间重复交叉的部分占整个薪酬体系的百分比。一般说来,重叠度在低等级间相对较高,在高等级间相对较低。

六、薪酬体系的实施、修正和调整

在薪酬体系实施的过程中,及时的沟通,必要的宣导或者培训是保证薪酬改革方案成功实施的另一个很重要的保障措施。另外,要建立薪酬管理的动态机制,要根据企业经营环境的变化和企业战略的调整对薪酬方案适时地进行调整,从而更好地发挥薪酬体系的功能。

第二章　企业职工薪酬在财务报表中的列报

企业人力成本是企业财务报表的重要组成部分,也是企业管理层关注的关键绩效指标。企业职工薪酬是如何在企业财务报表中进行确认与计量的,直接影响到绩效考核中的财务绩效指标,无论对于人力资源管理者,还是对于财务管理工作者来说,都是至关重要的。本章首先介绍财务报表编制的基本原理,在此基础上介绍企业职工薪酬的主要会计政策,另外,本章介绍财务报表的主要内容,为理解财务报表的人工成本数据和人工成本控制奠定基础。

第一节　财务报表编制的基本原理

一、财务报表目标

财务报表①目标,是财务报表编制的出发点。财务报表目标,是向财务报表使用者提供与企业财务状况、经营成果和现金流量等有关的会计信息,反映企业管理层受托责任履行情况,有助于财务报表使用者作出经济决策。

二、财务报表使用者

财务报表使用者包括投资者、债权人、政府及其有关部门和社会公众等,如图 2-1 所示。

满足投资者的信息需要是企业财务报告编制的首要出发点。近年来,我国企业改革持续深入,产权日益多元化,资本市场快速发展,机构投资者及其他投资者队伍日益壮大,对会计信息的要求日益提高,在这种情况下,投资者更加关心其投资的风险和报酬,他们需要会计信息来帮助自己做出决策,比如,决定是否应当买进、持有或者卖出企业的股票或者股权,他们还需要信息来帮助自己评估企业支付股利的能力等。因此,将

---

① 财务报告包括财务报表、财务报表附注和财务情况说明书。在本章中,假定财务报表等同于财务报告,不作区分。

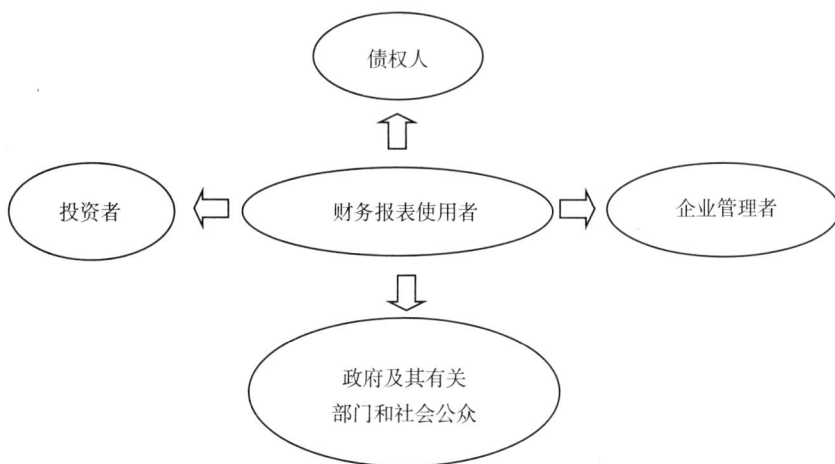

图 2-1　财务报表的使用者

投资者作为企业财务报表的首要使用者,凸显了投资者的地位,体现了保护投资者利益的要求,是我国市场经济发展的必然。

根据投资者决策有用目标,财务报告所提供的信息应当如实反映企业所拥有或者控制的经济资源、对经济资源的要求权以及经济资源及其要求权的变化情况;如实反映企业的各项收入、费用、利润和损失的金额及其变动情况;如实反映企业各项经营活动、投资活动和筹资活动等所形成的现金流入和现金流出情况等,从而有助于现在的或者潜在的投资者正确、合理地评价企业的资产质量、偿债能力、盈利能力和营运效率等;有助于投资者根据相关会计信息做出理性的投资决策;有助于投资者评估与投资有关的未来现金流量的金额、时间和风险等。

除了投资者之外,企业财务报表的使用者还有债权人、政府及有关部门、社会公众等。例如,企业贷款人和供应商等债权人通常十分关心企业的偿债能力和财务风险,他们需要信息来评估企业能否如期支付贷款本金及其利息,能否如期支付所欠购货款等。政府及其有关部门作为经济管理和经济监管部门,通常关心经济资源分配的公平、合理,市场经济秩序的公正、有序,宏观决策所依据信息的真实可靠等,他们需要信息来监管企业的有关活动(尤其是经济活动)、制定税收政策、进行税收征管和国民经济统计等。社会公众也关心企业的生产经营活动,包括对所在地经济做出的贡献,如增加就业、刺激消费、提供社区服务等,因此,在财务报告中提供有关企业发展前景及其能力、经营效益及其效率等方面的信息,可以满足社会公众的信息需要。

三、财务报表编制的基本假设

财务报表编制的基本假设是企业会计确认、计量和报告的前提,是对会计核算所处时间、空间环境等所作的合理假定。会计基本假设包括会计主体、持续经营、会计分期和货币计量。

(一)会计主体

会计主体,是指企业会计确认、计量和报告的空间范围。为了向财务报告使用者反映企业财务状况、经营成果和现金流量,提供与其决策有用的信息,会计核算和财务报告的编制应当反映特定对象的经济活动,才能实现财务报告的目标。

在会计主体假设下,企业应当对其本身发生的交易或者事项进行会计确认、计量和报告,反映企业本身所从事的各项生产经营活动。明确界定会计主体是开展会计确认、计量和报告工作的重要前提。

首先,明确会计主体,才能划定会计所要处理的各项交易或事项的范围。在会计实务中,只有那些影响企业本身经济利益的各项交易或事项才能加以确认、计量和报告,那些不影响企业本身经济利益的各项交易或事项则不能加以确认、计量和报告。会计工作中通常所讲的资产、负债的确认,收入的实现,费用的发生等,都是针对特定会计主体而言的。

其次,明确会计主体,才能将会计主体的交易或者事项与会计主体所有者的交易或者事项以及其他会计主体的交易或者事项区分开来。例如,企业所有者的经济交易或者事项是属于企业所有者主体所发生的,不应纳入企业会计核算的范围,但是企业所有者投入到企业的资本或者企业向所有者分配的利润,则属于企业主体所发生的交易或者事项,应当纳入企业会计核算的范围。

会计主体不同于法律主体。一般来说,法律主体必然是一个会计主体。例如,一个企业作为一个法律主体,应当建立财务会计系统,独立反映其财务状况、经营成果和现金流量。但是,会计主体不一定是法律主体。例如,企业集团中的母公司拥有若干子公司,母、子公司虽然是不同的法律主体,但是母公司对子公司拥有控制权,为了全面反映企业集团的财务状况、经营成果和现金流量,有必要将企业集团作为一个会计主体,编制合并财务报表,在这种情况下,尽管企业集团不属于法律主体,但它却是会计主体。再如,由企业管理的证券投资基金和企业年金基金等,尽管不属于法律主体,但属于会计主体,应当对每项基金进行会计确认、计量和报告。

(二)持续经营

持续经营,是指在可预见的将来,企业将会按当前的规模和状态继续经营下去,不会停业也不会大规模削减业务。在持续经营前提下,会计确认、计量和报告应当以企业持续、正常的生产经营活动为前提。

财务报表是以企业持续经营为前提加以编制的，涵盖了从企业成立到清算（包括破产）的整个期间的交易或者事项的会计处理。如果一个企业在不能持续经营时还假定企业能够持续经营，并仍按持续经营基本假设选择会计确认、计量和报告原则与方法，就不能客观地反映企业的财务状况、经营成果和现金流量，会误导会计信息使用者的经济决策。

（三）会计分期

会计分期是指将一个企业持续经营的生产经营活动划分为一个个连续的、长短相同的期间。会计分期的目的在于通过会计期间的划分，将持续经营的生产经营活动划分成连续、相等的期间，据以结算盈亏、按期编报财务报告，从而及时向财务报告使用者提供有关企业财务状况、经营成果和现金流量的信息。

根据持续经营假设，一个企业按当前的规模和状态持续经营下去，但是，无论是企业的生产经营决策还是投资者、债权人等的决策都需要及时的信息，都需要将企业持续的生产经营活动划分为一个个连续的、长短相同的期间，分期确认和计量相关企业的财务状况、经营成果和现金流量。明确会计分期假设意义重大，由于会计分期，才产生了当期与以前期间、以后期间的差别，才使不同类型的会计主体有了记账的基准，进而孕育出折旧和摊销等会计处理方法。

在会计分期假设下，企业应当划分会计期间，分期结算账目和编制财务报告。会计期间通常分为年度和中期。中期是指短于一个完整的会计年度的报告期间。

（四）货币计量

货币计量是指会计主体在会计确认、计量和报告时以货币计量，反映会计主体的生产经营活动。

在会计的确认、计量和报告过程中选择货币为基础进行计量，是由货币的本身属性决定的。货币是商品的一般等价物，是衡量一般商品价值的共同尺度，具有价值尺度、流通手段、贮藏手段和支付手段等特点。其他计量单位，如重量、长度等，只能从一个侧面反映企业的生产经营情况，无法在量上进行汇总和比较，不便于会计计量和经营管理。只有选择货币尺度进行计量，才能充分反映企业的生产经营情况。会计的确认、计量与报告都选择货币作为计量单位。

在有些情况下，统一采用货币计量也有缺陷，某些影响企业财务状况和经营成果的因素，如企业经营战略、研发能力和市场竞争力等，往往难以用货币来计量，但这些信息对于使用者决策来讲也很重要,为此,企业可以在财务报告中补充披露有关非财务信息来弥补上述缺陷。

四、权责发生制

企业应当以权责发生制为基础进行会计确认、计量和报告。

权责发生制基础要求,凡是当期已经实现的收入和已经发生或应当负担的费用,无论款项是否收付,都应当作为当期的收入和费用,计入利润表;凡是不属于当期的收入和费用,即使款项已在当期收付,也不应当作为当期的收入和费用。

在实务中,企业交易或者事项的发生时间与相关货币收支时间有时并不完全一致。例如,款项已经收到,但销售并未实现;或者款项已经支付,但并不是为本期生产经营活动而发生的。收付实现制是与权责发生制相对应的一种会计基础,其是以收到或支付的现金及其时点作为确认收入和费用等的依据。为了更加真实、公允地反映特定会计期间的财务状况和经营成果,企业在会计确认、计量和报告中应当以权责发生制为基础。

权责发生制与收付实现制的主要区别在于,权责发生制与收付实现制确认收入和费用的时点不同。权责发生制以收入和费用的权利和义务发生的时点进行确认,收付实现制以现金实际收入和支付作为收入和费用的确认时点。

五、会计要素

企业应当按照交易或者事项的经济特征确定会计要素,会计要素包括资产、负债、所有者权益、收入、费用和利润。

六、记账方法

企业应当采用借贷记账法记账。借贷记账法,是指以会计等式作为记账原理,以借和贷作为记账符号,来反映单位经济业务增减变化的一种复式记账方法。

七、企业会计准则

《企业会计准则》(财政部令第 33 号)由我国财政部制定,于 2006 年 2 月 15 日发布,自 2007 年 1 月 1 日起施行。我国企业会计准则体系包括基本会计准则、具体会计准则和应用指南。

基本会计准则是对企业财务会计的一般要求和主要方面做出原则性的规定,为制定具体准则和会计制度提供依据。

具体会计准则是在基本准则的指导下,处理会计具体业务标准的规范。其具体内容可分为一般业务准则、特殊行业和特殊业务准则、财务报告准则三大类。一般业务准则是规范普遍适用的一般经济业务的确认和计量要求,比如,存货、固定资产、无形资产、职工薪酬和所得税等。特殊行业和特殊业务准则是对特殊行业的特定业务的会计问题做出的处理规范,比如,生物资产、金融资产转移、套期保值、原保险合同和合并财务报表等。财务会计报告准则主要规范各类企业通用的报告类准则,比如,财务报表列报、现金流量表、合并财务报表、中期财务报告和分部报告等。

应用指南从不同角度对企业具体准则进行强化,解决实务操作,包括具体准则解释部分、会计科目和财务报表部分。

八、会计信息质量要求

会计信息质量关系到投资者决策、完善资本市场以及市场经济秩序等重大问题。会计信息质量要求是对企业财务报告中所提供会计信息质量的基本要求,是使财务报告中所提供会计信息对投资者等使用者决策有用应具备的基本特征。会计信息质量包括可靠性、相关性、可理解性、可比性、实质重于形式、重要性、谨慎性和及时性等。可靠性、相关性、可理解性和可比性是会计信息的首要质量要求,是企业财务报告中所提供会计信息应具备的基本质量特征;实质重于形式、重要性、谨慎性和及时性是会计信息的次级质量要求,是对可靠性、相关性、可理解性和可比性等首要质量要求的补充和完善,尤其是在对某些特殊交易或者事项进行处理时,需要根据这些质量要求来把握其会计处理原则。另外,及时性还是会计信息相关性和可靠性的制约因素。企业需要在相关性和可靠性之间寻求一种平衡,以确定信息及时披露的时间。

(一)可靠性

企业应当以实际发生的交易或者事项为依据进行会计确认、计量和报告,如实反映符合确认和计量要求的各项会计要素及其他相关信息,保证会计信息真实可靠、内容完整。

会计信息要有用,必须以可靠为基础,如果财务报告所提供的会计信息是不可靠的,就会对投资者等使用者的决策产生误导甚至带来损失。为了贯彻可靠性要求,企业应当做到以下几点。

(1)以实际发生的交易或者事项为依据进行确认、计量,将符合会计要素定义及其确认条件的资产、负债、所有者权益、收入、费用和利润等如实反映在财务报表中。

(2)在符合重要性和成本效益原则的前提下,保证会计信息的完整性,其中包括应当编报的报表及其附注内容等应当保持完整,不能随意遗漏或者减少应予披露的信息。

(3)包括在财务报告中的会计信息应当是中立的、无偏的。如果企业在财务报告中为了达到事先设定的结果或效果,通过选择或列示有关会计信息以影响决策和判断,则这样的财务报告信息就不是中立的。

【例2-1】某企业于20×8年末发现企业销售萎缩,无法实现年初确定的销售收入目标,但考虑到在20×9年春节前后,企业销售可能会出现较大幅度的增长,该企业为此提前预计库存商品销售,在20×8年末制作了若干虚假的存货出库凭证,并确认销售收入实现。该企业的这一会计处理就不是以其实际发生的交易事项为依据,是企业虚构的交易事项,因此违背了会计信息质量要求中的可靠性原则,也违背了《中华人民共和国会计法》的规定。

(二)相关性

企业提供的会计信息应当与财务会计报告使用者的经济决策需要相关,有助于财务会计报告使用者对企业过去、现在或者未来的情况作出评价或者预测。

会计信息是否有用,是否具有价值,关键是看其与使用者的决策需要是否相关,是否有助于决策或者提高决策水平。相关的会计信息应当能够有助于使用者评价企业过去的决策,证实或者修正过去的有关预测,因而具有反馈价值。相关的会计信息还应当具有预测价值,有助于使用者根据财务报告所提供的会计信息预测企业未来的财务状况、经营成果和现金流量。

会计信息质量的相关性要求,需要企业在确认、计量和报告会计信息的过程中,充分考虑使用者的决策模式和信息需要。但是,相关性是以可靠性为基础的,两者之间并不矛盾,不应将两者对立起来。也就是说,会计信息在可靠性前提下,尽可能地做到相关性,以满足投资者等财务报告使用者的决策需要。

(三)可理解性

企业提供的会计信息应当清晰明了,便于财务会计报告使用者理解和使用。

企业编制财务报告、提供会计信息的目的在于使用,而要使使用者有效使用会计信息,就应当能让其了解会计信息的内涵,弄懂会计信息的内容。这就要求财务报告所提供的会计信息应当清晰明了,易于理解。只有这样,才能提高会计信息的有用性,实现财务报告的目标,满足向投资者等财务报告使用者提供决策有用信息的要求。

会计信息毕竟是一种专业性较强的信息产品,因此,在强调会计信息的可理解性要求的同时,还应假定使用者具有一定的有关企业经营活动和会计方面的知识,并且愿意付出努力去研究这些信息。对于某些复杂的信息,如交易本身较为复杂或者会计处理较为复杂,但其对使用者的经济决策相关的,企业就应当在财务报告中予以充分披露。

(四)可比性

可比性要求企业提供的会计信息应当相互可比。这主要包括两层含义:

(1)同一企业不同时期可比。为了便于投资者等财务报告使用者了解企业财务状况、经营成果和现金流量的变化趋势,比较企业在不同时期的财务报告信息,全面、客观地评价过去、预测未来、做出决策。会计信息质量的可比性要求同一企业不同时期发生的相同或者相似的交易或者事项,应当采用一致的会计政策,不得随意变更。但是,满足会计信息可比性要求,并非表明企业不得变更会计政策,如果按照规定或者在会计政策变更后可以提供更可靠、更相关的会计信息,可以变更会计政策。有关会计政策变更的情况,应当在附注中予以说明。

(2)不同企业相同会计期间可比。为了便于投资者等财务报告使用者评价不同企业的财务状况、经营成果和现金流量及其变动情况,会计信息质量的可比性要求不同企业同一会计期间发生的相同或者相似的交易或者事项,应当采用统一规定的会计政策,确保会计信息口径一致、相互可比,以使不同企业按照一致的确认、计量和报告要求提供有关会计信息。

(五)实质重于形式

企业应当按照交易或者事项的经济实质进行会计确认、计量和报告,不应仅以交易或者事项的法律形式为依据。

大多数的业务交易,其法律形式反映了经济实质;但是,在有些情况下,法律形式没有反映经济实质。这就要求会计人员作出职业判断,按照业务的经济实质进行账务处理。例如,在企业合并中,经常会涉及"控制"的判断,有些合并,从投资比例来看,虽然投资者拥有被投资企业 50%或 50%以下股份,但是投资企业通过章程、协议等有权决定被投资企业财务和经营政策的,就不应当简单地以持股比例来判断控制权,而应当根据实质重于形式的原则来判断投资企业对被投资单位的控制程度。再如,关联交易中,通常情况下,关联交易只要交易价格是公允的,关联交易属于正常交易,按照准则规定进行确认、计量、报告;但是,某些情况下,关联交易有可能会出现不公允,虽然这个交易的法律形式没有问题,但从交易的实质来看,可能会出现关联方之间转移利益或操纵利润的行为,损害会计信息质量;由此可见,在会计职业判断中,正确贯彻实质重于形式原则至关重要。

（六）重要性

企业提供的会计信息应当反映与企业财务状况、经营成果和现金流量等有关的所有重要交易或者事项。

如果财务报告中提供的某会计信息的省略或者错报会影响投资者等使用者据此做出决策，该信息就具有重要性。重要性的应用需要依赖职业判断，企业应当根据其所处环境和实际情况，从项目的性质和金额大小两方面加以判断。例如，企业发生的某些支出，金额较小的，从支出受益期来看，可能需要若干会计期间进行分摊，但根据重要性要求，可以一次计入当期损益。

重要性的判断取决于性质和金额两个方面。需要注意的是，相同的金额对于规模不同的企业，可能存在不同的重要性理解。

（七）谨慎性

谨慎性要求企业对交易或者事项进行会计确认、计量和报告时保持应有的谨慎，不应高估资产或者收益、低估负债或者费用。

在市场经济环境下，企业的生产经营活动面临着许多风险和不确定性，如应收款项的可收回性、固定资产的使用寿命、无形资产的使用寿命、售出存货可能发生的退货或者返修等。会计信息质量的谨慎性要求，需要企业在面临不确定性因素的情况下做出职业判断时，应当保持应有的谨慎，充分估计到各种风险和损失，既不高估资产或者收益，也不低估负债或者费用。例如，对于企业发生的或有事项，通常不能确认或有资产，只有当相关经济利益基本确定能够流入企业时，才能作为资产予以确认；相反，相关的经济利益很可能流出企业而且构成现时义务时，应当及时确认为预计负债，就体现了会计信息质量的谨慎性要求。

再如，企业在进行所得税会计处理时，只有在确凿证据表明未来期间很可能获得足够的应纳税所得额用来抵扣暂时性差异时，才应当确认相关的递延所得税资产；而对于发生的相关应纳税暂时性差异，则应当及时足额确认递延所得税负债，这也是会计信息谨慎性要求的具体体现。

谨慎性的应用不允许企业设置秘密准备，如果企业故意低估资产或者收入，或者故意高估负债或者费用，将不符合会计信息的可靠性和相关性要求，损害会计信息质量，扭曲企业实际的财务状况和经营成果，从而对使用者的决策产生误导，这是不符合会计准则要求的。

（八）及时性

企业对于已经发生的交易或者事项,应当及时进行会计确认、计量和报告,不得提前或者延后。会计信息的价值在于帮助所有者或者其他方面做出经济决策,具有时效性。即使是可靠的、相关的会计信息,如果不及时提供,就失去了时效性,对于使用者的效用就大大降低,甚至不再具有实际意义。在会计确认、计量和报告过程中贯彻及时性,一是要求及时收集会计信息,即在经济交易或者事项发生后,及时收集整理各种原始单据或者凭证;二是要求及时处理会计信息,即按照会计准则的规定,及时对经济交易或者事项进行确认或者计量,并编制财务报告;三是要求及时传递会计信息,即按照国家规定的有关时限,及时地将编制的财务报告传递给财务报告使用者,便于其及时使用和决策。

第二节　职工及职工薪酬的范围及分类

一、企业职工薪酬会计准则制定背景及主要内容

我国长期一直没有单独和完整的职工薪酬准则,所有涉及职工薪酬会计核算的规定都分散体现在其他相关会计制度中。伴随着我国市场经济的快速发展,多层次的社会保障体系日趋完善,企业给职工提供福利的方式日趋多样,人们对于社会保障的了解和需求也随着社会的进步而不断增加。在此背景下,2006年,我国首次发布了企业会计准则体系,其中就包括职工薪酬准则,该准则在要素确认和计量等理论研究和体系建设方面实现了重大突破,充分借鉴了国际会计准则的研究成果,将权责发生制、配比原则、公允价值计量等理论和方法引入到职工薪酬核算中。

另外,财政部于2014年初对《企业会计准则第9号——职工薪酬》(以下简称职工薪酬准则)进行了修订,本次修订界定了职工范围,新加入了离职后福利和其他长期辞退福利,对短期薪酬和辞退福利进行了规范和充实,新增了其他长期职工薪酬,调整幅度较大。从2014年开始,我国开始实施最新的职工薪酬准则,它在借鉴国际会计准则理事会最新成果的基础上,也充分考虑了我国目前所处的经济发展水平和行业基本状况。

二、职工和职工薪酬的范围及分类

（一）职工的概念

根据职工薪酬准则的规定,职工是指与企业订立劳动合同的所有人员,含全职、兼

职和临时职工,也包括虽未与企业订立劳动合同但由企业正式任命的人员,具体而言包括以下人员:

(1)与企业订立劳动合同的所有人员,含全职、兼职和临时职工。按照《中华人民共和国劳动法》(以下简称《劳动法》)和《中华人民共和国劳动合同法》(以下简称《劳动合同法》)的规定,企业作为用人单位与劳动者应当订立劳动合同,职工首先包括这部分人员,即与企业订立了固定期限、无固定期限和以完成一定的工作作为期限的劳动合同的所有人员。

(2)未与企业订立劳动合同但由企业正式任命的人员,如董事会成员、监事会成员等。企业设立董事会和监事会的,对其支付的津贴、补贴等报酬从性质上属于职工。

(3)在企业的计划和控制下,虽未与企业订立劳动合同或未正式任命的人员,但向企业所提供与职工所提供服务类似的人员,也属于职工的范畴,包括通过企业与劳务中介公司签订用工合同而向企业提供服务的人员。如果企业不使用这些劳务用工人员,也需要雇佣职工订立劳动合同提供类似服务,因而,这些劳务用工人员属于本则所称的职工。

(二)职工薪酬的概念及分类

根据职工薪酬准则的规定,职工薪酬是指企业为获得职工提供的服务或解除劳动关系而给予的各种形式的报酬或补偿。另外,企业提供给职工配偶、子女、受赡养人、已故员工遗属及其他受益人等的福利,也属于职工薪酬。

职工薪酬准则对职工薪酬的相关概念作了进一步具体说明,企业因职工提供服务而产生的义务,全部纳入职工薪酬的范围。对职工的股份支付本质上也属于职工薪酬,但其具有期权性质,股份支付的确认和计量,由《企业会计准则第 11 号——股份支付》进行规范。

职工薪酬准则规定,职工薪酬包括短期薪酬、离职后福利、辞退福利和其他长期职工福利。

1. 短期薪酬

短期薪酬是指企业在职工提供相关服务的年度报告期间结束后 12 个月内需要全部给予支付的职工薪酬,因解除与职工的劳动关系给予的补偿除外。因解除与职工的劳动关系给予的补偿属于辞退福利的范畴。短期薪酬主要包括:职工工资、奖金、津贴和补贴,职工福利费,医疗保险费、工伤保险费和生育保险费等社会保险费,住房公积金,工会经费和职工教育经费,短期带薪缺勤,短期利润分享计划,非货币性福利以及其他短期薪酬。具体内容介绍如下。

（1）职工工资、奖金、津贴和补贴，是指按照构成工资总额的计时工资、计件工资、支付给职工的超额劳动报酬等的劳动报酬、为补偿职工特殊或额外的劳动消耗和因其他特殊原因支付给职工的津贴，以及为了保证职工工资水平不受物价影响支付给职工的物价补贴等。企业的短期奖金计划属于短期薪酬，长期奖金计划属于其他长期职工福利。

（2）职工福利费，是指企业为职工提供的除职工工资、奖金、津贴和补贴、职工教育经费、社会保险费及住房公积金等以外的福利待遇支出，包括发放给职工或为职工支付的以下各项现金补贴和非货币性集体福利金：①为职工卫生保健、生活等发放或支付的各项现金补贴和非货币性福利，包括职工因公外地就医费用、职工疗养费用、防暑降温费等；②企业尚未分离的内设集体福利部门所发生的设备、设施和人员费用；③发放给在职职工的生活困难补助以及按规定发生的其他职工福利支出，如丧葬补助费、抚恤费、职工异地安家费、独生子女费等。

（3）医疗保险费、工伤保险费和生育保险费等社会保险费，是指企业按照国务院、各地方政府或企业年金计划规定的基准和比例计算，向社会保险经办机构缴纳的医疗保险费、养老保险费、失业保险费、工伤保险费和生育保险费，以及以购买商业保险形式提供给职工的各种保险待遇属于职工薪酬，应当按照职工薪酬准则进行确认、计量和披露。职工薪酬准则规定，无论是支付给社会保险经办机构的基本养老保险费，还是支付给企业年金基金相关管理人的补充养老保险费，企业都应当在职工提供服务的会计期间根据规定标准计提，按照受益对象进行分配，计入相关资产成本或当期损益。

（4）住房公积金，是指企业按照国家规定的基准和比例计算，向住房公积金管理机构缴存的住房公积金。

（5）工会经费和职工教育经费，是指企业为了改善职工文化生活、为职工学习先进技术和提高文化水平和业务素质，用于开展工会活动和职工教育及职工技能培养等相关支出。

（6）短期带薪缺勤，是指企业支付工资或提供补偿的职工缺勤，包括年休假、病假、短期伤残、婚假、产假、丧假、探亲假等。

（7）短期利润分享计划，是指因职工提供服务而与职工达成的基于利润或其他经营成果提供薪酬的协议。长期利润分享计划属于其他长期职工福利。

（8）非货币性福利，是指企业以自己的产品或外购商品发放给职工作为福利，企业提供给职工无偿使用自己拥有的资产或租赁资产供职工无偿使用等。例如，提供给企业高级管理人员使用的住房，免费为职工提供诸如医疗保健的服务，或向职工提供企业支付了一定补贴的商品或服务等，再比如以低于成本的价格向职工出售住房等。

（9）其他短期薪酬是指除上述薪酬以外的其他为获得职工提供的服务而给予的短期薪酬。

2. 离职后福利

离职后福利，是指企业为获得职工提供的服务而在职工退休或与企业解除劳动关系后，提供的各种形式的报酬和福利，短期薪酬和辞退福利除外。辞退后福利计划，是指企业与职工就离职后福利达成的协议，或者企业为向职工提供离职后福利制定的规章和办法等。离职后福利计划按其特征可以分为设定提存计划和设定受益计划。设定提存计划是指向独立的基金缴存固定费用后，企业不再承担进一步支付义务的离职后福利计划。设定受益计划是指除设定提存计划以外的离职后福利计划。

3. 辞退福利

辞退福利，是指企业在职工劳动合同到期之前解除与职工的劳动关系，或者为鼓励职工自愿接受裁减而给予职工的补偿。辞退福利主要包括以下内容：

（1）在职工劳动合同尚未到期前，不论职工本人是否愿意，企业决定解除与职工的劳动关系而给予的补偿。

（2）在职工劳动合同尚未到期前，为鼓励职工自愿接受裁减而给予的补偿，职工有权选择继续在职或接受补偿离职。

辞退福利通常采取解除劳动关系时一次性支付补偿的方式，也有通过提高退休后养老金或其他离职后福利的标准，或者在职工不再为企业带来经济利益后，将职工工资支付到辞退后未来某期间的方式。

根据辞退福利的定义和包括的内容，企业应当区分辞退福利与正常退休养老金。辞退福利是在职工与企业签订的劳动合同到期前，企业根据法律与职工本人或职工代表（工会）签订的协议，或者基于商业惯例、承诺当其提前终止对职工的雇佣关系时支付的补偿。引发补偿的事项是辞退，因此，企业应当在辞退时进行确认和计量。职工在正常退休时获得的养老金，是其与企业签订的劳动合同到期时或者职工达到了国家规定的退休年龄时获得的退休后生活补偿金额，此种情况下给予补偿的事项是职工在职时提供的服务而不是退休本身，因此，企业应当在职工提供服务的会计期间确认和计量。

另外，职工虽然没有与企业解除劳动合同，但未来不再为企业提供服务，不能为企业带来经济效益，企业承诺提供实质上具有辞退福利性质的经济补偿的，发生"内退"的情况，在其正式退休日期之前应当比照辞退福利处理，在其正式退休日期之后，应当按照离职后福利处理。

4. 其他长期职工福利

其他长期职工福利是指除短期薪酬、离职后福利、辞退福利之外所有的职工薪酬，包括长期带薪缺勤、长期残疾福利、长期利润分享计划等。

第三节　短期薪酬的确认与计量

根据职工薪酬准则的规定，企业应当在职工为其提供服务的会计期间，将实际发生的短期薪酬确认为负债，并计入当期损益，其他会计准则要求或允许计入资本成本的除外。这是短期薪酬确认与计量的基本原则。短期薪酬的确认与计量将分为货币性短期薪酬、带薪缺勤、短期利润分享计划和非货币性福利4个部分。

一、货币性短期薪酬的确认与计量

（一）货币性短期薪酬的确认

职工的工资、奖金、津贴、补贴、大部分的职工福利费、医疗保险费、工伤保险费和生育保险费等社会保险费，住房公积金、工会经费和职工教育经费等一般都属于货币性短期薪酬。

职工薪酬准则规定，在对职工薪酬进行确认时，要考虑受益性原则，即按照谁受益谁负担、负担多少也由受益的多少来决定。具体来说，企业应当在职工为其提供服务的会计期间，将应付的货币性短期职工薪酬确认为负债，除因解除与职工的劳动关系给予的补偿外，应当根据职工提供服务的受益对象，分别以下列情况处理：

（1）应由生产产品、提供劳务负担的货币性短期职工薪酬，计入产品成本或劳务成本。生产产品、提供劳务中的直接生产人员和直接提供劳务人员发生的职工薪酬，计入存货成本，但非正常消耗的直接生产人员和直接提供劳务人员的职工薪酬，应当在发生时确认为当期损益。

（2）应由在建工程、无形资产负担的货币性短期职工薪酬，计入固定资产或无形资产成本。自行建造固定资产和自行研究开发无形资产过程中发生的职工薪酬，能否计入固定资产或无形资产成本，根据相关准则的规定确定。比如，企业在研究阶段发生的职工薪酬不能计入自行开发无形资产的成本，在开发阶段发生的职工薪酬，符合《企业会计准则第6号——无形资产》资本化条件的，应当计入自行开发无形资产的成本。

（3）除直接生产人员、直接提供劳务人员、建造固定资产人员、开发无形资产人员以外的职工，包括公司总部管理人员、董事会成员、监事会成员等人员相关的货币性短期职工薪酬,因难以确定直接对应的受益对象,均应当在发生时计入当期损益。

(二)货币性短期薪酬的计量

(1)职工薪酬准则第五条规定,企业应当在职工为其提供服务的会计期间,将实际发生的短期薪酬确认为负债,并计入当期损益,其他会计准则要求或允许计入资产成本的除外,同时企业应代扣代缴职工个人承担的个人所得税。

在实际计提时,按照"受益原则"处理,借记"生产成本""制造费用""管理费用""销售费用""研发支出""在建工程"等,贷记"应付职工薪酬——工资"。计提个人所得税时,借记"应付职工薪酬——工资",贷记"应交税费——应交个人所得税"。

实际发放工资时,借记"应付职工薪酬——工资"和贷记"银行存款"。实际支付个人所得税时,借记"应交税费——应交个人所得税",贷记"银行存款"。

(2)职工薪酬准则规定,企业发生的职工福利费,应当在实际发生时根据实际发生额计入当期损益或相关资产成本。

在实际计提时,按照"受益原则"处理,借记"生产成本""制造费用""管理费用""销售费用""研发支出""在建工程"等,贷记"应付职工薪酬——职工福利、非货币性福利"。实际支付时借记"应付职工薪酬——职工福利、非货币性福利",贷记"银行存款"或"累计折旧"等。

(3)职工薪酬准则规定,企业为职工缴纳的医疗保险费、工伤保险费、生育保险费等社会保险费和住房公积金,应当在职工为其提供服务的会计期间,根据规定的计提基础和计提比例计算确定相应的职工薪酬金额,并确认相应负债,计入当期损益或相关资产成本。

对于国务院有关部门、省、自治区、直辖市人民政府或经批准的企业年金计划规定了计提基础和计提比例的职工薪酬项目,企业应当按照规定的计提标准,计量企业承担的职工薪酬义务和计入成本费用的职工薪酬。企业应当按照国务院、所在地政府或企业年金计划规定的标准,计量应付职工薪酬义务和应相应计入成本费用的薪酬金额。

对于由个人承担的"五险一金",相关会计分录如下:计提时借记"应付职工薪酬——工资",贷记"其他应付款——代扣代缴三险一金"。实际支付时,借记"其他应付款——代扣代缴三险一金",贷记"银行存款"。

对于由企业承担的"五险一金",相关会计分录如下:计提时按照"受益原则"处理,借记"生产成本""制造费用""管理费用""销售费用""研发支出"和"在建工程"等,贷记"应付职工薪酬——社会保险费"。实际支付时,借记"应付职工薪酬——社会保险费",贷记"银行存款"。

（4）《企业所得税法实施条例》规定，企业拨缴的工会经费，不超过工资薪金2%的部分，准予扣除。企业发生的职工教育经费支出，不超过工资薪金总额8%的部分，准予在计算企业所得税应纳税所得额时扣除；超过部分，准予在以后纳税年度结转扣除。

对于企业发生的职工教育经费，计提时按照"受益原则"处理，借记"生产成本""制造费用""管理费用""销售费用""研发支出""在建工程"等，贷记"应付职工薪酬——职工教育经费"。实际支付时，借记"应付职工薪酬——职工教育经费"，贷记"银行存款"。

对于企业发生的工会经费，计提时借记"管理费用"，贷记"应付职工薪酬—工会经费"。实际支付时，借记"应付职工薪酬—工会经费"，贷记"银行存款"。

【例2-2】2019年1月底，A公司人力资源部制定公司1月份工资表，如表2-1所示。另外，企业承担的五险一金明细表如表2-2所示。

表2-1　　　　　　　　　　　　2019年1月工资表

单位：元

员工姓名	所属部门	工资总额	养老保险	失业保险	医疗保险	住房公积金扣缴额	三险一金合计	应税所得额	个人所得税	实发工资
张三	人力资源部	15 000.00	1 200.00	30.00	303.00	1 800.00	3 333.00	11 667.00	456.70	11 210.30
李四	工程项目部	10 000.00	800.00	20.00	203.00	1 200.00	2 223.00	7 777.00	83.31	7 693.69
王五	生产车间	8 000.00	640.00	16.00	163.00	960.00	1 779.00	6 221.00	36.63	6 184.37
合计		33 000.00	2 640.00	66.00	669.00	3 960.00	7 335.00	25 665.00	576.64	25 088.36

表2-2　　　　　　　　　2019年1月企业承担的五险一金明细表

单位：元

员工姓名	所属部门	工资总额	养老保险	失业保险	工伤保险	生育保险	医疗保险	住房公积金	五险一金合计
张三	人力资源部	15 000.00	2 400.00	120.00	30.00	120.00	1 500.00	1 800.00	5 970.00
李四	工程项目部	10 000.00	1 600.00	80.00	20.00	80.00	1 000.00	1 200.00	3 980.00
王五	生产车间	8 000.00	1 280.00	64.00	16.00	64.00	800.00	960.00	3 184.00
合计		33 000.00	5 280.00	264.00	66.00	264.00	3 300.00	3 960.00	13 134.00

2019年1月底，财务部门根据表2-1和表2-2确认职工薪酬的会计处理如下：

（1）计提职工工资

借：管理费用——职工薪酬　　　　　　　　　　　　　　　　15 000

　　在建工程——职工薪酬　　　　　　　　　　　　　　　　10 000

生产成本——直接人工	8 000
贷：应付职工薪酬——工资	33 000

（2）计提代扣代缴个人承担的三险一金

借：应付职工薪酬——工资	7 335
贷：其他应付款——代扣代缴三险一金	7 335

（3）计提代扣代缴个人所得税

借：应付职工薪酬——工资	576.64
贷：应交税费——应交个人所得税	576.64

（4）实际支付职工薪酬

借：应付职工薪酬——工资	25 088.36
贷：银行存款	25 088.36

（5）计提企业承担的五险一金

借：管理费用——职工薪酬	5 970
在建工程——职工薪酬	3 980
生产成本——直接人工	3 184
贷：应付职工薪酬——社会保险费	13 134

（6）实际支付个人所得税

借：应交税费——应交个人所得税	576.64
贷：银行存款	576.64

（7）实际支付个人和企业承担的社保保险费

借：其他应付款——代扣代缴三险一金	7 335
应付职工薪酬——社会保险费	13 134
贷：银行存款	20 469

【例2-3】2019年9月，A公司财务部会计人员参加会计人员后续教育，共支付培训费用15 000元。

A公司的会计处理如下：

借：管理费用——职工教育经费	15 000
贷：应付职工薪酬——职工教育经费	15 000
借：应付职工薪酬——职工教育经费	15 000
贷：银行存款	15 000

（三）带薪缺勤的确认与计量

企业对各种原因产生的缺勤进行补偿，比如年休假、病假、短期伤残假、婚假、产假、丧假、探亲假等。带薪缺勤分为累积带薪缺勤和非累积带薪缺勤两类。

企业应当在职工提供服务从而增加了其未来享有的带薪缺勤权利时,确认与累积带薪缺勤相关的职工薪酬,并以累积未行使权利而增加的预期支付金额计量。企业应当在职工实际发生缺勤的会计期间确认与非累积带薪缺勤相关的职工薪酬。

1. 累积带薪缺勤

累积带薪缺勤,是指带薪权利可以结转下期的带薪缺勤,如果本期的权利没有用完,可以在未来期间使用。当职工提供了服务从而增加了其享有的未来带薪缺勤的权利时,企业就产生了一项义务,应当予以确认和计量,并按照带薪缺勤计划予以支付。

有些累积带薪缺勤在职工离开企业时,对未行使的权利有权获得现金支付。如果职工在离开企业时能够获得现金支付,企业就应当确认企业必须支付的、职工全部累积未使用权利的金额。如果职工在离开企业时不能获得现金支付,则企业应当根据资产负债表日因累积未使用权利而导致的预期支付的追加金额,作为累积带薪缺勤费用进行预计。

【例 2-4】A 公司共有 1 000 名职工,该公司实行累积带薪缺勤制度。该制度规定,每个职工每年可享受 5 个工作日带薪病假,未使用的病假只能向后结转一个日历年度,超过 1 年未使用的权利作废,不能在职工离开公司时获得现金支付;职工休病假是以后进先出为基础,即首先从当年可享受的权利中扣除,再从上年结转的带薪病假余额中扣除;职工离开公司时,公司对职工未使用的累积带薪病假不支付现金。

2018 年 12 月 31 日,每个职工当年平均未使用带薪病假为 2 天。根据过去的经验并预期该经验将继续适用,A 公司预计 2019 年有 950 名职工将享受不超过 5 天的带薪病假,剩余 50 名职工每人将平均享受 6 天半病假,假定这 50 名职工全部为总部各部门经理,该公司平均每名职工每个工作日工资为 300 元。

分析:A 公司在 2018 年 12 月 31 应当预计由于职工累积未使用的带薪年休假权利而导致预期将支付的工资负债,即相当于 75 天(50×1.5 天)的年休假工资 22 500 元(75×300 元),并做如下账务处理:

A 公司在 2018 年 12 月 31 日应当预计由于职工累积未使用的带薪病假权利而导致的预期支付的追加金额,即相当于 75 天(50×1.5 天)的病假工资 22 500 元(75×300元),并做如下账务处理。

借:管理费用　　　　　　　　　　　　　　　　　　　　　22 500

　　贷:应付职工薪酬——累积带薪缺勤　　　　　　　　　　22 500

2019 年,如果 50 名职工均享受了累计未使用的带薪年休假,则 2019 年确认的工资费用应扣除上年度已确认的累计带薪费用,会计分录如下:

借:应付职工薪酬——累积带薪缺勤	22 500
贷:管理费用	22 500

假定 2019 年 12 月 31 日,上述 50 名部门经理中仅有 40 名享受了 6 天半休假。A 公司应进行如下账务处理:

借:应付职工薪酬——累积带薪缺勤	4 500
贷:管理费用	4 500

【例2-5】承【例2-4】,假如 A 公司的带薪缺勤制度规定,职工累积未使用的带薪缺勤权利可以无限期结转,并且可以于职工离开企业时以现金支付。A 公司 100 名职工中,5 名为各部门经理,15 名为行政职员,60 名为直接生产工人,20 名为正在建造一幢自用办公楼的工人。

A 公司在 2018 年 12 月 31 日应当预计由于职工累积未使用的带薪休假权利而导致的全部金额,即相当于 200 天(100×2 天)的休假工资。

借:管理费用	12 000
生产成本	36 000
在建工程	12 000
贷:应付职工薪酬——累积带薪缺勤	60 000

【例2-6】A 公司从 2018 年 1 月 1 日起实行累积带薪缺勤制度。该制度规定,该公司每名职工每年有权享受 12 个工作日的带薪休假,休假权利可以向后结转两个日历年度。在第 2 年年末,公司将对职工未使用的带薪休假权利支付现金。假定该公司每名职工平均每月工资 2000 元,每名职工每月工作日为 20 个,每个工作日平均工资为 100 元。以公司一名直接参与生产的职工为例。

(1)假定 2018 年 1 月,该名职工没有休假。公司应当在职工为其提供服务的当月,累积相当于 1 个工作日工资的带薪休假义务,并做如下账务处理。

借:生产成本	2 100
贷:应付职工薪酬——工资	2000
——累积带薪缺勤	100

(2)假定 2018 年 2 月,该名职工休了 1 天假。公司应当在职工为其提供服务的当月,累积相当于 1 个工作日工资的带薪休假义务,反映职工使用累积权利的情况,并做如下账务处理:

借:生产成本	2 000
贷:应付职工薪酬——工资	2 000
——累积带薪缺勤(计提本期休假)	100

借：应付职工薪酬——累积带薪缺勤   100

　　贷：生产成本(使用上期休假)   100

(3)假定第 2 年年末(2019 年 12 月 31 日)，该名职工有 5 个工作日未使用的带薪休假到期，公司以现金支付了未使用的带薪休假(如果不支付现金，就冲回成本费用)。

借：应付职工薪酬——累积带薪缺勤   500

　　贷：库存现金(5×100)   500

2. 非累积带薪缺勤

非累积带薪缺勤，是指带薪权利不能结转下期的带薪缺勤，即如果当期权利没有行使完，就予以取消，并且职工在离开企业时对未使用的权利无权获得现金支付。

根据我国《劳动法》规定，国家实行带薪年休假制度，劳动者在法定休假日和婚丧假期间以及依法参加社会活动期间，用人单位应当依法支付工资。因此，我国企业职工休婚假、产假、丧假、探亲假、病假期间的工资通常属于非累积带薪缺勤。由于职工提供服务本身不能增加其能够享受的福利金额，企业应当在职工缺勤时确认负债和相关资产成本或当期损益。实务中，我国企业一般是在缺勤期间计提应付工资时一并处理。

【例 2-7】A 公司实行的是非累积带薪缺勤货币补偿制度，2019 年 1 月有 3 名管理人员放弃 8 天的年假，假设 A 公司每名职工平均每天工资为 150 元，月工资为 4 500 元。

分析：A 公司实行的是非累积带薪缺勤货币补偿制度，每日货币资金补偿额应为平均日工资的 2 倍，即 3×8×150×2＝7 200(元)。会计处理为：

借：管理费用   20 700

　　贷：应付职工薪酬——工资   13 500

　　　　　　　　　　——非累积带薪缺勤   7 200

在发放工资时，补偿金额同时支付：

借：应付职工薪酬——工资   13 500

　　　　　　　　——非累积带薪缺勤   7 200

　　贷：库存现金   20 700

(四)短期利润分享计划的确认与计量

职工薪酬准则规定，利润分享计划同时满足下列条件的，企业应当确认相关的应付职工薪酬。

(1)企业因过去事项导致现在具有支付职工薪酬的法定义务或推定义务。

(2)因利润分享计划所产生的应付职工薪酬义务金额能够可靠估计。

属于下列3种情形之一的,视为义务金额能够可靠估计。

①在财务报告批准报出之前企业已确定应支付的薪酬金额。

②该短期利润分享计划的正式条款中包括确定薪酬金额的方式。

③过去的惯例为企业确定推定义务金额提供了明显证据。

职工薪酬准则规定,职工只有在企业工作一段特定期间才能分享利润,企业在计量利润分享计划产生的应付职工薪酬时,应当反映职工因离职而无法享受利润分享计划福利的可能性。

利润分享计划产生的应付职工薪酬,该利润分享计划应当适用其他长期职工福利的有关规定,即考虑折现。

为了鼓励职工长期留在企业提供服务,有的企业可能制定利润分享和奖金计划,规定当职工在企业工作了特定年限后,能够享有按照企业净利润的一定比例计算的奖金。如果职工在企业工作到特定期末,那么其提供的服务就会增加企业应付职工薪酬金额。尽管企业没有支付这类奖金的法定义务,但是如果有支付此类奖金的惯例,或者说企业除了支付奖金外没有其他现实的选择,则这种计划就使企业产生了一项推定义务。

企业根据企业经济效益增长的实际情况提取的奖金,属于利润分享和奖金计划。但是,这类计划是按照企业实现净利的一定比例确定享受的奖金,与企业经营业绩挂钩,仍然是由于职工提供服务而产生的,不是由企业与其所有者之间的交易而产生,因此,企业应当将利润分享和奖金计划作为费用处理(或根据相关准则,作为资产成本的一部分),不能作为净利润的分配。具体会计分录为:借记"管理费用"等,贷记"应付职工薪酬——工资"(根据利润分享计划确定的金额)。

【例2-8】A公司有一项利润分享计划,要求丙公司将其至2017年12月31日止会计年度的税前利润的指定比例支付给在2017年7月1日至2018年6月30日为丙公司提供服务的职工。该奖金于2018年6月30日支付。2017年12月31日至2018年6月30日期间没有职工离职,则当年的利润共享支付总额为税前利润的3%。丙公司估计职工离职将使支付额降低至税前利润的2.5%(其中,直接参加生产的职工享有1%,总部管理人员享有1.5%),不考虑个人所得税的影响。

分析:尽管支付额是按照截止到2017年12月31日止会计年度的税前利润的3%计量,但是业绩却是基于职工在2017年7月1日至2018年6月30日期间提供的服务。因此,丙公司在2017年12月31日应按照税前利润的2.5%确认负债和成本及费用,金额为250 000元(10 000 000×2.5%)。

2017年12月31日的账务处理如下。

借:生产成本　　　　　　　　　　　　　　　　　　100 000

管理费用	150 000
贷:应付职工薪酬——利润分享计划	250 000

2018 年 6 月 30 日,丙公司的职工离职使其支付的利润分享金额为 2017 年度税前利润的 2.8%(直接参加生产的职工享有 1.1%,总部管理人员享有 1.7%),在 2018 年确认余下的利润分享金额,连同针对估计金额与实际支付金额之间的差额作出的调整额合计为 30 000 元(10 000 000×2.8%-250 000),其中,计入生产成本的利润分享计划金额 10 000 元(10 000 000×1.1%-100 000),计入管理费用的利润分享计划金额 20 000 元(10 000 000×1.7%-150 000)。

2018 年 6 月 30 日的账务处理如下:

借:生产成本	10 000
管理费用	20 000
贷:应付职工薪酬——利润分享计划	30 000

二、非货币性福利的确认与计量

职工薪酬准则规定,企业向职工提供非货币性福利的,应当按照公允价值计量。公允价值无法可靠取得的,可以按照成本计量。企业向职工提供的非货币性职工薪酬,应当分别情况处理:

(一)以自产产品或外购商品发放给职工作为福利

企业以其生产的产品作为非货币性福利提供给职工的,应当按照该产品的公允价值和相关税费,计入成本费用的职工薪酬金额,相关收入的确认、销售成本的结转和相关税费的处理,与正常商品销售相同。具体会计分录为:借记"应付职工薪酬——非货币性福利",贷记"主营业务收入"、"应交税费——应交增值税(销项税额)",借记"主营业务成本",贷记"库存商品"。

以外购商品作为非货币性福利提供给职工的,应当按照该商品的公允价值和相关税费计入成本费用。

外购商品时,借记"库存商品等"、"应交税费——应交增值税(进项税额)",贷记"银行存款";发放时,借记"应付职工薪酬——非货币性福利",贷记"库存商品等"和"应交税费——应交增值税(进项税额转出)"。

在以自产产品或外购商品发放给职工作为福利的情况下,企业在进行账务处理时,应当先通过"应付职工薪酬"科目归集当期应计入成本费用的非货币性薪酬金额。具体会计分录为:借记"生产成本""制造费用""管理费用""销售费用""在建工程""研发支出"等,贷记"应付职工薪酬——非货币性福利"。

【例2-9】A公司为一家生产笔记本电脑的企业,共有职工200名,2018年12月,公司以其生产的成本为10 000元的高级笔记本电脑和外购的每部不含税价格为1 000元的手机作为春节福利发放给公司每名职工。该型号笔记本电脑的售价为每台14 000元,A公司适用的增值税税率为17%,已开具了增值税专用发票;A公司以银行存款支付了购买手机的价款和增值税进项税额,已取得增值税专用发票,适用的增值税税率为17%。假定200名职工中170名为直接参加生产的职工,30名为总部管理人员。

分析:企业以自己生产的产品作为福利发放给职工,应计入成本费用的职工薪酬金额以公允价值计量,计入主营业务收入,产品按照成本结转,但要根据相关税收规定,视同销售计算增值税销项税额。外购商品发放给职工作为福利,应当将交纳的增值税进项税额计入成本费用。

笔记本电脑的售价总额=14 000×170+14 000×30=2 380 000+420 000=2 800 000(元)

笔记本电脑的增值税销项税额=170×14 000×17%+30×14 000×17%=404 600+71 400=476 000(元)

A公司决定发放非货币性福利时,应作如下账务处理:

借:生产成本	2 784 600
管理费用	491 400
贷:应付职工薪酬——非货币性福利	3 276 000

实际发放笔记本电脑时,应作如下账务处理:

借:应付职工薪酬——非货币性福利	3 276 000
贷:主营业务收入	2 800 000
应交税费——应交增值税(销项税额)	476 000
借:主营业务成本	2 000 000
贷:库存商品	2 000 000

手机的售价总额=170×1 000+30×1 000=170 000+30 000=200 000(元)

手机的进项税额=170×1 000×17%+30×1 000×17%=28 900+5100=34 000(元)

A公司决定发放非货币性福利时,应作如下账务处理:

借:生产成本	198 900
管理费用	35 100
贷:应付职工薪酬——非货币性福利	234 000

购买手机时,A公司应作如下账务处理:

借:库存商品	200 000	
应交税费——应交增值税(进项税额)	34 000	
贷:银行存款		234 000
借:应付职工薪酬——非货币性福利	234 000	
贷:库存商品		200 000
应交税费——应交增值税(进项税额转出)		34 000

(二)将拥有的房屋等资产无偿提供给职工使用或租赁住房等资产供职工无偿使用

企业将拥有的房屋等资产无偿提供给职工使用的,应当根据受益对象,将住房每期应计提的折旧计入相关资产成本或当期损益,同时确认应付职工薪酬。租赁住房等资产供职工无偿使用的,应当根据受益对象,将每期应付的租金计入相关资产成本或当期损益,并确认应付职工薪酬。难以认定受益对象的,直接计入当期损益,并确认应付职工薪酬。

【例2-10】2018年,A公司为总部各部门经理级别以上职工提供自建单位宿舍免费使用,同时为副总裁以上高级管理人员每人租赁一套住房。该公司总部共有部门经理以上职工60名,每人提供一间单位宿舍免费使用,假定每间单位宿舍每月计提折旧1 000元;该公司共有副总裁以上高级管理人员10名,公司为其每人租赁一套月租金为10 000元的公寓。该公司每月应作如下账务处理:

借:管理费用	60 000	
贷:应付职工薪酬——非货币性福利		60 000
借:应付职工薪酬——非货币性福利	60 000	
贷:累计折旧		60 000
借:管理费用	100 000	
贷:应付职工薪酬——非货币性福利		100 000
借:应付职工薪酬——非货币性福利	100 000	
贷:其他应付款		100 000

(三)向职工提供企业支付了补贴的商品或服务

企业有时以低于企业取得资产或服务成本的价格向职工提供资产或服务,比如以低于成本的价格向职工出售住房、以低于企业支付的价格向职工提供医疗保健服务。以提供包含补贴的住房为例,企业在出售住房等资产时,应当将出售价款与成本的差额

(即相当于企业补贴的金额)分别情况处理:

(1)如果出售住房的合同或协议中规定了职工在购得住房后至少应当提供服务的年限,企业应当将该项差额作为长期待摊费用处理,并在合同或协议规定的服务年限内平均摊销,根据受益对象分别计入相关资产成本或当期损益。

(2)如果出售住房的合同或协议中未规定职工在购得住房后必须服务的年限,企业应当将该项差额直接计入出售住房当期损益,因为在这种情况下,该项差额相当于是对职工过去提供服务成本的一种补偿,不以职工的未来服务为前提,因此,应当立即确认为当期损益。

企业应当注意,将以补贴后价格向职工提供商品或服务的非货币性福利,与企业直接向职工提供购房补贴、购车补贴等区分开来,后者属于货币性补贴,与其他货币性薪酬如工资一样,应当在职工提供服务的会计期间,按照企业各期预计补贴金额,确认企业应承担的薪酬义务,并根据受益对象计入相关资产的成本或当期损益。

【例2-11】2018年5月,A公司购买了100套全新的公寓拟以优惠价格向职工出售,该公司共有100名职工,其中80名为直接生产人员,20名为公司总部管理人员。A公司拟向直接生产人员出售的住房平均每套购买价为100万元,向职工出售的价格为每套80万元;拟向管理人员出售的住房平均每套购买价为180万元,向职工出售的价格为每套150万元。假定该100名职工均在2018年度中陆续购买了公司出售的住房,售房协议规定,职工在取得住房后必须在公司服务15年。不考虑相关税费。

A公司出售住房时应作如下账务处理:

借:银行存款 94 000 000

长期待摊费用 22 000 000

贷:固定资产 116 000 000

出售住房后的每年,A公司应当按照直线法在15年内摊销长期待摊费用,并计入应付职工薪酬,具体会计处理如下:

借:生产成本 1 066 667

管理费用 400 000

贷:应付职工薪酬——非货币性福利 1 466 667

借:应付职工薪酬——非货币性福利 1 466 667

贷:长期待摊费用 1 466 667

【例2-12】2018年12月1日,A公司与10名高级管理人员分别签订汽车销售合同。合同约定,A公司将自己生产的10辆高级轿车以每辆60万元的优惠价格销售给10名高级管理人员;高级管理人员自取得汽车所有权后必须在A公司工作5年,如果在工作未满 5 年的情况下离职,需根据服务期限补交款项。

2018 年 12 月 25 日,A 公司收到 10 名高级管理人员支付的汽车款项 600 万元。上述汽车成本为每辆 50 万元,市场价格为每辆 80 万元。假设不考虑相关税费。

A 公司会计处理如下:

公司出售汽车时:

借:银行存款	6 000 000
长期待摊费用	2 000 000
贷:主营业务收入	8 000 000
借:主营业务成本	5 000 000
贷:库存商品	5 000 000

出售汽车后,每年公司应当按照直线法在 5 年内摊销长期待摊费用。

2018 年摊销的会计分录为:

借:管理费用(200/5)	400 000
贷:应付职工薪酬	400 000
借:应付职工薪酬	400 000
贷:长期待摊费用	400 000

【例 2-13】承【例 2-12】,假定在签订汽车销售合同时,未规定职工在购得汽车后必须在 A 公司服务的年限。

具体会计处理如下:

借:管理费用	2 000 000
贷:应付职工薪酬	2 000 000
借:应付职工薪酬	2 000 000
银行存款	6 000 000
贷:主营业务收入	8 000 000
借:主营业务成本	5 000 000
贷:库存商品	5 000 000

三、辞退福利的确认与计量

(一)辞退福利的含义

辞退福利是指企业在职工劳动合同到期之前解除与职工的劳动关系,或者为鼓励职工自愿接受裁减而给予职工的补偿。辞退福利被视为职工福利的单独类别,是因为导致义务产生的事项是终止职工的雇佣而提供。

辞退福利通常一整笔支付,但有时也包括通过职工福利计划间接或直接提高离职后福利,或者在职工不再为企业带来经济利益后,将职工工资支付到辞退后未来某一期末等方式。

(二)辞退福利的确认和计量

1. 辞退福利的内容

(1)在职工劳动合同尚未到期前,不论职工本人是否愿意,企业决定解除与职工的劳动关系而给予的补偿;

(2)在职工劳动合同尚未到期前,为鼓励职工自愿接受裁减而给予的补偿,职工有权利选择继续在职或接受补偿离职;

(3)辞退福利还包括当公司控制权发生变动时,对辞退的管理层人员进行补偿的情况。

特别提示:

①在确定企业提供的经济补偿是否为辞退福利时,应当区分辞退福利和正常退休养老金。辞退福利是在职工与企业签订的劳动合同到期前,企业根据法律与职工本人或职工代表(如工会)签订的协议,或者基于商业惯例,承诺当其提前终止对职工的雇佣关系时支付的补偿,引发补偿的事项是辞退,企业应当在辞退时进行确认和计量。

职工虽然没有与企业解除劳动合同,但未来不再为企业提供服务,不能为企业带来经济利益,企业承诺提供实质上具有辞退福利性质的经济补偿,比照辞退福利处理。

②实施职工内部退休计划的,企业应当比照辞退福利处理。在内退计划符合职工薪酬准则规定的确认条件时,企业应当按照内退计划规定,将自职工停止提供服务日至正常退休日期间、企业拟支付的内退职工工资和缴纳的社会保险费等,确认为应付职工薪酬,一次性计入当期损益,不能在职工内退后各期分期确认因支付内退职工工资和为其缴纳社会保险费而产生的义务。

2. 确认原则

企业向职工提供辞退福利的,应当在以下两者孰早日确认辞退福利产生的职工薪酬负债,并计入当期损益:

(1)企业不能单方面撤回解除劳动关系计划或裁减建议所提供的辞退福利时。

(2)企业确认涉及支付辞退福利的重组相关的成本或费用时。

3. 企业承担重组义务的判断条件

同时存在下列情况时,表明企业承担了重组义务:

(1)有详细、正式的重组计划,包括重组涉及的业务、主要地点、需要补偿的员工人数及其岗位性质、预计重组支出、计划实施时间等;

(2)该重组计划已对外公告。

提示:①由于被辞退的职工不再为企业带来未来经济利益,因此,对于所有辞退福利,均应当于辞退计划满足负债确认条件的当期一次计入费用,不计入资产成本,应借记"管理费用",贷记"应付职工薪酬"。

②对于分期或分阶段实施的解除劳动关系计划或自愿裁减建议,企业应当将整个计划看作是由各单项解除劳动关系计划或自愿裁减建议组成,在每期或每阶段计划符合预计负债确认条件时,将该期或该阶段计划中由提供辞退福利产生的预计负债予以确认,计入该部分计划满足预计负债确认条件的当期管理费用,不能等全部计划都符合确认条件时再予以确认。

4. 辞退福利的计量因辞退计划中职工有无选择权而有所不同

(1)对于职工没有选择权的辞退计划,应当根据计划条款规定拟解除劳动关系的职工数量、每一职位的辞退补偿等计提应付职工薪酬。

(2)对于自愿接受裁减的建议,因接受裁减的职工数量不确定,企业应当根据《企业会计准则第13号——或有事项》规定,预计将会接受裁减建议的职工数量,根据预计的职工数量和每一职位的辞退补偿等计提应付职工薪酬。

5. 辞退福利需要注意的其他事项

(1)辞退福利预期在其确认的年度报告期间期末后12个月内完全支付的,应当适用短期薪酬的相关规定。

(2)对于辞退福利预期在年度报告期间期末后12个月内不能完全支付的,企业应当适用其他长期职工福利的相关规定。即实质性辞退工作在一年内实施完毕但补偿款项超过一年支付的辞退计划,企业应当选择恰当的折现率,以折现后的金额计量应计入当期损益的辞退福利金额。

【例2-14】A公司为一家制造性企业,2018年9月,为了能够在下一年度顺利实施转产,A公司管理层制定了一项辞退计划。该计划规定,从2019年1月1日起,企业将以职工自愿方式,辞退生产车间的职工。

辞退计划的详细内容,包括拟辞退的职工所在部门、数量、各级别职工能够获得的补偿以及计划大体实施的时间等均已与职工沟通,并达成一致意见,辞退计划已于当年12月10日经董事会正式批准,辞退计划将于下一个年度内实施完毕。

该项辞退计划的详细内容如表2-3所示。

表 2-3 单位:万元

所属部门	职位	辞退数量（人）	工龄（年）	每人补偿
空调车间	车间主任/副主任	10	1—10	10
			10—20	20
			20—30	30
	高级技工	50	1—10	8
			10—20	18
			20—30	28
	一般技工	100	1—10	5
			10—20	15
			20—30	25
合计		160		

2018年12月31日,企业预计各级别职工拟接受辞退职工数量的最佳估计数(最可能发生数)及其应支付的补偿如表2-4所示。

表 2-4 单位:万元

所属部门	职位	辞退数量（人）	工龄（年）	接受数量	每人补偿额	补偿金额
空调车间	车间主任/副主任	10	1—10	5	10	50
			10—20	2	20	40
			20—30	1	30	30
	高级技工	50	1—10	20	8	160
			10—20	10	18	180
			20—30	5	28	140
	一般技工	100	1—10	50	5	250
			10—20	20	15	300
			20—30	10	25	250
合计		160		123		1400

按照《企业会计准则第13号——或有事项》有关计算最佳估计数的方法,预计接受辞退的职工数量可以根据最可能发生的数量确定。根据表2-4,愿意接受辞退职工

的最可能数量为 123 名,预计补偿总额为 1 400 万元,则企业在 2018 年(辞退计划是 2018 年 12 月 10 日由董事会批准)应作如下账务处理:

借:管理费用   14 000 000

    贷:应付职工薪酬——辞退福利   14 000 000

【例 2-15】A 公司为一家制造性企业,2018 年 9 月,为了能够在下一年度顺利实施转产,该公司管理层制定了一项重组计划。该计划规定,从 2019 年 1 月 1 日起,企业将以职工自愿方式辞退生产车间的职工。辞退计划的详细内容,包括拟辞退的职工所在部门数量、各级别职工能够获得的补偿以及计划大体实施的时间等均已与职工沟通,并达成一致意见。

辞退计划已于当年 12 月 10 日经董事会正式批准,辞退计划于下一个年度内实施完毕。

2018 年 12 月 31 日,公司预计各级别职工拟接受辞退职工数量的最佳估计数(最可能发生数)及其应支付的补偿。

按照或有事项有关计算最佳估计数的方法:预计接受辞退的职工数量可以根据最可能发生的数量确定;也可以采用按照各种发生数量及其发生概率计算确定。

第一种做法:愿意接受辞退的职工最可能数量为 123 名。预计补偿总额为 1400 万元,则公司在 2018 年(辞退计划 2018 年 12 月 10 日由董事会批准)应作如下账务处理。

借:管理费用   14 000 000

    贷:应付职工薪酬——辞退福利   14 000 000

第二种做法:以本例中车间主任级别、工龄在 1—10 年的职工为例,假定接受辞退的各种职工数量及发生概率。

由上述计算结果可知,车间主任级别、工龄在 1—10 年的职工接受辞退计划最佳估计数为 5.67 名,则应确认职级的辞退福利金额应为 56.7(5.67×10)万元。由于所有的辞退福利预计负债均应计入当期费用,所以 2018 年 12 月 10 日由董事会批准公司应作如下账务处理。

借:管理费用   567 000

    贷:应付职工薪酬——辞退福利   567 000

第四节　财务报告的基本内容

财务报告,是指企业对外提供的反映企业某一特定日期的财务状况和某一会计期间的经营成果、现金流量等会计信息的文件。财务报告包括财务报表和其他应当在财务报告中披露的相关信息和资料。财务报表至少应当包括下列组成部分:(1)资产负债表;(2)利润表;(3)现金流量表;(4)所有者权益(或股东权益,下同)变动表;(5)附注。

一、资产负债表

(一)资产负债表的概念及结构

资产负债表是反映企业在某一特定日期所拥有或控制的经济资源、所承担的现时义务和所有者对净资产的要求权。

在我国,资产负债表采用账户式结构,资产负债表分为左右方,左方列示资产各项目,反映全部资产的分布及存在形态;右方列示负债和所有者权益各项目,反映全部负债和所有者权益的内容及构成情况。资产负债表左右双方平衡,即资产总计等于负债和所有者权益总计。资产负债表的基本格式如表2-5所示。

表 2-5

资产负债表

编制单位:_____年_____月_____日

单位:元

资产	期末余额	年初余额	负债和所有者权益 (或股东权益)	期末余额	年初余额
流动资产:			流动负债:		
货币资金			短期借款		
交易性金融资产			交易性金融负债		
衍生金融资产			衍生金融负债		
应收票据及应收账款			应付票据及应付账款		
预付款项			预收款项		
其他应收款			合同负债		
存货			应付职工薪酬		
合同资产			应交税费		
持有待售资产			其他应付款		
一年内到期的非流动资产			持有待售负债		
其他流动资产			一年内到期的非流动负债		
流动资产合计			其他流动负债		
非流动资产:			流动负债合计		
债权投资			非流动负债:		
其他债权投资			长期借款		
长期应收款			应付债券		

资产	期末余额	年初余额	负债和所有者权益 （或股东权益）	期末余额	年初余额
长期股权投资			其中:优先股		
其他权益工具投资			永续债		
其他非流动金融资产			长期应付款		
投资性房地产			预计负债		
固定资产			递延收益		
在建工程			递延所得税负债		
生产性生物资产			其他非流动负债		
油气资产			非流动负债合计		
无形资产			负债合计		
开发支出			所有者权益(或股东权益):		
商誉			实收资本(或股本)		
长期待摊费用			其他权益工具		
递延所得税资产			其中:优先股		
其他非流动资产			永续债		
非流动资产合计			资本公积		
			减:库存股		
			其他综合收益		
			盈余公积		
			未分配利润		
			所有者权益(或股东权益)合计		
资产总计			负债和所有者权益 (或股东权益)总计		

（二）资产负债表的列示

1. 资产的列报

资产负债表中的资产反映由过去的交易、事项形成并由企业在某一特定日期所拥有或控制的、预期会给企业带来经济利益的资源。资产应当按照流动资产和非流动资产两大类别在资产负债表中列示，在流动资产和非流动资产类别下进一步按性质分项列示。

2. 负债的列报

资产负债表中的负债反映在某一特定日期企业所承担的、预期会导致经济利益流出企业的现时义务。负债应当按照流动负债和非流动负债在资产负债表中进行列示，在流动负债和非流动负债类别下再进一步按性质分项列示。其中,负债中"应付职工薪酬"项目与企业职工薪酬直接相关,反映企业根据有关规定应付给职工的工资、职工福利、社会保险费、住房公积金、工会经费、职工教育经费、非货币性福利、辞退福利等各种薪酬。"应交税费"项目与企业各种税费直接相关,反映企业按照税法规定计算应交纳的各种税费,包括增值税、消费税、营业税、所得税、资源税、土地增值税、城市维护建设税、房产税、土地使用税、车船使用税、教育费附加、矿产资源补偿费等。企业代扣代交的个人所得税,也通过本项目列示。

3. 所有者权益的列报

资产负债表中的所有者权益是企业资产扣除负债后的剩余权益,反映企业在某一特定日期股东投资者拥有的净资产的总额。资产负债表中的所有者权益类一般按照净资产的不同来源和特定用途进行分类,应当按照实收资本(或股本)、资本公积、盈余公积、未分配利润等项目分项列示。

根据企业会计准则的规定,企业需要提供比较资产负债表,以便报表使用者通过比较不同时点资产负债表的数据,掌握企业财务状况的变动情况及发展趋势。因此,资产负债表还就各项目再分为"年初余额"和"期末余额"两栏分别填列。

二、利润表

(一)利润表的定义和作用

利润表是反映企业在一定会计期间的经营成果的会计报表。例如,反映某年1月1日至12月31日经营成果的利润表,它反映的就是该期间的情况。

根据企业会计准则的规定,对于费用的列报,企业应当采用"功能法"列报,即按照费用在企业所发挥的功能进行分类列报,通常分为从事经营业务发生的成本、管理费用、销售费用和财务费用等,并且将营业成本与其他费用分开披露。从企业而言,其活动通常可以划分为生产、销售、管理、融资等,每一种活动上发生的费用所发挥的功能并不相同,因此,按照费用功能法将其分开列报,有助于使用者了解费用发生的活动领域。例如企业为销售产品发生了多少费用、为一般行政管理发生了多少费用、为筹措资金发生了多少费用等等。这种方法通常能向报表使用者提供具有结构性的信息,能更清楚地揭示企业经营业绩的主要来源和构成,提供的信息更为相关。

(二)企业利润表的列报格式和列报方法

1. 多步式的利润表列报格式

企业会计准则规定,企业应当采用多步式列报利润表,将不同性质的收入和费用类

进行对比,从而可以得出一些中间性的利润数据,便于使用者理解企业经营成果的不同来源。企业可以分如下三个步骤编制利润表:

第一步,以营业收入为基础,减去营业成本、营业税金及附加、销售费用、管理费用、财务费用、资产减值损失,加上公允价值变动收益(减去公允价值变动损失)和投资收益(减去投资损失),计算出营业利润;

第二步,以营业利润为基础,加上营业外收入,减去营业外支出,计算出利润总额;

第三步,以利润总额为基础,减去所得税费用,计算出净利润(或净亏损)。

在利润表中,"营业税金及附加"项目与公司税费支出直接相关,反映企业经营业务应负担的消费税、营业税、城市建设维护税、资源税、土地增值税和教育费附加等。"销售费用"项目,与企业职工薪酬支出相关,反映企业在销售商品过程中发生的包装费、广告费等费用和为销售本企业商品而专设的销售机构的职工薪酬、业务费等经营费用。"管理费用"项目,也与企业职工薪酬支出相关,反映企业为组织和管理生产经营发生的包括职工薪酬在内的管理费用。

2. 列示利润表的比较信息

根据企业会计准则的规定,企业需要提供比较利润表,以使报表使用者通过比较不同期间利润的实现情况,判断企业经营成果的未来发展趋势。因此,利润表还就各项目再分为"本期金额"和"上期金额"两栏分别填列。利润表如 2-6 所示。

表 2-6　　　　　　　　　　　　　　　利润表

编制单位:＿＿＿＿＿年＿＿＿＿＿月＿＿＿＿＿日

单位:元

项目	本期金额	上期金额
一、营业收入		
减:营业成本		
税金及附加		
销售费用		
管理费用		
研发费用		
财务费用		
其中:利息费用		
利息收入		
资产减值损失		
信用减值损失		
加:其他收益		

项目	本期金额	上期金额
投资收益(损失以"-"号填列)		
其中:对联营企业和合营企业的投资收益		
净敞口套期收益(损失以"-"号填列)		
公允价值变动收益(损失以"-"号填列)		
资产处置收益(损失以"-"号填列)		
二、营业利润(亏损以"-"号填列)		
加:营业外收入		
减:营业外支出		
三、利润总额(亏损总额以"-"号填列)		
减:所得税费用		
四、净利润(净亏损以"-"号填列)		
(一)持续经营净利润(净亏损以"-"号填列)		
(二)终止经营净利润(净亏损以"-"号填列)		

三、现金流量表

(一)现金流量表的概念及编制基础

现金流量表,是反映企业一定会计期间现金和现金等价物流入和流出的报表。编制现金流量表的主要目的,是为财务报表使用者提供企业一定会计期间内现金和现金等价物流入和流出的信息,以便于财务报表使用者了解和评价企业获取现金和现金等价物的能力,并据以预测企业未来现金流量。

现金流量表以现金及现金等价物为基础,按照收付实现制原则编制,将权责发生制下的盈利信息调整为收付实现制度的现金流量信息。现金流量表如表2-7所示。

表2-7 现金流量表

编制单位:_____年_____月_____日

单位:元

项目	本期金额	上期金额
一、经营活动产生的现金流量:		
销售商品、提供劳务收到的现金		
收到的税费返还		
收到其他与经营活动有关的现金		

项目	本期金额	上期金额
经营活动现金流入小计		
购买商品、接受劳务支付的现金		
支付给职工以及为职工支付的现金		
支付的各项税费		
支付其他与经营活动有关的现金		
经营活动现金流出小计		
经营活动产生的现金流量净额		
二、投资活动产生的现金流量：		
收回投资收到的现金		
取得投资收益收到的现金		
处置固定资产、无形资产和其他长期资产收回的现金		
处置子公司及其他营业单位收到的现金净额		
收到其他与投资活动有关的现金		
投资活动现金流入小计		
购建固定资产、无形资产和其他长期资产支付的现金		
投资支付的现金		
取得子公司及其他营业单位支付的现金净额		
支付其他与投资活动有关的现金		
投资活动现金流出小计		
投资活动产生的现金流量净额		
三、筹资活动产生的现金流量：		
吸收投资收到的现金		
取得借款收到的现金		
收到其他与筹资活动有关的现金		
筹资活动现金流入小计		
偿还债务支付的现金		
分配股利、利润或偿付利息支付的现金		
支付其他与筹资活动有关的现金		
筹资活动现金流出小计		
筹资活动产生的现金流量净额		
四、汇率变动对现金及现金等价物的影响		
五、现金及现金等价物净增加额		
加：期初现金及现金等价物余额		
六、期末现金及现金等价物余额		

(二)现金流量的分类

现金流量指企业现金和现金等价物的流入和流出。根据企业业务活动的性质和现金流量的来源,现金流量表准则将企业一定期间产生的现金流量分为三类:经营活动现金流量、投资活动现金流量和筹资活动现金流量。

1. 经营活动产生的现金流量

经营活动是指企业投资活动和筹资活动以外的所有交易和事项,包括销售商品或提供劳务、购买商品或接受劳务、支付各项税费、收到的税费返还、支付职工薪酬、支付广告费用等。通过经营活动产生的现金流量,可以说明企业的经营活动对现金流入或流出的影响程度,判断企业在不动用对外筹得资金的情况下,是否足以维持生产经营、偿还债务、支付股利、对外投资等。

2. 投资活动产生的现金流量

投资活动是指企业长期资产的购建和不包括在现金等价物范围内的投资及其处置活动。编制现金流量表所指的"投资"既包括对外投资,又包括长期资产的购建与处置。投资活动包括取得和收回投资、购建和处置固定资产、购买和处置无形资产等。通过投资活动产生的现金流量,可以判断投资活动对企业现金流量净额的影响程度。

3. 筹资活动产生的现金流量

筹资活动是指导致企业资本及债务规模和构成发生变化的活动。筹资活动包括发行股票或接受投入资本、分派现金股利、取得和偿还银行借款、发行和偿还公司债券等。通过筹资活动产生的现金流量,可以分析企业通过筹资活动获取现金的能力,判断筹资活动对企业现金流量净额的影响程度。

(三)现金流量表的编制方法

编制现金流量表时,列报经营活动现金流量的方法有两种:直接法和间接法。

所谓直接法,是指按现金收入和现金支出的主要类别直接反映企业经营活动产生的现金流量,如销售商品、提供劳务收到的现金;购买商品、接受劳务支付的现金等就是按现金收入和支出的类别直接反映的。在直接法下,一般是以利润表中的营业收入为起算点,调节与经营活动有关的项目的增减变动,然后计算出经营活动产生的现金流量。

所谓间接法,是指以净利润为起算点,调整不涉及现金的收入、费用、营业外收支等有关项目,剔除投资活动、筹资活动对现金流量的影响,据此计算出经营活动产生的现金流量。由于净利润是按照权责发生制原则确定的,且包括了与投资活动和筹资活动相关的收益和费用,将净利润调节为经营活动现金流量,实际上就是将按权责发生制原则确定的净利润调整为现金净流入,并剔除投资活动和筹资活动对现金流量的影响。

采用直接法编报的现金流量表,便于分析企业经营活动产生的现金流量的来源和用途,预测企业现金流量的未来前景;采用间接法编报现金流量表,便于将净利润与经营活动产生的现金流量净额进行比较,了解净利润与经营活动产生的现金流量差异的原因,从现金流量的角度分析净利润的质量。因此,企业会计准则规定企业应当采用直接法编报现金流量表,同时要求在附注中提供以净利润为基础调节到经营活动现金流量的信息。

第三章　企业薪酬的个人所得税政策

第一节　个人所得税概述

一、《中华人民共和国个人所得税法》简介

(一)个人所得税的产生与发展

个人所得税是主要以自然人取得的各类应税所得为征税对象而征收的一种所得税,是政府利用税收对个人收入进行调节的一种手段。个人所得税的纳税人包括个人和具有自然人性质的企业。从世界范围看,个人所得税的税制模式有三种:分类征收制、综合征收制与混合征收制。分类征收制,就是将纳税人不同来源、性质的所得项目,分别规定不同的税率征税;综合征收制,是对纳税人全年的各项所得加以汇总,就其总额进行征税;混合征收制,是对纳税人不同来源、性质的所得先分别按照不同的税率征税,然后将全年的各项所得进行汇总征税。三种不同的征收模式各有其优缺点。目前,我国个人所得税已初步建立分类与综合相结合的征收模式,即混合征收制。个人所得税在组织财政收入、提高公民纳税意识,尤其是在调节个人收入分配差距方面具有重要作用。

在实际工作中,许多人将薪资所得税看成个人所得税的雏形,更甚者将个人所得税等同于薪资所得税。这是对个人所得税的错误认识,而造成这种错误认识的原因是:我国长期执行的分类税制不能适应经济水平快速发展,使源自工资与薪金所得的个税收入占比较高,远超其余十项所得的个税收入之和,社会各界对"个税沦为工薪税"的批评声不断。因本书主要定位为配套服务于企业人力资源的薪资管理,所以主要讲述工资与薪金所得的个人所得税,但仍在此强调个人所得税与薪资所得税二者不是等同的。

个人所得税的基本规范是 1980 年 9 月 10 日第五届全国人民代表大会第三次会议制定的《中华人民共和国个人所得税法》(以下简称《个人所得税法》),多年来通过了七次修改,目前适用的是 2018 年 8 月 31 日,由第十三届全国人民代表大会常务委员会

第五次会议修改通过并公布的,自 2019 年 1 月 1 日起施行。其产生的影响主要涉及以下几个方面:

一是中低收入群体的税负大大降低。新《个人所得税法》将基本减除费用从 3 500 元提高至 5 000 元,引入子女教育、继续教育、大病医疗、住房贷款利息和住房租金、赡养老人支出等专项附加扣除,并且优化调整综合收入税率结构,扩大了 3%、10%、20% 三档税率的距级,总体上税负都有所减低,特别是中低收入工薪阶层的税负。

二是法规遵从的合规成本增加。新《个人所得税法》增加了专项附加扣除,要求纳税人留存具体的扣除标准、扣除凭证、申报流程等相关资料,并以备后续检查,现行的 12 万以上年收入个人的年度申报制度将被居民个人的综合年度申报制度所取代,对个人的税务管理能力提出了更高的要求,必然会增大纳税人与扣缴义务人的合规成本。

三是调整居民个人与非居民个人的认定标准。新《个人所得税法》将无住所个人判定为居民身份的标准从一年调整为 183 天,与税收协定更为协调一致,因此外籍在华人员需要重新审视其居民身份,综合考虑新的判定标准对纳税义务的影响,并且需要同时关注所在母国的税法和母国与中国之间的税收协定的适用问题。另外,取消附加减除费用,适用统一的基本减除费用,体现了税收国民待遇和公平原则。

四是反避税条款使反避税有法可依。参照企业所得税有关反避税的规定,新《个人所得税法》增加了反避税条款,以控制一些不合理的商业安排获取不当税收利益等行为,因此税务局有权在新《个人所得税法》下按照合理方法进行纳税调整。新《个人所得税法》的出台,为税务局反避税举措提供了法律依据,更打通了相关税种之间的反避税理念和手段,对保证税负公平和捍卫国家税收具有里程碑意义。

(二)我国个人所得税法的整体框架

1. 法律环境

个人所得税法以个人所得税收关系为自己的调整对象,正是这一社会关系的特定性把税法同其他法律部门划分开来。但个人所得税法属于国家法律体系的重要组成部分,因此国家法律体系构成了一个个人所得税法的外部环境。

个人所得税法主要涉及税收征纳关系的法律规范,其有效运行还需要相关税收程序法、税收争讼法、税收处罚法等税收法律法规的支撑,甚至在某种情况下也援引一些其他非税收法律法规,如宪法、刑法、民法等。深入辨析个人所得税法与其他法律间的关系属性,是解决个人所得税法适用范围的基础,同时对于增强个人所得税法与整个法制体系的协调性也是十分必要的。

国家间形成的国际税法,主要包括双边或多边国家间的税收协定、条约和国际惯例等。一般而言,国际税法效力高于国内税法,因此国际税法形成了个人所得税法的国际环境。国际税法中个人所得税的征纳条款,对个人所得税法的实施有重要的意义。

2. 税法机构

(1)个人所得税的立法机构。

关于我国现行税收立法权的划分问题,迄今为止,尚无一部基本法律对之加以完整规定,只是散见于若干财政和税收法律、法规中,尚有待于未来的税收基本法对此作出统一规定。个人所得税法的制定、公布及开征、停征权,税收征收管理制度基本制度的设立属于全国人民代表大会(以下简称全国人大)及其常务委员会(以下简称常委会)。经全国人大及其常委会授权,国务院有制定个人所得税法实施细则、增减税目和调整税率的权力,以及税法的解释权。经国务院授权,国家税务主管部门(财政部、国家税务总局)有税收条例的解释权和制定税收条例实施细则的权力。经国务院授权,省级人民政府有本地区地方税法的解释权和制定一些税收征收办法。

(2)个人所得税的执法机构。

目前,我国的税收执法机构包括税务和海关等系统,其中个人所得税由国家税务总局系统负责征收和管理。税收执法权是国家赋予税务机关的基本权力,是税务机关实施税收管理的法律手段,包括税款征收管理权、税务检查权、税务稽查权、税务行政复议裁决权及其他税务管理权。现行税务机构设置是中央政府设立国家税务总局(正部级),原有的省及省以下国税地税机构两个系统通过合并整合,统一设置为省、市、县三级税务局,实行以国家税务总局为主与省(自治区、直辖市)人民政府双重领导管理体制。在国家税务总局下设所得税司,是国家税务总局主管企业所得税、个人所得税(以下简称所得税)和法律法规规定的基金(费)政策和征收管理的职能部门。

3. 结构组成

(1)个人所得税法的层次结构。

根据税法体系中各法律法规的内容和效力,个人所得税包括个人所得税的法律、行政法规、部门规章三个层次。《中华人民共和国个人所得税法》属于成文法律,《中华人民共和国个人所得税法实施条例》《个人所得税专项附加扣除暂行办法》等属于行政法规,而部门规章则是由财政部、国家税务总局制定并发布,内容较多,如《关于境外所得有关个人所得税政策的公告》(财政部 税务总局公告 2020 年第 3 号)、《关于粤港澳大湾区个人所得税优惠政策的通知》(财税〔2019〕31 号)、《关于个人兼职和退休人员再任职取得收入如何计算征收个人所得税问题的批复》(国税函〔2005〕382 号)等。

由于税法具有多层次的特点,因此,在税收执法过程中,对其适用性或法律效力的判断,一般按以下原则掌握:一是层次高的法律优于层次低的法律;二是同一层次的法律中,特别法优于普通法;三是国际法优于国内法;四是实体法从旧,程序法从新。

(2)个人所得税法的要素构成。

税法要素是指各种单行税法具有的共同的基本要素的总称。首先,税法要素既包括实体性的,也包括程序性的;其次,税法要素是所有完善的单行税法都共同具备的,仅为某一税法所单独具有而非普遍性的内容,不构成税法要素,例如,扣缴义务人。税法要素一般包括总则、纳税义务人、征税对象、税目、税率、纳税环节、纳税期限、纳税地点、减税免税、罚则、附则等项目。

除了立法依据、立法目的、适用原则等总则内容,个人所得税法具备一般所具有的税法要素,如个人所得税法第一条规定了个人所得税的纳税义务人,"居民个人从中国境内和境外取得的所得,依照本法规定缴纳个人所得税。……非居民个人从中国境内取得的所得,依照本法规定缴纳个人所得税。"个人所得税法第二条规定了税目,包括"(一)工资、薪金所得;(二)劳务报酬所得;(三)稿酬所得;(四)特许权使用费所得;(五)经营所得;(六)利息、股息、红利所得;(七)财产租赁所得;(八)财产转让所得;(九)偶然所得。"

二、纳税义务人与扣缴义务人

(一)纳税义务人的概念

纳税义务人,简称纳税人,是指法律、法规规定负有纳税义务的单位与个人。个人所得税的纳税义务人包括中国公民、个体工商户、个人独资企业、合伙企业投资者、在中国有所得的外籍人员(包括无国籍人员,下同)和香港、澳门、台湾同胞。

(二)纳税人的类型及判定标准

1. 居民个人和非居民个人的概念

根据有无住所和居住时间两个标准,个人所得税的纳税人区分为居民个人和非居民个人。根据《个人所得税法》规定,居民个人是指在中国境内有住所,或者无住所而一个纳税年度在中国境内居住累计满183天的个人。非居民个人则是不符合居民个人判断标准的纳税人,具体是指在中国境内无住所又不居住,或者无住所而一个纳税年度在中国境内居住累计不满183天的个人。这其中涉及两个重要的概念分别是:

（1）"中国境内有住所"。因户籍、家庭、经济利益关系，而在中国境内习惯性居住。其中，习惯性居住是指个人因学习、工作、探亲等原因消除之后，没有理由在其他地方继续居留时，所要回到的地方，而不是指实际居住或在某一个特定时期内的居住地。现行税法中关于"中国境内"的概念，是指中国大陆地区，目前还不包括香港、澳门和台湾地区。

【例 3-1】李某是中国公民，在国内某高校任职，2019—2021 年作为访问学者派往知名大学交流，并在美国居住。李某的户籍、家庭和收入来源都在中国境内，只因工作原因临时派往美国。但是在访问学习结束之后必须回到中国境内居住，因此中国为李某的习惯性居住地。尽管李某在连续三个纳税年度，都未在中国境内居住过 1 天，他仍然是中国的居民个人。

（2）"居住累计满 183 天"。是指在一个纳税年度（即公历 1 月 1 日起至 12 月 31 日止）内，在中国境内居住累计满 183 日，即境内无住所的某人在一个纳税年度内无论出境多少次，只要在我国境内累计住满 183 天，就可判定为我国的居民个人。在计算居住天数时，在中国境内停留的当天满 24 小时的，计入中国境内居住天数，在中国境内停留的当天不足 24 小时的，不计入中国境内居住天数。

【例 3-2】某外籍人员 Tom 从 2018 年 10 月起到中国境内的公司任职，在 2019 年纳税年度内，曾多次离境回国，出境天数累计 170 天。虽然 Tom 是因工作原因来中国居住，在中国境内无住所，但 Tom 在我国境内的居住停留时间累计达 195 天，已经超过了一个纳税年度内在境内累计居住满 183 天的标准。因此，该纳税人应为中国的居民个人。

2. 居民个人和非居民个人的判定

根据居民个人和非居民个人的概念可知，居民个人和非居民个人的两个判定标准："中国境内有住所"与"居住累计满 183 天"。这两个标准不是并列关系，而是递进关系，纳税人类型的判定逻辑应为：在中国境内有住所的，不考虑居住时间，全部判定为居民个人；无住所的纳税人，再根据居住时间是否超过 183 天做判断。

根据居民个人和非居民个人的判定标准，居民个人与非居民个人范围的完整表述如下：

（1）居民个人包括以下两类：一是在中国境内定居的中国公民和外国侨民。但不包括虽具有中国国籍，却并没有在中国大陆定居，而是侨居海外的华侨和居住在港、澳、台地区的同胞。二是从公历 1 月 1 日起至 12 月 31 日止，在中国境内累计居住满 183 天的外国人、海外侨胞和港、澳、台同胞。

（2）非居民个人是指在一个纳税年度中，没有在中国境内居住，或者在中国境内居

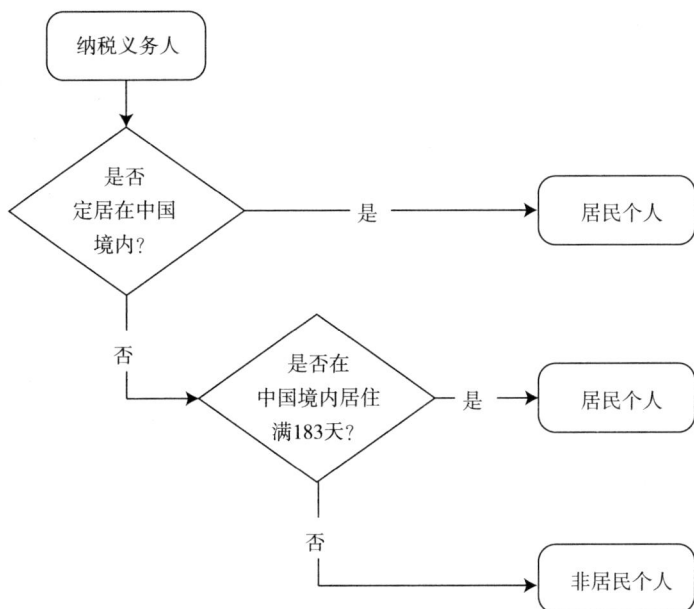

图 3-1　纳税人类型的判定逻辑图

住天数累计不满 183 天的外籍人员、华侨或香港、澳门、台湾同胞。因为习惯性居住地不在中国境内的个人，只有外籍人员、华侨或香港、澳门和台湾同胞。

3. 公民和侨民的纳税人类型判定

居民个人是一个税法概念，与"公民""华侨""侨民"等概念有交叉但不能等同。如果概念混淆，会对个人所得税扣缴与申报工作造成极大影响，给单位带来较大的税务风险。

（1）公民。公民指具有某一国国籍，并根据该国法律规定享有权利和承担义务的人。公民政治权利主要包括：公民有选举权及被选举权、参与国家管理的权利等。我国宪法规定凡具有中华人民共和国国籍的人都是中华人民共和国的公民。

（2）侨民。侨民是指侨居国外的居民，"侨"主要是居住地与国籍不一致。如华侨是指在国外定居的具有中国国籍的自然人，但华侨不包括出国旅行、访问人员、政府派往他国协助建设的工人和技术人员，以及国家派驻外国的公务人员和在国外学习的留学生。从我国的角度看，外国侨民是指居住在中国境内的外国公民（本章其他部分提及的外国侨民皆是此概念）。

通过居民、公民、侨民等概念的对比，能够明显看出其区别与联系。在判定一个公民或侨民是否属于中国税法规定的居民个人时，可以根据以下逻辑分析判断：

情形一：如果一个纳税人是公民，可按照以下逻辑判定其纳税人类型：

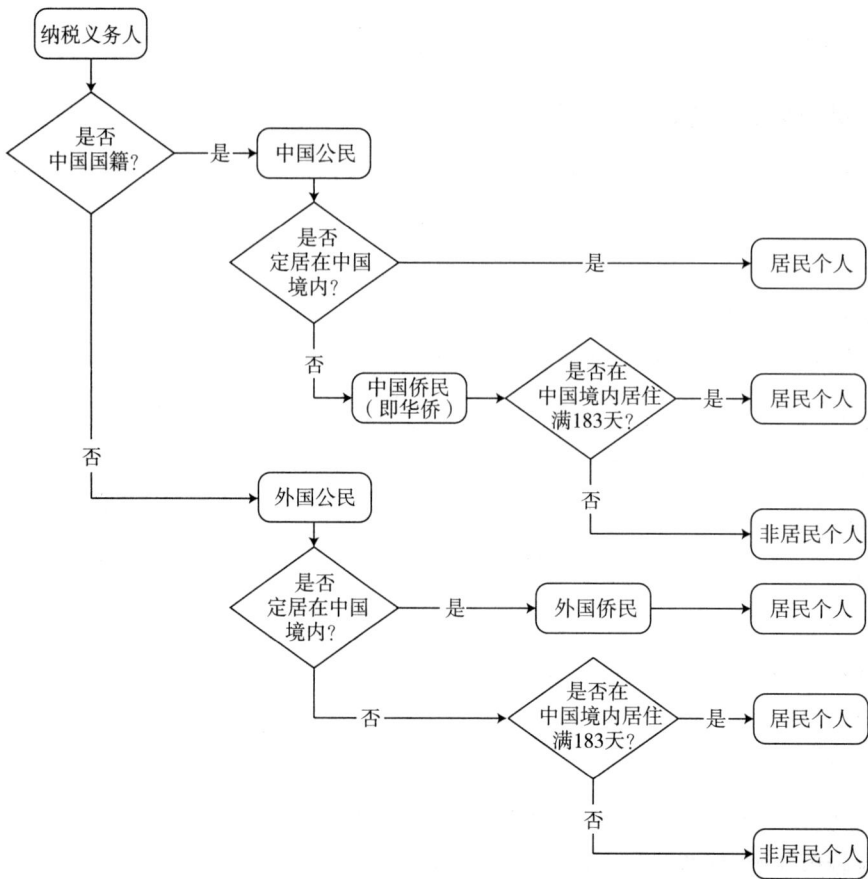

图 3-2 公民的纳税人类型判定逻辑图

情形二:如果一个纳税人是侨民,可按照以下逻辑判定其纳税人类型:

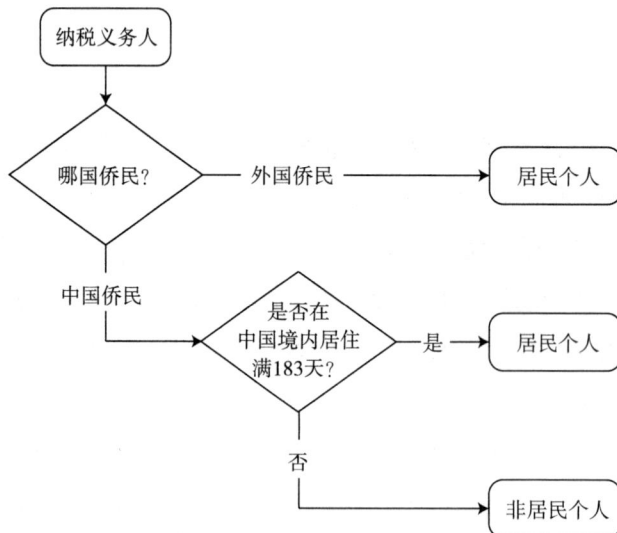

图 3-3 侨民的纳税人类型判定逻辑图

（三）有限纳税义务与无限纳税义务

1. 纳税义务基本要求

根据《个人所得税法》规定，居民个人负有无限纳税义务，其所取得的应纳税所得，无论是来源于中国境内还是中国境外任何地方，都要在中国缴纳个人所得税；而非居民个人承担有限纳税义务，即仅就其来源于中国境内的所得，向中国缴纳个人所得税。

2. 所得来源地判定

所得来源地，是指纳税人取得所得的国家或地区，不等同于所得支付地。判定所得来源地是划分国家间税收管辖权适用范围的前提条件，通常以各国国内法规为准。国际上通行做法是先将所得归为不同类型，然后分别确定来源地的判定规则。

根据《中华人民共和国个人所得税法实施条例》（中华人民共和国国务院令第707号），除国务院财政、税务主管部门另有规定外，下列所得，不论支付地点是否在中国境内，均为来源于中国境内的所得：

（1）因任职、受雇、履约等而在中国境内提供劳务取得的所得；

（2）将财产出租给承租人在中国境内使用而取得的所得；

（3）转让中国境内的不动产等财产或者在中国境内转让其他财产取得的所得；

（4）许可各种特许权在中国境内使用而取得的所得；

（5）从中国境内企业、事业单位其他组织以及居民个人取得的利息、股息、红利所得。

根据《关于境外所得有关个人所得税政策的公告》（财政部 税务总局公告2020年第3号），下列所得，为来源于中国境外的所得：

（1）因任职、受雇、履约等在中国境外提供劳务取得的所得；

（2）中国境外企业以及其他组织支付且负担的稿酬所得；

（3）许可各种特许权在中国境外使用而取得的所得；

（4）在中国境外从事生产、经营活动而取得的与生产、经营活动相关的所得；

（5）从中国境外企业、其他组织以及非居民个人取得的利息、股息、红利所得；

（6）将财产出租给承租人在中国境外使用而取得的所得；

（7）转让中国境外的不动产、转让对中国境外企业以及其他组织投资形成的股票、股权以及其他权益性资产（以下称权益性资产）或者在中国境外转让其他财产取得的所得。但转让对中国境外企业以及其他组织投资形成的权益性资产，该权益性资产被转让前三年（连续36个公历月份）内的任一时间，被投资企业或其他组织的资产公允价值50%以上直接或间接来自位于中国境内的不动产的，取得的所得为来源于中国境

内的所得;

(8)中国境外企业、其他组织以及非居民个人支付且负担的偶然所得;

(9)财政部、税务总局另有规定的,按照相关规定执行。

在某些情况下,由于各国对居民个人和所得来源地的判定缺乏统一标准,各国税法规定可能会发生冲突,从而难免产生国际间的双重征税。当国家间签订避免双重征税协定,征税权就以协定中的规定为判别标准,而不再以各相关国家的国内税法为依据。在国际税收关系中,来源地管辖权优先征税的原则已得到众多国家的认可。

3. 境外已纳个人所得税的抵免

纳税人从中国境外取得的所得,准予其在应纳税额中扣除已在境外缴纳的个人所得税税额。但扣除额不得超过该纳税人境外所得依照我国税法规定计算的应纳税额。该规定要点如下:

(1)限额扣除:居民个人抵免已在境外缴纳的综合所得、经营所得以及其他所得的所得税税额的限额,即境外的综合所得、经营所得以及其他所得按照我国税法规定计算的应该在我国缴纳的个人所得税税额。

①抵免限额的计算原则如下:

原则一:居民个人来源于中国境外的综合所得,应当与境内综合所得合并计算应纳税额;

原则二:居民个人来源于中国境外的经营所得,应当与境内经营所得合并计算应纳税额。居民个人来源于境外的经营所得,按照个人所得税法及其实施条例的有关规定计算的亏损,不得抵减其境内或他国(地区)的应纳税所得额,但可以用来源于同一国家(地区)以后年度的经营所得按中国税法规定弥补;

原则三:居民个人来源于中国境外的利息、股息、红利所得,财产租赁所得,财产转让所得和偶然所得(以下称其他分类所得),不与境内所得合并,应当分别单独计算应纳税额。

②抵免限额的计算公式如下:

公式一:来源于一国(地区)综合所得的抵免限额=中国境内和境外综合所得依照原则一计算的综合所得应纳税额×来源于该国(地区)的综合所得收入额÷中国境内和境外综合所得收入额合计

公式二:来源于一国(地区)经营所得的抵免限额=中国境内和境外经营所得依照原则二计算的经营所得应纳税额×来源于该国(地区)的经营所得应纳税所得额÷中国境内和境外经营所得应纳税所得额合计

公式三:来源于一国(地区)其他分类所得的抵免限额=该国(地区)的其他分类所

得依照原则三计算的应纳税额

公式四:来源于一国(地区)所得的抵免限额=来源于该国(地区)综合所得抵免额+来源于该国(地区)经营所得抵免限额+来源于该国(地区)其他分类所得抵免限额

(2)扣除方法:纳税人在中国境外一个国家或地区实际已纳个人所得税税额低于抵免限额的,应在中国补缴差额部分的税款;超过抵免限额的,其超过部分不得在本纳税年度的应纳税额中扣除,但可在以后纳税年度的该国家或地区抵免限额的余额中补扣,补扣期最长不得超过5年。

居民个人从与我国签订税收协定的国家(地区)取得的所得,按照该国(地区)税收法律享受免税或减税待遇,且该免税或减税的数额按照税收协定饶让条款规定应视同已缴税额在中国的应纳税额中抵免的,该免税或减税数额可作为居民个人实际缴纳的境外所得税税额按规定申报税收抵免。

(3)扣除凭证:境外税务机关出具的税款所属年度的有关纳税凭证。

居民个人申报境外所得税收抵免时,除另有规定外,应当提供境外征税主体出具的税款所属年度的完税证明、税收缴款书或者纳税记录等纳税凭证,未提供符合要求的纳税凭证,不予抵免。

居民个人已申报境外所得、未进行税收抵免,在以后纳税年度取得纳税凭证并申报境外所得税收抵免的,可以追溯至该境外所得所属纳税年度进行抵免,但追溯年度不得超过五年。自取得该项境外所得的五个年度内,境外征税主体出具的税款所属纳税年度纳税凭证载明的实际缴纳税额发生变化的,按实际缴纳税额重新计算并办理补退税,不加收税收滞纳金,不退还利息。

纳税人确实无法提供纳税凭证的,可同时凭境外所得纳税申报表(或者境外征税主体确认的缴税通知书)以及对应的银行缴款凭证办理境外所得抵免事宜。

(4)可抵免的境外所得税额不包括以下情形:

情形一:按照境外所得税法律属于错缴或错征的境外所得税税额;

情形二:按照我国政府签订的避免双重征税协定以及内地与香港、澳门签订的避免双重征税安排(以下统称税收协定)规定不应征收的境外所得税税额;

情形三:因少缴或迟缴境外所得税而追加的利息、滞纳金或罚款;

情形四:境外所得税纳税人或者其利害关系人从境外征税主体得到实际返还或补偿的境外所得税税款;

情形五:按照我国个人所得税法及其实施条例规定,已经免税的境外所得负担的境外所得税税款。

（四）纳税扣缴义务人

1. 扣缴义务人的定义

扣缴义务人，又称代扣代缴义务人，是指向个人支付所得的单位或者个人。根据税法规定，扣缴义务人向个人支付应税款项时，应依照个人所得税法规定预扣或者代扣税款，按时缴库，并专项记载备查。

代扣代缴义务人、代收代缴义务人和代征代缴义务人是不同的。

代收代缴义务人，是指有义务借助与纳税人的经济交往而向纳税人收取应纳税款并代为缴纳的单位。代扣代缴义务人直接持有纳税人的收入，可以从中扣除纳税人的应纳税款；代收代缴义务人不直接持有纳税人的收入，只能在与纳税人的经济往来中收取纳税人的应纳税款并代为缴纳。

代征代缴义务人，是指因税法规定，受税务机关委托而代征税款的单位和个人。通过由代征代缴义务人代征税款，不仅便利了纳税人税款的缴纳，有效地保证了税款征收的实现，而且对于强化税收征管，有效杜绝和防止税款流失，有明显的保障作用。

2. 扣缴义务人责任与义务

扣缴义务人应当依法办理全员全额扣缴申报，要求扣缴义务人应当在代扣税款的次月十五日内，向主管税务机关报送其支付所得的所有个人的有关信息、支付所得数额、扣除事项和数额、扣缴税款的具体数额和总额以及其他相关涉税信息资料。

（1）扣缴义务人依法履行代扣代缴义务，纳税人不得拒绝。纳税人拒绝的，扣缴义务人应当及时报告税务机关。

（2）扣缴义务人应扣缴税款后一定时期内或根据纳税人的要求向纳税人提供其个人所得和已扣缴税款等信息。

支付工资、薪金所得的扣缴义务人应当于年度终了后两个月内，向纳税人提供其个人所得和已扣缴税款等信息。如果纳税人年度中间需要扣缴义务人提供上述信息的，扣缴义务人应当提供。纳税人取得除工资、薪金所得以外的其他所得，扣缴义务人应当在扣缴税款后，及时向纳税人提供其个人所得和已扣缴税款等信息。

（3）扣缴义务人应当按照纳税人提供的信息计算税款、办理扣缴申报，不得擅自更改纳税人提供的信息。

发现纳税人提供的信息与实际情况不符的，可以要求纳税人修改。纳税人拒绝修改的，扣缴义务人应当报告税务机关，税务机关应当及时处理。纳税人发现扣缴义务人提供或者扣缴申报的个人信息、支付所得、扣缴税款等信息与实际情况不符的，有权要求扣缴义务人修改。扣缴义务人拒绝修改的，纳税人应当报告税务机关，税务机关应当及时处理。

（4）扣缴义务人对纳税人提供的《个人所得税专项附加扣除信息表》，应当按照规定妥善保存备查，应当依法对纳税人报送的专项附加扣除等相关涉税信息和资料保密。

（5）对扣缴义务人按照规定扣缴的税款，按年付给2%的手续费，不包括税务机关、司法机关等查补或者责令补扣的税款。扣缴义务人领取的扣缴手续费可用于提升办税能力、奖励办税人员。

（6）扣缴义务人有未按照规定向税务机关报送资料和信息、未按照纳税人提供信息虚报虚扣专项附加扣除、应扣未扣税款、不缴或少缴已扣税款、借用或冒用他人身份等行为的，依照《税收征管法》等相关法律、行政法规处理。

三、征税对象与税率

征税对象与税率是最常用的两个税法要素，规定了纳税人的纳税范围和对应税率，是计算应纳税额的基本要素。

征税对象，又叫课税对象、征税客体，是征纳税双方权利义务共同指向的客体或标的物，即税法规定的对什么征税。征税对象是区别一种税与另一种税的重要标准，是税法最基本的要素，因为它体现着征税的最基本界限，决定着某一种税的基本征税范围，也决定着一个税种的名称。如个人所得税的征税对象主要是自然人取得的各类应税所得，故税种名称叫个人所得税。与征税对象相关的两个基本概念：税目与税基。税目是在税法中对征税对象分类规定的具体征税项目，反映具体的征税范围，是对课税对象质的界定。税基又叫计算依据，是据以计算征税对象应纳税款的直接数量依据，它解决对征税对象课税的计算问题，是对课税对象量的规定。

税率，是对征税对象的征收比例或征收额度。税率是计算税额的尺度，也是衡量税负轻重与否的重要标志。中国现行的税率主要有比例税率、超额累进税率、超率累进税率、定额税率。

（一）税目

个人所得税的税目包括：（1）工资、薪金所得；（2）劳务报酬所得；（3）稿酬所得；（4）特许权使用费所得；（5）经营所得；（6）利息、股息、红利所得；（7）财产租赁所得；（8）财产转让所得；（9）偶然所得。其中（1）至（4）项构成了综合所得。

工资、薪金所得，是指个人从事受雇等非独立个人劳动而获得的工资、薪金、奖金、年终加薪、劳动分红、津贴、补贴以及与任职或者受雇有关的其他所得。

劳务报酬所得,是指个人独立从事各种非雇佣的各种劳务所取得的所得,如包括设计、医疗、法律、会计、咨询、讲学、翻译、演出、技术服务、介绍服务、代办服务等。

稿酬所得,是指个人因其作品以图书、报刊形式出版、发表而取得的所得。

特许权使用费所得,是指个人提供专利权、商标权、著作权、非专利技术以及其他特许权的使用权取得的所得。

经营所得,是指(1)个体工商户从事生产、经营活动取得的所得,个人独资企业投资人、合伙企业的个人合伙人来源于境内注册的个人独资企业、合伙企业生产、经营的所得;(2)个人依法从事办学、医疗、咨询以及其他有偿服务活动取得的所得;(3)个人对企业、事业单位承包经营、承租经营以及转包、转租取得的所得;(4)个人从事其他生产、经营活动取得的所得。

利息、股息、红利所得,是指个人拥有债权、股权而取得的利息、股息、红利所得。

财产租赁所得,是指个人出租不动产、机器设备、车船以及其他财产取得的所得。

财产转让所得,是指个人转让有价证券、股权、合伙企业中的财产份额、不动产、机器设备、车船以及其他财产取得的所得。

偶然所得,是指个人得奖、中奖、中彩以及其他偶然性质的所得。

(二)税基

个人所得税的税基是纳税人取得的应纳税所得额。虽然不同税目的税基构成不同,但基本计算逻辑是一样的,即应纳税所得额等于个人取得的各项应税收入减去税法规定的扣除项目或扣除金额后的余额。

1. 应税收入

根据《个人所得税法实施条例》规定,个人所得的形式包括现金、实物、有价证券和其他形式的经济利益。当个人所得形式为实物、有价证券和其他形式时,需要对这些非现金形式的所得进行货币化计量,以确定应纳税所得额,计量原则如下:

(1)所得为实物的,应当按照取得的凭证上所注明的价格计算应纳税所得额,无凭证的实物或者凭证上所注明的价格明显偏低的,参照市场价格核定应纳税所得额;

(2)所得为有价证券的,根据票面价格和市场价格核定应纳税所得额;

(3)所得为其他形式的经济利益的,参照市场价格核定应纳税所得额。

2. 费用扣除

通常情况下,纳税人为取得收入需要支出必要的成本或费用。从世界各国征收个人所得税的实践看,一般都允许纳税人从其收入中扣除必要的费用,仅就扣除费用后的所得征税。我国个人所得税规定,在计算个人所得税应纳税所得额时,除利息、股息、红

利所得和偶然所得项目外,允许从个人的应税收入中减去税法规定的扣除项目或扣除金额。常见的扣除方法包括:

(1)定额扣除,是指对个人取得的收入征收所得税时,给予纳税人一个固定扣除金额的费用扣除方法。这主要是考虑纳税人及其赡养人口最基本的生计费用和其他必要的费用,但由于生计费用和各项必要的费用无法按实际发生的费用计算,所以在给予费用扣除时,一般根据纳税人的普通费用内容和生活水平,确定一个固定的扣除金额,也就是不论纳税人在取得收入过程中发生多少费用额,均按照同一扣除金额予以扣除。比如我国对居民个人综合所得涉及的个人生计费用,采取定额扣除的办法,目前最新减除费用标准为 60 000 元/年。

(2)定率扣除,指对个人取得的收入征收所得税时,实行按固定比例扣除费用的方法。这主要是考虑纳税人取得收入所需要支出的成本或费用是随着收入额的大小波动而变化的。定率扣除法是世界各国的普遍做法,我国个人所得税规定了一些实行定率扣除费用的收入项目,比如保险营销员、证券经纪人取得的佣金收入的展业成本按照收入额的25%计算。

(3)定额与定率相结合,是将固定金额扣除费用与固定比例扣除费用相结合的方法,比如财产租赁所得,因涉及既要按一定比例合理扣除费用,又要避免扩大征税范围等两个需求同时兼顾的因素,故采取定额和定率两种扣除办法,每次收入不超过 4 000 元的,减除费用 800 元, 4 000 元以上的,减除20%的费用,其余额为应纳税所得额。

(4)会计核算扣除,是指对个人取得的收入征收所得税时,根据会计核算的成本费用进行扣除的方法。采用会计核算扣除的前提条件是健全的会计核算体系,可以如实提供出实际发生费用的信息。比如经营所得涉及生产、经营有关成本或费用支出,采取会计核算办法扣除有关成本、费用、税金等支出。

3. 外币折算

由于我国个人所得税的应税收入、费用扣除额以及应纳税所得额都是通过人民币来计算的,因此税法规定,所得为人民币以外的货币的,按照人民币汇率中间价折合成人民币缴纳税款。折算汇率的选择规则如下:

(1)纳税申报时:按照办理纳税申报或扣缴申报的上一月最后一日人民币汇率中间价,折合成人民币计算应纳税所得额。

(2)汇算清缴时:年度终了后办理汇算清缴的,对已经按月、按季或者按次预缴税款的人民币以外货币所得,不再重新折算;对应当补缴税款的所得部分,按照上一纳税年度最后一日人民币汇率中间价,折合成人民币计算应纳税所得额。

注:根据《国家税务总局关于外商投资企业和外国企业及外籍个人的外币收入如何折合成人民币计算缴纳税款问题的通知》(国税发〔1995〕70号),就外商投资企业和外国企业以及外籍个人计税时使用的外汇牌价问题明确规定:外商投资企业和外国企业及外籍个人取得的收入和所得为美元、港币和日元的,统一使用中国人民银行公布的外汇牌价;其他可兑换货币的外汇统一使用中国银行公布的挂牌价格,折合成人民币收入和所得计算纳税。

4. 总体要求

(1)居民个人的综合所得,以每一纳税年度的收入额减除费用60 000元以及专项扣除、专项附加扣除和依法确定的其他扣除后的余额,为应纳税所得额。

其中:劳务报酬所得、稿酬所得、特许权使用费所得以收入减除20%的费用后的余额为收入额。稿酬所得的收入额减按70%计算。

(2)非居民个人的工资、薪金所得,以每月收入额减除费用5000元后的余额为应纳税所得额;劳务报酬所得、稿酬所得、特许权使用费所得,以每次收入额为应纳税所得额。

其中,劳务报酬所得、稿酬所得、特许权使用费所得以收入减除20%的费用后的余额为收入额。稿酬所得的收入额减按70%计算。

(3)经营所得,以每一纳税年度的收入总额减除成本、费用以及损失后的余额,为应纳税所得额。

(4)财产租赁所得,每次收入不超过4000元的,减除费用800元;4000元以上的,减除20%的费用,其余额为应纳税所得额。

(5)财产转让所得,以转让财产的收入额减除财产原值和合理费用后的余额,为应纳税所得额。

(6)利息、股息、红利所得和偶然所得,以每次收入额为应纳税所得额。

(三)税率

1. 综合所得

居民个人取得综合所得(工资薪金所得、劳务报酬所得、稿酬所得和特许权使用费所得),采用七级超额累进税率。

表3-1　　　　　　　　　　综合所得个人所得税税率表

级数	全年应纳税所得额	税率(%)
1	不超过36 000元的	3

级数	全年应纳税所得额	税率(%)
2	超过 36 000 元至 144 000 元的部分	10
3	超过 144 000 元至 300 000 元的部分	20
4	超过 300 000 元至 420 000 元的部分	25
5	超过 420 000 元至 660 000 元的部分	30
6	超过 660 000 元至 960 000 元的部分	35
7	超过 960 000 元的部分	45

注:居民个人取得的综合所得适用年税率表。非居民个人取得的工资薪金所得、劳务报酬所得、稿酬所得和特许权使用费所得,适用换算的月税率表。

2. 经营所得

经营所得适用五级超额累进税率,税率为5%—35%,详见下表。

表 3-2　　　　　　　　　　经营所得个人所得税税率表

级数	全年应纳税所得额	税率
1	不超过 30 000 元的	5
2	超过 30 000 元至 90 000 元的部分	10
3	超过 90 000 元至 300 000 元的部分	20
4	超过 300 000 元至 500 000 元的部分	30
5	超过 500 000 元的部分	35

3. 其他所得

利息、股息、红利所得、财产租赁所得、财产转让所得以及偶然所得,适用税率为20%的比例税率。

(四)计征方式

由于某些应税收入存在较强的连续性或重复性,如一个纳税人的工资收入可能从参加工作直至退休一直连续发生,应纳税所得额的大小直接决定税率选择和费用扣除额,进而影响个人所承担的税负,因此计征方式的选择是十分重要的。

表 3-3   各类个人所得的计征方式对比表

序号	税目	计征方式		
		居民个人		非居民个人
1	工资、薪金所得	按月预扣预缴	四项汇总,按年计征,汇算清缴	按月计征
2	劳务报酬所得	按次或者按月预扣预缴		按次或者按月计征
3	稿酬所得	按次预扣预缴		按次计征
4	特许权使用费所得	按次或者按月预扣预缴		按次或者按月计征
5	经营所得	按月或者按季预扣预缴,按年计征		
6	利息、股息、红利所得	按次计征		
7	财产租赁所得	按次计征		
8	财产转让所得	按次计征		
9	偶然所得	按次计征		

四、纳税申报与征收管理

个人所得税纳税申报与征收管理中,采取扣缴义务人全员全额扣缴申报与纳税人自行申报纳税相结合的方式。为此,国家税务总局发布了《个人所得税扣缴申报管理办法(试行)》和《关于个人所得税自行纳税申报有关问题的公告》。

(一)全员全额扣缴申报纳税

个人所得税全员全额扣缴申报是指扣缴义务人向个人支付应税所得时,不论其是否属于本单位人员、支付的应税所得是否达到纳税标准,扣缴义务人应当在代扣税款的次月十五日内,向主管税务机关报送其支付所得的所有个人的有关信息、支付所得数额、扣除事项和数额、扣缴税款的具体数额和总额以及其他相关涉税信息资料。实行个人所得税全员全额扣缴申报的应税所得包括:

(1)工资、薪金所得;

(2)劳务报酬所得;

(3)稿酬所得;

(4)特许权使用费所得;

(5)利息、股息、红利所得;

(6)财产租赁所得;

(7)财产转让所得;

（8）偶然所得。

简单理解，个税全员全额扣缴申报就是无论是否需要缴纳个税、也无论缴纳多少个税，都需要加以申报。即使个人综合所得的应税收入扣除新税法规定的各项费用后达不到税法征税的标准，但还得依法实行"零申报"。其他分类所得的应税收入，除经营所得外，都进行全员全额扣缴申报。在这一申报基础上，单位也须向主管税务机关报送职工的基本信息和收入情况。

全员全额扣缴申报旨在建立健全纳税人信息档案，加强税源监控，堵塞税收漏洞，并不涉及个人所得税税率，也不涉及"起征点"，因此，个人所得的应纳税额并不会受影响，但实行了代扣代缴个税的单位在全员全额明细申报后，每个单位有多少人、每个人开了多少工资、分别纳了多少税，就一目了然。

（二）纳税人自行申报纳税

自行申报纳税，是指在税法规定的纳税期限内，由纳税人自行向税务机关申报取得的应税所得项目和数额，如实填写个人所得税纳税申报表，并按税法规定计算应纳税额的一种纳税方法。在全员全额扣缴申报的基础上，凡依据个人所得税法负有纳税义务的纳税人，有下列情形之一的，纳税人还应当依法办理纳税申报。

（1）取得综合所得需要办理汇算清缴。

纳税人应当在取得所得的次年3月1日至6月30日内向任职、受雇单位所在地主管税务机关办理汇算清缴；纳税人有两处以上任职、受雇单位的，选择向其中一处任职、受雇单位所在地主管税务机关办理纳税申报；纳税人没有任职、受雇单位的，向户籍所在地或经常居住地主管税务机关办理纳税申报。具体申报时间与地点的要求在本章第三节年终汇算清缴的计算与申报部分详细讲解。

（2）取得应税所得没有扣缴义务人。

①纳税人取得经营所得，按年计算个人所得税，由纳税人在月度或者季度终了后15日内向经营管理所在地主管税务机关报送纳税申报表，并预缴税款；在取得所得的次年3月31日前向经营管理所在地主管税务机关办理汇算清缴；从两处以上取得经营所得的，选择其中一处经营管理所在地主管税务机关办理年度汇总申报。

②纳税人取得应税所得没有扣缴义务人的，应当在取得所得的次月15日内向税务机关报送纳税申报表，并缴纳税款。

（3）取得应税所得，扣缴义务人未扣缴税款。

①居民个人取得综合所得且符合规定情形的，应当依法按照汇算清缴的相关规定办理，具体申报时间与地点的要求在本章第三节年终汇算清缴的计算与申报部分详细

讲解。

②非居民个人取得工资、薪金所得,劳务报酬所得,稿酬所得,特许权使用费所得的,应当在取得所得的次年6月30日前,向扣缴义务人所在地主管税务机关办理纳税申报,如果有两个以上扣缴义务人均未扣缴税款的,选择向其中一处扣缴义务人所在地主管税务机关办理纳税申报,如果非居民个人在次年6月30日前离境(临时离境除外)的,应当在离境前办理纳税申报。

③纳税人取得利息、股息、红利所得,财产租赁所得,财产转让所得和偶然所得的,应当在取得所得的次年6月30日前,按相关规定向主管税务机关办理纳税申报。

(4)取得境外所得。

居民个人从中国境外取得所得的,应当在取得所得的次年3月1日至6月30日内,向中国境内任职、受雇单位所在地主管税务机关办理纳税申报;没有任职、受雇单位的,向户籍所在地或中国境内经常居住地主管税务机关办理纳税申报;户籍所在地与中国境内经常居住地不一致的,选择其中一地主管税务机关办理纳税申报;在中国境内没有户籍的,向中国境内经常居住地主管税务机关办理纳税申报。

(5)因移居境外注销中国户籍。

纳税人因移居境外注销中国户籍的,应当在申请注销中国户籍前,向户籍所在地主管税务机关办理纳税申报,进行税款清算。

①在注销户籍年度取得综合所得的,应当在注销户籍前,办理当年综合所得的汇算清缴。尚未办理上一年度综合所得汇算清缴的,应当在办理注销户籍纳税申报时一并办理。

②在注销户籍年度取得经营所得的,应当在注销户籍前,办理当年经营所得的汇算清缴,并报送《个人所得税经营所得纳税申报表(B表)》。从两处以上取得经营所得的,还应当一并报送《个人所得税经营所得纳税申报表(C表)》。尚未办理上一年度经营所得汇算清缴的,应当在办理注销户籍纳税申报时一并办理。

③纳税人在注销户籍当年取得利息、股息、红利所得,财产租赁所得,财产转让所得和偶然所得的,应当在注销户籍前,申报当年上述所得的完税情况,并报送《个人所得税自行纳税申报表(A表)》。

④纳税人有未缴或者少缴税款的,应当在注销户籍前,结清欠缴或未缴的税款。纳税人存在分期缴税且未缴纳完毕的,应当在注销户籍前,结清尚未缴纳的税款。

⑤办理注销户籍纳税申报时,需要办理专项附加扣除、依法确定的其他扣除的,应当向税务机关报送《个人所得税专项附加扣除信息表》《商业健康保险税前扣除情况明细表》《个人税收递延型商业养老保险税前扣除情况明细表》等。

（6）非居民个人在中国境内从两处以上取得工资、薪金所得。

非居民个人应当在取得所得的次月 15 日内，向其中一处任职、受雇单位所在地主管税务机关办理纳税申报。

（7）国务院规定的其他情形。

纳税人办理自行纳税申报时，应当一并报送税务机关要求报送的其他有关资料。纳税人在办理纳税申报时需要享受税收协定待遇的，按照享受税收协定待遇有关办法办理。

（三）个人所得税的反避税

1. 反避税规定的适用情形

有下列情形之一的，税务机关有权按照合理方法进行纳税调整：

（1）个人与其关联方之间的业务往来不符合独立交易原则而减少本人或者其关联方应纳税额，且无正当理由。

（2）居民个人控制的，或者居民个人和居民企业共同控制的设立在实际税负明显偏低的国家（地区）的企业，无合理经营需要，对应当归属于居民个人的利润不作分配或者减少分配。

（3）个人实施其他不具有合理商业目的的安排而获取不当税收利益。

2. 个人所得税的反避税措施

（1）税务机关依照前述规定情形作出纳税调整，需要补征税款的，应当补征税款，并依法加收利息。

（2）依法加征的利息，应当按照税款所属纳税申报期最后一日中国人民银行公布的与补税期间同期的人民币贷款基准利率计算，自税款纳税申报期满次日起至补缴税款期限届满之日止按日加收。纳税人在补缴税款期限届满前补缴税款的，利息加收至补缴税款之日。

"反避税条款"无疑将为税务机关未来的个人所得税反避税实践提供更好的制度保障和执法依据。与此同时，个人所得税反避税的实施也需要有更为详细的立案和调查、调整流程等程序性规则和实体性认定标准，在赋予税务机关个人所得税反避税权力的同时，兼顾纳税人的权利保护。

第二节　个人所得税法中薪酬的概念

在企业所得税、个人所得税、财务会计、管理会计以及人力资源领域中，薪酬的含义都是存在或多或少的差异。在个人所得税中,薪酬的对应概念是工资、薪金所得。

一、工资、薪金所得的含义

工资、薪金所得,是指个人因任职或者受雇而取得的工资、薪金、奖金、年终加薪、劳动分红、津贴、补贴以及与任职或受雇有关的其他所得。

一般来说,工资、薪金所得属于非独立个人劳动所得。所谓非独立个人劳动,是指所从事的是由他人指定、安排并接受管理的劳动,工作或服务于公司、工厂、行政事业单位的人员(私营企业主除外)均为非独立劳动者。他们从上述单位取得的劳动报酬,是以工资、薪金的形式体现的。

在这类报酬中,工资和薪金的收入主体略有差异。通常情况下,把直接从事生产、经营或服务的劳动者(工人)的收入称为工资,即所谓"蓝领阶层"所得;而将从事社会公职或管理活动的劳动者(公职人员)的收入称为薪金,即所谓"白领阶层"所得。但实际立法过程中,各国都从简便易行的角度考虑,将工资、薪金合并为一个项目计征个人所得税。

除工资、薪金以外,奖金、年终加薪、劳动分红、津贴、补贴也被税法确定为工资、薪金范畴。其中,年终加薪、劳动分红不分种类和取得情况,一律按工资、薪金所得课税。有些情况下,工资、薪金所得容易与劳务报酬所得、稿酬所得、经营所得及利息、股利、红利所得混淆,现逐项对比如下:

(一)与劳务报酬所得的区别

"工资、薪金所得"与"劳务报酬所得"两个税目如何明确区分,是一个难点问题,主要是由于两项所得的对价都是或主要是个人劳动的对价。这些天然因素使二者更难以分清,由此引发了许多税务争议。虽然新《个人所得税法》实施后,这两项所得要合并计算纳税,但两者的扣缴方式等方面仍存在较多不同,明确区分"工资、薪金所得"与"劳务报酬所得"仍然有重要意义。

工资、薪金所得是属于非个人劳务活动,即在机关、团体、学校、部队、企事业单位及其他组织中任职、受雇而得到的报酬;劳务报酬所得则是个人独立从事各种技艺、提供各项劳务取得的报酬。工资、薪金所得与劳动报酬所得的主要区别在于是否存在雇佣与被雇佣关系。工资、薪金所得是非独立的、与任职、受雇有关的报酬,劳务报酬所得是独立的、非雇用的报酬。在分析雇佣关系时,还可参考《劳动合同法》《关于确立劳动关系有关事项的通知》(劳社部发〔2005〕12号)等有关规定,进行综合分析判断。

（二）与稿酬所得的区别

当个人从所受雇佣报纸、杂志等单位取得稿酬性收入时，就会产生"工资、薪金所得"与"稿酬所得"两个税目的区分问题。

在识别某项稿酬性收入是否属于工资、薪金所得时，不但要考虑个人与报纸、杂志等单位之间是否存在雇佣与被雇佣关系，还要考虑个人在受雇佣报纸、杂志等单位的岗位职责。任职、受雇于报纸、杂志等单位的记者、编辑等专业人员，因在本单位的报纸、杂志上发表作品取得的所得，属于因任职、受雇而取得的所得，应与其当月工资收入合并，计入工资、薪金所得。除上述专业人员，其他人员在本单位的报纸、杂志上发表作品取得的所得，属于稿酬所得。

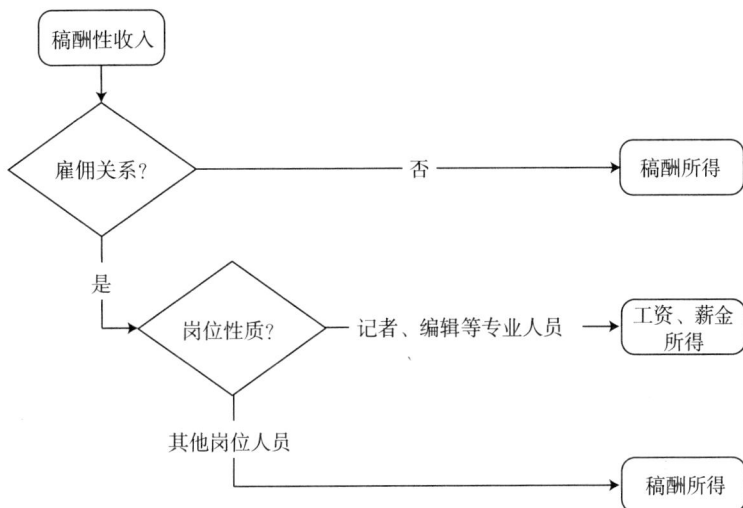

图3-4 稿酬性收入的税目归属判断逻辑图

（三）与经营所得的区别

当个人投资经营活动，从个体工商户、个人独资企业、合伙企业取得收入时，或员工承包或承租企业业务时，就会产生"工资、薪金所得"与"经营所得"两个税目的区分问题。这种情况下，"工资、薪金所得"与"经营所得"的界限也是十分难以把握的，较容易出现税务风险。

工资、薪金所得与经营所得的主要区别是个人是否对经营成果拥有所有权，即个人承担经营的风险与收益，而不是仅仅承担低风险的固定收益，如承包人按合同（协议）的规定只向发包方交纳一定费用后，企业经营成果归其所有时，承包人取得的所得，属于经营所得,因为承包人承担了经营的风险与收益;如果承包人只是收取固定收益,则承包人取得的所得就属于工资、薪金所得。

(四)与利息、股息、红利所得的区别

为了激励和留住核心人才,使其具有主人翁意识,从而与企业形成利益共同体,促进企业与员工共同成长,企业常推行一系列股权激励的策略,如股票期权、股票增值权等。在不同的股权激励形式中,税法对股息的认定是不同的。在员工已获得企业股权的情况下,员工所获得的股利才符合税法规定的利息、股息、红利所得;如果员工未获得企业股权,仅仅是获得虚拟股权以作为享受企业利润的依据,则仍属于工资、薪金所得。

二、工资、薪金所得的专项规定

(1)个人在公司(包括关联公司)任职、受雇,同时兼任董事、监事时,应将董事费、监事费与个人工资收入合并,计入工资、薪金所得,但个人担任公司董事、监事,且不在公司任职、受雇时,个人取得的董事费、监事费则属于劳务报酬所得。

(2)在商品营销活动中,企业和单位以免收差旅费、旅游费等形式,对其营销业绩突出的非雇员实行的营销业绩奖励(包括实物、有价证券等),应根据所发生的费用的全额作为该营销人员当期的劳务收入,计入劳务报酬所得。如果是受奖励个人是本企业雇员,按照工资、薪金所得征收个人所得税。

(3)雇员为本企业提供非有形商品推销、代理等服务活动取得的佣金、奖励和劳务费等名目的收入,无论该收入采用何种计取方式和支付方式,均应计入该雇员的当期工资、薪金所得。非本企业雇员对企业提供非有形商品推销、代理等服务活动取得的佣金、奖励和劳务费等名目的收入,扣除相关税款后,应计入个人的劳动报酬所得。

(4)律师取得的法律顾问费或其他酬金,均按劳务报酬所得征收个人所得税,税款由支付报酬的单位或个人扣缴。

(5)企业以现金形式发给个人的住房补贴、医疗补助费,以及企业为员工支付的各项免税之外的保险金,应在企业向保险公司缴付时(即该保险落到被保险人的保险账户)并入员工当期的工资收入,计入工资、薪金所得。

(6)个人因公务用车和通信制度改革而取得的公务用车、通信补贴收入,扣除一定标准的公务费用后,按照工资、薪金所得计征个人所得税。

(7)退休人员再任职取得的收入,在减除按个人所得税法规定的费用扣除标准后,按工资、薪金所得缴纳个人所得税。

(8)作为律师事务所雇员的律师与律师事务所按规定的比例对收入分成,律师事

务所不负担律师办理案件支出的费用(如交通费、资料费、通信费及聘请人员等费用),律师当月的分成收入扣除办理案件支出的费用后,余额与律师事务所发给的工资合并,按工资、薪金所得计征个人所得税。

(9)单位为职工购买商业性补充养老保险等,在办理投保手续时应作为工资、薪金所得,缴纳个人所得税。因各种原因退保,个人未取得实际收入的,已缴纳的个人所得税应予以退回。

三、工资、薪金所得的例外项目

1. 兼职劳动收入

个人兼职取得的劳动收入,应计入劳务报酬所得。虽然根据《劳动合同法》,非全日制用工也需要签订劳动合同,而非劳务合同,但根据税法规定,个人兼职取得的收入属于劳务报酬所得。

2. 出租车司机收入

出租车驾驶员采取单车承包或承租方式运营出租车时,出租车驾驶员从事客货营运取得的收入按工资、薪金所得征税;从事个体出租车运营的出租车司机取得的收入,按个体工商户的生产、经营所得计算缴纳个人所得税;出租车属个人所有,但挂靠出租车经营单位或企事业单位,出租车司机向挂靠单位缴纳管理费的,或出租车经营单位将出租车所有权转移给出租车司机的,出租车司机从事客货运输取得的收入,比照个体工商户的生产、经营所得计算缴纳个人所得税。

3. 企业改组改制过程中个人取得的量化资产征税问题

对职工个人以股份形式取得的仅作为分红依据,不拥有所有权的企业量化资产,不征收个人所得税。对职工个人以股份形式取得的拥有所有权的企业量化资产,暂缓征收个人所得税;待个人将股份转让时,就其转让收入额,减除个人取得该股份时实际支付的费用支出和合理转让费用后的余额,按财产转让所得计征个人所得税。

对职工个人以股份形式取得的企业量化资产参与企业分配而获得的股息、红利,不属于工资、薪金所得,应按利息、股息、红利所得征收个人所得税。

4. 补贴、津贴不属于工资、薪金所得的特殊情况

根据我国目前个人收入的构成情况,税法规定一些特定性质的补贴、津贴不属于工资、薪金所得。这些项目主要包括:

(1)按规定标准取得的独生子女补贴、托儿补助费,但超过规定标准的部分应当并入工资薪金所得。

(2)执行公务员工资制度未纳入基本工资总额的补贴、津贴差额和家属成员的副食品补贴。

（3）差旅费津贴、误餐补助。其中，误餐补助是指按照财政部规定个人因公在城区、郊区工作，不能在工作单位或返回就餐的，根据实际误餐顿数，按规定的标准领取的误餐费。

（4）外国来华留学生，领取的生活津贴费、奖学金，不属于工资、薪金范畴。

5. 军队干部取得的不计入工资、薪金所得的补贴、津贴

（1）政府特殊津贴；

（2）福利补助；

（3）夫妻分居补助费；

（4）随军家属无工作生活困难补助；

（5）独生子女保健费；

（6）子女保教补助费；

（7）机关在职军以上干部公勤费（保姆费）；

（8）军粮差价补贴。

6. 军队干部取得的暂不征税的补贴、津贴

（1）军人职业津贴；

（2）军队设立的艰苦地区补助；

（3）专业性补助；

（4）基层军官岗位津贴（营连排长岗位津贴）；

（5）伙食补贴。

第三节　居民个人的工资、薪金所得

一、预扣预缴的一般计算方法

扣缴义务人向居民个人支付工资、薪金所得时，应当按照累计预扣法计算预扣税款，并按月办理扣缴申报。累计预扣法，是指扣缴义务人在一个纳税年度内预扣预缴税款时，以纳税人在本单位截至当前月份工资、薪金所得累计收入减除累计免税收入、累计减除费用、累计专项扣除、累计专项附加扣除和累计依法确定的其他扣除后的余额为累计预扣预缴应纳税所得额，计算累计应预扣预缴税额，再减除累计减免税额和累计已预扣预缴税额，其余额为本期应预扣预缴税额，具体计算公式如下：

第一步：累计预扣预缴应纳税所得额＝累计收入－累计免税收入－累计减除费

用-累计专项扣除-累计专项附加扣除-累计依法确定的其他扣除

第二步:本期应预扣预缴税额＝(累计预扣预缴应纳税所得额×预扣率-速算扣除数)-累计减免税额-累计已预扣预缴税额

表3-4　　　　　　　　　　　　　预扣率与速算扣除数列表

级数	累计预扣预缴应纳税所得额	预扣率(%)	速算扣除数(元)
1	不超过36 000元的	3	0
2	超过36 000元至144 000元的部分	10	2 520
3	超过144 000元至300 000元的部分	20	16 920
4	超过300 000元至420 000元的部分	25	31 920
5	超过420 000元至660 000元的部分	30	52 920
6	超过660 000元至960 000元的部分	35	85 920
7	超过960 000元的部分	45	181 920

如果计算出的本期应预扣预缴税额为负值时,暂不退税。纳税年度终了后余额仍为负值时,由纳税人通过办理综合所得年度汇算清缴,税款多退少补。

【例3-3】张某为A公司员工,2019年各月应纳税所得额如下均为20 000元(已经减除各项免税收入、减除费用、专项扣除等),根据累计预扣法计算出A公司各月应扣缴的个人所得税额如下表:

表3-5　　　　　　　　　　　　张某个人所得税预扣预缴计算明细表

单位:元

期间	本月应纳税所得	本年累计应纳税所税	累计应预扣预缴税额	截至本月已预扣预缴税额	本期应预扣预缴税额
01月	20 000.00	20 000.00	600.00	0.00	600.00
02月	20 000.00	40000.00	1 480.00	600.00	880.00
03月	20 000.00	60000.00	3 480.00	1 480.00	2 000.00
04月	20 000.00	80000.00	5 480.00	3 480.00	2 000.00
05月	20 000.00	100000.00	7 480.00	5 480.00	2 000.00
06月	20 000.00	120000.00	9 480.00	7 480.00	2 000.00
07月	20 000.00	140000.00	11 480.00	9 480.00	2 000.00
08月	20 000.00	160000.00	15 080.00	11 480.00	3 600.00
09月	20 000.00	180000.00	19 080.00	15 080.00	4 000.00
10月	20 000.00	200000.00	23 080.00	19 080.00	4 000.00
11月	20 000.00	220000.00	27 080.00	23 080.00	4 000.00
12月	20 000.00	240000.00	31 080.00	27 080.00	4 000.00
合计	240 000.00				31 080.00

通过这个案例可以看出,与之前采取的月税率表算税相比,累计预扣法的主要优点有:

(1)使预扣税款最大趋同于年终汇算清缴税款,所以预扣预缴的税款与年度应纳税款差额相对较小,最大限度地减少退补税的情况发生,从而减轻征纳双方的纳税成本。

(2)对于每月工资薪金波动很大的纳税人而言,累计预扣法比按月扣缴方式减税多。在收入很高的月份,按月扣缴方式可能会突破税率级差承受边际效应带来的高税率,累计预扣法不存在这个问题。几个月的工资一次性补发的情况下,纳税人的税负成本更少甚至不纳税。

(3)在相同月度薪资情况下,虽然税款总额没有减少,但年度前期纳税人税负低,后期税负高,减少占用纳税人资金,一定程度下也减轻纳税人的税负压力。

但累计预扣法也存在一些缺点,如容易出现下半年工资会比上半年少,员工心理落差比较大,会给员工造成降薪的假象;计算复杂,员工实际税负金额需年末统筹后才能确定,特别是对于年度中间离职,更换雇主单位的纳税人,其前后雇主单位各自计算应当扣缴的部分,也对税务机关的税务系统及时更新提出了更高的要求。

(一)累计收入

本公式中收入是指个人所得税应税范围内的工资、薪金类收入,是总收入概念,且含免税收入。累计收入是指纳税人当年截至本月在本单位累计取得的工资、薪金所得。

1. 内容与形式

除工资、薪金以外,奖金、年终加薪、劳动分红、津贴、补贴也被税法确定为工资、薪金范畴,工资、薪金所得范围详见本章第二节讲述的工资与薪金所得概念。个人所得的形式包括现金、实物、有价证券和其他形式的经济利益,而非现金形式所得需要货币化计量,量化规则详见本章第一节个人所得税的税基部分。

2. 所得来源地判定

因为非居民个人是有限纳税义务,仅就境内所得计算缴纳个人所得税,所以非居民个人的所得来源地判定就是计算缴纳个人所得税的前提与基础。

(1)关于工资、薪金所得来源地的一般规定。

个人取得归属于中国境内(以下称境内)工作期间的工资薪金所得为来源于境内的工资薪金所得。境内工作期间按照个人在境内工作天数计算,包括其在境内的实际工作日以及境内工作期间在境内、境外享受的公休假、个人休假、接受培训的天数。在境内、境外单位同时担任职务或者仅在境外单位任职的个人,在境内停留的当天不足

24 小时的,按照半天计算境内工作天数。

无住所个人在境内、境外单位同时担任职务或者仅在境外单位任职,且当期同时在境内、境外工作的,按照工资薪金所属境内、境外工作天数占当期公历天数的比例计算确定来源于境内、境外工资薪金所得的收入额。境外工作天数按照当期公历天数减去当期境内工作天数计算。

(2)关于数月奖金所得来源地的规定。

无住所个人取得的数月奖金所得按照一般规定的原则确定所得来源地的,无住所个人在境内履职或者执行职务时收到的数月奖金,归属于境外工作期间的部分,为来源于境外的工资薪金所得;无住所个人停止在境内履约或者执行职务离境后收到的数月奖金,对属于境内工作期间的部分,为来源于境内的工资薪金所得。数月奖金是指一次取得归属于数月的奖金、年终加薪、分红等工资薪金所得,不包括每月固定发放的奖金及一次性发放的数月工资。

具体计算方法为:数月奖金乘以数月奖金所属工作期间境内工作天数与所属工作期间公历天数之比。无住所个人一个月内取得的境内外数月奖金包含归属于不同期间的多笔所得的,应当先分别计算不同归属期间来源于境内的所得,然后再加总计算当月来源于境内的数月奖金收入额。

(3)关于董事、监事及高层管理人员取得报酬所得来源地的规定。

对于担任境内居民企业的董事、监事及高层管理职务的个人,无论是否在境内履行职务,取得由境内居民企业支付或者负担的董事费、监事费、工资薪金或者其他类似报酬(包含数月奖金和股权激励),属于来源于境内的所得。高层管理职务包括企业正、副(总)经理、各职能总师、总监及其他类似公司管理层的职务。

综合本规定和工资、薪金所得来源地的一般规定,当月董事、监事及高层管理人员来源于中国境内的工资薪金收入额计算公式如下:

$$\text{当月工资薪金收入额} = \text{当月境内外工资薪金总额} \times \left[1 - \frac{\text{当月境外支付工资薪金数额}}{\text{当月境内外工资薪金总额}} \times \frac{\text{当月工资薪金所属工作期间境外工作天数}}{\text{当月工资薪金所属工作期间公历天数}} \right]$$

(二)累计免税收入

累计免税收入是指纳税人当年截至本月在本单位累计取得的工资、薪金所得中的免税部分。根据税法及相关法律法规,主要包括:

(1)省级人民政府、国务院部委和中国人民解放军军以上单位,以及外国组织颁发的科学、教育、技术、文化、卫生、体育、环境保护等方面的奖金。

（2）按国家统一规定发给的补贴、津贴，是指按照国务院规定发给的政府特殊津贴、院士津贴，以及国务院规定的免予缴纳个人所得税的其他补贴、津贴。

（3）福利费、抚恤金、救济金。福利费是指根据国家有关规定，从企业、事业单位、国家机关、社会团体提留的福利费或者工会经费中支付给个人的生活补助费。救济金是指各级人民政府民政部门支付给个人的生活困难补助费。

（4）按照国家统一规定发给干部、职工的安家费、退职费、退休工资、离休工资、离休生活补助费。

（5）对特聘教授获得"长江学者成就奖"的奖金，对教育部颁发的特聘教授在聘期内享受的"特聘教授奖金"，免予征收个人所得税。但特聘教授取得的岗位津贴应并入其当月的工资、薪金所得计征个人所得税，税款由所在学校代扣代缴。

（6）对按《国务院关于高级专家离休退休若干问题的暂行规定》和《国务院办公厅关于杰出高级专家暂缓离休审批问题的通知》精神，达到离休、退休年龄，但确因工作需要，适当延长离休、退休年龄的高级专家，其在延长离休、退休期间的工资、薪金所得，视同退休工资、离休工资免征个人所得税。延长离休退休年龄的高级专家是指：①享受国家发放的政府特殊津贴的专家、学者；②中国科学院、中国工程院院士。

高级专家延长离休、退休期间取得的工资薪金所得，其免征个人所得税政策口径按下列标准执行：①对高级专家从其劳动人事关系所在单位取得的，单位按国家有关规定向职工统一发放的工资、薪金、奖金、津贴、补贴等收入，视同离休、退休工资，免征个人所得税。②除上述第①项所述收入以外各种名目的津补贴收入等，以及高级专家从其劳动人事关系所在单位之外的其他地方取得的培训费、讲课费、顾问费、稿酬等各种收入依法计征个人所得税。

（7）依法批准设立的非营利性科研机构和高校，从职务科技成果转化收入中给予科技人员的现金奖励，可减按50%计入科技人员当月工资、薪金所得，依法缴纳个人所得税。现金奖励是指非营利性科研机构和高校在取得科技成果转化收入3年（36个月）内奖励给科技人员的现金。非营利性科研机构和高校应健全科技成果转化的资金核算，不得将正常工资、奖金等收入列入科技人员职务科技成果转化现金奖励享受税收优惠。

（8）科研机构、高等学校转化职务科技成果，以股份或出资比例等股权形式给予科技人员个人奖励，经主管税务机关审核后，暂不征收个人所得税。获奖人按股份、出资比例获得分红时，对其所得按利息、股息、红利所得征收个人所得税。获奖人转让股权、出资比例，对其所得按财产转让所得征收个人所得税，财产原值为零。享受上述优惠政策的科技人员必须是科研机构和高等学校的在编正式职工。

(9)在中国境内无住所的个人,在中国境内居住累计满183天的年度连续不满六年的,经向主管税务机关备案,其来源于中国境外且由境外单位或者个人支付的所得,免予缴纳个人所得税;在中国境内居住累计满183天的任一年度中有一次离境超过30天的,其在中国境内居住累计满183天的年度的连续年限重新起算。连续满六年的起点是自2019年(含)以后年度开始计算,2018年(含)之前已经居住的年度一律"清零",不计算在内。工资薪金所得收入额的计算公式如下:

$$
\begin{array}{l}
当月工资 \\
薪金收入额
\end{array}
=
\begin{array}{l}
当月境内外 \\
工资薪金总额
\end{array}
\times
\left[
1-
\frac{当月境外支付工资薪金数额}{当月境内外工资薪金总额}
\times
\frac{当月工资薪金所属工作期间境外工作天数}{当月工资薪金所属工作期间公历天数}
\right]
$$

【例3-4】钱某为香港居民,2013年1月1日来深圳工作,2026年8月30日回到香港工作,在此期间,除2025年2月1日至3月20日临时回香港处理公务外,其余时间一直停留在深圳。如果从2013年开始计算,钱某在境内居住累计满183天的年度已经满六年,但是由于2018年之前的年限一律"清零",自2019年开始计算,因此,2019年至2024年期间,钱某在境内居住累计满183天的年度连续不满六年,其取得的境外支付的境外所得,就可免缴个人所得税。2025年,钱某在境内居住满183天,且从2019年开始计算,他在境内居住累计满183天的年度已经连续满六年(2019年至2024年),且没有单次离境超过30天的情形,2025年,钱某应就在境内和境外取得的所得缴纳个人所得税。2026年,由于钱某2025年有单次离境超过30天的情形(2025年2月1日至3月20日),其在内地居住累计满183天的连续年限清零,重新起算,2026年当年钱某取得的境外支付的境外所得,可以免缴个人所得税。

(10)外籍个人可以享受免税优惠的津贴。

①以非现金形式或实报实销形式取得的住房补贴、伙食补贴、搬迁费、洗衣费。按合理标准取得的境内、外出差补贴、探亲费、语言训练费、子女教育费等。可以享受免征优惠的探亲费,仅限于外籍个人在我国的受雇地与其家庭所在地(包括配偶或父母居住地)之间搭乘交通工具,且每年不超过两次的费用。

②受雇于我国境内企业的外籍个人(不包括香港、澳门居民个人),因家庭等原因居住在香港、澳门,每个工作日往返于内地与香港、澳门等地区,由此境内企业(包括其关联企业)给予在香港或澳门住房、伙食、洗衣、搬迁等非现金形式或实报实销形式的补贴,凡能提供有效凭证且经主管税务机关审核确认的。

③受雇于我国境内企业的外籍个人(不包括香港、澳门居民个人)就其在香港或澳门进行语言培训、子女教育而取得的费用补贴,凡能提供有效支出凭证等材料的,经主管税务机关审核确认为合理的部分。

根据《关于个人所得税法修改后有关优惠政策衔接问题的通知》(财税〔2018〕164号),2019年1月1日至2021年12月31日期间,外籍个人符合居民个人条件的,可以选择享受个人所得税专项附加扣除,也可以选择享受住房补贴、语言训练费、子女教育费等津补贴免税优惠政策,但不得同时享受。外籍个人一经选择,在一个纳税年度内不得变更。自2022年1月1日起,外籍个人不再享受住房补贴、语言训练费、子女教育费津补贴免税优惠政策,应按规定享受专项附加扣除。

(11)凡符合下列条件之一的外籍专家取得的工资、薪金所得可免征个人所得税:

①根据世界银行专项贷款协议由世界银行直接派往我国工作的外国专家。

②联合国组织直接派往我国工作的专家。

③为联合国援助项目来华工作的专家。

④援助国派往我国专为该国无偿援助项目工作的专家,除工资、薪金外,其取得的生活津贴也免税。

⑤根据两国政府签订文化交流项目来华工作2年以内的文教专家,其工资、薪金所得由该国负担的。此外,外国来华文教专家,在我国服务期间,由我方发工资、薪金,并对其住房、使用汽车、医疗实行免费"三包",可只就工资、薪金所得按照税法规定征收个人所得税;对我方免费提供的住房、使用汽车、医疗,可免予计算纳税。

⑥根据我国大专院校国际交流项目来华工作2年以内的文教专家,其工资、薪金所得由该国负担的。

⑦通过民间科研协定来华工作的专家,其工资、薪金所得由该国政府机构负担的。

(三)累计减除费用

减除费用主要是考虑纳税人的衣食住行以及其他必要的生计支出,目前我国采取定额减除的办法,减除费用标准为5 000元/月。累计减除费用等于按照5 000元/月乘以纳税人当年截至本月在本单位的任职受雇月份数计算。

起征点、免征额、减除费用之间的概念对比:

起征点,又称"征税起点"或"起税点",是指税法规定对课税对象开始征税的最低界限。收入未达到起征点的低收入者不纳税,收入超过起征点的高收入者按全部课税对象纳税。

免征额,又称"免税点",是税法规定课税对象中免予征税的数额。无论课税对象的数额大小,免征额的部分都不征税,仅就其余部分征税。

减除费用,是在计算应税所得时的一项定额扣除,其本身不构成应税所得。减除费用是根据个人所得税就所得征税的特性而设置的。

综上对比可知,起征点、免征额均属于应税所得的一种税收优惠,而减除费用非税收优惠政策。

(四)累计专项扣除

专项扣除,是指居民个人按照国家规定的范围和标准缴纳的"三险一金":即基本养老保险、基本医疗保险、失业保险等社会保险费和住房公积金。累计专项扣除等于纳税人当年截至本月在本单位按照国家标准、实际缴纳的"三险一金"累计数额。

社会保险费,是指国家通过立法强制建立社会保险基金,对参加劳动关系的劳动者在丧失劳动能力或失业时给予必要的物质帮助的制度,不以营利为目的。而商业保险是指通过订立保险合同运营,以营利为目的的保险形式,由专门的保险企业经营。目前,只有少数商业保险税法明确规定可以在纳税时扣除,详见(六)累计依法确定的其他扣除。

住房公积金,是指根据《住房公积金管理条例》,国家机关、国有企业、城镇集体企业、外商投资企业、城镇私营企业及其他城镇企业、事业单位、民办非企业单位、社会团体及其在职职工在政府设立的住房公积金管理中心缴存的长期住房储金。住房公积金不同于单位发放的住房补助等,单位发放的住房补助等是属于个人的工资与薪金范畴,不能在纳税时扣除。

(五)累计专项附加扣除

遵循公平合理、利于民生、简便易行的原则,专项附加扣除目前包含子女教育、继续教育、大病医疗、住房贷款利息或者住房租金、赡养老人等 6 项支出,采取定额或限额扣除方式,并将根据教育、医疗、住房、养老等民生支出变化情况,适时调整专项附加扣除的范围和标准。

1. 子女教育

纳税人年满 3 岁的子女接受学前教育和学历教育的相关支出,按照每个子女每月 1 000 元(每年 12 000 元)的标准定额扣除。专项附加扣除的计算时间为:学前教育阶段为子女年满 3 周岁当月至小学入学前一月;学历教育为子女接受全日制学历教育入学的当月至全日制学历教育结束的当月。上述规定的学历教育和学历(学位)继续教育的期间,包含因病或其他非主观原因休学但学籍继续保留的休学期间,以及施教机构按规定组织实施的寒暑假等假期。

学前教育包括年满 3 岁至小学入学前教育;学历教育包括义务教育(小学、初中教育)、高中阶段教育(普通高中、中等职业、技工教育)、高等教育(大学专科、大学本科、硕士研究生、博士研究生教育）。

父母可以选择由其中一方按扣除标准的 100% 扣除,也可以选择由双方分别按扣除标准的 50% 扣除,具体扣除方式在一个纳税年度内不能变更。纳税人子女在中国境外接受教育的,纳税人应当留存境外学校录取通知书、留学签证等相关教育的证明资料备查。

2. 继续教育

纳税人在中国境内接受学历(学位)继续教育的支出,在学历(学位)教育期间按照每月 400 元(每年 4 800 元)定额扣除。同一学历(学位)继续教育的扣除期限不能超过 48 个月(4 年)。纳税人接受技能人员职业资格继续教育、专业技术人员职业资格继续教育支出,在取得相关证书的当年,按照 3600 元定额扣除。专项附加扣除的计算时间为:学历(学位)继续教育为在中国境内接受学历(学位)继续教育入学的当月至学历(学位)继续教育结束的当月,同一学历(学位)继续教育的扣除期限最长不得超过 48个月;技能人员职业资格继续教育、专业技术人员职业资格继续教育,为取得相关证书的当年。上述规定的学历教育和学历(学位)继续教育的期间,包含因病或其他非主观原因休学但学籍继续保留的休学期间,以及施教机构按规定组织实施的寒暑假等假期。

个人接受本科及以下学历(学位)继续教育,符合税法规定扣除条件的,可以选择由其父母扣除,也可以选择由本人扣除。纳税人接受技能人员职业资格继续教育、专业技术人员职业资格继续教育的,应当留存相关证书等资料备查。

3. 大病医疗

在一个纳税年度内,纳税人发生的与基本医保相关的医药费用支出,扣除医保报销后个人负担(指医保目录范围内的自付部分)累计超过 15 000 元的部分,由纳税人在办理年度汇算清缴时,在 80 000 元限额内据实扣除。专项附加扣除的计算时间为医疗保障信息系统记录的医药费用实际支出的当年。

纳税人发生的医药费用支出可以选择由本人或者其配偶扣除;未成年子女发生的医药费用支出可以选择由其父母一方扣除。纳税人及其配偶、未成年子女发生的医药费用支出,应按前述规定分别计算扣除额。

纳税人应当留存医药服务收费及医保报销相关票据原件(或复印件)等资料备查。医疗保障部门应当向患者提供在医疗保障信息系统记录的本人年度医药费用信息查询服务。

4. 住房贷款利息

纳税人本人或配偶,单独或共同使用商业银行或住房公积金个人住房贷款,为本人或其配偶购买中国境内住房,发生的首套住房贷款利息支出,在实际发生贷款利息的年度,按照每月 1 000 元(每年 12 000 元)的标准定额扣除,扣除期限最长不超过 240 个月(20 年)。纳税人只能享受一套首套住房贷款利息扣除,首套住房贷款是指购买住房享受首套住房贷款利率的住房贷款。专项附加扣除的计算时间为贷款合同约定开始还款的当月至贷款全部归还或贷款合同终止的当月,扣除期限最长不得超过 240 个月(20 年)。

经夫妻双方约定,可以选择由其中一方扣除,具体扣除方式在确定后,一个纳税年度内不得变更。夫妻双方婚前分别购买住房发生的首套住房贷款,其贷款利息支出,婚后可以选择其中一套购买的住房,由购买方按扣除标准的 100% 扣除,也可以由夫妻双方对各自购买的住房分别按扣除标准的 50% 扣除,具体扣除方式在一个纳税年度内不能变更。纳税人应当留存住房贷款合同、贷款还款支出凭证备查。

5. 住房租金

纳税人在主要工作城市没有自有住房而发生的住房租金支出,可以按照以下标准定额扣除:直辖市、省会(首府)城市、计划单列市以及国务院确定的其他城市,扣除标准为每月 150 元(每年 1 800 元)。除上述所列城市外,市辖区户籍人口超过 100 万的城市,扣除标准为每月 1 100 元(每年 13 200 元);市辖区户籍人口不超过 100 万的城市,扣除标准为每月 800 元(每年 9 600 元)。专项附加扣除的计算时间为租赁合同(协议)约定的房屋租赁期开始的当月至租赁期结束的当月。提前终止合同(协议)的,以实际租赁期限为准。

市辖区户籍人口,以国家统计局公布的数据为准。主要工作城市是指纳税人任职受雇的直辖市、计划单列市、副省级城市、地级市(地区、州、盟)全部行政区域范围;纳税人无任职受雇单位的,为受理其综合所得汇算清缴的税务机关所在城市。

夫妻双方主要工作城市相同的,只能由一方扣除住房租金支出。住房租金支出由签订租赁住房合同的承租人扣除。纳税人及其配偶在一个纳税年度内不得同时分别享受住房贷款利息专项附加扣除和住房租金专项附加扣除。纳税人应当留存住房租赁合同、协议等有关资料备查。

6. 赡养老人

纳税人赡养一位及以上被赡养人的赡养支出,统一按以下标准等额扣除:纳税人为独生子女的,按照每月 2 000 元(每年 24 000 元)的标准定额扣除;纳税人为非独生子女的,由其与兄弟姐妹分摊每月 2 000 元(每年 24 000 元)的扣除额度,每人分摊的额度最高不得超过每月 1 000 元(每年 12 000 元)。可以由赡养人均摊或者约定分摊,也可以由被赡养人指定分摊。约定或者指定分摊的须签订书面分摊协议,指定分摊优于约定分摊。具体分摊方式和额度在一个纳税年度内不得变更。被赡养人是指年满 60 岁的父母,以及子女均已去世的年满 60 岁的祖父母、外祖父母。专项附加扣除的计算时间为被赡养人年满 60 周岁的当月至赡养义务终止的年末。

（六）累计依法确定的其他扣除

1. 个人缴付符合国家规定的企业年金、职业年金

详见预扣预缴特殊计算方法（五）部分。

2. 个人购买符合国家规定的税收递延型商业养老保险的支出

详见预扣预缴特殊计算方法（六）部分。

3. 个人购买符合国家规定的商业健康保险的支出

（1）自 2017 年 7 月 1 日起，对个人购买符合规定的商业健康保险产品的支出，允许在当年（月）计算应纳税所得额时予以税前扣除，扣除限额为 2 400 元/年（200 元/月）。单位统一为员工购买符合规定的商业健康保险产品的支出，应分别计入员工个人工资薪金，视同个人购买，按上述限额予以扣除。

（2）单位统一组织为员工购买或者单位和个人共同负担购买的商业健康保险产品，单位负担部分应当实名计入个人工资薪金明细清单，视同个人购买，并自购买产品次月起，在不超过 200 元/月的标准内按月扣除。

（3）一年内保费金额超过 2 400 元的部分，不得税前扣除。以后年度续保时，按上述规定执行。个人自行退保时，应及时告知扣缴单位。个人相关退保信息保险公司应及时传递给税务机关。

4. 国务院规定可以扣除的其他项目

（1）个人发生符合国家规定的捐赠支出。

个人将其所得对教育、扶贫、济困等公益慈善事业进行捐赠，捐赠额未超过纳税人申报的应纳税所得额 30%的部分，可以从其应纳税所得额中扣除，超过部分不得扣除；国务院规定对公益慈善事业捐赠实行全额税前扣除的，从其规定，如个人捐赠北京 2022 年冬奥会、冬残奥会、测试赛的资金和物资支出可在计算个人应纳税所得额时予以全额扣除。

①个人将其所得对教育、扶贫、济困等公益慈善事业进行捐赠，是指个人通过中华人民共和国境内公益性社会组织、县级以上人民政府及其部门等国家机关，向教育、扶贫、济困等公益慈善事业的捐赠（以下简称公益捐赠）。

②应纳税所得额，是指计算扣除捐赠额之前的应纳税所得额。居民个人发生的公益捐赠支出，在综合所得、经营所得中扣除的，扣除限额分别为当年综合所得、当年经营所得应纳税所得额的百分之三十；在分类所得中扣除的，扣除限额为当月分类所得应纳税所得额的百分之三十。

③居民个人取得工资薪金所得的,可以选择在预扣预缴时扣除,也可以选择在年度汇算清缴时扣除。居民个人选择在预扣预缴时扣除的,应按照累计预扣法计算扣除限额,其捐赠当月的扣除限额为截至当月累计应纳税所得额的百分之三十(全额扣除的从其规定,下同)。个人从两处以上取得工资薪金所得,选择其中一处扣除,选择后当年不得变更。

④居民个人取得劳务报酬所得、稿酬所得、特许权使用费所得的,预扣预缴时不扣除公益捐赠支出,统一在汇算清缴时扣除。居民个人取得全年一次性奖金、股权激励等所得,且按规定采取不并入综合所得而单独计税方式处理的,公益捐赠支出扣除比照分类所得的扣除规定处理。

⑤居民个人发生的公益捐赠支出可以在财产租赁所得、财产转让所得、利息股息红利所得、偶然所得(以下统称分类所得)、综合所得或者经营所得中扣除。在当期一个所得项目扣除不完的公益捐赠支出,可以按规定在其他所得项目中继续扣除。

居民个人根据各项所得的收入、公益捐赠支出、适用税率等情况,自行决定在综合所得、分类所得、经营所得中扣除的公益捐赠支出的顺序。

(2)在外商投资企业、外国企业和外国驻华机构工作的中方人员取得的工资、薪金。

向派遣单位上缴一定费用时,对可以提供有效合同或有关凭证,能够证明其工资、薪金所得的一部分按照有关规定上缴派遣(介绍)单位的,可扣除其实际上缴的部分,按其余额计征个人所得税。

(3)律师事务所从业人员取得收入征收个人所得税的有关规定。

作为律师事务所雇员的律师与律师事务所按规定的比例对收入分成,律师事务所不负担律师办理案件支出的费用(如交通费、资料费、通信费及聘请人员等费用),律师当月的分成收入扣除办理案件支出的费用后,余额与律师事务所发给的工资合并,按工资、薪金所得计征个人所得税。律师从其分成收入中扣除办理案件支出费用的标准,在律师当月分成收入的30%比例内确定。

兼职律师从律师事务所取得工资、薪金性质的所得,律师事务所在扣缴其个人所得税时,不再减除费用扣除标准,以收入全额(取得分成收入的为扣除办理案件支出费用后的余额)直接确定适用税率,计算扣缴个人所得税。律师以个人名义再聘请其他人员为其工作而支付的报酬,应由该律师按"劳务报酬所得"项目负责扣缴个人所得税。

二、预扣预缴的特殊计算方法

(一)雇主为雇员发放的全年一次性奖金的税款计算方法

全年一次性奖金,是指行政机关、企事业单位等扣缴义务人根据全年经济效益和对雇员全年工作业绩的综合考核情况,向雇员发放的一次性奖金。一次性奖金也包括年终加薪、实行年薪制和绩效工资办法的单位根据考核情况兑现的年薪和绩效工资。

居民个人取得(含税)全年一次性奖金,在 2021 年 12 月 31 目前,可选择两种方法计税;自 2022 年 1 月 1 日起,居民个人取得全年一次性奖金,应并入当年综合所得计算缴纳个人所得税。

方法一:居民个人取得全年一次性奖金,可以选择并入当年综合所得计算纳税。

方法二:不并入当年综合所得,按本节所讲述的计税办法,由扣缴义务人发放时代扣代缴。

居民个人取得除全年一次性奖金以外的其他各种名目奖金,如半年奖、季度奖、加班奖、先进奖、考勤奖等,一律与当月工资、薪金合并,按税法规定缴纳个人所得税。

1. 雇员自行承担全年一次性奖金税款的计算方法

将全年一次性奖金,除以 12 个月,按其商数依照按月换算后的综合所得税率表确定适用税率和速算扣除数。在一个纳税年度内,对每一个纳税人,该计税办法只允许采用一次。实行年薪制和绩效工资的单位,居民个人取得年终兑现的年薪和绩效工资按上述方法执行。

$$单独计算 \begin{cases} 求税率=年终奖÷12 月 = A \begin{cases} 税率 \\ 扣除数 \end{cases} \\ 应纳税=年终奖×确定税率-扣除数 \end{cases}$$

表 3-6 按月换算后的综合所得个人所得税税率表

级数	月度应纳税所得额	税率(%)	速算扣除数(元)
1	不超过 3 000 元的	3	0
2	超过 3 000 元至 12 000 元的部分	10	210
3	超过 12 000 元至 25 000 元的部分	20	1 410
4	超过 25 000 元至 35 000 元的部分	25	2 660
5	超过 35 000 元至 55 000 元的部分	30	4 410
6	超过 55 000 元至 80 000 元的部分	35	7 160
7	超过 80 000 元的部分	45	15 160

【例 3-5】中国居民个人张某 2019 年在我国境内 1—12 月每月的税前工资为 3 800 元(不含三险一金),12 月 31 日又一次性领取年终含税奖金 60 000 元。在选择不并入综合所得的情况下,请计算张某取得年终奖金应缴纳的个人所得税。

(1)确定年终奖金适用的税率和速算扣除数:

全年一次性奖金除以 12 个月：60 000÷12＝5 000（元）

查到适用的税率和速算扣除数分别为 10%、210 元

（2）应缴纳个人所得税：

应纳税额＝年终奖金收入×适用的税率－速算扣除数

＝60 000×10%－210＝6 000－210＝5 790（元）

2. 雇主为雇员承担全年一次性奖金部分税款的计算方法

雇主为雇员负担部分个人所得税款，属于雇员又额外增加了收入，应将雇主负担的这部分税款并入雇员的全年一次性奖金，换算为应纳税所得额后，按照规定方法计征个人所得税。

（1）雇主为雇员定额负担税款的计算公式：

如果雇主只为雇员承担定额税款，只需该定额税款计入全年一次性奖金，然后再采用雇员自行承担全年一次性奖金税款的计算方法即可，应纳税所得额＝雇员取得的全年一次性奖金＋雇主替雇员定额负担的税款。

（2）雇主为雇员按一定比例负担税款的计算公式：

如果雇主为雇员按一定比例负担税款时，个人所得税的计算比较复杂，因为存在无限循环的问题，无法直接计算，为此税法规定特定的计算方式。

第一步：查找不含税全年一次性奖金的适用税率和速算扣除数。

未含雇主负担税款的全年一次性奖金收入÷12，根据其商数找出不含税级距对应的适用税率 A 和速算扣除数 A。

第二步：（还原）应纳税所得额＝（未含雇主负担税款的全年一次性奖金收入－不含税级距的速算扣除数 A×雇主负担比例）÷（1－不含税级距的适用税率 A×雇主负担比例）

第三步：重新查找税率和扣除数。

将应纳税所得额÷12，根据其商数找出对应的适用税率 B 和速算扣除数 B，据以计算税款。

计算公式：应纳税额＝应纳税所得额×适用税率 B－速算扣除数 B

实际缴纳税额＝应纳税额－雇主为雇员负担的税额

注：雇主为雇员负担的个人所得税款，应属于个人工资薪金的一部分。凡单独作为企业管理费列支的，在计算企业所得税时不得税前扣除。

【例 3-6】张某 2019 年 12 月从中国境内 A 企业取得不含税年终奖金 48 000 元，个人所得税的税款由 A 企业全部承担，张某当月工资薪金所得 8 000 元（不含三险一金）。A 企业代付的个人所得税是多少元？

第一步:年终一次性奖金应纳个人所得税的计算。

未含雇主负担税款的全年一次性奖金收入除以 1 248 000÷12=4 000(元)

查找到适用税率为10%,速算扣除数为210元

第二步:(还原)应纳税所得额。

还原的应纳税所得额=(48 000−210)÷(1−10%)=53 100(元)

第三步:重新查找税率。

还原的应纳税所得额除以 1 253 100÷12=4 425(元)

查到适用税率为10%,速算扣除数为210元

代付个人所得税=53 100×10%−210=5 100(元)。

《国资委管理的中央企业名单》中的下列人员,在2021年12月31日前,中央企业负责人任期结束后取得的绩效薪金40%部分和任期奖励,参照上述居民个人取得全年一次性奖金的计税规定执行;2022年1月1日之后的政策另行明确。

(1)国有独资企业和未设董事会的国有独资公司的总经理(总裁)、副总经理(副总裁)、总会计师。

(2)设董事会的国有独资公司(国资委确定的董事会试点企业除外)的董事长、副董事长、董事、总经理(总裁)、副总经理(副总裁)、总会计师。

(3)国有控股公司国有股权代表出任的董事长、副董事长、董事、总经理(总裁),列入国资委党委管理的副总经理(副总裁)、总会计师。

(4)国有独资企业、国有独资公司和国有控股公司党委(党组)书记、副书记、常委(党组成员)、纪委书记(纪检组长)。

(二)企事业单位将自建住房以低于购置或建造成本价格销售给职工的税款计算方法

(1)单位在住房制度改革期间,按照所在地县级以上人民政府规定的房改成本价格向职工出售公有住房,职工因支付的房改成本价格低于房屋建造成本价格或市场价格而取得的差价收益,免征个人所得税。

(2)除上述情形外,单位按低于购置或建造成本价格出售住房给职工,职工因此而少支出的差价部分,不并入当年综合所得,以差价收入除以12个月得到的数额,按照月度税率表确定税率和速算扣除数,单独计算纳税,其中"差价部分",是指职工实际支付的购房价款低于该房屋的购置或建造成本价格的差额。计算公式为:

应纳税额=职工实际支付的购房价款低于该房屋的购置或建造成本价格的差额×适用税率−速算扣除数

【例3-7】2019年7月我国公民张某作为人才被引入A公司工作，A公司将购置价为80万元的一套住房以50万元的价格出售给张某，张某取得该住房应缴纳个人所得税多少元？

首先，确定适用的税率和速算扣除数：

差价收入除以12个月，(800 000-500 000)÷12=25 000(元)

查找到适用税率为20%，速算扣除数为1 410元

然后，计算应缴纳个人所得税：

张某低价购置住房应缴纳个人所得税=(800 000-500 000)×20%-1 410=58 590(元)

(三)个人因解除劳动合同取得经济补偿金的计税方法

个人因与用人单位解除劳动关系而取得的一次性补偿收入(包括用人单位发放的经济补偿金、生活补助费和其他补助费用)，其收入在当地上年职工平均工资3倍数额以内的部分，免征个人所得税；超过3倍数额的部分，不并入当年综合所得，单独适用综合所得税率表计算纳税。个人在解除劳动合同后又再次任职、受雇的，已纳税的一次性补偿收入不再与再次任职、受雇的工资薪金所得合并计算补缴个人所得税。

在计算个人因解除劳动合同取得经济补偿金的应纳税所得时，个人领取一次性补偿收入时按照国家和地方政府规定的比例实际缴纳的三险一金可以在计征个人所得税时予以扣除；企业依照国家有关法律规定宣告破产，企业职工从该破产企业取得的一次性安置费收入，免征个人所得税。

【例3-8】我国公民张某在A公司工作，2019年7月与A公司解除劳动关系，取得一次性补偿收入100 000元。A公司所在地上年职工平均工资为18 000元。计算张某取得的补偿收入应缴纳个人所得税额。

张某取得的补偿收入免税部分：18 000×3=54 000(元)

应税部分：100 000-54 000=46 000(元)

查找到适用税率为10%，速算扣除数为2 520元

张某取得的补偿收入应缴纳个人所得税=46 000×10%-2 520=2 080(元)

(四)个人提前退休取得的补贴收入的计税办法

自2019年1月1日起，个人办理提前退休手续而取得的一次性补贴收入，应按照办理提前退休手续至法定离退休年龄之间实际年度数平均分摊，确定适用税率和速算扣除数，单独适用综合所得税率表计算纳税。计算公式：

应纳税额=〔(一次性补贴收入÷办理提前退休手续至法定退休年龄的实际年度数-费用扣除标准)×适用税率-速算扣除数〕×办理提前退休手续至法定退休年龄的实际年度数

【例3-9】我国公民张某在A公司工作,2019年7月因健康原因提前退休,距法定退休年龄尚有18个月。张某取得一次性补贴240 000元。计算张某取得的一次性补贴应缴纳多少个人所得税额。

张某取得的一次性补贴应缴纳个人所得税额=〔(240 000÷2-60 000)×10%-2 520〕×2=6 960(元)

(五)企业年金、职业年金的计税办法

企业年金,是指根据2017年12月18日人社部和财政部联合颁布的《企业年金办法》的规定,企业及其职工在依法参加基本养老保险的基础上,自愿建立的补充养老保险制度。职业年金是指根据《机关事业单位职业年金办法》(国办发〔2015〕18号)的规定,事业单位及其工作人员在依法参加基本养老保险的基础上,建立的补充养老保险制度。企业年金和职业年金个人所得税的计算征收按以下规定执行:

1. 企业年金和职业年金缴费时个人所得税处理

(1)企业和事业单位(以下统称单位)根据国家有关政策规定的办法和标准,为在本单位任职或者受雇的全体职工缴付的企业年金或职业年金(以下统称年金)单位缴费部分,在计入个人账户时,个人暂不缴纳个人所得税。

(2)个人根据国家有关政策规定缴付的年金个人缴费部分,在不超过本人缴费工资计税基数的4%标准内的部分,暂从个人当期的应纳税所得额中扣除。

(3)超过上述第(1)项和第(2)项规定的标准缴付的年金单位缴费和个人缴费部分,应并入个人当期的工资、薪金所得,依法计征个人所得税。

企业年金个人缴费工资计税基数为本人上一年度月平均工资。月平均工资按国家统计局规定列入工资总额统计的项目计算。月平均工资超过职工工作地所在设区城市上一年度职工月平均工资300%以上的部分,不计入个人缴费工资计税基数。职业年金个人缴费工资计税基数为职工岗位工资和薪级工资之和。职工岗位工资和薪级工资之和超过职工工作地所在设区城市上一年度职工月平均工资300%以上的部分,不计入个人缴费工资计税基数。

2. 年金基金投资运营收益分配计入个人账户时,个人暂不缴纳个人所得税

3. 领取年金时个人所得税处理

(1)个人达到国家规定的退休年龄,领取的企业年金、职业年金,符合财政部、人力

资源社会保障部、国家税务总局《关于企业年金　职业年金个人所得税有关问题的通知》(财税〔2013〕103 号)规定的,不并入综合所得,全额单独计算应纳税款。其中按月领取的,适用月度税率表计算纳税;按季领取的,平均分摊计入各月,按每月领取额适用月度税率表计算纳税;按年领取的,适用综合所得税率表计算纳税。

(2)对单位和个人在本规定实施之前开始缴付年金缴费,个人在本规定实施之后领取年金的,允许其从领取的年金中减除在本规定实施之前缴付的年金单位缴费和个人缴费且已经缴纳个人所得税的部分,就其余额按照第 3 条第(1)项的规定征税。在个人分期领取年金的情况下,可按本规定实施之前缴付的年金缴费金额占全部缴费金额的百分比减计当期的应纳税所得额,减计后的余额,按照本规定第 3 条第(1)项的规定,计算缴纳个人所得税。

(3)个人因出境定居而一次性领取的年金个人账户资金,或个人死亡后,其指定的受益人或法定继承人一次性领取的年金个人账户余额,适用综合所得税率表计算纳税。对个人除上述特殊原因外一次性领取年金个人账户资金或余额的,适用月度税率表计算纳税。

(六)试点税收递延型商业养老保险的计税办法

自 2018 年 5 月 1 日起,在上海市、福建省(含厦门市)和苏州工业园区实施个人税收递延型商业养老保险试点,试点期限暂定一年。对试点地区个人通过个人商业养老资金账户购买符合规定的商业养老保险产品的支出,允许在一定标准内税前扣除;计入个人商业养老资金账户的投资收益,暂不征收个人所得税;个人领取商业养老金时再征收个人所得税。

(1)个人缴费税前扣除标准。取得工资薪金、连续性劳务报酬所得的个人,其缴纳的保费准予在申报扣除当月计算应纳税所得额时予以限额据实扣除,扣除限额按照当月工资薪金、连续性劳务报酬收入的6% 和 1 000 元孰低办法确定。取得个体工商户生产经营所得、对企事业单位的承包承租经营所得的个体工商户业主、个人独资企业投资者、合伙企业自然人合伙人和承包承租经营者,其缴纳的保费准予在申报扣除当年计算应纳税所得额时予以限额据实扣除,扣除限额按照不超过当年应税收入的6% 和12 000 元孰低办法确定。

(2)账户资金收益暂不征税。计入个人商业养老资金账户的投资收益,在缴费期间暂不征收个人所得税。

(3)个人领取商业养老金征税。个人达到国家规定的退休年龄时,可按月或按年领取商业养老金,领取期限原则上为终身或不少于 15 年。个人身故、发生保险合同约定的全残或罹患重大疾病的,可以一次性领取商业养老金。

对个人达到规定条件时领取的商业养老金收入,其中 25% 部分予以免税,其余 75% 部分按照 10% 的比例税率计算缴纳个人所得税,税款计入"其他所得"项目。

适用试点税收政策的纳税人包括:在试点地区取得工资薪金、连续性劳务报酬所得的个人,以及取得个体工商户生产经营所得、对企事业单位的承包承租经营所得的个体工商户业主、个人独资企业投资者、合伙企业自然人合伙人和承包承租经营者,其工资薪金、连续性劳务报酬的个人所得税扣缴单位,或者个体工商户、承包承租单位、个人独资企业、合伙企业的实际经营地均位于试点地区内。其中,取得连续性劳务报酬所得,是指纳税人连续 6 个月以上(含 6 个月)为同一单位提供劳务而取得的所得。

个人在试点地区范围内从两处或者两处以上取得所得的,只能选择在其中一处享受试点政策。个人按规定领取商业养老金时,由保险公司代扣代缴其应缴的个人所得税。

三、预扣预缴的纳税申报

向居民个人支付工资、薪金所得时,应当按照累计预扣法计算预扣税款,并按月办理扣缴申报。本期累计应预扣预缴税额为负值时,暂不退税;纳税年度终了后余额仍为负值时,由纳税人通过办理综合所得汇算清缴,税款多退少补。纳税人需要享受税收协定待遇的,应当在取得应税所得时主动向扣缴义务人提出,并提交相关信息、资料,扣缴义务人代扣代缴税款时按照享受税收协定待遇有关办法办理。扣缴义务人未将扣缴的税款解缴入库的,不影响纳税人申请退税,税务机关应当凭纳税人提供的有关资料办理退税。

(一)人员信息采集

扣缴义务人首次向纳税人支付所得时,应当按照纳税人提供的纳税人识别号等基础信息,填写《个人所得税基础信息表(A 表)》,并于次月扣缴申报时向税务机关报送。扣缴义务人对纳税人向其报告的相关基础信息变化情况,应当于次月扣缴申报时向税务机关报送。《个人所得税基础信息表(A 表)》填写方法参见《关于修订个人所得税申报表的公告》的附件,本教材不再赘述。

(二)专项扣除附加信息采集

为了规范个人所得税专项附加扣除行为,切实维护纳税人合法权益,根据新修改的

《个人所得税法》及其实施条例、《中华人民共和国税收征收管理法》及其实施细则、《国务院关于印发个人所得税专项附加扣除暂行办法的通知》（国发〔2018〕41号）的规定，国家税务总局制定了《专项附加扣除操作办法》，自2019年1月1日起施行。

1. 纳税人

享受子女教育、继续教育、住房贷款利息或者住房租金、赡养老人专项附加扣除的纳税人，自符合条件开始，可以通过远程办税端、电子或者纸质报表《个人所得税专项附加扣除信息表》（以下简称《扣除信息表》）等方式，向扣缴义务人或者主管税务机关报送上述专项附加扣除有关信息，由扣缴义务人在预扣预缴税款时按其在本单位本年可享受的累计扣除额办理扣除，或在次年3月1日至6月30日内纳税人自行向汇缴地主管税务机关办理汇算清缴申报时扣除。享受大病医疗专项附加扣除的纳税人，由其在次年3月1日至6月30日内，自行向汇缴地主管税务机关办理汇算清缴申报时扣除。

纳税人在办理专项附加扣除时，需要注意以下情况：

（1）纳税人同时从两处以上取得工资、薪金所得，并由扣缴义务人办理上述专项附加扣除的，对同一专项附加扣除项目，一个纳税年度内，纳税人只能选择从其中一处扣除。

（2）纳税人未取得工资、薪金所得，仅取得劳务报酬所得、稿酬所得、特许权使用费所得需要享受专项附加扣除的，应当在次年3月1日至6月30日内，自行向汇缴地主管税务机关报送《扣除信息表》，并在办理汇算清缴申报时扣除。

（3）一个纳税年度内，纳税人在扣缴义务人预扣预缴税款环节未享受或未足额享受专项附加扣除的，可以在当年内向支付工资、薪金的扣缴义务人申请在剩余月份发放工资、薪金时补充扣除，也可以在次年3月1日至6月30日内，向汇缴地主管税务机关办理汇算清缴时申报扣除。

（4）纳税人次年需要由扣缴义务人继续办理专项附加扣除的，应当于每年12月份对次年享受专项附加扣除的内容进行确认，并报送至扣缴义务人。纳税人未及时确认的，扣缴义务人于次年1月起暂停扣除，待纳税人确认后再行办理专项附加扣除。扣缴义务人应当将纳税人报送的专项附加扣除信息，在次月办理扣缴申报时一并报送至主管税务机关。

（5）纳税人应当将《扣除信息表》及相关留存备查资料，自法定汇算清缴期结束后保存五年。

表 3-7   专项附加扣除项目留存备查资料汇总表

专项附加扣除项目	需要留存备查资料
子女教育	子女在境外接受教育的,应当留存境外学校录取通知书、留学签证等境外教育佐证资料
继续教育	纳税人接受技能人员职业资格继续教育、专业技术人员职业资格继续教育的,应当留存职业资格相关证书等资料
住房贷款利息	住房贷款合同、贷款还款支出凭证等资料
住房租金	住房租赁合同或协议等资料
赡养老人	约定或指定分摊的书面分摊协议等资料
大病医疗	大病患者医药服务收费及医保报销相关票据原件或复印件,或者医疗保障部门出具的纳税年度医药费用清单等资料

2. 扣缴义务人

扣缴义务人办理工资、薪金所得预扣预缴税款时,如果纳税人通过远程办税端选择扣缴义务人并报送专项附加扣除信息的,扣缴义务人根据接收的扣除信息办理扣除;纳税人通过填写电子或者纸质《扣除信息表》直接报送扣缴义务人的,扣缴义务人将相关信息导入或者录入扣缴端软件,并在次月办理扣缴申报时提交给主管税务机关,《扣除信息表》应当一式两份,纳税人和扣缴义务人签字(章)后分别留存备查。

扣缴义务人在办理专项附加扣除时,需要注意以下情况:

(1)扣缴义务人应当及时按照纳税人提供的信息计算办理扣缴申报,不得拒绝,不得擅自更改纳税人提供的相关信息,且应当为纳税人报送的专项附加扣除信息保密。

(2)扣缴义务人发现纳税人提供的信息与实际情况不符,可以要求纳税人修改。纳税人拒绝修改的,扣缴义务人应当向主管税务机关报告,税务机关应当及时处理。除纳税人另有要求外,扣缴义务人应当于年度终了后两个月内,向纳税人提供已办理的专项附加扣除项目及金额等信息。

(3)纳税人次年需要由扣缴义务人继续办理专项附加扣除的,应当于每年12月份对次年享受专项附加扣除的内容进行确认,并报送至扣缴义务人。纳税人未及时确认的,扣缴义务人于次年1月起暂停扣除,待纳税人确认后再行办理专项附加扣除。扣缴义务人应当将纳税人报送的专项附加扣除信息,在次月办理扣缴申报时一并报送至主管税务机关。

(4)纳税人年度中间更换工作单位的,在原单位任职、受雇期间已享受的专项附加扣除金额,不得在新任职、受雇单位扣除。原扣缴义务人应当自纳税人离职不再发放工资薪金所得的当月起,停止为其办理专项附加扣除。

(5)纳税人报送给扣缴义务人的《扣除信息表》,扣缴义务人应当自预扣预缴年度的次年起留存五年。

(三)工资薪金预扣预缴

扣缴义务人每月或者每次预扣、代扣的税款,应当在次月 15 日内缴入国库,并向税务机关报送《个人所得税扣缴申报表》。《个人所得税扣缴申报表》填写方法参见《关于修订个人所得税申报表的公告》的附件,本教材不再赘述。

在实际工作中,单位经办人可以通过登录各地方电子税务局网站,下载安装"自然人税收管理系统扣缴客户端",实现远程"人员信息采集""专项扣除附加信息采集""工资薪金预扣预缴"等填报工作。自然人税收管理系统扣缴客户端的填报方式详见《自然人税收管理系统扣缴客户端用户操作手册》,本教材不再赘述。

四、年终汇算清缴的计算与申报

纳税人办理综合所得汇算清缴,应当准备与收入、专项扣除、专项附加扣除、依法确定的其他扣除、捐赠、享受税收优惠等相关的资料,填写汇算清缴申报信息,并按规定留存备查或报送。

(一)汇算清缴金额的计算

根据税法相关规定,取得综合所得且符合规定情形的纳税人,应当依法办理汇算清缴。该法定情形包括:①从两处以上取得综合所得,且综合所得年收入额减除专项扣除的余额超过 6 万元;②取得劳务报酬所得、稿酬所得、特许权使用费所得中一项或者多项所得,且综合所得年收入额减除专项扣除的余额超过 6 万元;③纳税年度内预缴税额低于应纳税额(如取得应税所得,扣缴义务人未扣缴税款的纳税申报);④纳税人申请退税。根据《关于个人所得税综合所得汇算清缴涉及有关政策问题的公告》(财政部税务总局公告 2019 年第 94 号)规定,2019 年 1 月 1 日至 2020 年 12 月 31 日居民个人取得的综合所得,年度综合所得收入不超过 12 万元且需要汇算清缴补税的,或者年度汇算清缴补税金额不超过 400 元的,居民个人可免于办理个人所得税综合所得汇算清缴,居民个人取得综合所得时存在扣缴义务人未依法预扣预缴税款的情形除外。

纳税人在进行汇算清缴时,纳税人需将工资、薪金、劳务报酬所得、稿酬所得、特许权使用费所得等四项综合所得汇总,按照综合所得年税率表,计算个人所得税额,并与预扣预缴额相比较,多退少补。

表 3-8 综合所得个人所得税税率表

级数	全年应纳税所得额	税率(%)	速算扣除数
1	不超过 36 000 元的	3	0
2	超过 36 000 元至 144 000 元的部分	10	2 520
3	超过 144 000 元至 300 000 元的部分	20	16 920
4	超过 300 000 元至 420 000 元的部分	25	31 920
5	超过 420 000 元至 660 000 元的部分	30	52 920
6	超过 660 000 元至 960 000 元的部分	35	85 920
7	超过 960 000 元的部分	45	181 920

汇算清缴综合所得的应纳税所得额计算公式如下:

应纳税所得额=年收入额-60 000 元-专项扣除-专项附加扣除-依法确定的其他扣除

(1)年收入包括工资、薪金、劳务报酬所得、稿酬所得、特许权使用费所得,计量规则分别是工资、薪金所得全额计入收入额、劳务报酬与特许权使用费收入按 80% 计入收入额、稿酬所得在扣除 20% 基础上再减按 70% 计入收入额。

(2)专项扣除、专项附加扣除以及依法确定的其他扣除的具体扣除标准详见预估预缴税额部分。专项扣除、专项附加扣除和依法确定的其他扣除,以居民个人一个纳税年度的应纳税所得额为限额;一个纳税年度扣除不完的,不结转以后年度扣除。

【例 3-10】张某为中国居民个人,2019 年 1—6 月在 A 公司任职,7—12 月在 B 公司任职,另外全年在 C 公司兼职并担任 D 公司法律顾问,出版法律著作一本,各项收入及预扣预缴所得税明细如下表,请计算张某 2019 年个人所得税汇算清缴时应补(退)税金额。

表 3-9 张某 2019 年收入及预扣预缴所得税明细表

单位:元

项目	收入金额	三险一金	专项附加扣除	预扣预缴个税
A 公司(1—6 月)	72 000.00	15 984.00	12 000.00	420.48
B 公司(7—12 月)	84 000.00	18 648.00	12 000.00	700.56
C 公司兼职	24 000.00			2 880.00
D 公司法律顾问	12 000.00			480.00
稿酬收入	2 300.00			210.00
合计	194 300.00	34 632.00	24 000.00	4 691.04

应纳税所得额=年收入额-60 000 元-专项扣除-专项附加扣除-依法确定的其他扣除

$$= 156\ 000 + 24\ 000 \times 80\% + 12\ 000 \times 80\% + 2\ 300 \times 80\% \times 70\% -$$

$$60\ 000-34\ 632-24\ 000$$

$$=67\ 456(元)$$

应补(退)所得额=全年应交所得税额−已预扣预缴所得税额

$$=67\ 456\times10\%-2\ 520-4\ 691.04$$

$$=4\ 225.6-4\ 691.04$$

$$=-465.44(元)$$

所以张某在汇算清缴时,可申请退税465.44元。

(二)汇算清缴的申报

1. 办理时间

需要办理汇算清缴的纳税人应当在取得所得的次年3月1日至6月30日内办理汇算清缴,并报送《个人所得税年度自行纳税申报表》。《个人所得税年度自行纳税申报表》填写方法参见《关于修订个人所得税申报表的公告》的附件,本教材不再赘述。在中国境内无住所的纳税人次年3月1日前离境的,可以在离境前办理年度汇算。

2. 受理税务机关

按照方便就近原则,纳税人自行办理或受托人为纳税人代为办理汇算清缴的,向纳税人任职受雇单位所在地的主管税务机关申报;扣缴义务人在年度汇算期内为纳税人办理年度汇算的,向扣缴义务人的主管税务机关申报。

纳税人有两处以上任职、受雇单位的,选择向其中一处任职、受雇单位所在地主管税务机关办理纳税申报;纳税人没有任职、受雇单位的,向户籍所在地或经常居住地主管税务机关办理纳税申报。

3. 办理方式

(1)纳税人自行办理年度汇算清缴。

(2)通过取得工资薪金或连续性取得劳务报酬所得的扣缴义务人代为办理。纳税人向扣缴义务人提出代办要求的,扣缴义务人应当代为办理,或者培训、辅导纳税人通过网上税务局(包括手机个人所得税APP)完成年度汇算申报和退(补)税。

根据《关于办理2019年度个人所得税综合所得汇算清缴事项的公告》(国家税务总局公告2019年第44号)要求,由扣缴义务人代为办理2019年度个人所得税综合所得汇算清缴的,纳税人应在2020年4月30日前与扣缴义务人进行书面确认,补充提供其2019年度在本单位以外取得的综合所得收入、相关扣除、享受税收优惠等信息资料,并对所提交信息的真实性、准确性、完整性负责。

(3)委托涉税专业服务机构或其他单位及个人(以下称"受托人")办理,受托人需与纳税人签订授权书。

扣缴义务人或受托人为纳税人办理年度汇算后,应当及时将办理情况告知纳税人。纳税人发现申报信息存在错误的,可以要求扣缴义务人或受托人办理更正申报,也可自行办理更正申报。

4. 办理渠道

(1)网上税务局。纳税人可优先通过网上税务局(包括手机个人所得税 APP)办理年度汇算,税务机关将按规定为纳税人提供申报表预填服务。

(2)邮寄方式。选择邮寄申报的,纳税人需将申报表寄送至任职受雇单位(没有任职受雇单位的,为户籍或者经常居住地)所在省、自治区、直辖市、计划单列市税务局公告指定的税务机关。

(3)办税服务厅办理。

5. 申报信息及资料留存

纳税人办理年度汇算时,除向税务机关报送年度汇算申报表外,如需修改本人相关基础信息,新增享受扣除或者税收优惠的,还应按规定一并填报相关信息。填报的信息,纳税人需仔细核对,确保真实、准确、完整。

纳税人以及代办年度汇算的扣缴义务人,需将年度汇算申报表以及与纳税人综合所得收入、扣除、已缴税额或税收优惠等相关资料,自年度汇算期结束之日起留存五年。

(三)汇算清缴的退税与补税

纳税人办理汇算清缴退税或者扣缴义务人为纳税人办理汇算清缴退税的,税务机关审核后,按照国库管理的有关规定办理退税。纳税人申请退税时提供的汇算清缴信息有错误的,税务机关应当告知其更正;纳税人更正的,税务机关应当及时办理退税。纳税人申请退税,应当提供其在中国境内开设的银行账户,并在汇算清缴地就地办理税款退库。

根据《关于办理2019年度个人所得税综合所得汇算清缴事项的公告》(国家税务总局公告2019年第44号)要求,为方便纳税人获取退税,纳税人2019年度综合所得收入额不超过6万元且已预缴个人所得税的,税务机关在网上税务局(包括手机个人所得税 APP)提供便捷退税功能,纳税人可以在2020年3月1日至5月31日期间,通过简易申报表办理年度汇算退税。

纳税人办理年度汇算补税的,可以通过网上银行、办税服务厅 POS 机刷卡、银行柜台、非银行支付机构等方式缴纳。

(四)年度汇算服务

税务机关推出系列优化服务措施,加强年度汇算的政策解读和操作辅导力度,分类编制办税指引,通俗解释政策口径、专业术语和操作流程,多渠道、多形式开展提示提醒服务,并通过手机个人所得税 APP、网页端、12366 纳税服务热线等渠道提供涉税咨询,帮助纳税人解决办理年度汇算中的疑难问题,积极回应纳税人诉求。

为合理有序引导纳税人办理年度汇算,避免出现扎堆拥堵,主管税务机关将分批分期通知提醒纳税人在确定的时间段内办理。纳税人如需提前或延后办理的,可与税务机关预约或通过网上税务局(包括手机个人所得税 APP)在法定年度汇算期内办理。对于因年长、行动不便等独立完成年度汇算存在特殊困难的,纳税人提出申请,税务机关可提供个性化年度汇算服务。

五、自行纳税申报

当居民个人取得应税所得,扣缴义务人未扣缴税款,非居民个人取得应税所得扣缴义务人未扣缴税款,非居民个人在中国境内从两处以上取得工资、薪金所得等情形在办理自行纳税申报时,纳税人向税务机关办理自行纳税申报。

(1)居民个人取得应税所得扣缴义务人未扣缴税款,应当在取得所得的次年 6 月 30 日前办理纳税申报。税务机关通知限期缴纳的,纳税人应当按照期限缴纳税款。

(2)纳税人在自行纳税申报时,需填报《个人所得税自行纳税申报表(A 表)》,首次申报或者个人基础信息发生变化的,还应报送《个人所得税基础信息表(B 表)》。《个人所得税自行纳税申报表(A 表)》和《个人所得税基础信息表(B 表)》的填写方法参见《关于修订个人所得税申报表的公告》的附件,本教材不再赘述。

第四节　非居民个人的工资、薪金所得

一、应纳税额的计算

(一)一般计算方法

非居民个人的工资、薪金所得采取按月代扣代缴的方式,无须进行年终汇算清缴,直接由支付方履行代扣代缴义务,计算公式如下:

应纳税额=(月收入-5 000 元)×适用税率-速算扣除数

表 3-10   按月换算后的综合所得个人所得税税率表

级数	应纳税所得额（月度）	税率（%）	速算扣除数
1	不超过 3 000 元的	3	0
2	超过 3 000 元至 12 000 元的部分	10	210
3	超过 12 000 元至 25 000 元的部分	20	1 410
4	超过 25 000 元至 35 000 元的部分	25	2 660
5	超过 35 000 元至 55 000 元的部分	30	4 410
6	超过 55 000 元至 80 000 元的部分	35	7 160
7	超过 80 000 元的部分	45	15 160

1. 月收入的计算

根据税法规定,非居民个人取得归属于境内工作期间的工资薪金所得,均应当计算缴纳个人所得税;其取得归属于境外工作期间的工资薪金所得,不征收个人所得税。当月工资薪金收入额的计算公式如下:

$$当月工资薪金收入额 = 当月境内外工资薪金总额 \times \frac{当月工资薪金所属工作期间境内工作天数}{当月工资薪金所属工作期间公历天数}$$

为鼓励和引进国际人才,个人所得税法制定了一系列税收优惠,主要集中于月收入的减免,主要税收优惠如下:

(1)非居民个人境内居住时间累计不超过 90 天。

在一个纳税年度内,在境内累计居住不超过 90 天的非居民个人,仅就归属于境内工作期间并由境内雇主支付或者负担的工资薪金所得计算缴纳个人所得税。当月工资薪金收入额的计算公式如下:

$$当月工资薪金收入额 = 当月境内外工资薪金总额 \times \frac{当月境内支付工资薪金数额}{当月境内外工资薪金总额} \times \frac{当月工资薪金所属工作期间境内工作天数}{当月工资薪金所属工作期间公历天数}$$

公式中:

①境内雇主包括雇佣员工的境内单位和个人以及境外单位或者个人在境内的机构、场所。

②凡境内雇主采取核定征收所得税或者无营业收入未征收所得税的,无住所个人为其工作取得工资薪金所得,不论是否在该境内雇主会计账簿中记载,均视为由该境内雇主支付或者负担。

③工资薪金所属工作期间的公历天数,是指无住所个人取得工资薪金所属工作期间按公历计算的天数。

当月境内外工资薪金包含归属于不同期间的多笔工资薪金的,应当先分别计算不同归属期间工资薪金收入额,然后再加总计算当月工资薪金收入额。

(2)非居民个人高管人员境内居住时间累计不超过90天。

在一个纳税年度内,在境内累计居住不超过90天的高管人员,其取得由境内雇主支付或者负担的工资薪金所得应当计算缴纳个人所得税;不是由境内雇主支付或者负担的工资薪金所得,不缴纳个人所得税。当月工资薪金收入额为当月境内支付或者负担的工资薪金收入额。

【例3—11】赵某为香港居民,担任某香港公司和某深圳公司的高管,2019年1—7月一直在香港管理两公司业务,从8—12月因工作需要每周一早上来深圳上班,周五晚上回香港。赵某在深圳工作期间,周一和周五当天停留都不足24小时,因此不计入境内居住天数,再加上周六、周日2天也不计入。在扣除其他返港等时间后,赵某在境内居住天数实为60天,未超过90天,赵某取得的全部境外所得可免缴个人所得税。

(3)其他项目。

居民个人的免税收入项目中,只要未规定仅适用于居民个人,也可适用于非居民个人,如:"长江学者成就奖"、外籍专家取得的工资、薪金所得等,在此不再赘述。

2. 扣除项目

工资、薪金所得费用扣除标准:每月5 000元,非居民个人无专项扣除和专项附加扣除等。居民个人的扣除项目中,只要未规定仅适用于居民个人,也可适用于非居民个人,如捐赠支出等,在此不再赘述。

(二)特殊计算方法

(1)非居民个人一个月内取得数月奖金,单独计算当月收入额,不与当月其他工资薪金合并,按6个月分摊计税,不减除费用,适用月度税率表计算应纳税额,在一个公历年度内,对每一个非居民个人,该计税办法只允许适用一次。计算公式如下:

当月数月奖金应纳税额=[(数月奖金收入额÷6)×适用税率-速算扣除数]×6

【例3—12】Jim在中国境内无住所,2019年度在中国境内居住不超过90天。2019年12月Jim同时取得2019年第四季度奖金和全年奖金,其中季度奖金20万元,对应境内工作时间为46天,全年奖金50万元,对应境内工作时间为73天,两笔奖金的50%由境内公司支付。

Jim的境内所得:20×46÷92×50%+50×73÷365×50%=10(万元)

Jim 的个人所得税:$(100\,000 \div 6 \times 20\% - 1\,410) \times 6 = 11\,540$(元)

(2)解除劳动合同的一次性补偿金等适用于非居民的特殊情形,计算方法同居民个人。

二、适用税收协定

按照我国政府签订的避免双重征税协定、内地与香港、澳门签订的避免双重征税安排(以下称税收协定)居民条款规定为缔约对方税收居民的个人(以下称对方税收居民个人),可以按照税收协定及财政部、税务总局有关规定享受税收协定待遇,也可以选择不享受税收协定待遇计算纳税。除税收协定及财政部、税务总局另有规定外,无住所个人适用税收协定的,按照以下规定执行:

(一)无住所个人享受境外受雇所得协定待遇

境外受雇所得协定待遇,是指按照税收协定受雇所得条款规定,对方税收居民个人在境外从事受雇活动取得的受雇所得,可不缴纳个人所得税。

无住所个人为对方税收居民个人,其取得的工资薪金所得可享受境外受雇所得协定待遇的,可不缴纳个人所得税。无住所居民个人为对方税收居民个人的,可在预扣预缴和汇算清缴时按前款规定享受协定待遇;非居民个人为对方税收居民个人的,可在取得所得时按前款规定享受协定待遇。

(二)无住所个人享受境内受雇所得协定待遇

境内受雇所得协定待遇,是指按照税收协定受雇所得条款规定,在税收协定规定的期间内境内停留天数不超过 183 天的对方税收居民个人,在境内从事受雇活动取得受雇所得,不是由境内居民雇主支付或者代其支付的,也不是由雇主在境内常设机构负担的,可不缴纳个人所得税。

无住所个人为对方税收居民个人,其取得的工资薪金所得可享受境内受雇所得协定待遇的,可不缴纳个人所得税。无住所居民个人为对方税收居民个人的,可在预扣预缴和汇算清缴时按前款规定享受协定待遇;非居民个人为对方税收居民个人的,可在取得所得时按前款规定享受协定待遇。

(三)关于无住所个人适用董事费条款的规定

对方税收居民个人为高管人员,该个人适用的税收协定未纳入董事费条款,或者虽然纳入董事费条款但该个人不适用董事费条款,且该个人取得的高管人员报酬可享受税收协定受雇所得、独立个人劳务或者营业利润条款规定待遇的,该个人取得的高管人员报酬可按一般无住所个人规定执行。

对方税收居民个人为高管人员,该个人取得的高管人员报酬按照税收协定董事费条款规定可以在境内征收个人所得税的,应按照有关工资薪金所得或者劳务报酬所得规定缴纳个人所得税。

三、纳税申报

(一)代扣代缴申报

非居民个人取得工资、薪金所得,劳务报酬所得,稿酬所得和特许权使用费所得,有扣缴义务人的,由扣缴义务人按月或者按次代扣代缴税款,并向税务机关报送《个人所得税扣缴申报表》。《个人所得税扣缴申报表》填写方法参见《关于修订个人所得税申报表的公告》的附件,本教材不再赘述。

非居民个人在一个纳税年度内税款扣缴方法保持不变,无须办理汇算清缴,达到居民个人条件时,应当告知扣缴义务人基础信息变化情况,年度终了后按照居民个人有关规定办理汇算清缴。

在实际工作中,单位经办人可以通过登录各地方电子税务局网站,下载安装"自然人税收管理系统扣缴客户端",实现远程填报工作。自然人税收管理系统扣缴客户端的填报方式详见《自然人税收管理系统扣缴客户端用户操作手册》,本教材不再赘述。

(二)自行申报

纳税人办理自行纳税申报时,应当一并报送税务机关要求报送的其他有关资料。首次申报或者个人基础信息发生变化的,还应报送《个人所得税基础信息表(B表)》。纳税人在办理纳税申报时需要享受税收协定待遇的,按照享受税收协定待遇有关办法办理。主要情形如下:

(1)非居民个人取得应税所得,扣缴义务人未扣缴税款的纳税申报,应当在取得所得的次年6月30日前,向扣缴义务人所在地主管税务机关办理纳税申报。有两个以上扣缴义务人均未扣缴税款的,选择向其中一处扣缴义务人所在地主管税务机关办理纳税申报。非居民个人在次年6月30日前离境(临时离境除外)的,应当在离境前办理纳税申报。

(2)纳税人取得应税所得没有扣缴义务人的,应当在取得所得的次月15日内向税务机关报送纳税申报表,并缴纳税款。

(3)非居民个人在中国境内从两处以上取得工资、薪金所得的纳税申报,非居民个人应当在取得所得的次月15日内,向其中一处任职、受雇单位所在地主管税务机关办理纳税申报。

（三）关于无住所个人相关征管规定

1. 关于无住所个人预计境内居住时间的规定

无住所个人在一个纳税年度内首次申报时，应当根据合同约定等情况预计一个纳税年度内境内居住天数以及在税收协定规定的期间内境内停留天数，按照预计情况计算缴纳税款。实际情况与预计情况不符的，分别按照以下规定处理：

（1）无住所个人预先判定为非居民个人，因延长居住天数达到居民个人条件的，一个纳税年度内税款扣缴方法保持不变，年度终了后按照居民个人有关规定办理汇算清缴，但该个人在当年离境且预计年度内不再入境的，可以选择在离境之前办理汇算清缴。

（2）无住所个人预先判定为居民个人，因缩短居住天数不能达到居民个人条件的，在不能达到居民个人条件之日起至年度终了 15 天内，应当向主管税务机关报告，按照非居民个人重新计算应纳税额，申报补缴税款，不加收税收滞纳金。需要退税的，按照规定办理。

（3）无住所个人预计一个纳税年度境内居住天数累计不超过 90 天，但实际累计居住天数超过 90 天的，或者对方税收居民个人预计在税收协定规定的期间内境内停留天数不超过 183 天，但实际停留天数超过 183 天的，待达到 90 天或者 183 天的月度终了后 15 天内，应当向主管税务机关报告，就以前月份工资薪金所得重新计算应纳税款，并补缴税款，不加收税收滞纳金。

2. 关于无住所个人境内雇主报告境外关联方支付工资薪金所得的规定

无住所个人在境内任职、受雇取得来源于境内的工资薪金所得，凡境内雇主与境外单位或者个人存在关联关系，将本应由境内雇主支付的工资薪金所得，部分或者全部由境外关联方支付的，无住所个人可以自行申报缴纳税款，也可以委托境内雇主代为缴纳税款。无住所个人未委托境内雇主代为缴纳税款的，境内雇主应当在相关所得支付当月终了后 15 天内向主管税务机关报告相关信息，包括境内雇主与境外关联方对无住所个人的工作安排、境外支付情况以及无住所个人的联系方式等信息。

第五节　股权激励的个人所得

一、股权激励概述

（一）股权激励的含义

股权激励是通过给予企业员工部分股权的形式来授予他们一定的经济权利，使他们能够以股东的身份参与企业的管理,分享利润、共担风险,从而激励员工为企业发展服务的一种长期激励机制。

现代股权激励起源于美国20世纪20年代,早期是以"股票奖励计划"的形式存在。在《财富》500强企业中,超过25%企业的员工持有企业股份超过10%。中国股权激励实践起步较晚,主要激励对象包括核心技术人员或中层管理人员。目前,越来越多的上市公司和非上市公司采用股权激励以激励和留住核心人才。股权激励使企业与员工之间建立起了一种更加牢固、更加紧密的战略发展关系。

从内在本质上,股权激励与劳动关系的存续紧密联系,属于奖金形式的劳动报酬。公司在制定股权激励方案时,一般会明确以员工完成一定的工作业绩并保持员工身份为授予员工股权激励的条件,设定所授予激励股权的解锁期。符合条件的员工只有在解锁期后方可行权,如果员工离职则所享有的权益自动失效。因此,员工从受雇企业取得的股权激励所得应属于工资、薪金所得。但其特殊之处在于股权激励所得与股权持有所得、股权转让所得都依附于股权这一载体,使股权激励的业务内容更为复杂。

(二)股权激励的常见形式

股权激励在欧美等西方发达国家应用很普遍,股权激励工具丰富,表现形式多样,以下是一些典型的股权激励模式:

1. 股票期权

股票期权也称认股权证,是指公司授予激励对象的一种权利,激励对象可以在规定的时间内(行权期)以事先确定的价格(行权价)购买一定数量的本公司流通股票(行权)。股票期权只是一种权利(看涨期权),而非义务,持有者在股票价格低于"行权价"时可以放弃这种权利,因而对股票期权持有者没有风险。股票期权的行权也有时间和数量限制,且需激励对象自己为行权支出现金。

股票期权的被授予者为了使股票升值而获得价差收入,会尽力保持公司业绩的长期稳定增长,使公司股票的价值不断上升,这样就使股票期权具有了长期激励的功能。因此,实行股票期权的公司必须是上市公司,才能有合理合法的、可资实施股票期权的股票来源。股票期权在国际上也是一种最为经典、使用最为广泛的股权激励模式。全球500家大型公司企业中已有89%对高层管理者实施了股票期权。

2. 虚拟股票

虚拟股票是指公司授予激励对象一种虚拟的股票,激励对象可以依据被授予"虚拟股票"的数量参与公司的分红并享受股价升值收益,但没有所有权,没有表决权,不能转让和出售,在离开企业时自动失效。其好处是不会影响公司的总资本和所有权结构,但缺点是兑现激励时现金支出压力较大,特别是在公司股票升值幅度较大时。

虚拟股票和股票期权有一些类似的特性和操作方法,但虚拟股票并不是实质性的股票认购权,它实际上是将奖金延期支付,其资金来源于企业的奖励基金。与股票期权相比,虚拟股票的激励作用受证券市场的有效性影响要小,因为当证券市场低迷时,只要公司有好的收益,被授予者仍然可以通过分红分享到好处。

3. 股票增值权

股票增值权是指公司授予激励对象的一种权利,激励对象可以在规定时间内获得规定数量及一定比例的股票股价上升所带来的收益,但不拥有这些股票的所有权,自然也不拥有表决权、配股权。激励对象不用为行权付出现金,行权后获得现金或等值的公司股票。

它与虚拟股票相类似,不同之处在于拥有股票增值权者不参与公司的分红。它的设计原理与股票期权也很近似,但差别在于:在行权时,经营者并不像期权形式在行权时要购入股票,而是直接对股票的升值部分要求兑现。按照合同的具体规定,股票增值权的实现可以是全额兑现,也可以是部分兑现。另外,股票增值权的实施可以是用现金实施,也可以折合成股票来加以实施,还可以是现金和股票形式的组合。

4. 员工持股计划

员工持股计划是指由公司内部员工个人出资认购本公司部分股份,并委托公司进行集中管理的产权组织形式。员工持股制度为企业员工参与企业所有权分配提供了制度条件,持有者真正体现了劳动者和所有者的双重身份。

员工持股计划的核心在于通过员工持股运营,将员工利益与企业前途紧紧联系在一起,形成一种按劳分配与按资分配相结合的新型利益制衡机制。同时,员工持股后便承担了一定的投资风险,这就有助于唤起员工的风险意识,激发员工的长期投资行为。由于员工持股不仅使员工对企业运营有了充分的发言权和监督权,而且使员工更关注企业的长期发展,这就为完善科学的决策、经营、管理、监督和分配机制奠定了良好的基础。

5. 管理层收购

管理层收购(MBO)又称"经理层融资收购",是指公司的管理者或经理层(个人或集体)利用借贷所融资本购买本公司的股份(或股权),从而改变公司所有者结构、控制权结构和资产结构,实现持股经营。同时,它也是一种极端的股权激励手段,因为其他激励手段都是所有者(产权人)对雇员的激励,而 MBO 则干脆将激励的主体与客体合二为一,从而实现了被激励者与企业利益、股东利益完整的统一。

通常的做法是,公司管理层和员工共同出资成立职工持股会或公司管理层出资成立新的公司作为收购主体,一次性或多次通过其授让原股东持有的公司股份,从而直接或间接成为公司的控股股东。由于管理层可能一下子拿不出巨额的收购资金,一般的做法是管理层以私人财产作抵押向投资银行或投资公司融资,成功收购后,再改用公司股权作抵押,有时出资方也会成为股东。

6. 限制性股票

限制性股票是指事先授予激励对象一定数量的公司股票,但对股票的来源、抛售等有一些特殊限制,激励对象只有在规定的服务期限以后并完成特定业绩目标(如扭亏为盈)时,才可抛售限制性股票并从中获益,否则公司有权将免费赠与的限制性股票收回或以激励对象购买时的价格回购限制性股票。

一般情况下,公司将一定数量的限制性股票无偿赠与或以较低价格售予公司高级管理人员,但对其出售这种股票的权利进行限制。公司采用限制性股票的目的是激励高级管理人员将更多的时间精力投入到某个或某些长期战略目标中。

7. 业绩股票

业绩股票,是根据激励对象是否完成并达到了公司事先规定的业绩指标,由公司授予其一定数量的股票或提取一定的奖励基金购买公司股票。主要用于激励经营者和工作业绩有明确的数量指标的具体业务的负责人。业绩股票是我国上市公司中应用较为广泛的一种激励模式。

与限制性股票不同的是,业绩股票的兑现不完全以(或基本不以)服务期作为限制条件,被授予者能否真实得到被授予的绩效股票主要取决于其业绩指标的完成情况,在有的计划中绩效股票兑现的速度还与业绩指标完成的具体情况直接挂钩:达到规定的指标才能得到相应的股票;业绩指标完成情况越好,则业绩股票兑现速度越快。

8. 延期支付

延期支付,也称延期支付计划,是指公司为激励对象(管理层)设计一揽子薪酬收入计划,其中部分年度奖金、股权激励收入不在当年发放,而是按当日公司股票市场价格折算成股票数量,存入公司为管理层人员单独设立的延期支付账户。在一定期限后,再以公司股票形式或根据期满时股票市值以现金方式支付给激励对象。主要目的是激励管理层考虑公司长远利益的决策,以免经营者行为短期化。

激励对象通过延期支付计划获得的收入,来自既定期限内公司股票的市场价格上升,即计划执行时与激励对象行权时的股票价差收入。如果折算后存入延期支付账户的股票市价在行权时上升,则激励对象就可以获得收益。但如果该市价不升反跌,激励对象的利益就会遭受损失。

(三)股权激励的主要环节

虽然不同模式下股权激励的操作流程各不相同,但从财税角度分析主要环节是相似的。以股票期权为例,通常涉及 4 个主要环节,分别为授予、可行权、行权和出售,如图 3-5 所示。

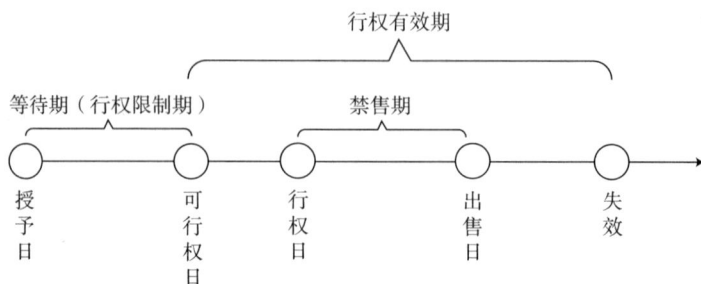

图 3-5　股票期权环节示意图

(1)授予日,是指股票期权协议获得批准的日期。"获得批准"是指企业与职工或其他方就股票期权的协议条款和条件已达成一致,并且该协议获得股东大会或类似机构的批准。这里的"达成一致"是指双方在对该计划或协议内容充分形成一致理解的基础上,均接受相关条款和条件。如果按照相关法规的规定,在提交股东大会或类似机构之前存在必要程序或要求,则应履行该程序或满足该要求。

(2)可行权日,是指可行权条件得到满足、职工或其他方具有从企业取得股票期权协议约定的相应权益工具或现金权利的日期。有的股票期权协议是一次性可行权,有的则是分批可行权。一次性可行权和分批可行权就像根据购买合同一次性付款还是分期付款一样。只有已经可行权的股票期权,才是职工真正拥有的"财产",才能去择机行权。

(3)等待期,是指可行权条件得到满足的期间,是从授予日至可行权日的时段,因此称为"等待期",又称"行权限制期"。对于可行权条件为规定服务期间的股票期权,等待期为授予日至规定服务期满后可行权日的期间;对于可行权条件为规定业绩的股票期权,等待期为授予日至达成规定业绩后可行权日的期间。

(4)行权日,是指职工和其他方行使股票期权协议约定的权利、获取现金或权益工具的日期。例如,持有股票期权的职工行使了以特定价格购买一定数量本公司股票的权利,该日期即为行权日。行权是按期权的约定价格实际购买股票,一般是在可行权日之后到期权到期日之前的可选择时段内行权。

(5)出售日,是指股票的持有人将行使期权所取得的期权股票出售的日期。按照我国法规规定,用于期权激励的协议,应在行权日与出售日之间设立禁售期,其中国有控股上市公司的禁售期不得低于两年。

二、相关个人所得税政策

(一)利息、股息、红利所得

按照一定的比率对每股发给股东的息金是股息,按股份比例分配的利润是红利。除另有规定外,个人拥有股权取得的股息、红利需按照利息、股息、红利所得,适用20%的税率按次计征个人所得税。

计算公式:应纳税额 = 每次收入额×20%

有关特殊规定如下:

(1)个人从公开发行和转让市场取得的上市公司股票,持股期限超过1年的,股息红利所得暂免征收个人所得税。个人从公开发行和转让市场取得的上市公司股票,持股期限在1个月以内(含1个月)的,其股息红利所得全额计入应纳税所得额;持股期限在1个月以上至1年(含1年)的,暂减按50%计入应纳税所得额。

(2)对内地个人投资者通过沪港通投资香港联交所上市H股取得的股息红利,H股公司按照20%的税率代扣个人所得税。内地个人投资者通过沪港通投资香港联交所上市的非H股取得的股息红利,由中国结算按照20%的税率代扣个人所得税。对内地证券投资基金通过沪港通投资香港联交所上市股票取得的股息红利所得按照上述规定计征个人所得税。

对香港市场个人投资者投资上交所上市A股取得的股息红利所得,在香港中央结算有限公司(以下简称香港结算)不具备向中国结算提供投资者的身份及持股时间等明细数据的条件之前,暂不执行按持股时间实行差别化征税政策,由上市公司按照10%的税率代扣所得税。对于香港个人投资者中属于其他国家税收居民且其所在国与中国签订的税收协定规定股息红利所得税税率低于10%的,可以自行或委托代扣代缴义务人,向上市公司主管税务机关提出享受税收协定待遇的申请,主管税务机关审核后,应按已征税款和根据税收协定税率计算的应纳税款的差额予以退税。

(3)对内地个人投资者通过深港通投资香港联交所上市H股取得的股息红利,H股公司按照20%的税率代扣个人所得税。内地个人投资者通过深港通投资香港联交所上市的非H股取得的股息红利,由中国结算按照20%的税率代扣个人所得税。对内地证券投资基金通过深港通投资香港联交所上市股票取得的股息红利所得,按照上述规定计征个人所得税。

对香港市场个人投资者投资深交所上市 A 股取得的股息红利所得,在香港中央结算有限公司(以下简称香港结算)不具备向中国结算提供投资者的身份及持股时间等明细数据的条件之前,暂不执行按持股时间实行差别化征税政策,由上市公司按照10%的税率代扣所得税。对于香港个人投资者中属于其他国家税收居民且其所在国与中国签订的税收协定规定股息红利所得税率低于 10%的,可以自行或委托代扣代缴义务人,向上市公司主管税务机关提出享受税收协定待遇退还多缴税款的申请,主管税务机关查实后,对符合退税条件的,应按已征税款和根据税收协定税率计算的应纳税款的差额予以退税。

(二)个人转让股权应纳税额

除股票转让所得外,个人转让股权所得都要按照财产转让所得,适用 20%的税率按次计征个人所得税。

计算公式:应纳税额=应纳税所得额×20%

应纳税所得额=股权转让收入-股权原值-合理费用

1. 股权转让收入

股权转让收入是指转让方因股权转让而获得的现金、实物、有价证券和其他形式的经济利益。转让方取得与股权转让相关的各种款项,包括违约金、补偿金以及其他名目的款项、资产、权益等,均应当并入股权转让收入。纳税人按照合同约定,在满足约定条件后取得的后续收入,应当作为股权转让收入。

股权转让收入应当按照公平交易原则确定,当符合下列情形之一的,主管税务机关可以核定股权转让收入:(1)申报的股权转让收入明显偏低且无正当理由的;(2)未按照规定期限办理纳税申报,经税务机关责令限期申报,逾期仍不申报的;(3)转让方无法提供或拒不提供股权转让收入的有关资料;(4)以及其他应核定股权转让收入的情形。

符合下列情形之一,视为股权转让收入明显偏低:(1)申报的股权转让收入低于股权对应的净资产份额的。其中,被投资企业拥有土地使用权、房屋、房地产企业未销售房产、知识产权、探矿权、采矿权、股权等资产的,申报的股权转让收入低于股权对应的净资产公允价值份额的;(2)申报的股权转让收入低于初始投资成本或低于取得该股权所支付的价款及相关税费的;(3)申报的股权转让收入低于相同或类似条件下同一企业同一股东或其他股东股权转让收入的;(4)申报的股权转让收入低于相同或类似条件下同类行业的企业股权转让收入的;(5)不具合理性的无偿让渡股权或股份;(6)以及主管税务机关认定的其他情形。

符合下列条件之一的股权转让收入明显偏低,视为有正当理由:(1)能出具有效文件,证明被投资企业因国家政策调整,生产经营受到重大影响,导致低价转让股权;(2)继承或将股权转让给其能提供具有法律效力身份关系证明的配偶、父母、子女、祖父母、外祖父母、孙子女、外孙子女、兄弟姐妹以及对转让人承担直接抚养或者赡养义务的抚养人或者赡养人;(3)相关法律、政府文件或企业章程规定,并有相关资料充分证明转让价格合理且真实的本企业员工持有的不能对外转让股权的内部转让;(4)以及股权转让双方能够提供有效证据证明其合理性的其他合理情形。

2. 股权原值

个人转让股权的原值依照以下方法确认:(1)以现金出资方式取得的股权,按照实际支付的价款与取得股权直接相关的合理税费之和确认股权原值;(2)以非货币性资产出资方式取得的股权,按照投资入股时非货币性资产价格与取得股权直接相关的合理税费之和确认股权原值;(3)通过无偿让渡方式取得股权,具备"继承或将股权转让给其能提供具有法律效力身份关系证明的配偶、父母、子女、祖父母、外祖父母、孙子女、外孙子女、兄弟姐妹以及对转让人承担直接抚养或者赡养义务的抚养人或者赡养人"情形的,按照取得股权发生的合理税费与原持有人的股权原值之和确认股权原值;(4)被投资企业以资本公积、盈余公积、未分配利润转增股本,个人股东已依法缴纳个人所得税的,以转增额和相关税费之和确认其新转增股本的股权原值;(5)除以上情形外,由主管税务机关按照避免重复征收个人所得税的原则合理确认股权原值。

股权转让人已被主管税务机关核定股权转让收入并依法征收个人所得税的,该股权受让人的股权原值以取得股权时发生的合理税费与股权转让人被主管税务机关核定的股权转让收入之和确认。个人转让股权未提供完整、准确的股权原值凭证,不能正确计算股权原值的,由主管税务机关核定其股权原值。对个人多次取得同一被投资企业股权的,转让部分股权时,采用"加权平均法"确定其股权原值。

3. 合理费用

根据2015年1月1日起施行《股权转让所得个人所得税管理办法(试行)》规定,合理费用是指股权转让时按照规定支付的有关税费。如转让股权过程中发生的印花税、佣金、过户费等与交易相关的税费。

(三)个人转让股票的个人所得税规定

根据《个人所得税法实施条例》规定,对股票转让所得征收个人所得税的办法,由国务院另行规定,报全国人民代表大会常务委员会备案。鉴于我国证券市场发育还不成熟,股份制改革仍需完善,对股票转让所得的计算、征管等都需做深入的调查研究后,结合国际通行做法,做出符合我国实际的规定。因此,国务院规定,个人转让境内上市公司股票所得暂不征收个人所得税。另外,有关特殊规定如下:

(1)对内地个人投资者通过沪港通投资香港联交所上市股票取得的转让差价所得,自 2019 年 12 月 5 日起至 2022 年 12 月 31 日止,暂免征收个人所得税。对香港市场个人投资者投资上交所上市 A 股取得的转让差价所得,暂免征收所得税。

(2)对内地个人投资者通过深港通投资香港联交所上市股票取得的转让差价所得,自 2019 年 12 月 5 日起至 2022 年 12 月 31 日止,暂免征收个人所得税。对香港市场个人投资者投资深交所上市 A 股取得的转让差价所得,暂免征收所得税。

(3)自 2018 年 11 月 1 日(含)起,对个人转让全国中小企业股份转让系统个人所得税政策(以下简称新三板)挂牌公司非原始股取得的所得暂免征收个人所得税。非原始股是指个人在新三板挂牌公司挂牌后取得的股票,以及由上述股票孳生的送、转股。

对个人转让新三板挂牌公司原始股取得的所得,按照"财产转让所得"的比例税率征收个人所得税。原始股是指个人在新三板挂牌公司挂牌前取得的股票,以及在该公司挂牌前和挂牌后由上述股票孳生的送、转股。

(4)自 2010 年 1 月 1 日起,对个人转让限售股取得的所得,按财产转让所得适用 20%的比例税率征收个人所得税。限售股在解禁前被多次转让的,转让方对每一次转让所得均应按规定缴纳个人所得税。限售股的应纳税所得额计算公式如下:

应纳税所得额=限售股转让收入-(限售股原值+合理税费)

限售股转让收入是指转让限售股股票实际取得的收入。限售股原值指限售股买入时的买入价及按照规定缴纳的有关费用。合理税费指转让限售股过程中发生的印花税、佣金、过户费等与交易相关的税费。纳税人未能提供完整、真实的限售股原值凭证的,不能准确计算限售股原值的,主管税务机关一律按限售股转让收入的 15%核定限售股原值及合理税费。

三、股权激励个人所得税的计算

(一)股票期权

1. 股票期权所得具体征税规定

(1)员工接受实施股票期权计划企业授予的股票期权时,除另有规定外,一般不作为应税所得征税。

(2)员工行权时,其从企业取得股票的实际购买价(施权价)低于购买日公平市场价(指该股票当日的收盘价,下同)的差额,是因员工在企业的表现和业绩情况而取得的与任职、受雇有关的所得,应按"工资薪金所得"适用的规定计算缴纳个人所得税。

(3)员工将行权后的股票再转让时获得的高于购买日公平市场价的差额,是因个人在证券二级市场上转让股票等有价证券而获得的所得,应按照"财产转让所得"适用的征免规定计算缴纳个人所得税。

(4)员工因拥有股权而参与企业税后利润分配取得的所得,应按照"利息、股息、红利所得"适用的规定计算缴纳个人所得税。

2. 股票期权所得境内外来源划分

根据税法有关规定,需对员工因参加企业股票期权计划而取得的工资、薪金所得确定境内或境外来源的,应按照该员工据以取得上述的工资、薪金所得的境内、外工作期间月份数比例计算划分。该境、内外工作期间月份总数是指员工按企业股票期权计划规定,在可行权以前须履行工作义务的月份总数。

3. 股票期权所得应纳税款的计算

(1)应纳税所得额的计算。

员工行权日所在期间的工资、薪金所得的应纳税所得额,应按下列公式计算:

股票期权形式的工资、薪金应纳税所得额=(行权股票的每股市场价-员工取得该股票期权支付的每股施权价)×股票数量

公式中"员工取得该股票期权支付的每股施权价",一般是指员工行使股票期权购买股票实际支付的每股价格。如果员工以折价购入方式取得股票期权的,上述施权价可包括员工折价购入股票期权时实际支付的价格。

(2)应纳税额的计算。

员工因参加股票期权计划而从中国境内取得的所得,按规定应按工资、薪金所得计算纳税的,在2021年12月31日前,对该股票期权形式的工资、薪金所得不并入当年综合所得,全额单独适用综合所得税率表,计算纳税。计算公式为:

应纳税额=股权激励收入×适用税率-速算扣除数

居民个人一个纳税年度内取得两次以上(含两次)股权激励的,应合并按上述规定计算纳税。

4. 其他规定

(1)部分股票期权在授权时即约定可以转让,且在境内或境外存在公开市场及挂牌价格(以下称为可公开交易的股票期权)。员工接受该可公开交易的股票期权时,按以下规定进行税务处理:

①员工取得可公开交易的股票期权,属于员工已实际取得有确定价值的财产,应按

授权日股票期权的市场价格,作为员工授权日所在月份的工资、薪金所得,并按上述规定计算缴纳个人所得税。如果员工以折价购入方式取得股票期权的,可以授权日股票期权的市场价格扣除折价购入股票期权时实际支付的价款后的余额,作为授权日所在月份的工资、薪金所得。

②员工取得上述可公开交易的股票期权后,转让该股票期权所取得的所得,按照财产转让所得规定进行税务处理;员工取得可公开交易的股票期权后,实际行使该股票期权购买股票时不再计算缴纳个人所得税。

(2)对因特殊情况,员工在行权日之前将股票期权转让的,以股票期权的转让净收入作为工资、薪金所得征收个人所得税。股票期权的转让净收入,一般是指股票期权转让收入。如果员工以折价购入方式取得股票期权的,可以股票期权转让收入扣除折价购入股票期权时实际支付的价款后的余额,作为股票期权的转让净收入。

(3)凡取得股票期权的员工在行权日不实际买卖股票,而按行权日股票期权所指定股票的市场价与施权价之间的差额,直接从授权企业取得价差收益的,该项价差收益应作为员工取得的股票期权形式的工资薪金所得,按照上述有关规定计算缴纳个人所得税。

(二)股票增值权

对于个人从上市公司(含境内、外上市公司,下同)取得的股票增值权所得,由上市公司或其境内机构按照"工资、薪金所得"项目和股票期权所得个人所得税计税方法,计算征收个人所得税。

1. 股票增值权应纳税所得额的确定

股票增值权被授权人获取的收益,是由上市公司根据授权日与行权日股票差价乘以被授权股数,直接向被授权人支付的现金。上市公司应于向股票增值权被授权人兑现时依法扣缴其个人所得税。被授权人股票增值权应纳税所得额计算公式为:

股票增值权某次行权应纳税所得额=(行权日股票价格-授权日股票价格)×行权股票份数

2. 股权激励所得应纳税额的计算

个人在纳税年度内取得股票期权、股票增值权所得和限制性股票所得的,在2021年12月31日前,上市公司应将该部分收入不并入当年综合所得,全额单独适用综合所得税率表,按照下列公式和要求计算扣缴其个人所得税:

应纳税额=股权激励收入×适用税率-速算扣除数

居民个人一个纳税年度内取得两次以上(含两次)股权激励的,应合并按上述公式计税。

3. 纳税义务发生时间

股票增值权个人所得税纳税义务发生时间为上市公司向被授权人兑现股票增值权所得的日期。

(三)限制性股票

对于个人从上市公司(含境内、外上市公司,下同)取得的限制性股票所得,由上市公司或其境内机构按照"工资、薪金所得"项目和股票期权所得个人所得税计税方法,计算征收个人所得税。

1. 限制性股票应纳税所得额的确定

按照个人所得税法及其实施条例等有关规定,原则上应在限制性股票所有权归属于被激励对象时确认其限制性股票所得的应纳税所得额。即:上市公司实施限制性股票计划时,应以被激励对象限制性股票在中国证券登记结算公司(境外为证券登记托管机构)进行股票登记日期的股票市价(指当日收盘价,下同)和本批次解禁股票当日市价(指当日收盘价,下同)的平均价格乘以本批次解禁股票份数,减去被激励对象本批次解禁股份数所对应的为获取限制性股票实际支付资金数额,其差额为应纳税所得额。被激励对象限制性股票应纳税所得额计算公式为:

应纳税所得额=(股票登记日股票市价+本批次解禁股票当日市价)÷2×本批次解禁股票份数-被激励对象实际支付的资金总额×(本批次解禁股票份数÷被激励对象获取的限制性股票总份数)

2. 股权激励所得应纳税额的计算

个人在纳税年度内取得股票期权、股票增值权所得和限制性股票所得的,在2021年12月31日前,上市公司应将该部分收入不并入当年综合所得,全额单独适用综合所得税率表,按照下列公式和要求计算扣缴其个人所得税:

应纳税额=股权激励收入×适用税率-速算扣除数

居民个人一个纳税年度内取得两次以上(含两次)股权激励的,应合并按上述公式计税。

3. 纳税义务发生时间

限制性股票个人所得税纳税义务发生时间为每一批次限制性股票解禁的日期。

(四)非居民个人股权激励

1. 关于股权激励所得来源地的规定

无住所个人在境内履职或者执行职务时收到的股权激励所得,归属于境外工作期间的部分,为来源于境外的工资薪金所得;无住所个人停止在境内履约或者执行职务离境后收到的股权激励所得,对属于境内工作期间的部分,为来源于境内的工资薪金所得。具体计算方法为:数月奖金或者股权激励乘以数月奖金或者股权激励所属工作期间境内工作天数与所属工作期间公历天数之比。

无住所个人一个月内取得的境内外数月奖金或者股权激励包含归属于不同期间的多笔所得的,应当先分别按照本公告规定计算不同归属期间来源于境内的所得,然后再加总计算当月来源于境内的数月奖金或者股权激励收入额。

本处所称股权激励包括股票期权、股权期权、限制性股票、股票增值权、股权奖励以及其他因认购股票等有价证券而从雇主取得的折扣或者补贴。

2. 股权激励所得税计算

非居民个人一个月内取得股权激励所得,单独计算当月收入额,不与当月其他工资薪金合并,按6个月分摊计税(一个公历年度内的股权激励所得应合并计算),不减除费用,适用月度税率表计算应纳税额,计算公式如下:

当月股权激励所得应纳税额=〔(本公历年度内股权激励所得合计额÷6)×适用税率-速算扣除数〕×6-本公历年度内股权激励所得已纳税额

(五)优惠政策

1. 非上市公司的优惠政策

对符合条件的非上市公司股票期权、股权期权、限制性股票和股权奖励实行递延纳税政策。非上市公司授予本公司员工的股票期权、股权期权、限制性股票和股权奖励符合规定条件的,经向主管税务机关备案,可实行递延纳税政策,即员工在取得股权激励时可暂不纳税,递延至转让该股权时纳税;股权转让时,按照股权转让收入减除股权取得成本以及合理税费后的差额,适用"财产转让所得"项目,按照20%的税率计算缴纳个人所得税。股权转让时,股票(权)期权取得成本按行权价确定,限制性股票取得成本按实际出资额确定,股权奖励取得成本为零。

享受递延纳税政策的非上市公司股权激励(包括股票期权、股权期权、限制性股票和股权奖励,下同)须同时满足以下条件:

(1)属于境内居民企业的股权激励计划。

(2)股权激励计划经公司董事会、股东(大)会审议通过。未设股东(大)会的国有单位,经上级主管部门审核批准。股权激励计划应列明激励目的、对象、标的、有效期、各类价格的确定方法、激励对象获取权益的条件、程序等。

(3)激励标的应为境内居民企业的本公司股权。股权奖励的标的可以是技术成果投资入股到其他境内居民企业所取得的股权。激励标的股票(权)包括通过增发、大股东直接让渡以及法律法规允许的其他合理方式授予激励对象的股票(权)。

(4)激励对象应为公司董事会或股东(大)会决定的技术骨干和高级管理人员,激励对象人数累计不得超过本公司最近6个月在职职工平均人数的30%。

(5)股票(权)期权自授予日起应持有满3年,且自行权日起持有满1年;限制性股票自授予日起应持有满3年,且解禁后持有满1年;股权奖励自获得奖励之日起应持有满3年。上述时间条件须在股权激励计划中列明。

(6)股票(权)期权自授予日至行权日的时间不得超过10年。

(7)实施股权奖励的公司及其奖励股权标的公司所属行业均不属于《股权奖励税收优惠政策限制性行业目录》范围。公司所属行业按公司上一纳税年度主营业务收入占比最高的行业确定。

股权激励计划所列内容不同时满足上述规定的全部条件,或递延纳税期间公司情况发生变化,不再符合上述条件的,不得享受递延纳税优惠、应按规定计算缴纳个人所得税。全国中小企业股份转让系统挂牌公司按照上述规定执行。

2. 上市公司的优惠政策

对上市公司股票期权、限制性股票和股权奖励适当延长纳税期限。上市公司授予个人的股票期权、限制性股票和股权奖励,经向主管税务机关备案,个人可自股票期权行权、限制性股票解禁或取得股权奖励之日起,在不超过12个月的期限内缴纳个人所得税。

上市公司股票期权、限制性股票应纳税款的计算,继续按照《财政部、国家税务总局关于个人股票期权所得征收个人所得税问题的通知》(财税〔2005〕35号)、《财政部、国家税务总局关于股票增值权所得和限制性股票所得征收个人所得税有关问题的通知》(财税〔2009〕5号)、《国家税务总局关于股权激励有关个人所得税问题的通知》(国税函〔2009〕461号)等相关规定执行。股权奖励应纳税款的计算比照上述规定执行。这里的上市公司是指其股票在上海证券交易所、深圳证券交易所上市交易的股份有限公司。

3. 其他相关政策

(1)个人从任职受雇企业以低于公平市场价格取得股票(权)的,凡不符合递延纳税条件,应在获得股票(权)时,对实际出资额低于公平市场价格的差额,按照"工资、薪金所得"项目,在2021年12月31日前,该部分收入不并入当年综合所得,全额单独适用综合所得税率表,按照下列公式和要求计算扣缴其个人所得税:

应纳税额=股权激励收入×适用税率-速算扣除数

居民个人一个纳税年度内取得两次以上(含两次)股权激励的,应合并按上述公式计税。

(2)个人因股权激励取得股权后,非上市公司在境内上市的,处置递延纳税的股权时,按照现行限售股有关征税规定执行。

(3)个人转让股权时,视同享受递延纳税优惠政策的股权优先转让。递延纳税的股权成本按照加权平均法计算,不与其他方式取得的股权成本合并计算。

(4)持有递延纳税的股权期间,因该股权产生的转增股本收入,以及以该递延纳税的股权再进行非货币性资产投资的,应在当期缴纳税款。

四、股权激励个人所得税的申报

(一)事前备案

(1)对股权激励选择适用递延纳税政策的,企业应在规定期限内到主管税务机关办理备案手续。未办理备案手续的,不得享受本通知规定的递延纳税优惠政策。

(2)企业实施股权激励,以实施股权激励的企业为个人所得税扣缴义务人。递延纳税期间,扣缴义务人应在每个纳税年度终了后向主管税务机关报告递延纳税有关情况。

(3)工商部门应将企业股权变更信息及时与税务部门共享,暂不具备联网实时共享信息条件的,工商部门应在股权变更登记3个工作日内将信息与税务部门共享。

(二)纳税申报

扣缴义务人和自行申报纳税的个人在申报纳税或代扣代缴税款时,应在税法规定的纳税申报期限内,将个人接受或转让的股权、接受或转让的股票期权以及认购的股票情况(包括种类、数量、施权价格、行权价格、市场价格、转让价格等)、股权激励人员名单、应纳税所得额、应纳税额等资料报送主管税务机关。

第四章 企业薪酬的个人所得税筹划

第一节 税务筹划概述

一、税务筹划的概念

税务筹划,是指在纳税行为发生之前,在不违反税法及相关法律法规的前提下,对纳税主体的投资、筹资、营运及分配行为等涉税事项作出事先安排,以实现企业财务管理目标的系列谋划活动[①]。在纳税管理的各个环节中,税务筹划尤为重要,有效的税务筹划可以提高纳税人的财务管理水平,有助于纳税人财务管理目标的实现。

税务筹划不仅对纳税人有积极意义,对税收管理机构也有较大的积极意义。从纳税人角度看,税务筹划有利于实现纳税人财务利益的最大化,提高纳税人的竞争力,塑造良好的外部形象。从税收管理机构角度看,税务筹划是社会经济与法律环境发展到一定阶段的产物,是纳税人法制观念和纳税意识增强的表现,纳税人合理利用税收优惠,符合国家政策导向,有助于优化产业结构和资源配置,并在不断博弈中,逐步提高和完善国家税制体系。

在西方发达国家,税务筹划已经被广泛接受、耳熟能详。1935 年,英国上议院议员汤姆林爵士就针对税务局长诉温斯特大公一案作了有关税务筹划的声明:"任何人都有权安排自己的事业,依据法律这样做可以少纳税。为了保证从这些安排中得到利益⋯⋯不能强迫他多纳税。"汤姆林爵士的观点赢得了法律界的认同,英国、澳大利亚、美国等在以后的税收判例中经常援引这一原则精神[②]。美国知名法官勒尼德·汉德说:"法院一再声称,人们安排自己的活动以达到低税负的目的,是无可指责的。每个人都可以这样做,不论他是富翁还是穷光蛋,而且这样做是完全正当的,因为他无须超过法律的规定来承担国家赋税;税收是强制课征的,而不是靠自愿捐款。以道德的名义来要求税收,不过是奢谈空论而已。人们合理而又合法地安排自己的经营活动,使之缴

---

① 财政部会计资格评价中心:《财务管理》,经济科学出版社 2019 年版。
② 盖地主编:《税务筹划学》(第 5 版),中国人民大学出版社 2018 年版。

纳尽可能少的税款。他们使用的方法可称为税务筹划。……少纳税和递延缴纳税款是税务筹划的目标所在。美国联邦所得税已变得如此复杂,这使为企业提供详尽的税务筹划成为一种谋生的职业。现在几乎所有的公司都聘用专业的税务专家,研究企业主要经营决策上的税收影响,为合法的少纳税制定计划。"①著名经济学家萨缪尔森在其《经济学》著作中这样描述到:"比逃税更加重要的是合法地规避税赋,原因在于议会制定的法规中有许多'漏洞',听任大量的收入不纳税或以较低的税率纳税。"

而在我国对税务筹划的认识尚处于初始阶段。人们对于税务筹划既报有较高期望,又有所顾忌,因此许多对税务筹划的认识有失偏颇。税务筹划与风险防控是要紧密结合的,不要孤立的做税务筹划,否则要么不具有可操作性,要么容易带来极大的税务风险。我们只有正确认识它,才能正确地运用它,达到税务筹划的效果。在正确认识税务筹划时,需要明确以下三点:

首先,税务筹划是纳税人应有的权益。税务筹划是纳税人对社会赋予其权利的具体运用,属于纳税人应有的社会权利。在法律允许或不违反税法的前提下,纳税人有从事经济活动、获取收益的权利,有选择生存与发展、兼并与破产的权利,其取得的收益应属合法收益。承认纳税人的税务筹划权是法制文明的体现,不应因纳税人的所有制性质、组织形式、经营状况、贡献大小不同而不等。因此,鼓励纳税人依法纳税、遵守税法,最明智的办法是让纳税人充分享受其应有的权利,而不是剥夺其权利,促使其走违法之途。

其次,税务筹划的目标是正确履行纳税义务,努力降低税负。正确履行纳税义务是税务筹划的最基本目标,目的是在规避纳税风险、规避任何法定纳税义务之外的纳税成本(损失),避免因涉税而造成名誉损失,尽可能避免纳税风险导致机会成本,努力实现涉税低风险,做到诚信纳税。在正确履行纳税义务的基础上,努力降低税负,实现税后收益的最大化。税负最低化目标更多是从经济观点而非税收角度进行筹划,关注重点在于现金流量、资源收益等。

最后,税务筹划存在风险与成本。在实际经济活动中,纳税人的税务筹划都会存在一定的风险,都需要一定的成本费用支出,没有完全无风险零成本的完美筹划。税务筹划作为纳税人维护自身利益的必要手段,不能仅考虑税负的减轻,还应将减轻税负置于纳税人的整体目标中,实现纳税人财务目标的最大化。如果单纯为筹划而筹划,就可能降低筹划的效果,造成高成本高风险。

---

① W.B.梅格斯,R.F.梅格斯:《会计学》,麦格劳-希尔公司1987年版。

二、税务筹划的原理

税务筹划的基本原理就是充分运用税收制度的完善程度及税收政策导向的合理性、有效性,有效降低税基、税率,甚至直接降低税负金额。

税收法制作为贯彻国家权力意志的杠杆,不可避免地会在其立法中体现国家推动整个社会经济运行的导向意图,颁布并实施一些有违公平税负、税收中性一般原则的优惠政策,如不同类型纳税人的税负差异,不同产品税基的宽窄,不同行业、不同项目进项税额的抵扣办法,减税、免税、退税等。因税收优惠政策而使同种税在实际执行中有所差异,造成了非完全统一的税收法制,无疑为纳税人选择自身利益最大化的经营理财行为,即进行税务筹划提供了客观条件。纳税人利用税收法制的差异进行旨在减轻税负的税务筹划,如果仅从单纯、静态的税收意义上说,的确有可能影响国家收入的相对增加,但这是短期的,因为税制的这些差异是国家对产业结构、资源配置主动进行的优化调整,即力图通过倾斜的税收政策诱导纳税人在追求自身利益最大化的同时,转换经营机制,实现国家和政府的产业调整意图。从长远发展来看,对纳税人、对国家都是有利的,这是国家为将来取得更大的预期收益可能支付的有限的机会成本。因此,纳税人利用税制的非完全同一性所实现的税负减轻,与其说是利用了税制的差异,不如说可能就是对税法意图的有效贯彻和执行。

在税收实践中,除了上述税收政策导向性的差异,税收法律制度也会存在自身难以克服的各种纰漏,即真正的缺陷或不合理,如税法、条例、公告通知等不配套,政策模糊、笼统,内容不完整等,这也为纳税人进行税务筹划提供了有利条件。对此,不论国家基于维护其声誉、利益的目的而作出怎样的解释、结论,从理论上说,不能认为纳税人进行的税务筹划是不合法的,尽管它可能与国家税收立法意图是相背离的。国家只能不断努力完善税收法规制度,逐步提高税收执法水平。纳税人也应认识到,税务筹划应该尽可能地从长远考虑,过分看重眼前利益可能会招致更大的潜在损失。

三、税务筹划的原则

(1)合法性原则。纳税人开展税务筹划必须遵守国家的各项法律法规,符合税法或者不违反税法,这是税务筹划与偷税、逃税、抗税和骗税等行为的本质区别。税务筹划具有合法性,有利于纳税人财务管理目标的实现,而偷税、逃税、抗税和骗税等行为是违法行为,虽然暂时减轻了税收负担,最终必然会受到法律制裁,给纳税人带来更大损失,严重阻碍纳税人财务管理目标的实现。

(2)整体性原则。税务筹划的整体性原则,也称为系统性原则、综合性原则。一方面,纳税人税务筹划的方案设计必须遵循系统观念,要将筹划活动置于财务管理的大系统下,与纳税人的投资筹资、营运及分配策略相结合。另一方面,纳税人需要缴纳的税种之间常常相互关联,一种税的节约可能引起另一种税的增加,税务筹划要求纳税人必须从整体角度考虑纳税负担,在选择纳税方案时,要着眼于整体税负的降低。

(3)先行性原则。税务筹划的先行性原则,是指筹划策略的实施通常在纳税义务发生之前。在经济活动中,纳税人可以根据税法及相关法规对各种经济事项的纳税义务进行合理预测,从中选择有利的筹划策略。如果纳税义务已经发生,根据税收法定原则,相应的纳税数额和纳税时间已经确定,税务筹划就失去了作用空间。因此,纳税人进行税务管理时,要对纳税人的筹资、投资、营运和分配活动等进行事先筹划和安排,尽可能减少应税行为的发生,降低纳税人的纳税负担,从而实现税务筹划的目的。

(4)经济性原则。税务筹划的经济性原则,也称成本效益原则。税务筹划方案的实施,在为纳税人带来税收利益的同时,必然发生相应的成本支出。由于税务筹划的目的是追求纳税人长期财务目标而非单纯的税负最轻,因此,纳税人在进行税务筹划相关决策时,必须进行成本效益分析,选择净收益最大的方案。

(5)风险收益均衡原则。风险与收益是相伴而生的,纳税人要想获得高收益,就要准备面对高风险,但高风险不一定必然会带来高收益。税务筹划目标是降低成本、获取收益,但同时必须关注风险程度,强化风险意识,遵循风险与收益均衡原则,采取有效措施,加强税务风险管理。

(6)时效性原则。无论是税收优惠还是制度缺陷都有一定的时效性,当税收优惠期限届满、制度缺陷被纠正或者模糊地待被明确后,纳税人原有税收筹划方案就不再适用,就不再合法而是违法。因此纳税人需要及时关注政策动向,适时调整税务管理方案,以动态变化适应外部环境。

四、税务筹划的基本方法

(一)节税方法

节税方法是指在税法规定的范围内,当存在多种税收政策、计税方法可供选择时,利用税收照顾性政策、鼓励性政策,纳税人以税负最优为目的,对纳税人经营、投资和筹资等活动进行税务选择的行为。国家为了扶持某些特定产业、行业、地区、纳税人和产品的发展,或者为了对某些有实际困难的纳税人给予照顾,在税法中作出的某些特殊规定,例如,免除其应缴的全部或部分税款,或按照其缴纳税款的一定比例给予返还等,从而减轻其税收负担。节税方法最大优点是符合国家政策导向,顺应国家调控方向。

（1）利用免税政策。利用免税筹划，是指在合法、合理的情况下，使纳税人成为免税人，或使纳税人从事免税活动，或使征税对象成为免税对象而免纳税收的税务筹划方法。利用免税筹划方法能直接免除纳税人的应纳税额，技术简单，但使用范围狭窄，且具有一定的风险性。这种方法以尽量争取更多的免税待遇和尽量延长免税期为要点。

（2）利用减税政策。利用减税筹划，是指在合法、合理的情况下，使纳税人减少应纳税额而直接节税的税务筹划方法。它也具有技术简单、使用范围狭窄，具有一定风险性等特点。利用减税方法筹划以尽量争取更多的减税待遇并使减税最大化和减税期最长化为要点。

（3）利用退税政策。利用退税筹划，是指在合法、合理的情况下，使税务机关退还纳税人已纳税款而直接节税的税务筹划方法。在已缴纳税款的情况下，退税偿还了缴纳的税款，节减了税收，所退税额越大，节减的税收就越多。

（4）利用税收扣除政策。利用税收扣除筹划，是指在合法、合理的情况下，使扣除额增加而实现直接节税，或调整各个计税期的扣除额而实现相对节税的税务筹划方法。在收入相同的情况下，各项扣除额、宽免额、冲抵额等越大，计税基数就会越小，应纳税额也就越少，从而节税也就越多。利用税收扣除进行税务筹划，技术较为复杂、适用范围较大、具有相对确定性。利用税收扣除进行税务筹划的要点在于使扣除项目最多化、扣除金额最大化和扣除最早化。

（5）利用税率差异。利用税率差异筹划，是指在合法、合理的情况下，利用税率的差异直接节税的税务筹划办法。利用税率差异进行税务筹划适用范围较广，具有复杂性、相对确定性的特点。采用税率差异节税不但受不同税率的影响，有时还受不同计税基数的影响，计税基数计算的复杂性使税率差异筹划变得复杂。其技术要点在于尽量寻求税率最低化，以及尽量寻求税率差异的稳定性和长期性。

（6）利用分劈技术。利用分劈技术筹划，是指在合法、合理的情况下，使所得、财产在两个或更多个纳税人之间进行分劈而直接节税的税务筹划技术。出于调节收入等社会政策的考虑，许多国家的所得税和一般财产税通常都会采用累进税率，计税基数越大，适用的最高边际税率也越高。使所得、财产在两个或更多个纳税人之间分劈，可以使计税基数降至低税率级次，从而降低最高边际适用税率，节减税收。

（7）利用税收抵免。利用税收抵免筹划，是指在合法、合理的情况下，使税收抵免额增加而节税的税务筹划方法。利用税收抵免筹划的要点在于使抵免项目最多化、抵免金额最大化。在其他条件相同的情况下，抵免的项目越多、金额越大，冲抵的应纳税项目与金额就越大，应纳税额就越小，因而节税就越多。

（二）避税方法

避税应是纳税人在熟知相关税境和税收法规的基础上，在不触犯税法的前提下，利用税法等有关法律法规的疏漏、模糊之处，通过对筹资活动、投资活动、经营活动等涉税事项的精心安排，达到规避或减轻税负目的的行为。①

研究避税最初产生的缘起，不难发现避税是初纳税人为抵制政府过重的税政，维护自身利益而进行的各种逃税、抗税等受到政府严厉制裁后，为寻求更为有效的规避办法的结果。避税是市场经济的必然产物，是历史发展的趋势，是早已存在、实际存在而且将继续存在的经济行为。从避税的定义可以看出，避税不是违法的，它是利用税收法规漏洞对自己所得与扣除进行"谋划设计"，试图通过合法的方法减少应纳税收，使纳税义务最小化。虽然避税是以合法手段减少应纳税额，通常含有贬义的意味，毕竟不是立法精神所倡导的。例如，此词常用以描述个人或纳税人通过精心安排，利用税法的漏洞、特例或其他不足之处来钻空取巧，以达到避税目的。因此，法律中常常设立相应的"反避税条款"或"对付合法避税的条款"，用以防范或遏制各类法律精神所不允许的避税行为者。执法部门对此看法也不一样，如加拿大收入署和法院将某些税务筹划看作正当避税，同时将一些情况（如股东利用外国公司转移所得等）视为不正当避税。

避税实质上是纳税人对税法的一种规避行为，遵循的是"法不禁止即允许"的现代法治原则，是纳税人应该享有的权利，即纳税人有权依据法律的"非不允许"进行选择和决策。如利用选择性条款避税，即纳税人针对税法中某一项目、某一条款并列规定的内容，从中选择有利于自己的内容和方法，如纳税期限、折旧方法、存货计价方法等；利用伸缩性条款避税，即纳税人针对税法中有些条款在执行中有弹性，按有利于自己的理解去执行；利用不明确条款避税，即纳税人针对税法中过于抽象、过于简化的条款，根据自己的理解，从有利于自身利益的角度进行筹划；利用矛盾性条款避税，即纳税人针对税法相互矛盾、相互冲突的内容，做出有利于自己的决策。因此，单纯以会计为手段的避税已经转向会计手段与非会计手段并用，避税日渐成为纳税人的一种经营行为。

随着各国的税收法规制度不断完善，税收的国际协调不断实现，作为税务筹划主要手段的避税也在不断发展，目前主要避税方法有：

（1）价格转让法。亦称转让价格法、转移定价法。它是指两个或两个以上有经济利益联系的经济实体（关联纳税人）为共同获取更多利润和更多地满足整体经济利益的需要，以内部价格进行的销售（转让）活动，这是避税实践中最基本的方法。

①　盖地主编：《税务筹划学》（第 5 版），中国人民大学出版社 2018 年版。

转让定价指在经济活动中,有经济联系的纳税人各方为了转移收入、均摊利润或转移利润而在交换或买卖过程中,不是依照市场买卖规则和市场价格进行交易,而是根据他们之间的共同利益或为了最大限度地维护他们之间的收入而进行的产品或非产品转让。在这种转让中,根据双方的意愿,产品的转让价格可高于或低于市场上由供求关系决定的价格,以达到少纳税甚至不纳税的目的。例如,在生产企业和商业企业承担的税负不一致的情况下,若商业企业承担的税负高于生产企业,则有联系的生产企业和商业企业就可通过某种契约的形式,增加生产企业利润,减少商业企业利润,使他们共同承担的税负和各自承担的税负达到最少。在不同情况下采用转让定价法,可以实现特定目的,发挥特定作用。不论是集团公司还是非集团公司,只要它们之间有经济利益关系,并且是非单一利润中心,也就是说它们之间有互补性、合法性,既保持独立又进行联合,就能以转让定价方式进行避税。

(2)税境移动法。凡主权独立国家都有其税收管辖权,即对本国居民、非本国居民,仅就其发生或来源于该国境内的收入征税;或者行使收入来源地管辖权与居民收入管辖权。前者的法律依据是涉税事项的发生地,后者则是纳税人的身份。因此,跨国经营企业可以通过对生产经营活动和居留时限的安排,回避税收管辖权。

(3)利用国际税收协定。国际税收协定一般都规定缔约国只能对常设机构的经常所得征税,在某些协定条款中,其原则的确定及其运用存在差异,税收协定会有一些税收庇护等。因此,跨国公司可通过设置直接的传输公司、踏脚石式的传输公司、外国低股权的控股公司进行避税。

(4)低税区避税法。低税区避税法是最常见的避税方法。低税区包括税率较低、税收优惠政策多、税负较轻的国家和地区。我国的经济特区、国务院批准的经济技术开发区、新技术产业园区等就属于国内低税区。此外,世界上有些国家或地区,如巴哈马、瑙鲁、开曼群岛、英属维尔京群岛等都属于国际避税港或低税区,但各国税务当局对这些避税地也会给予特别关注(列入黑名单、灰名单)。

(5)成本费用调整法。成本费用调整是通过对成本费用的合理调整或分配(摊销),抵销收益,减少利润,以达到规避纳税义务的避税方法。成本(费用)调整法适用于各类企业、各种经济实体,在具体运用时,有发出或销售存货成本计算方法、库存存货成本计算方法、固定资产折旧计算方法、无形资产价值摊销方法、费用分配(摊)方法、技术改造运用方法等。

2008年《企业所得税法》和2018年《个人所得税法》实施后,企业和个人的避税可能面临特别纳税调整,即税务机关出于实施反避税目的而对纳税人特定纳税事项所做的税收调整,包括针对纳税人转让定价、资本弱化、受控外国公司及其他避税情形而进行的税收调整。避税作为市场经济的特有现象,会随着经济的发展而发展。随着各国法制建设的不断完善,避税将逐渐演变成一种高智商的经济技巧和经营艺术。国内避税与国际避税相互交织,使避税具有国际普遍性特征。避税与反避税力量日益复杂化,将为纳税人进行避税筹划发展成一种专业化的职业工作。

(三)毕马威"恶性避税"及其分析①

2005 年 8 月 26 日,"四大"之一的毕马威(KPMG)在位于纽约的地方初审法庭公开承认向客户兜售"恶性避税",并同意支付 4.56 亿美元。按 2004 年毕马威 1524 名美国在册合伙人计算,人均约 30 万美元。涉案的 8 名前税务合伙人和 1 名律师将另案受到起诉。由此,一度沸沸扬扬的毕马威"刑事起诉"之谜尘埃落定。避税是各国税收征管中的一个棘手问题。本文首先介绍毕马威恶性避税案,然后讨论美国司法部对处罚的斟酌并分析美国税收征管制度的改革。

1. 激进之祸

企业在经营中要进行合法的税务筹划(Tax Planning)。而偏激的筹划,即以避税(Tax Avoidance)或逃税(Tax Evasion)为目的的筹划,则被称为纳税计谋(Tax Schemes),属非法行为。法律和税收条例提供了判别的原则和标准。根据美国联邦税务署(Inland Revenue Service,IRS)的定义,避税手段(Tax Shelters)是指旨在规避联邦所得税而建立的合伙或其他实体;旨在规避联邦所得税而进行的投资或财务安排以及其他的计划或安排。实践中,避税合法性的判断存在一定的主观性。如果说避税手段在一定条件下尚属合法,那么恶性避税手段(Abusive Tax Shelters)则属非法,它的一个显著特征是有违立法宗旨。

20 世纪 90 年代,恶性避税在美国渐呈蔓延之势,"五大"均有不同程度的染指。比如,在 2002 年 IRS 明确恶性避税非法之前,安永(Ernst & Young)已向 132 个客户提供过此类服务,获得收入约 2 780 万美元。"或有递延交易"(Contingent Deferred Swap)是安永的拳头避税产品。它通过复杂的交易设计将客户的营业收入报告为资本利得。由于资本利得的适用税率低于营业收入的税率,所以客户得到了避税的好处。2003 年 7 月,安永以 1 500 万美元的罚款了结了 IRS 对它的指控。

毕马威是这次恶性避税的出头之鸟。早在 1997 年,毕马威就专门成立了一个税务创新中心,专门研究避税产品的开发。该中心逐年制定非常激进的目标。以 2001 年为例,目标是 150 项产品提案。员工的各种提案会得到相应的奖励。有潜质的提案要经

---

① 任明川、敖曼:《毕马威"恶性避税"及其分析》,《中国注册会计师》2006 年第 1 期。

历一个冗长的开发和审批程序,包括"税务创新中心"的技术可行性和盈利现实性论证;"纳税业务部"的合法性和技术创新论证;以及"实务与职业部"的合法性和其他问题的再论证。其他问题主要有公司的风险管理和执业政策、对客户的风险披露、产品的私密性、营销限制、收费安排及对审计独立性的影响、事务所的声誉等。毕马威在推销中总是声称其产品的合法性。但现实中盈利性往往会取代合法性而成为压倒一切的标准,尤其是在竞争压力的情况下。审计部门是产品推销的一个主渠道。2000年,毕马威甚至推出"联手方案",即让审计团队与税务团队合力推销。毕马威还同银行、律师事务所和其他会计师事务所共享客户资源以扩大市场。他还借法律意见书来打消客户对产品合法性的疑虑。保险也是毕马威的营销手段之一。

根据国会的调查,毕马威从四种避税手段(FLIP,BLIPS,OPTS和SC2)中获得1.24亿美元的收入。这些避税手段的一个共同特点就是能为纳税人带来可以抵销应税收益的虚假的应税损失。1999—2000年至少有186位富人在纳税中使用了"债券溢价结构"(Bond Linked Issue Premium Structure,BLIPS)。由此,毕马威获得约5300万美元的收入。IRS对避税的监管依赖三种信息:纳税申报、实务注册和客户登记。据调查,毕马威采用一系列手段来规避IRS的监管,包括不遵守注册、登记规定;让客户采用非常规的纳税申报方法;以及拒绝IRS的传唤等。多年来,毕马威从未对其避税产品予以注册。对客户,它声称其产品不属于避税。毕马威受到的指控还包括误导调查和隐匿证据。

2. 处罚之争

司法部称:毕马威的所作所为使国家税收遭受了25亿美元的损失。这是有史以来最大的一起税收刑事案。处罚不力就传递了错误的信息。但是,另一方面,刑事起诉可能会将毕马威置于死地,重演安达信"猝死"的悲剧。为此,司法部陷入了一种两难境地。据2005年6月底《华尔街日报》的一份报道称:美国证券交易委员会(SEC)正在制定紧急预案,以防毕马威刑事起诉之不测。因为司法部的刑事诉讼会立刻触发客户成批变更审计师,从而导致股票市场发生震荡。预案的设想之一就是暂时豁免上市公司审计与非审计业务分离的要求。美国国会下属的政府责任署(Government Accountability Office,GAO,该机构2004年以前的名称为General Accounting Office)在2004年发布的一份报告中警告道:"四大"成员的"猝死"将会导致严重的后果,因为他们的审计涵盖了约80%的美国上市公司。这里,我们有必要对安达信案的戏剧性过程作一个简要的回放,以便把握此次司法部对毕马威的量刑。

2001年12月2日,安然宣告破产,成为当时美国历史上最大的一起公司破产案。次年3月14日,美国司法部对安然审计师安达信提起刑事诉讼,罪名是销毁安然档案,阻挠司法调查。作为"五大"之一的安达信，当时拥有约 2 300 家上市客户。刑事诉讼使这些客户不得不立刻解聘安达信。2002 年 6 月 15 日位于休斯顿的联邦法庭裁定安达信罪名成立。由此，安达信自动丧失上市公司的审计资格，其遍布于 84 个国家和地区的会员也不得不"改换门庭"，并入"四大"。顷刻之间，一个在全球拥有约 8.5 万名员工的会计公司几乎化为乌有，仅在芝加哥总部保留了约 200 名员工，以处理诉讼等善后事宜。可是，2005 年 5 月 31 日安达信的上诉获得了成功，即美国最高法庭推翻了休斯顿法庭对安达信的有罪判决，其理由是"法庭对陪审团的指令不当"。这一终审裁决虽然在很大程度上为安达信洗刷了名声，但却无法让它起死回生。"四大"已成现实。

但是，对司法部以及其他政府监管机构来说，这一看似"亡羊补牢"的判例却有着相当微妙而深远的含义。三年前，安达信的辩护律师在休斯顿法庭判决后就公开鸣冤：这是美国历史上最大的一起"公司谋杀案"。谁是元凶？不言自明。安然丑闻曝光后，美国大幅修改了公司、证券等立法，并显著加大了违规的处罚力度。这是"矫枉过正"之举，其必要性无须赘言。但随着时间的推移，人们开始感受到新法规的负面影响，尤其是昂贵的实施成本。新的"矫枉过正"接踵而至。例如，2004 年以来媒体对"萨—奥法案"（Sarbanes-Oxley Act）的质疑便时起时伏。应该说，"萨—奥法案"确实存在着立法仓促的问题。如果说安达信的有罪判决给予投资者和安然员工以公道的话，那么其后的无罪判决则是还了安达信员工以公道。安达信在美国曾有 3 万名左右的员工，绝大多数与安然丑闻毫无瓜葛，但却成了无辜的"殉葬品"。因此，有人建议：对公司的刑事起诉应该慎之再慎。

司法部的立场是：违法者必须绳之以法，包括个人和法人。就此案而言，既然司法部认定为"刑事"，那么又为何放弃了刑事起诉？美国司法部长艾伯托·冈萨雷斯（Alberto Gonzales）解释道："我们既要让毕马威承担责任、痛改前非；又不至于处罚过重、殃及无辜。"这里，我们可以看到安达信案的影响，或者说是基于安达信案的一种"矫枉过正"。如上所述，涉案的 8 名前税务合伙人和 1 名律师将成为刑事起诉的主要对象。案发后，这些人也已脱离毕马威。作为法人，毕马威不仅要承担巨款罚赔，而且还必须接受独立督察之监督，至少为期 3 年。司法部已指派 SEC 前主席理查德·布里登（Richard Breeden）为独立督察。他曾担任法庭为世通公司（WorldCom，后更名为 MCI）指派的独立督察。毕马威一旦违反承诺，司法部在 5 年内仍保留起诉的权力。另外，毕马威还受到 30 天的"冻结客户"处罚，即 30 天内不得接纳新客户。在接受监督期间，IRS 还对毕马威向客户提供的税务意见享有额外的审查权。显然，司法部旨在传递一个信息：对违法行为严惩不贷。但有人则不以为然，他们质疑："四大"的影响之大已经到了法律也不得不妥协的地步。

IRS 将毕马威在 1997—2001 年期间提供的避税手段判为无效。这意味着客户将蒙受重大经济损失。因此,客户开始状告毕马威,声称他们轻信了毕马威对避税手段的合法性陈述。目前,毕马威和 SAB&W 律师行(Sidley Austin Brown&Wood)已原则同意向这些客户支付 1.95 亿美元的赔偿(其中毕马威承担 80%);向控方律师支付 3 000 万美元赔偿。控方律师指出:这一金额实在是便宜了毕马威和 SAB&W,因为它是按客户的付费来确定的,而不是按客户的实际损失来计算的。值得一提的是,SAB&W 系由芝加哥历史最悠久、规模最大的"盛德国际律师事务所"(Sidley Austin)同纽约的"布—伍律师行"(Brown&Wood)于 2001 年合并而成。该律师行为毕马威的 ATS 出具法律意见书。

3. 征管之迁

在美国,IRS 是税收的主要征管者。20 世纪 90 年代末纳税人对 IRS 抱怨多多。国会曾为此举行公开听证,并于 1998 年通过了《IRS 重组与改革法案》(IRS Restructuring and Reform Act),旨在将 IRS 的职能由征税提升为服务。但是,这使 IRS 本来就非常有限的资源变得更加拮据。有数据显示,1992 年 IRS 对纳税人纳税申报的抽查审计率为 0.66%;而 2002 年这一比率更降为 0.16%。IRS 对恶性避税建议刑事诉讼的案例数也从 1992 年的 2 073 起降为 2002 年的 1 025 起。这就是说,纳税人受到避税查处的可能性微乎其微。2000 年 2 月,IRS 设立了一个避税调查办(Office of Tax Shelter Analysis,OTSA)。布什总统提议将 2003 年 IRS 预算增加 5.25 %。2004 年 10 月 22 日,布什正式签署《增加就业法》(Jobs Creation Act),为遏制和打击避税提供了法律依据。同年 12 月,IRS 完成了对其 230 号条例(Circular 230)的修订。其幅度之大,有人甚至将其喻为税收征管的"萨—奥法案"。IRS 真正加大了对避税的调查与处罚。

IRS 明确了六种必须报告的交易类型,包括现实的和潜在的避税。它们分别为:

(1)定性的交易(Listed Transactions),即已被 IRS 明确的避税交易;

(2)私密性交易(Confidential Transactions),即限制纳税人披露业务设计和纳税安排的交易;

(3)合约保护交易(Contractual Transactions),即将付费同节税额挂钩,并在节税不果时悉数退还的交易;

(4)纳税亏损交易(Loss Transactions),即产生节税性亏损的交易;

(5)财税差异交易(Book-Tax Difference),即导致财务报告和纳税申报出现巨额差异的交易;

(6)瞬间持有交易(Brief Holding Period),即涉及短暂持有的交易。

(2)至(6)为潜在的避税,或者说,它们已经具备避税的特定征兆,因此需重点审核。(1)为现实的避税。截至 2005 年 5 月 24 日,IRS 定性的避税交易有 30 种,其中绝大多数是 2000 年之后定性的。就交易内容而言,主要涉及合伙、雇员报酬、股票期权、信托、债券、租赁、外币期权、保险、捐赠、国外税收减免等。

《增加就业法》颁布之前,IRS 对避税手段也有披露要求,但却没有针对纳税人的处罚。根据《增加就业法》,IRS 可以处罚没有恰当披露应报告交易的纳税人,且不论其是否压低了应税收益。具体而言,自然纳税人为 1 万美元,而其他纳税人则为 5 万美元。如果涉及定性交易的披露,则分别为 10 万美元和 50 万美元罚款。IRS 对避税促销商的披露要求包括实务注册和客户登记两个方面。在《增加就业法》颁布之前,对不进行实务注册或提供不实、不全信息的处罚偏轻。具体处罚是避税手段投资总额的 1% 或 500 美元,两者择大而定。而新的处罚则增加到 5 万美元。如果涉及定性交易的披露,则处罚为 20 万美元或所得收益的 50%,两者择大而定。关于客户登记,过去是遗漏一个客户处罚 50 美元,处罚总额最多不超过 10 万美元。而新的规定是:对接到书面通知 20 天后不提供客户名册的促销商处以每天 1 万美元的罚款。罚款总额不予封顶。

对避税手段的恰当界定是问题的关键所在。纳税人同 IRS 的分歧只能付诸法庭裁决。法院建立的司法原则包括:

(1)虚假交易原则(Sham Transaction)。法院不允许两种虚假交易。第一,事实上的虚假,即那些根本没有发生过的虚构交易;第二,实质上的虚假,即那些发生了但缺乏经济实质和商业目的的避税交易。它涵盖了以下两项原则。

(2)经济实质原则(Economic Substance)。税法要求的公司行为必须具有经济实质,即存在纳税利益之外的交易结果。

(3)商业目的原则(Business Purpose)。它讲求纳税人参与交易之动机,即是否具有纳税利益之外的商业目的。与经济实质相比,这一原则更加主观。

(4)实质重于形式原则(Substance Over Form)。如果公司构建的复杂交易(弯路)与简单的交易(直径)在经济实质上别无二致,那么不同交易路径的应税额应该相同。这一原则旨在防止以避税为目的的人为复杂交易。

(5)分步交易原则(Step Transaction)。该原则认为:如果公司构建一系列的连环交易,那么各项分步交易都应具备经济目的,否则,连环交易应视同一项单一交易。

4. 前车之鉴

首先,毕马威的避税丑闻对会计职业可谓"雪上加霜",不仅事关声誉而且涉及监管。监管机构可能会对会计师业务实施进一步的限制。2005 年 7 月,上市公司会计监督委员会(PCAOB)已向 SEC 提出建议,限制会计师事务所向其审计客户及客户高管人员提供纳税服务。但是,进一步限制的可能性会因为人们对"萨—奥法案"实施成本的担忧和批评而大大降低。其次,司法部将毕马威的刑事起诉予以延期,以观后效。如果毕马威能认真履行协议,即放弃避税、兑现处罚、配合调查,那么司法部将于 2006 年 12 月 31 日后撤销刑事起诉。这对毕马威来说可谓"不幸之万幸",但对涉案的合伙人而言则是"不幸之不幸",因为事务所不仅不能为他们分担责任,而且还要向司法部提供证据。应该说,这里也有一个公平的问题,因为这里的个人所为是事务所授权认可的。最近,司法部又起诉了另外 10 名毕马威合伙人。再次,美国通过立法加强了对避税的调查和处罚。2004 年 12 月,IRS 修订了 230 号条例。该条例是美国税收征管的主要依据,其历史可以追溯到 1921 年。美国的改革有两个重点:

(1)提升信息披露之要求,即在纳税申报(Tax Return)中强制信息申报(Information Returns)。

(2)加大处罚的范围和力度,即从避税的设计推销者扩展到它的消费者——纳税人,并加重相应的处罚。

但有学者指出:美国目前的改革无法从根本上遏制避税,因为从法院的判例结果来看,司法部和 IRS 仍然是败多胜少。美国的司法独立是制度原因。就技术而言,避税的判别标准存在一定的主观性,从而导致纳税人、IRS 和法院判断上的不一致。最后,20世纪 90 年代在美国蔓延的避税手段可谓名目繁杂。但仔细分析可以发现:这些避税手段有一些共同的特征,比如,离不开外国公司的参与;离不开一个"壳",即设立公司或合伙;离不开债券、外币、利率、期权等金融工具。随着我国经济全球化的持续、公司设立门槛的降低以及金融工具的发展,避税问题的研究,包括理论、案例和政策的研究,理应得到更多的重视。

第二节　个人所得税筹划的设计思路

一、借助税收优惠政策进行工资薪金所得的筹划

工资薪金所得的税务筹划不仅需要个人所得税中工资、薪金所得的相关税收知识为其铺垫,还需要劳务报酬所得、经营所得等方面个人所得税知识,甚至社会保险、职工福利、工会经费等非税务知识。税务筹划是对各方面业务与法规知识的融会贯通,是精英与团队的智慧结晶。在中级薪税管理师培训中,主要聚焦薪酬相关税法知识的应用,以工资、薪金所得的常规筹划为主要内容,暂时不涉及股票奖励、个人所得形式转换等较高层次的税收筹划。

（一）充分利用专项附加扣除

筹划思路：根据税法规定，纳税收入在减除基本费用标准的基础上，再享有教育、医疗、养老等多方面附加扣除，进一步减轻群众税收负担，增加居民实际收入、增强消费能力，具体规则详见第二章。因此，如果夫妻二人均需要缴纳个人所得税，住房贷款利息或租金、子女教育支出、大病医疗支出，应由税率高的一方在法定范围内全额申报或多申报，税率低的一方在法定范围内不申报或少申报。对多兄弟姐妹而言，赡养老人支出应由税率最高的两位分别申报 12 000 元。

【例4-1】张某夫妇有两个儿子，小儿子读小学三年级，大儿子读小学六年级。在未扣除子女教育专项附加前，2019 年，张先生的应纳税所得额为 10 万元，张太太的应纳税所得额为 3 万元。请提出税务筹划方案。

方案一：由张太太申报两个子女的教育专项附加扣除 2.4 万元，则张先生应纳个人所得税＝100 000×10%－2 520＝7 480（元）；张太太应纳个人所得税＝（30 000－24 000）×3%＝180（元），二人税负合计 7 660 元。

方案二：如果由张先生和张太太各申报一个子女的教育专项附加扣除 1.2 万元，则张先生应纳个人所得税＝（100 000－12 000）×10%－2 520＝6 280（元）；张太太应纳个人所得税（30 000－12 000）×3%＝540（元），二人税负合计 6820 元。

方案三：如果由张先生申报两个子女的教育专项附加扣除 2.4 万元，则 2019 年度，张先生应纳个人所得税＝（100 000－24 000）×10%－2 520＝5 080（元）；张太太应纳个人所得税＝30 000×3%＝900（元），二人税负合计 5 980 元。

对张某夫妇而言，方案三整体税负成本最低，因为张先生应纳税所得额和税率高于张太太，所以 2.4 万元的子女教育专项附加全部由张先生进行申报扣除，税负最低。

【例4-2】李某夫妇育有一女。2019 年，李先生应纳税所得额为 10 万元，李太太的应纳税所得额为 3 万元。另外，当年因女儿重大疾病花费医疗费 10 万元，全部自负，李先生和李太太本人当年并未产生自负医疗费。请提出税务筹划方案。

方案一：如果由李太太申报大病医疗专项附加扣除 8 万元，则李先生应纳个人所得税＝100 000×10%－2 520＝7 480（元）；李太太应纳个人所得税 0 元，二人税负合计 7 480 元。

方案二：如果由李先生申报大病医疗专项附加扣除 8 万元，则李先生应纳个人所得税＝（100 000－80 000）×3%＝600（元）；李太太应纳个人所得税＝30 000×3%＝900（元），二人税负合计 1 500 元。

对李某夫妇而言，方案二整体税负成本最低，因为李先生应纳税所得额和税率高于李太太,所以 8 万元的大病医疗专项附加全部由李先生进行申报扣除,税负最低。

【例 4-3】秦某夫妇均年满 60 岁,其三个子女分别是秦建军、秦建国、秦建设。2019 年度,秦建军的应纳税所得额为 10 万元,秦建国的应纳税所得额为 7 万元,秦建设的应纳税所得额为 3 万元,以上数额均未考虑赡养老人专项附加扣除。请提出税务筹划方案。

方案一:如果由秦建军、秦建国、秦建设三人平均申报赡养老人专项附加扣除,每人 8 000 元,则秦建军应纳个人所得税=(100 000-8 000)×10%-2 520=6 680(元);秦建国应纳个人所得税=(70 000-8 000)×10%-2 520=3 680(元);秦建设应纳个人所得税=(30 000-8 000)×3%=660(元),三人税负合计 11 020 元。

方案二:如果由秦建军、秦建国二人平均申报赡养老人专项附加扣除,每人 12 000 元,则秦建军应纳个人所得税=(100 000-12 000)×10%-2 520=6 280(元);秦建国应纳个人所得税=(70 000-12 000)×10%-2 520=3 280(元);秦建设应纳个人所得税=30 000×3%=900(元),三人税负合计 10 460 元。

方案三:如果由秦建国、秦建设二人平均申报赡养老人专项附加扣除,每人 12 000 元,则秦建军应纳个人所得税=100 000×10%-2 520=7 480(元);秦建国应纳个人所得税=(70 000-12 000)×10%-2 520=3 280(元);秦建设应纳个人所得税=(30 000-12 000)×3%=540(元),三人税负合计 11 300 元。

对秦家兄弟三人而言,方案二整体税负成本最低,秦建军、秦建国的应纳税所得和税率最高,两位分别申报 12 000 元的专项附加扣除。

(二)充分利用其他扣除

1. 充分利用企业年金与职业年金

筹划思路:根据税法规定,个人根据国家有关政策规定缴付的年金个人缴费部分,在不超过本人缴费工资计税基数的 4%标准内的部分,暂从个人当期的应纳税所得额中扣除,具体规则详见第二章。目前事业单位强制要求设立职业年金,而企业年金是自愿设立的,企业可以充分利用这一优惠帮助员工减轻个人所得税负担。

【例 4-4】A 公司共有员工 1 000 余人,人均年薪 20 万元,人均年个人所得税税前扣除标准为 12 万元,人均年应纳税所得额为 8 万元,人均年应纳个人所得税=80 000×10%-2 520=5 480(元)。请为 A 公司提出税务筹划方案。

方案:A 公司为全体员工设立企业年金,员工人均年缴费 8 000 元,符合税法规定,可以税前扣除。由此,人均年应纳个人所得税=(80 000-8 000)×10%-2 520=4 680(元),人均节税=5 480-4 680=800(元),全体员工年节税=800×1 000=800 000(元)。

2. 充分利用享受优惠的商业健康保险

筹划思路:根据税法规定,对个人购买符合规定的商业健康保险产品的支出,允许在当年(月)计算应纳税所得额时予以税前扣除,扣除限额为 2 400 元/年(200 元/月),具体规则详见第二章。2 400 元/年(200 元/月)的限额扣除为个人所得税法规定减除费用标准之外的扣除。企业为员工统一购买商业健康保险既是为员工提供的福利,也是可以起到节税的作用。

【例 4-5】 A 公司共有员工 1 000 余人,人均年薪 19.76 万元,2019 年预计加薪 2 400 元/人,假设人均年个人所得税税前扣除标准为 12 万元,那么 2019 年人均年应纳税所得额为 8 万元,人均年应纳个人所得税=80 000×10%-2 520=5 480(元)。请为 A 公司提出税务筹划方案。

方案:A 公司将加薪部分为全体员工统一购买符合税法规定的商业健康保险,员工人均年缴费 2 400 元,可以税前扣除。由此,人均年应纳个人所得税=(80 000-2 400)×10%-2 520=5 240(元)。人均节税=5 480-5 240=240(元),全体员工年节税=240×1 000=240 000(元)

3. 充分利用税收递延型商业养老保险

筹划思路:根据税法规定,对试点地区个人通过个人商业养老资金账户购买符合规定的商业养老保险产品的支出,允许在一定标准内税前扣除;个人领取商业养老金时再征收个人所得税。扣除限额按照当月工资薪金、连续性劳务报酬收入的 6% 和 1000 元孰低办法确定,具体规则详见第二章。位于试点地区的企业可以为员工统一购买税收递延型养老保险,在当期降低个人所得税负担。

【例 4-6】 位于上海的 A 公司共有员工 1 000 余人,人均年薪 20 万元,人均年个人所得税税前扣除标准为 12 万元,人均年应纳税所得额为 8 万元,人均年应纳个人所得税 80 000×10%-2 520=5 480(元)。请为 A 公司提出税务筹划方案。

方案:如 A 公司从员工的应发工资中为全体员工统一购买符合税法规定的税收递延型商业养老保险,员工人均年缴费 1.2 万元,可以税前扣除。由此,人均年应纳个人所得税=(80 000-12 000)×10%-2 520=4 280(元),人均节税=5 480-4 280=1 200(元),全体员工在当期年节税=1 200×1 000=1 200 000(元)

4. 借助公益捐赠的税务筹划

筹划思路:根据税法规定,个人将其所得对教育、扶贫、济困等公益慈善事业进行捐赠,捐赠额未超过纳税人申报的应纳税所得额 30% 的部分,可以从其应纳税所得额中扣除;国务院规定对公益慈善事业捐赠实行全额税前扣除的,从其规定。利用公益慈善事业捐赠进行税务筹划应注意三个问题:一是通过有资格接受捐赠的组织进行公益捐赠,不能直接向受赠者捐赠,否则,无法税前扣除;二是一般公益捐赠的税前扣除具有限额,特殊公益捐赠的税前扣除没有限额,尽量选择可以全额税前扣除的项目;三是在个人需要纳税的年度进行公益捐赠可以起到抵税的作用,如个人在某个年度不需要纳税,公益捐赠则无法起到抵税的作用。

【例4-7】王总为某上市公司高管,王总每年综合所得应纳税所得额为1 000万元,综合所得每年应纳税额=1 000×45%-18.19=431.81(万元)。为提高自身形象与知名度,决定以个人名义开展公益捐赠。某机构为王总设计了三种筹划方案,方案一:每年直接向若干所希望小学捐赠400万元;方案二:通过某地民政局向贫困地区每年捐赠400万元。请提出税务筹划方案。

方案:如果不进行公益捐赠,王总如果按照方案一进行公益捐赠,王总综合所得每年应纳税额与上述情形相同,即无法税前扣除,公益捐赠起不到抵税的作用。

如果按照方案二进行公益捐赠,王总综合所得每年应纳税额(1 000-1 000×30%)×45%-18.19=296.81(万元)。

由此可见,相同的捐赠金额,不同的处理方式,对个人所得税的影响是不同的。

(三)外籍人员充分利用各项优惠的税务筹划

1. 充分利用短期非居民个人的税收优惠

根据税法规定,在中国境内无住所的个人,在一个纳税年度内在中国境内居住累计不超过90天的,其来源于中国境内的所得,由境外雇主支付并且不由该雇主在中国境内的机构、场所负担的部分,免予缴纳个人所得税。如果境外个人在境外的税负比较轻,在条件允许时,可以将在中国境内累计居住天数控制在90天以内,从而享受部分所得免于在中国纳税的优惠。

【例4-8】孙某为中国香港永久居民,就职于香港A公司。A公司计划2020年1—5月安排孙某在深圳的销售处工作。孙某2020年度每月工资为20 000元,五个月的工资总额为100 000元,由于其在香港可以享受的各项扣除比较多,税负接近零。如果不进行筹划,孙某来源于中国内地境内的六个月的工资需要在中国内地纳税。每月应纳个人所得税=(20 000-5 000)×20%-1 410=1 590(元);五个月合计应纳个人所得税7 950元。

A公司可以选派两位员工轮流到深圳工作,每人工作两个半月,每月工资均为20 000元。由此可以享受短期非居民个人的税收优惠,即该两位员工在深圳工作期间取得的工资,可以在香港纳税(实际税负为零),不需要在深圳缴纳个人所得税。由此,可以为两位员工节税7 950元。

2. 充分利用短期居民个人的税收优惠

根据税法规定,在中国境内无住所的个人,在中国境内居住累计满183天的年度连续不满六年的,经向主管税务机关备案,其来源于中国境外且由境外单位或者个人支付的所得,免于缴纳个人所得税;在中国境内居住累计满183天的任一年度中有一次离境超过30天的,其在中国境内居住累计满183天的年度的连续年限重新起算。对于短期来华人员,如果每年停留时间均超过183天,则应充分利用短期居民个人的税收优惠,在第六年一次离境达到31天即可永远保持短期居民个人的身份。

【例4-9】钱某为中国香港永久居民,在深圳A公司工作,每年在中国内地境内停留时间约360天。自2019年度起,每年境内应纳税所得额约50万元,境外年房租收入120万元。

如果不进行筹划,自2019年度起,钱某来自境外的房租收入可以免税五年。自第六年起,钱某来自境外的租金收入需要在中国内地缴纳个人所得税,每月应纳个人所得税 $= 10 \times (1-20\%) \times 20\% = 1.6$(万元);全年应纳个人所得税 $= 1.6 \times 12 = 19.2$(万元)。因钱某在境外已经就该120万元的租金收入缴纳了个人所得税,可以从上述19.2万元的应纳税额中扣除。假设钱某在境外实际纳税10万元,则钱某还应在中国内地补税9.2万元。

如果钱某在自2019年起的每个第六年离境31天,则钱某可以永远保持短期居民个人的身份,其来自境外的每年120万的租金收入可以免于在中国内地纳税,每年可以节税9.2万元。

3. 充分利用外籍人员的各项免税补贴

《根据财政部、税务总局关于个人所得税法修改后有关优惠政策衔接问题的通知》(财税〔2018〕164号)第7条的规定,2019年1月1日至2021年12月31日期间,外籍个人符合居民个人条件的,可以选择享受个人所得税专项附加扣除,也可以选择按照《财政部、国家税务总局关于个人所得税若干政策问题的通知》(财税〔1994〕20号)等规定,享受住房补贴、语言训练费、子女教育费等津贴补贴免税优惠政策,但不得同时享受。外籍个人一经选择,在一个纳税年度内不得变更。自2022年1月1日起,外籍个人不再享受住房补贴、语言训练费、子女教育费津贴补贴免税优惠政策,应按规定享受专项附加扣除。

根据《财政部、国家税务总局关于个人所得税若干政策问题的通知》(财税〔1994〕20号)的规定,下列所得,暂免征收个人所得税:(1)外籍个人以非现金形式或实报实销形式取得的住房补贴、伙食补贴、搬迁费、洗衣费;(2)外籍个人按合理标准取得的境内、外出差补贴;(3)外籍个人取得的探亲费、语言训练费、子女教育费等,经当地税务机关审核批准为合理的部分;(4)外籍个人从外商投资企业取得的股息、红利所得。对于外籍个人而言,应综合考量专项附加扣除与各项免税补贴之间的关系,选择可以最大减轻税收负担的扣除方式。

【例4-10】李某为外籍人士,因工作需要,长期在中国境内居住。2019年度,按税法规定可以享受免税优惠的各项补贴总额为8万元。李某目前可以享受的专项附加扣除为两个子女的教育费和一位老人的赡养费。请提出税务筹划方案。

方案:如果李某选择居民纳税人的专项附加扣除,则扣除总额＝1 000×12×2＋1 000×12＝36 000(元);如果李某选择免税补贴优惠,则扣除总额为8万元,可以多扣除＝80 000-36 000＝44 000(元)。如果李某综合所得适用的最高税率为20%,则每年最高可以节税＝44 000×20%＝8 800(元)

4. 平均发放工资

根据《个人所得税法》规定,非居民个人取得工资、薪金所得,劳务报酬所得,稿酬所得,特许权使用费所得,按月或者按次分项计算个人所得税。工资、薪金所得适用超额累进税率,如果某个月的工资过高,则会适用较高的税率,从而增加税收负担,只有平均发放工资,才能实现最低的税负。

【例4-11】赵某为外籍人士,属于中国非居民个人。因工作需要,每年在中国停留四个月,领取四个月的工资。公司原计划按工作绩效发工资,假设2019年领取的四个月工资分别为3 000元、6 000元、4 000元和20 000元,总额为33 000元。赵某2019年度在中国应纳个人所得税＝(6 000-5 000)×3%＋(20 000-5 000)×20%-1 410＝1 620(元)。请提出税务筹划方案。

方案:如果赵某预先估计四个月的工资总额在3万元左右,可以先按平均数发放,最后一个月汇总计算。即前三个月工资按照8 000元发放,第四个月按照9 000元(33 000-8 000×3)发放。赵某2019年度在中国应纳个人所得税＝(8 000-5 000)×3%×3＋(9 000-5 000)×10%-210＝460(元),可节税1 160元。

二、通过改变薪酬模式进行工资薪金所得的筹划

(一)改变薪酬形式进行税务筹划

在薪酬的个人所得税计算方法中,有许多特殊处理方式,比如,实行年薪制和绩效工资办法的单位根据考核情况兑现的全年一次性奖金,在2021年12月31日前,不并入当年综合所得,可单独作为一个月工资、薪金所得计算纳税;单位按低于购置或建造成本价格出售住房给职工,职工因此而少支出的差价部分,不并入当年综合所得,以差

价收入除以 12 个月得到的数额,按照月度税率表确定税率和速算扣除数,单独计算纳税;个人在纳税年度内取得股票期权、股票增值权所得和限制性股票所得的,在 2021 年 12 月 31 日前,不并入当年综合所得,全额单独适用综合所得税率表,单独计算纳税。企业可以通过薪酬结构设计,将年终汇总计算的工资、薪金单列出一部分,采用特殊计算方法。

【例 4-12】赵某 2020 年度预计综合所得应纳税所得额为 100 万元。税务顾问为其提供了五种方案供其选择:方案一,全部通过工资薪金发放,不发放年终奖;方案二,发放 3.6 万元年终奖,综合所得应纳税所得额为 96.4 万元;方案三,发放 14.4 万元年终奖,综合所得应纳税所得额为 85.6 万元;方案四,发放 43 万元年终奖,综合所得应纳税所得额为 57 万元;方案五,发放 42 万元年终奖,综合所得应纳税所得额为 58 万元。请比较上述五个税务筹划方案。

方案一:赵某综合所得应纳税额 $=100×45\%-18.19=26.81$(万元)。

方案二:赵某综合所得应纳税额 $=96.4×45\%-18.19=25.19$(万元);年终奖应纳税额 $=3.6×3\%=0.11$(万元);合计应纳税额 25.3 万元。

方案三:赵某综合所得应纳税额 $=85.6×35\%-8.59=21.37$(万元);年终奖应纳税额 $=14.4×10\%-0.02=1.42$(万元);合计应纳税额 22.79 万元。

方案四:赵某综合所得应纳税额 $=57×30\%-5.29=11.81$(万元);年终奖应纳税额 $=43×30\%-0.44=12.46$(万元);合计应纳税额 24.27 万元。

方案五:赵某综合所得应纳税额 $=58×30\%-5.29=12.11$(万元);年终奖应纳税额 $=42×25\%-0.27=10.23$(万元);合计应纳税额 22.34 万元。

通过对比可知,方案五税负成本最低。

(二)利用职工福利费调整薪酬结构

工资与职工福利的使用范围存在一定程度的重合,如员工取得工资后需要支付的交通费、通信费、餐饮费、房租以及部分设备购置费等均可以由公司来提供,公司在为员工提供上述福利以后,可以相应减少其应发的工资,由此,不仅可以为员工节税,还可以为公司节省社保的支出。

【例 4-13】A 公司共有员工 2 000 余人,目前没有给员工提供任何职工福利,该公司员工的年薪比同行业其他公司略高,平均为 20 万元。其中,税法允许的税前扣除额人均约 13 万元,人均应纳税所得额为 7 万元。人均应纳税额 $=70\ 000×10\%-2\ 520=4\ 480$(元)。请提出税务筹划方案。

方案:如 A 公司充分利用税法规定的职工福利费、职工教育经费等,为职工提供上下班交通工具、工作餐、工作手机及相应通信费、职工宿舍、职工培训费、差旅补贴等选项，由每位职工根据自身需求选用。选用公司福利的员工，其工资适当调低，以弥补公司提供上述福利的成本。假设通过上述方式，该公司50%的员工年薪由此降低1万元，则人均应纳税额 = 60 000×10% - 2 520 = 3 480（元），人均节税 = 4 480 - 3 480 = 1 000（元）。1 000名员工节税总额为100万元，这种情况，公司承担的五险一金支出也会相应减少。

（三）设立独立的非公司制企业承接公司业务

根据业务特点和管理需要，可以将部分公司业务剥离出来另设立个人独资企业、合伙企业等非公司制企业，相关管理与业务骨干作为新设企业的合伙人，由此将工资、薪金所得变成经营所得，从而降低综合所得额。这种税收筹划方式涉及多种税收与合规问题，本书不作深入探讨。

三、社会保险费与住房公积金的筹划

（一）雇佣退休人员

企业雇佣退休人员，二者关系不属于《劳动法》《劳动合同法》意义上的劳动关系，因此企业向退休人员发放的报酬虽然在税法上属于工资、薪金所得，需要依法纳税，但在《劳动法》意义上企业向退休人员发放的劳务报酬不需要缴纳社保和住房公积金。

【例4-14】A公司原计划在2019年度招聘员工100人，人均月工资6 000元。由于A公司的劳动岗位劳动强度小，退休人员也可以胜任。A公司为此设计了两套用人方案：方案一，全部雇佣尚未达到退休年龄的人员；方案二，50%雇佣已经达到退休年龄的人员。假设A公司所在地，个人缴纳社保的比例为工资的10.5%，企业缴纳社保的比例为工资的32%，个人和企业缴纳住房公积金的比例均为工资的10%。

方案一：A公司的员工每年需要缴纳社保和住房公积金 = 100×6 000×12×（10.5% + 10%） = 1 476 000（元）；A公司每年需要缴纳社保和住房公积金 = 100×6 000×12×（32% + 10%） = 3 024 000（元）；合计缴纳社保和住房公积金450万元。

方案二：A公司的员工每年少缴社保和住房公积金73.8万元，A公司每年少缴社保和住房公积金151.2万元。

（二）转为劳务用工

企业短期、临时用工可以与劳动者签订劳务合同，向劳动者发放劳务报酬。劳务报酬不属于工资,劳动者与企业均不需要缴纳"五险一金"。在条件允许的前提下,企业可以充分利用劳务用工的方式减轻"五险一金"的负担。

【例4-15】A公司预计2020年度发放工资总额为1 000万元,企业设计了两套用工方案:方案一,延续2019年度的模式,全体员工均签订劳动合同,缴纳"五险一金";方案二,将部分短期用工由签订劳动合同改为签订劳务合同,由此将发放劳务报酬200万元,工资总额降低为800万元。假设A公司负担的"五险一金"为工资总额的42%。

方案一:A公司需要负担"五险一金"=1 000×42%=420(万元)。

方案二:A公司需要负担"五险一金"=800×42%=336(万元)。

由此可见,方案二比方案一减轻"五险一金"负担84万元。

(三)利用劳务派遣与劳务外包

企业用工存在多种形式,既可以采取自己招聘员工的形式,也可以采取劳务派遣与劳务外包的形式。自己招聘员工需要负担员工的社保与住房公积金(以下简称"五险一金"),劳务派遣与劳务外包不需要负担员工的"五险一金"。在条件允许的前提下,企业可以充分利用劳务派遣与劳务外包的方式来减轻企业的"五险一金"负担。

【例4-16】A公司2019年度支付的员工工资总额为1 000万元,2020年度设计了两套用工方案:方案一,继续采用2019年度的模式,由公司雇佣员工完成各项加工任务,预计工资总额为1 200万元;方案二,试点将部分加工任务外包出去,试点在部分新增工作岗位上采取劳务派遣的方式,由此,在完成相同工作任务的同时,可以将工资总额降低为800万元。假设A公司负担的"五险一金"为工资总额的42%。

方案一:A公司需要负担"五险一金"=1 200×42%=504(万元)。

方案二:A公司需要负担"五险一金"=800×42%=336(万元)。

由此可见,方案二比方案一减轻"五险一金"负担168万元。

然后,企业减轻的"五险一金"必然会转嫁到其他地方,直至无处可转移。随着社会监管力度加强,2014年开始实行的《劳务派遣暂行规定》对劳务派遣的用工方式进行了三性(临时性、辅助性或者替代性岗位)、10%派遣比例的限制,降低了企业采用劳务派遣合同用工的意愿,原有超比例的派遣工也被迫改变用工形式。

近几年,得益于众多共享技能型平台的产生,自由职业者的种类不断丰富,出现更多新职业,诸如主播、家庭厨师等职业类型,使得自由职业者的占比不断增高。2017年,自由职业者在社会化用工种类中的占比已超过20%。兼职类用工方式由于各类互联网兼职平台的产生,兼职信息传播更加迅速,兼职人员查找兼职信息更加方便。同时兼职人员从事兼职的门槛较低,容易进行,因此兼职类用工方式在社会化用工中保持30%左右的比例。

第三节　个人所得税筹划的风险管理

税收筹划作为纳税人节省税金支出的重要操作,已被越来越多的纳税人所接受和重视。但是,税收筹划不当,也极有可能会给企业造成诸多的麻烦,严重时还可能给企业带来法律风险。

一、个人所得税筹划的反面案例

(一)名为税务筹划,实为违法偷逃税款

深圳市地方税务局官网2018年1月8日报道,深圳市地方税务局第二稽查局在对辖区内某企业检查时识破该公司形式上利用劳务公司开具劳务费发票,实质是发放正式员工奖金、补助的违法手段,税务机关最终对该公司的涉税违法行为作出了补扣缴个税1 600多万元、罚款800多万元的税务处理处罚决定。

稽查人员在对该公司的账簿凭证资料进行仔细核查时发现该公司存在巨额劳务费用支出,虽然附有合同、发票及转账记录,但是财务及人力部门均不能很好地解释该项目的具体情况。为谨慎起见,稽查人员前往开具发票的人力资源公司进行外调取证,发现人力资源公司除为该公司提供真实的劳务之外,还将该公司汇来的部分款项直接汇给5个私人银行账户,经过比对地税系统该公司的个人所得税申报表,发现5人均属于该公司在职员工。稽查人员将从银行查询得来的5个私人账户的流水明细与该公司的工资表、申报个税数据一一比对,核实资金的最终去向为该公司的在职员工。在确凿的证据及稽查人员耐心的辅导下,该公司不得不承认利用私人账户发放奖金、补助的税收违法行为,并帮助补扣缴了个税款及缴纳由此产生的罚款。

本案例中,该公司员工获得的补助、奖金,虽然从形式上貌似劳务报酬,但实质上仍是受雇于该公司的所得,应并计工资、薪金所得计征个人所得税。税务机关以实质重于形式的原则判定该公司负有扣缴税款的义务,并对扣缴义务人进行了处罚。从增值税与企业所得税角度,该公司还涉嫌虚开增值税发票的违规行为。

(二)完税凭证引出异地避税案

2017年12月5日,《新京报》刊载了《完税凭证引出异地避税案》的文章。根据报

道:2015年年底,海淀地税局国际科收到一份美国籍华人Z先生开具2011—2014年中国税收居民身份证明的申请。申请资料显示,Z先生自2004年开始在北京工作,从2006年开始在北京某信息技术公司(以下简称"A公司")任CFO(首席财务官),从2015年开始任公司COO(首席运营官)和总裁。在审核资料时,国际科发现了一张由H地W区某税务所出具的Z先生税收完税证明,该证明显示Z先生在2014年5月至2015年6月期间,共计在W区某税务所申报缴纳17笔个人所得税,合计5 200多万元,单笔税额最高达3 100万元。如此巨额的异地纳税证明引起了税务部门的高度关注。

经调查,这是一起通过税收筹划试图利用地方财政税收返还政策规避纳税义务的典型案例,也是税务机关通过一张完税证明入手发现疑点强化征管的成功范例。经过近两年的调查取证与约谈沟通,2017年年底,北京市首例外籍个人反向利用中国税收居民身份进行个人所得税避税案结案。

该案是外籍个人通过主动申请成为中国的税收居民并就全球所得向中国的税务机关申报纳税,然后将纳税申报地点运作到有税收返还政策的地方,进而实现避税目的。

(三)金融情报将成反自然人避税的利器

2018年1月2日,《中国税务报》刊载了《金融情报:反"两高"自然人逃税的利器》的文章。根据报道:按照上级部门工作部署,2017年5月,眉山市人民银行、公安局、国税局和地税局四个部门召开联席会议,商议税、警、银三方四部门协作开展"三反"工作等相关事宜。

2017年6月,税银金融情报交换平台建立后不久,眉山市某商业银行依照《金融机构大额交易和可疑交易报告管理办法》向眉山市人民银行反洗钱中心提交了一份有关自然人黄庆(化名)的重点可疑交易报告。眉山市人民银行立即通过情报交换平台向眉山市地税局传递了这份报告。

可疑交易报告显示,眉山市人黄庆在眉山市某商业银行开设的个人结算账户,在2015年5月1日至2017年5月1日期间共发生交易1 904笔,累计金额高达12.28亿元。这些交易主要通过网银渠道完成,具有明显的异常特征。比如,其账户大额资金交易频繁,大大超出了个人结算账户的正常使用范畴。其账户不设置资金限额,不控制资金风险,不合常规。还有,黄庆本人身份复杂,是多家公司的法定代表人,其个人账户与其控制的公司账户间频繁交易,且资金通常是快进快出,过渡性特征明显。

接到这份可疑交易报告后,眉山市地税局立即组织人员对报告全面分析,同时指派市地税局稽查局对黄庆展开摸底调查。经过调查,稽查人员确定,黄庆的个人结算账户在两年间共与 45 家公司发生了资金往来,这些公司位于安徽、四川、北京、上海和重庆等 5 省市,其中多家公司由黄庆控股或者担任法定代表人。由黄庆控股或者担任法定代表人的公司中有 7 家位于眉山市,黄庆个人账户与这 7 家眉山公司之间的资金往来共 489 笔,占其与公司账户间资金往来总笔数的 26%,交易金额达 50 653.21 万元。

分析调查所获信息,稽查人员认为,黄庆与其控股或参股公司之间资金往来频繁,资金交易规模与其控股或参股公司的注册资本、生产和经营规模不匹配,很可能存在取得工资薪金、股息红利和股权转让所得等未缴纳个人所得税的问题。眉山市地税局在掌握了上述信息后,采取了"自查+约谈"的方式,最终纳税人先后于 2017 年 7 月和 9 月两次补缴股息、红利所得个人所得税 2 200 万元,并制定了剩余 1 800 万元应补税款在 2018 年 2 月底前分期补缴入库的缴纳计划。

本案源于银行反洗钱中心向税务机关共享的大额交易和可疑交易信息。2017 年 8 月,国务院办公厅印发《关于完善反洗钱、反恐怖融资、反逃税监管体制机制的意见》,明确"三反"工作推进方案,是反洗钱、反恐怖融资、反逃税工作进行了一次富有成效的探索。未来如果税银信息交换常态化,必将反避税手段推向更高水平。

(四)跨国情报将使跨国避税的行为无处藏身

2015 年 10 月 27 日,《中国税务报》刊载了《跨国情报交换引发高收入移民调查,追缴税款 3 474 万元》的文章。根据报道:5 处豪华房产、6 辆名贵汽车……中国移民夫妇与此不相符的低收入申报纳税引起了移民国的注意。利用移民国发出的跨国情报交换请求,广东省中山市地税局经过历时两年半的调查,最终找出了当事人持股企业的隐名股东,依法追缴个人所得税税款 3 474.37 万元。

2012 年末,C 国税务局通过我国驻国际联合反避税中心(JITSIC)代表处向国家税务总局提出协助请求,希望我方提供中国移民 X 某和 L 某夫妇在华的收入和纳税情况。

X 某和 L 某夫妇原籍中山,于 2006 年 12 月移民 C 国,并在 C 国一直按低收入申报纳税。但 C 国税务局掌握的资料显示,X 某和 L 某两人在 C 国期间共购置了 5 处豪华房产、6 辆名贵汽车,并在中山市内购置了 3 处房产、2 块土地。X 某银行账户同期有大量来自中国亲属的资金汇入记录,且汇入频率高、金额巨大。C 国税务局怀疑两人没有如实申报在华财产和收入,存在避税嫌疑,因此通过国际联合反避税中心向我国发出税收专项情报,请求协助核查该夫妇在华收入和纳税情况。

根据 C 国的情报线索,本次调查涉及当事人曾直接或间接持股的 13 家企业,这些企业分布在中国境内三个省份,其中 8 家企业在广东省,并全部在中山市辖区内。接到情报调查任务后,中山市地税局迅速成立专项工作组,制定工作方案,铺开调查之网。

中山市地税局税务人员通过征管信息系统迅速掌握情报所涉企业的税务登记信息、生产经营状况及当事人申报纳税情况等基础数据,并向本市公安、国土、工商、银行等相关单位发出协查文书,全面了解 X 某和 L 某夫妇两人的出入境情况、资产购置存量、股权拥有情况和资金流水信息等。通过对大量信息数据的梳理排查和归集统计,该局税务人员就 C 国提出的核查要求逐一研究,按时完成了情报核查及回复工作。

在此基础上,中山市地税局专项工作组延伸运用情报,进一步排查涉案人员在我国境内是否存在涉税违规的行为。专项工作组展开案头分析,对 X 某夫妇国内亲属 2009—2011 年的纳税申报情况、双方借款合同等资料进行分析,对其借款能力及借款行为的真实性进行评估。另一方面,工作组溯查资金源头,重点对 X 某母亲银行账户的大额资金收支记录进行分析,筛选并锁定疑点企业。同时,对情报信息涉及的企业以及通过核查发现的其他关联企业的生产经营及申报纳税情况进行逐一排查。

最终,工作组获得了关键信息,即 X 某母亲为企业的实际投资者,企业向 X 某母亲大额转账的款项是向其借款。为此,工作组下户核查并调阅相关企业 2005—2013 年度财务报表、账册及凭证资料,核实 X 某母亲与企业间的资金往来情况。通过反复调查取证,确认了 X 某母亲以借款为由,长期套取其隐性持股企业的生产经营所得,再通过多名家族成员的香港银行账户逐步将国内投资所得向 C 国转移的基本事实。

依照有关规定,中山市某企业实际投资者 X 某母亲从投资企业处取得的借款,在纳税年度终了后尚未归还、又未用于企业生产经营的部分,应视同企业对其的红利分配。中山市地税局专项工作组依法要求企业按照"利息、股息、红利所得"项目代扣代缴 X 某母亲个人所得税共计 3 474.37 万元。

该案是中国税务机关在收到他国的涉税情报交换请求时,通过延伸运用情报交换来排查涉案人员是否在我国境内存在涉税违规行为的典型案例。中国政府于 2015 年 12 月 17 日加入《金融账户涉税信息自动交换标准》(简称"CRS"),承诺成为第二批实施 CRS 的国家(地区),旨在加强国际税收合作、打击跨境逃避税,并将于 2018 年 9 月起开始进行信息交换。伴随 CRS 在中国的落地实施和新的个人所得税法有关条款的引入,中国对高收入和高净值人士的个税监管将持续加强。

二、个人所得税筹划的风险因素

通过合理税务筹划实现经营税负的降低是所有企业都非常重视的问题,然而,在实际的税务筹划案例中,很多方案最终搁置或放弃,非但没有实现降低税负的目的,有些甚至遗留下很大的税法风险,税务筹划归于失败。在实践中,很多税务筹划最终失败的根本原因是没有构建完善的税务筹划的"证据链",当面对税务机关的调查了解时,提供不出相关的证据材料,或者提供的材料自相矛盾、缺少内在逻辑的一致性,最终面临纳税调整,甚至引发行政、刑事责任。而导致税务筹划"证据链"不足的常见原因有:

(一)人员因素

(1)税收法规政策理解不专业,筹划方案存在重大瑕疵。任何一项经营活动是否纳税以及应纳税额大小是由税收法律、法规、规章和一系列的规范性文件决定的。我国现行的17个税种,每一个税种对每一项纳税义务的发生都规定了特定的条件,一旦满足就需要按照相关程序履行纳税义务,而且每个税种的法规条款与解释也较为复杂。实务中,企业税务人员常常根据个人对税法的片面理解设计税务筹划方案,极易给企业带来更大的税务风险。

(2)税务团队实操经验不足,筹划方案难以有效落地。缺乏具有丰富税务实操经验的专业人士或团队,很难确保税务筹划不会出问题。系统可行的税务筹划方案只是税务筹划成功的起点,具有强有力的统筹落实方案的能力才是税务筹划的落脚点,而落实税务筹划方案需要税务团队具有丰富的实操经验。

(3)公司各部门配合度不足,导致业务与税务两张皮。税务筹划是一项综合性的工作,需要事前筹划,业务调整,将税务筹划方案融入经营管理中,而业务部门才是企业经营管理的实际操盘者。如果公司各部门配合度不足,导致业务运行结果与税务筹划初衷背道而驰,无法为税务筹划提供足够的业务证据支撑。

(二)方案因素

(1)缺少合理商业目的,触发反避税条款。新《个人所得税法》第八条新增反避税条款,当出现下列情形之一的,税务机关有权按照合理方法进行纳税调整:个人与其关联方之间的业务往来不符合独立交易原则而减少本人或者其关联方应纳税额,且无正当理由;居民个人控制的,或者居民个人和居民企业共同控制的设立在实际税负明显偏低的国家(地区)的企业,无合理经营需要,对应当归属于居民个人的利润不作分配或者减少分配;个人实施其他不具有合理商业目的的安排而获取不当税收利益。税务机关依照前款规定作出纳税调整,需要补征税款的,应当补征税款,并依法加收利息。

(2)没有充分考虑非税成本,筹划效益不明显。税务筹划中,常常需要根据筹划方案调整交易的模式、架构,进行一系列的商业安排,商业安排会引发一系列的非税成本,比如:成立新的公司、海外居住时间等都需要时间和财力的投入。如果没有统筹好这些因素,容易导致节税金额低于筹划成本,从而使税务筹划失败。

（3）筹划税负率过低，引发税务稽查。如果企业税务筹划方案使企业的税负率过低，并且无法提供合理的理由，从而诱发税务检查和稽查，特别是金税三期上线后，税务预警能力得到很大提升。在税务稽查中，企业税务筹划瑕疵被税务机关发现，潜在税务风险显现出来，给企业造成更大的经济损失。

（三）执行因素

（1）执行缺乏标准化的操作指引，执行指导不到位。税务筹划方案的落地执行涉及众多部门，而且多数部门都是非税务专业。只有借助标准化的操作指引，将税务筹划方案与业务活动充分融合，才能保证税务筹划方案本着既定方向推进。而原则性的指导，常常使业务人员无所适从，执行结果缺乏一致性。

（2）缺少专业的风险管控措施，未能及时发现偏差。任何税务筹划方案都存在一定税务风险，税务筹划有"雷区"，公司需要对税务风险有充分的认知，建立必要的风险管控措施。如果不能及时发现税务筹划执行中出现的重大偏差，可能就会导致税务筹划以失败而告终，甚至可能会挫伤业务发展。

伴随税收立法的不断完善和税收执法的规范化，对税务筹划的专业化水平要求不断提升，否则不仅不能节税，甚至会为企业和企业管理人员带来法律风险。

三、个人所得税筹划的风险控制要点

税务筹划并非仅仅涉及税务事项的处理，还与商业安排、合同签署等息息相关，同时，税务机关还比较关注纳税人财务事项的处理以及相关凭证材料。因此，税务筹划的开展，通常需要业务、财务等有机衔接起来，同时确保各项材料内在逻辑的一致性。

（一）业务部署

税务筹划必须事先进行规划、设计和安排。税务筹划可以贯穿整个生产经营活动的始终，但决不是事后进行筹划。有的企业不是在发生应税行为或纳税义务之前进行筹划，而是等到纳税义务已经发生或已被税务机关查出问题时，才进行税务筹划，再想方设法寻找少缴税的途径。那么这样的做法无异于亡羊补牢，不能认为是税务筹划。

合同是现代商业交易的主要载体，理想状态下的税务筹划应该从合同开始，比如很多企业在设计薪酬架构、签订劳动合同等业务活动时，就开始进行税务筹划，以降低税负等。如果事中筹划，必须系统调整本企业薪酬制度、劳动合同，还需要考虑薪酬刚性、前后对比等多方面因素，保障合理的商业目的，并使相关业务调整到位。

（二）财务信息

财务报表以及相关的原始凭证是企业经营最为重要的记载材料，也是税务机关了解企业最为重要的材料。同时，财务信息是业务与税务信息的汇合点，企业可以财务信息为切入点，及时发现税务筹划方案运行中的问题，特别是业务结果与税务预期的偏离，及时采取必要的补救措施。

人力资源部门是薪酬的业务主管部门，财务部门是财务信息的主管部门。两部门需定期沟通讨论相关财务信息，从各自角度开展薪资信息分析，沟通业务、财务的不一致性，保证税务筹划方案实现既定运行结果。

（三）内部控制

内部控制是从端到端流程设计的总体框架和流程清单入手，针对相应的流程在交易处理的过程中可能出现重大问题或者错误的地方，采取减低风险的控制措施。因此，内部控制可以打通业务、财务、税务等不同体系的业务流程，是保证业务、财务、税务等多方面信息一致性的最佳手段。如果税务筹划仅仅从税务管理着手，企业的业务、财务势必"暴露"出问题。

通过制度化、流程化、标准化的内部控制流程，可以实现业务、财务、税务内在逻辑的一致性，克服筹划方案落地执行中出现执行偏差，但不能解决筹划方案本身的缺陷。对于虚假合同等违法违规行为，不属于税务筹划的范畴，无论是事前税收筹划还是事中内部控制，均无法从根本上实现其内在逻辑的一致性。

第五章　企业薪酬的企业所得税政策

第一节　企业所得税法概述

一、企业所得税法简介

企业所得税法是指国家制定的用以调整企业所得税征收与缴纳之间权利及义务关系的法律法规。企业所得税是对我国境内的企业和其他取得收入的组织的生产经营所得和其他所得征收的一种税。企业所得税的作用:(1)促进企业改善经营管理活动,提升企业的盈利能力。(2)调节产业结构,促进经济发展。(3)为国家建设筹集财政资金。

现行企业所得税法是 2007 年 3 月 16 日第十届全国人民代表大会第五次全体会议通过的《中华人民共和国企业所得税法》(以下简称《企业所得税法》),和 2007 年 11 月 28 日国务院第 197 次常务会议通过的《中华人民共和国企业所得税法实施条例》(以下简称《实施条例》)。新企业所得税法及其实施条例已于 2008 年 1 月 1 日起施行。与原税法相比,新税法在很多方面有突出的变化。国家税务总局所得税管理司有关负责人在接受记者采访时说:"从长远来看,新税法对内、外资企业会产生五个方面的积极影响。"①

一是使内、外资企业站在公平的竞争起跑线上。新税法从税法、税率、税前扣除、税收优惠和征收管理等五个方面统一了内、外资企业所得税制度,各类企业的所得税待遇一致,使内、外资企业在公平的税收制度环境下平等竞争。

二是有利于提高企业的投资能力。新税法采用法人所得税制的基本模式,对企业设立的不具有法人资格的营业机构实行汇总纳税,这就使得同一法人实体内部的收入和成本费用在汇总后计算所得,降低了企业成本,提高了企业的竞争力。新税法采用 25% 的法定税率,在国际上处于适中偏低的水平,有利于降低企业税收负担,提高税后

---

① 《新企业所得税法实施的六个影响》,江苏省财政厅,2008 年 1 月 22 日。

盈余,从而增加投资动力。新税法提高了内资企业在工资薪金、捐赠支出、广告费和业务宣传费等方面的扣除比例,同时在固定资产的税务处理方面不再强调单位价值量和残值比例的最低限,有利于企业的成本和费用得到及时、足额补偿,有利于扩大企业的再生产能力。

三是有利于提高企业的自主创新能力。新税法通过降低税率和放宽税前扣除标准,降低了企业税负,增加了企业的税后盈余,有利于加快企业产品研发、技术创新和人力资本提升的进程,促进企业竞争能力的提高。新税法规定,企业开发新技术、新产品、新工艺发生的研究开发费用,可以在计算应纳税所得额时加计扣除。新税法同时规定,国家需要重点扶持的高新技术企业,减按15%的税率征收企业所得税。而享受低税率优惠的高新技术企业的一个必要条件是研究开发费用占销售收入的比例不低于规定比例。也就是说,新税法通过税收优惠政策,引导企业加大研发支出的力度,有利于提高企业的自主创新能力。

四是有利于加快我国企业"走出去"的步伐。新税法规定,居民企业从其直接或者间接控制的外国企业分得的来源于中国境外的股息、红利等权益性投资收益,外国企业在境外实际缴纳的所得税税额中属于该项所得负担的部分,可以作为该居民企业的可抵免境外所得税税额,在税法规定的抵免限额内抵免。新税法首次引入间接抵免制度,最大限度地缓解了国际双重征税,有利于我国居民企业实施"走出去"战略,提高国际竞争力。

五是有利于提高引进外资的质量和水平。新税法实施之前,外资企业的名义企业所得税率为33%。新税法实施后,名义税率降为25%,比原来降了8个百分点。新税法实施后,新的税收优惠政策外资企业也可享受,而且有些优惠政策比以前更为优惠,如对高新技术企业的优惠等。新税法实施后一定时期内将对老外资企业实行过渡优惠期安排,外资企业税负的增加将是一个渐进的过程。世界银行研究报告认为,税收优惠是外国投资者考虑较少的一个因素,透明的税法和非歧视性政策等更加重要。国际经验表明,我国稳定的政治局面、发展良好的经济态势、广阔的市场、丰富的劳动力资源,以及不断完善的商务配套设施和政府服务,才是吸引外资的最主要因素。

二、纳税义务人

企业所得税的纳税义务人,是指在中华人民共和国境内的企业和其他取得收入的组织。《企业所得税法》规定,除个人独资企业、合伙企业不适用企业所得税法外,凡在我国境内,企业和其他取得收入的组织(以下统称企业)为企业所得税的纳税人,依照本法规定缴纳企业所得税。企业所得税纳税人的标准:是否具有法人资格,个人独资企业和合伙企业不具备法人资格,因此不是企业所得税的纳税人。

企业所得税的纳税人分为居民企业和非居民企业,这是根据企业纳税义务范围的宽窄进行的分类方法,不同的企业在向中国政府缴纳所得税时,纳税义务不同。居民企业,是指依法在中国境内成立,或者依照外国(地区)法律成立但实际管理机构在中国境内的企业。其中,实际管理机构,是指对企业的生产经营、人员、账务、财产等实施实质性全面管理和控制的机构。非居民企业,是指依照外国(地区)法律成立且实际管理机构不在中国境内,但在中国境内设立机构、场所的,或者在中国境内未设立机构、场所,但有来源于中国境内所得的企业。其中,机构、场所,是指在中国境内从事生产经营活动的机构、场所,包括管理机构、营业机构、办事机构。

表 5-1　　　　　　　　　　居民企业与非居民企业标准对比表

纳税人类型	具体情况
居民企业	依法在中国境内成立的企业(即注册地在境内)
	依照外国(地区)法律成立但实际管理机构在中国境内的企业(即注册地在境外,但实际管理机构在境内)
非居民企业	依照外国(地区)法律成立且实际管理机构不在中国境内,但在中国境内设立机构、场所的企业
	依照外国(地区)法律成立且实际管理机构不在中国境内,在中国境内未设立机构、场所,但有来源于中国境内所得的企业

把企业分为居民企业和非居民企业,是为了更好地保障我国税收管辖权的有效行使。税收管辖权是一国政府在征税方面的主权,是国家主权的重要组成部分。根据国际上的通行做法,我国选择了地域管辖权和居民管辖权的双重管辖权标准,最大限度地维护了我国的税收利益。

三、征税对象

企业所得税的征税对象,是指企业的生产经营所得、其他所得和清算所得。居民企业应就来源于中国境内、境外的所得作为征税对象,负有无限纳税义务,所得包括销售货物所得、提供劳务所得、转让财产所得、股息红利等权益性投资所得、利息所得、租金所得、特许权使用费所得、接受捐赠所得和其他所得。非居民企业在中国境内设立机构、场所的,应当就其所设机构、场所取得的来源于中国境内的所得,以及发生在中国境外但与其所设机构、场所有实际联系的所得,缴纳企业所得税,是有条件的有限纳税义务。非居民企业在中国境内未设立机构、场所的,或者虽设立机构、场所但取得的所得与其所设机构、场所没有实际联系的,应当就其来源于中国境内的所得缴纳企业所得税,是无条件的有限纳税义务。上述所称实际联系,是指非居民企业在中国境内设立的机构、场所拥有的据以取得所得的股权、债权,以及拥有、管理、控制据以取得所得的财产。

确定征税对象时,如何判定所得来源是境内还是境外是一个很重要的因素。所得来源的判定原则是:(1)销售货物所得,按照交易活动发生地确定;(2)提供劳务所得,按照劳务发生地确定;(3)不动产转让所得按照不动产所在地确定;(4)动产转让所得按照转让动产的企业或者机构、场所所在地确定;(5)权益性投资资产转让所得按照被投资企业所在地确定;(6)股息、红利等权益性投资所得,按照分配所得的企业所在地确定;(7)利息所得、租金所得、特许权使用费所得,按照负担、支付所得的企业或者机构场所所在地确定,或者按照负担、支付所得的个人的住所地确定;(8)其他所得,由国务院财政、税务主管部门确定。

【例5-1】某韩国企业(实际管理机构在韩国)在中国上海设立分支机构,2019年该分支机构在中国境内取得不含增值税咨询收入1 000万元;在北京为某公司培训技术人员,取得北京公司支付的不含增值税培训收入200万元;在美国洛杉矶取得与该分支机构无实际联系的所得300万元。2019年度该境内分支机构企业所得税的应纳税收入总额为多少万元?

非居民企业在中国境内设立机构、场所的,应当就其所设机构、场所取得的来源于中国境内的所得,以及发生在中国境外但与其所设机构、场所有实际联系的所得,缴纳企业所得税。据此,该韩国企业来自境内的应税收入=1 000+200=1 200(万元);在美国洛杉矶取得的所得不是境内所得,而且和境内机构无实际联系,所以不属于我国所得税应税收入。

四、征税税率

企业所得税税率是体现国家与企业分配关系的核心要素。税率设计的原则是兼顾国家、企业、职工个人三者利益,既要保证财政收入的稳定增长,又要使企业在发展生产、经营方面有一定的财力保证;既要考虑到企业的实际情况和负担能力,又要维护税率的统一性。

企业所得税实行比例税率。比例税率简便易行,透明度高,不会因征税而改变企业间收入分配比例,有利于促进效率的提高。现行规定是:

1. 基本税率为25%

该税率适用于居民企业和在中国境内设有机构、场所且所得与机构场所有关联的非居民企业。现行企业所得税基本税率设定为25%,既考虑了我国财政承受能力,又考虑了企业负担水平。

2. 低税率为 20%

该税率适用于在中国境内未设立机构、场所的,或者虽设立机构、场所但取得的所得与其所设机构、场所没有实际联系的非居民企业。在实际征税时,一定时期内特定纳税人实行优惠税率,如对小型微利企业年应纳税所得额不超过 100 万元的部分,减按 25% 计入应纳税所得额,按 20% 的税率缴纳企业所得税;对年应纳税所得额超过 100 万元但不超过 300 万元的部分,减按 50% 计入应纳税所得额,按 20% 的税率缴纳企业所得税。

表 5-2　　　　　　　　　　　　　　企业所得税的税率

种类	税率	适用范围
基本税率	25%	①居民企业 ②在中国境内设有机构、场所且所得与机构、场所有实际联系的非居民企业
优惠税率	20%	符合条件的小型微利企业
	15%	国家重点扶持的高新技术企业
		经认定的技术先进型服务企业
预提所得税税率	20% (减按 10% 征收)	①在中国境内未设立机构、场所的非居民企业 ②在中国境内虽设立机构、场所但取得的所得与其所设机构、场所没有实际联系的非居民企业

五、应纳税所得额

应纳税所得额是企业所得税的计税依据,按照企业所得税法的规定,应纳税所得额为企业每一个纳税年度的收入总额,减除不征税收入、免税收入、各项扣除以及允许弥补的以前年度亏损后的余额。基本公式为:

应纳税所得额=收入总额-不征税收入-免税收入-各项扣除-允许弥补的以前年度亏损

企业应纳税所得额的计算以权责发生制为原则,属于当期的收入和费用,不论款项是否收付,均作为当期的收入和费用;不属于当期的收入和费用,即使款项已经在当期收付,均不作为当期的收入和费用。应纳税所得额的正确计算直接关系到国家财政收入和企业的税收负担,并且同成本、费用核算关系密切。因此,企业所得税法对应纳税所得额计算作了明确规定。主要内容包括收入总额、扣除范围和标准、资产的税务处理、亏损弥补等。

（一）收入总额

企业的收入总额包括以货币形式和非货币形式从各种来源取得的收入,具体有:销售货物收入,提供劳务收入,转让财产收入,股息、红利等权益性投资收益,利息收入,租金收入,特许权使用费收入,接受捐赠收入,其他收入。

（二）不征税收入与免税收入

国家为了扶持和鼓励某些特殊的纳税人和特定的项目,或者避免因征税影响企业的正常经营,对企业取得的某些收入予以不征税或免税的特殊政策,或准予抵扣应纳税所得额,或者是对专项用途的资金作为非税收入处理,以减轻企业的负担,增加企业可用资金,促进经济的协调发展。

（三）各项扣除

1. 扣除项目的原则

企业申报的扣除项目和金额要真实、合法。所谓真实是指能提供证明有关支出确属已经实际发生;合法是指符合国家税法的规定,若其他法规规定与税收法规规定不一致,应以税收法规的规定为标准。除税收法规另有规定外,税前扣除一般应遵循以下原则:

（1）权责发生制原则,是指企业费用应在发生的所属期扣除,而不是在实际支付时确认扣除。

（2）配比原则,是指企业发生的费用应当与收入配比扣除。除特殊规定外,企业发生的费用不得提前或滞后申报扣除。

（3）相关性原则,是指企业可扣除的费用从性质和根源上必须与取得应税收入直接相关。

（4）确定性原则,是指企业可扣除的费用不论何时支付,其金额必须是确定的。

（5）合理性原则,是指符合生产经营活动客观规律,应当计入当期损益或者有关资产成本的必要和正常的支出。

2. 扣除项目的范围

《企业所得税法》规定,企业实际发生的与取得收入有关的、合理的支出,包括成本、费用、税金、损失和其他支出,准予在计算应纳税所得额时扣除。在实际中,计算应纳税所得额时还应注意三方面的内容:第一,企业发生的支出应当区分收益性支出和资本性支出。收益性支出在发生当期直接扣除;资本性支出应当分期扣除或者计入有关资产成本,不得在发生当期直接扣除。第二,企业的不征税收入用于支出所形成的费用或者财产,不得扣除或者计算对应的折旧、摊销扣除。第三,除企业所得税法及相关法规另有规定外,企业实际发生的成本、费用、税金、损失和其他支出,不得重复扣除。

(1)成本,是指企业在生产经营活动中发生的销售成本、销货成本、业务支出以及其他耗费,即企业销售商品(产品、材料、下脚料、废料、废旧物资等)、提供劳务、转让固定资产、无形资产(包括技术转让)的成本。

企业必须将经营活动中发生的成本合理划分为直接成本和间接成本。直接成本是可直接计入有关成本计算对象或劳务的经营成本中的直接材料、直接人工等,因此可根据有关会计凭证、记录直接计入有关成本计算对象或劳务的经营成本中。间接成本是指多个部门为同一成本对象提供服务的共同成本,或者同一种投入可以制造、提供两种或两种以上的产品或劳务的联合成本,所以间接成本必须根据与成本计算对象之间的因果关系、成本计算对象的产量等,以合理的方法分配计入有关成本计算对象中。

(2)费用,是指企业每一个纳税年度为生产、经营商品和提供劳务等所发生的销售(经营)费用、管理费用和财务费用,已经计入成本的有关费用除外。

销售费用,是指应由企业负担的为销售商品而发生的费用,包括广告费、运输费、装卸费、包装费、展览费、保险费、销售佣金(能直接认定的进口佣金调整商品进价成本)、代销手续费、经营性租赁费及销售部门发生的差旅费、工资、福利费等费用。管理费用,是指企业的行政管理部门为管理组织经营活动提供各项支援性服务而发生的费用。财务费用,是指企业筹集经营性资金而发生的费用,包括利息净支出、汇兑净损失、金融机构手续费以及其他非资本化支出。

(3)税金,是指企业发生的除企业所得税和允许抵扣的增值税以外的企业缴纳的各项税金及其附加。即企业按规定缴纳的消费税、城市维护建设税、关税、资源税、土地增值税、房产税、车船税、土地使用税、印花税、教育费附加等产品销售税金及附加。这些已纳税金准予税前扣除。准许扣除的税金有两种方式:一是在发生当期扣除;二是在发生当期计入相关资产的成本,在以后各期分摊扣除。

(4)损失,是指企业在生产经营活动中发生的固定资产和存货的盘亏、毁损、报废损失,转让财产损失,呆账损失,坏账损失,自然灾害等不可抗力因素造成的损失以及其他损失。企业发生的损失,减除责任人赔偿和保险赔款后的余额,依照国务院财政、税务主管部门的规定扣除。企业已经作为损失处理的资产,在以后纳税年度又全部收回或者部分收回时,应当计入当期收入。

(5)扣除的其他支出,是指除成本、费用、税金、损失外,企业在生产经营活动中发生的与生产经营活动有关的、合理的支出。

以上方法是直接法计算,实际工作中,常借助会计信息系统核算出来的会计利润总额,采用间接法计算应纳税所得额,间接法公式如下:

应纳税所得额=会计利润总额+纳税调整增加额-纳税调整减少额

若采用间接计算法确定应纳税所得额的,要准确计算纳税调整金额。其中会计利润根据企业会计准则或会计制度确定,纳税调整金额是会计制度和税收制度规定差异形成的,分为时间性差异和永久性差异,均应在本期进行纳税调整。间接法看似简单,但需要计算人员有较好的会计知识作为基础,在此不做详述。

六、征收管理

(一)征收方式

企业在申报的时候,缴纳的方式有两种,分别是核定征收和查账征收。这两种不同的征收方式适用于不同的企业,税法以列举方式对核定征收的适用条件进行规定与说明,除此之外的企业均采用查账征收。

1. 查账征收

查账征收也称"查账计征"或"自报查账",是由纳税人依据账簿记载,先自行计算缴纳,事后经税务机关查账核实,如有不符时,可多退少补。这种征收方式适用于账簿、凭证、财务核算制度比较健全,能够据以如实核算,反映生产经营成果,正确计算应纳税款的纳税人。

在查账征收时,企业根据会计账面记载信息,采用直接法或间接法计算出企业的应纳税所得额,再乘以相应税率,从而可以计算出所得税金额。

2. 核定征收

核定征收,指的是由税务机关根据纳税人情况,在正常生产经营条件下,对其生产的应税产品查实产量和销售额,并据以核定应税所得额,然后依照税法规定的税率征收税款的征收方式。核定征收税款是指由于纳税人的会计账簿不健全,资料残缺难以查账,或者其他原因难以准确确定纳税人应纳税额时,由税务机关采用合理的方法依法核定纳税人应纳税款的一种征收方式,简称核定征收。

(1)核定征收的适用情形:

情形一:依照法律、行政法规的规定可以不设置账簿的;

情形二:依照法律、行政法规的规定应当设置但未设置账簿的;

情形三:擅自销毁账簿或者拒不提供纳税资料的;

情形四:虽设置账簿,但账目混乱或者成本资料、收入凭证、费用凭证残缺不全,难

以查账的;

情形五:发生纳税义务,未按照规定的期限办理纳税申报,经税务机关责令限期申报,逾期仍不申报的;

情形六:申报的计税依据明显偏低,又无正当理由的。

(2)核定征收的计算办法。

方法一:如果企业能正确核算(查实、计算、推定)收入总额,但不能正确核算(查实、计算、推定)成本费用总额的,可以采用以下公式计算:

应纳所得税额＝应税收入额×应税所得率×适用税率

方法二:如果企业能正确核算(查实、计算、推定)成本费用总额,但不能正确核算(查实、计算、推定)收入总额的:

应纳所得税额＝成本(费用)支出额÷(1−应税所得率)×应税所得率×适用税率

纳税人的生产经营范围、主营业务发生重大变化,或者应纳税所得额或应纳税额增减变化达到20%的,应及时向税务机关申报调整已确定的应纳税额或应税所得率。

对非居民企业在中国境内未设立机构、场所的,或者虽设立机构、场所但取得的所得与其所设机构、场所没有实际联系的境内所得,实行源泉扣缴,以支付人为扣缴义务人。税款由扣缴义务人在每次支付或者到期应支付时,从支付或者到期应支付的款项中扣缴。在扣缴计算税款时,也可根据税法规定采用查账征收和核定征收,具体计算逻辑与居民企业基本一致。

(二)纳税地点

(1)除税收法律、行政法规另有规定外,居民企业以企业登记注册地为纳税地点,但登记注册地在境外的,以实际管理机构所在地为纳税地点。企业注册登记地是指企业依照国家有关规定登记注册的住所地。

(2)非居民企业在中国境内设立机构、场所的,应当就其所设机构、场所取得的来源于中国境内的所得,以及发生在中国境外但与其所设机构、场所有实际联系的所得,以机构、场所所在地为纳税地点。非居民企业在中国境内设立两个或者两个以上机构、场所的,经税务机关审核批准,可以选择由其主要机构、场所汇总缴纳企业所得税。

(3)非居民企业在中国境内未设立机构、场所的,或者虽设立机构、场所但取得的所得与其所设机构、场所没有实际联系的所得,以扣缴义务人所在地为纳税地点。

(三)纳税期限

企业所得税按年计征,分月或者分季预缴,年终汇算清缴,多退少补。企业所得税的纳税年度,自公历 1 月 1 日起至 12 月 31 日止。企业在一个纳税年度的中间开业,或者由于合并、关闭等原因终止经营活动,使该纳税年度的实际经营期不足 12 个月的,应当以其实际经营期为 1 个纳税年度。企业清算时,应当以清算期间作为 1 个纳税年度。

1. 预缴纳税期限

按月或按季预缴的,应当自月份或者季度终了之日起 15 日内,向税务机关报送预缴企业所得税纳税申报表,预缴税款。

2. 汇算清缴期限

自年度终了之日起 5 个月内,向税务机关报送年度企业所得税纳税申报表,并汇算清缴,结清应缴应退税款。企业在年度中间终止经营活动的,应当自实际经营终止之日起 60 日内,向税务机关办理当期企业所得税汇算清缴。

企业在纳税年度内无论盈利或者亏损,都应当依照《企业所得税法》规定的期限,向税务机关报送预缴企业所得税纳税申报表、年度企业所得税纳税申报表、财务会计报告和税务机关规定应当报送的其他有关资料。在预缴企业所得税纳税申报表中,基本不涉及工资与薪金的相关信息,但在年度企业所得税纳税申报表中专设《职工薪酬支出及纳税调整明细表》,报表格式与填报方式详见《关于发布〈中华人民共和国企业所得税年度纳税申报表(A 类,2017 年版)〉的公告》。

(四)跨地区经营汇总纳税

居民企业在中国境内跨地区(指跨省、自治区、直辖市和计划单列市,下同)设立不具有法人资格分支机构的,该居民企业为跨地区经营汇总纳税企业。

1. 基本原则

按照统一规范、兼顾总机构和分支机构所在地利益的原则,实行"统一计算、分级管理、就地预缴、汇总清算、财政调库"的处理办法,总分机构统一计算的当期应纳税额的地方分享部分中,25%由总机构所在地分享,50%由各分支机构所在地分享,25%按一定比例在各地间进行分配。其中,跨省市总分机构企业是指跨省(自治区、直辖市和计划单列市,下同)设立不具有法人资格分支机构的居民企业。总机构和具有主体生产经营职能的二级分支机构就地预缴企业所得税。

2. 税款预缴

由总机构统一计算企业应纳税所得额和应纳所得税额,并分别由总机构、分支机构按月或按季就地预缴。总机构在每月或每季终了之日起 10 日内,按照上年度各省市分支机构的营业收入、职工薪酬和资产总额三个因素,将统一计算的企业当期应纳税额的50%在各分支机构之间进行分摊(总机构所在省市同时设有分支机构的,同样按三个因素分摊），分摊时三个因素权重依次为0.35、0.35和0.3。总机构应将统一计算的企业当期应纳税额的25%，就地办理缴库，剩余25%就地全额缴入中央国库。当年新设立的分支机构第2年起参与分摊；当年撤销的分支机构自办理注销税务登记之日起不参与分摊。各分支机构分摊预缴额按下列公式计算：

某分支机构分摊税款＝所有分支机构分摊税款总额×该分支机构分摊比例

所有分支机构分摊税款总额＝汇总纳税企业当期应纳所得税额×50%

该分支机构分摊比例＝（该分支机构营业收入/各分支机构营业收入之和）×0.35+（该分支机构职工薪酬/各分支机构职工薪酬之和）×0.35+（该分支机构资产总额/各分支机构资产总额之和）×0.3

其中：分支机构营业收入，是指分支机构销售商品、提供劳务、让渡资产使用权等日常经营活动实现的全部收入。其中，生产经营企业分支机构营业收入是指生产经营企业分支机构销售商品、提供劳务、让渡资产使用权等取得的全部收入；金融企业分支机构营业收入是指金融企业分支机构取得的利息、手续费、佣金等全部收入；保险企业分支机构营业收入是指保险企业分支机构取得的保费等全部收入。分支机构职工薪酬，是指分支机构为获得职工提供的服务而给予职工的各种形式的报酬以及其他相关支出。分支机构资产总额，是指分支机构在12月31日拥有或者控制的资产合计额。

3. 汇总清算

企业总机构汇总计算企业年度应纳所得税额，扣除总机构和各境内分支机构已预缴的税款，计算出应补应退税款，分别由总机构和各分支机构（不包括当年已办理注销税务登记的分支机构）就地办理税款缴库或退库。

补缴的税款按照预缴的分配比例，50%由各分支机构就地办理缴库，25%由总机构就地办理缴库，其余25%部分就地全额缴入中央国库。多缴的税款按照预缴的分配比例，50%由各分支机构就地办理退库，25%由总机构就地办理退库，其余25%部分就地从中央国库退库。

（五）税前扣除凭证

税前扣除凭证，是指企业在计算企业所得税应纳税所得额时，证明与取得收入有关的、合理的支出实际发生，并据以税前扣除的各类凭证。税前扣除凭证在管理中遵循真实性、合法性、关联性原则。

（1）真实性是指税前扣除凭证反映的经济业务真实，且支出已经实际发生；

（2）合法性是指税前扣除凭证的形式、来源符合国家法律、法规等相关规定；

（3）关联性是指税前扣除凭证与其反映的支出相关联且有证明力。

企业应在当年度企业所得税法规定的汇算清缴期结束前取得税前扣除凭证,并将与税前扣除凭证相关的资料,包括合同协议、支出依据、付款凭证等留存备查,以证实税前扣除凭证的真实性。企业在经营活动、经济往来中常常伴有合同协议、付款凭证等相关资料,在某些情形下,则为支出依据,如法院判决企业支付违约金而出具的裁判文书。以上资料不属于税前扣除凭证,但属于与企业经营活动直接相关且能够证明税前扣除凭证真实性的资料,企业也应按照法律、法规等相关规定,履行保管责任,以备包括税务机关在内的有关部门、机构或者人员核实。

企业在境内发生的支出项目属于增值税应税项目的,对方为已办理税务登记的增值税纳税人,其支出以发票(包括按照规定由税务机关代开的发票)作为税前扣除凭证;对方为依法无须办理税务登记的单位或者从事小额零星经营业务的个人,其支出以税务机关代开的发票或者收款凭证及内部凭证作为税前扣除凭证,收款凭证应载明收款单位名称、个人姓名及身份证号、支出项目、收款金额等相关信息。小额零星经营业务的判断标准是个人从事应税项目经营业务的销售额不超过增值税相关政策规定的起征点。

企业在境内发生的支出项目不属于增值税应税项目,对方为单位的,以对方开具的发票以外的其他外部凭证作为税前扣除凭证,但按税务总局规定可以开具发票的,发票可以作为税前扣除凭证;对方为个人的,以内部凭证作为税前扣除凭证。内部凭证是指企业自制用于成本、费用、损失和其他支出核算的会计原始凭证。内部凭证的填制和使用应当符合国家会计法律、法规等相关规定。外部凭证是指企业发生经营活动和其他事项时,从其他单位、个人取得的用于证明其支出发生的凭证,包括但不限于发票(包括纸质发票和电子发票)、财政票据、完税凭证、收款凭证、分割单等。

第二节　企业所得税法中薪酬的概念

在企业所得税、个人所得税中,薪酬都称为工资、薪资,二者内涵基本一致,二者是从不同角度对员工薪资的界定。因此,除个人所得税法和企业所得税法规定的特殊情况外,一般情况下企业所得税申报的工资、薪金与个人所得税申报应该是一致的。

一、工资、薪金支出的含义

工资、薪金支出是企业每一纳税年度支付给本企业任职或与其有雇佣关系的员工的所有现金或非现金形式的劳动报酬,包括基本工资、奖金、津贴、补贴、年终加薪、加班工资,以及与任职或者是受雇有关的其他支出。工资、薪金支出不包括企业的职工福利费、职工教育经费、工会经费以及企业承担的养老保险费、医疗保险费、失业保险费、工伤保险费、生育保险费等社会保险费和住房公积金。

(一)与劳务费支出的区别

企业所得税法及相关规定没有明确规定工资、薪金支出与劳务费用支出的区别界定标准。可借鉴《个人所得税法》和《关于确立劳动关系有关事项的通知》(劳社部发〔2005〕12号)的规定,主要区别是否存在雇佣与被雇佣关系,工资、薪金支出是非独立的、与任职、受雇有关的报酬,劳务费用支出所得是独立的、非雇用的报酬。

(二)与职工福利费支出的区别

企业职工福利费是指用于增进职工物质利益,帮助职工及其家属解决某些特殊困难和兴办集体福利事业所支付的费用,是企业为职工提供的除职工工资、奖金、津贴、纳入工资总额管理的补贴、职工教育经费、社会保险费和补充养老保险费(年金)、补充医疗保险费及住房公积金以外的货币性与非货币性福利待遇支出。

二、工资、薪金支出的特殊规定

(一)允许计入工资、薪金支出的职工福利费支出

列入企业员工工资薪金制度、固定与工资薪金一起发放的福利性补贴,符合国家税务总局《关于企业工资薪金及职工福利费扣除问题的通知》(国税函〔2009〕3号)规定的合理工资、薪金支出条件,可作为企业发生的工资薪金支出,按规定在税前扣除。不能同时符合上述合理工资、薪金支出条件的福利性补贴,应作为国税函〔2009〕3号文件第三条规定的职工福利费,按规定计算限额税前扣除。

(二)允许计入工资、薪金支出的劳务费支出

劳务派遣是指由劳务派遣机构与派遣劳工订立劳动合同,把劳动者派向其他用工单位,再由其用工单位向派遣机构支付一笔服务费用的一种用工形式。企业接受外部劳务派遣用工所实际发生的费用,应分两种情况按规定在税前扣除:按照协议(合同)约定直接支付给劳务派遣公司的费用,应作为劳务费支出;直接支付给员工个人的费用,应作为工资薪金支出和职工福利费支出。其中属于工资薪金支出的费用,准予计入企业工资薪金总额的基数,作为计算其他各项相关费用扣除的依据。

企业因雇用季节工、临时工、实习生、返聘离退休人员以及接受外部劳务派遣用工

所实际发生的费用,应区分为工资薪金支出和职工福利费支出,其中属于工资薪金支出的,准予计入企业工资薪金总额的基数。

三、工资、薪金支出的扩展分析

与个人所得税相比,企业所得税对工资、薪金支出的规定相对较粗略,如非编辑、记者等员工的稿酬支出、员工承包单位业务的承包费、离职补偿金以及个人所得税法规定不计入工资、薪金所得的补贴津贴支出,是否可以在企业所得税计算时计入工资、薪金支出,企业所得税未有明确规定,须结合企业实际情况进行具体问题具体分析。

如离职补偿不是支付给企业雇佣员工,无论是到期离职还是提前离职都是企业为了持续经营而正常支付的费用,因此不应当作为工资薪金列支,而应当作为管理费用列支。对于部分企业计提的离职补偿金,应当进行调整,待实际支出时再据实扣除。企业集团经常会出现上级公司向下级领导层或关键部门派遣员工任职,部分工资甚至全部由上级公司发放,此类情况本意是为了加强对下级公司的管理,但是其工资采用两地发放极易引起争议,员工确实在上下级公司分别担任职务,那么工资分开发放是情有可原的。但是对于仅在一家公司任职的,采用这种方式就不太符合税法要求,从税法角度来看该员工供职公司不发放工资薪金,而上级公司又不是对本企业员工发放工资,从管理角度无可厚非,但是从核算角度是不正常的,而且也不符合税法对发放对象的要求,税务机关提出异议甚至不支持税前扣除也是正常的。对于仅在一家公司任职的,可以采用上级公司确定该员工应发薪酬,然后由下级公司执行即可,这样依然属于正常薪酬制度。[①]

第三节　企业薪酬的所得税税前扣除标准

一、扣除原则

工资薪金支出的税前扣除原则是企业发生的合理的工资、薪金支出准予据实扣除,其中包括两个关键词:"合理"和"据实扣除"。

(1)合理的工资、薪金,是指企业按照股东大会、董事会、薪酬委员会或相关管理机构制定的工资薪金制度规定实际发放给员工的工资薪金。

对工资支出合理性的判断,主要包括两个方面:一是雇员实际提供了服务;二是报

---

① 黄学迅、叶飞燕:《企业所得税税前扣除凭证与会计实务解析》,立信会计出版社2019年版。

酬总额在数量上是合理的。实际操作中主要考虑雇员的职责、过去的报酬情况,以及雇员的业务量和复杂程度等相关因素。同时,还要考虑当地同行业职工平均工资水平。税务机关在对工资薪金进行合理性确认时,可按以下原则掌握:

①企业制定了较为规范的员工工资薪金制度。

员工工资薪金制度是企业定薪、发放、调整的规划化保证,说明企业薪酬管理的有序性,而非随意发放的,是证明企业薪酬合理性的重要依据。在实际工作中,一些小型企业,人数较少,为简化管理而忽视工资薪金制度的必要性。企业应根据自身实际情况,通过正式的工资薪金制度明确薪酬水平、级别差距、调薪标准、发放程序等,并存档备查。

②企业所制定的工资薪金制度符合行业及地区水平。

符合常规的工资薪金发放是合理的基本要求。虽然薪酬水平应当是企业自主经营管理权范围,工资薪金也应该符合行业及地区水平。从低层次要求看,一是工资薪金不能低于国家规定最低工资标准,以保护劳动者合法权益,二是不能通过虚高工资分配利润或转移利润。从高层次要求看,工资薪金水平还应与当地同类岗位薪酬水平相比,合情合理。不合理的薪资水平,不但会影响企业真实利润的反映,还会影响市场薪酬秩序。

③企业在一定时期所发放的工资薪金是相对固定的,工资薪金的调整是有序进行的。

企业在一定时期所发放的工资薪金是相对稳定的,即在相同或类似的条件下,企业发放的工资薪金应当是基本一致的,不能随意进行调整。当然对于起步阶段、资金周转困难等特殊时期企业,税务机关检查时一般也会具体问题具体分析。如果没有特殊情况,员工工资薪金尤其是基本工资大起大落的情况,必然会引起税务机关重点关注,可能会给企业造成较大的税务风险。

④企业对实际发放的工资薪金,已依法履行了代扣代缴个人所得税义务。

代扣代缴个人所得税是工资发放单位的义务,此处强调的是依法履行,即只要按照规定履行代扣代缴义务即可,而不是必须代扣代缴个人所得税。企业只有履行了代扣代缴义务,其发放的工资薪金才能在税前扣除,从而达到环环相扣的征管。虽然《个人所得税法》在2018年进行了大幅的修正,工资薪金扣除规定有较大改变,但履行代扣代缴个人所得税义务的条件不会有变化。

⑤有关工资薪金的安排,不以减少或逃避税款为目的。

现在很多单位都试图进行工资薪金筹划,以吸引人才。如果利用税收优惠、符合国家引导方向的筹划是符合税法宗旨的,但是如果运用各种方法减少相应税款,税务机关可以根据反避税条款进行特别纳税调整,如果涉及偷逃税款等违法行为,如以报销代替工资等,都将受到相应处罚。

税法对工资薪金合理性判断尺度的提出,客观上要求企业建立健全内部工资薪金管理规范,明确内部工资发放标准和程序。每次工资调整都要有案可查、有章可循。尤其要注意,每一笔工资薪金支出,是否及时、足额扣缴了个人所得税。税务机关很可能会建立企业所得税工资薪金支出与个人所得税工资薪金所得之间的对比评估机制,以判断各自的合理性。另外,属于国有性质的企业,其工资薪金不得超过政府有关部门给予的限定数额;超过部分,不得计入企业工资薪金总额,也不得在计算企业应纳税所得额时扣除,毕竟合规性是合理性的前提条件。

(2)据实扣除,是指实际给职工发放的工资、薪金可以税前扣除,而已计提未发放的工资、薪金支出不得税前扣除,但企业年度汇算清缴结束前支付汇缴年度工资薪金可以税前扣除。

在企业实操中,经常出现实际发放时间与入账时间不一致的情况,尤其是年终奖金常常会在下一纳税年度发放。按照会计核算的权责发生制原则,年终奖是计入当期损益的,而不一定是发放当期,但是税前扣除要求的是实际发放,二者规定是不同的。考虑到很多企业12月份的工资薪金都是在当年预提出来,次年1月份发放,如果严格要求企业在每一纳税年度结束前支付的工资薪金才能计入本年度,则企业每年都需要对此进行纳税调整,不仅增加了纳税人的税法遵从成本,加大了税收管理负担,也不符合权责发生制原则。企业在年度汇算清缴结束前向员工实际支付的已预提汇缴年度工资薪金,准予在汇缴年度按规定扣除。因此,企业在年度汇算清缴结束前向员工实际支付的已预提汇缴年度工资薪金,准予在汇缴年度企业所得税前扣除。

但是,在年度汇算清缴结束前会计未入账而已发放的,或者会计已入账而仍未发放的工资薪金,都不能作为实际发放来进行扣除。当然对于某些特殊情况,如纳税年度已入账且汇算清缴结束前已经发放的工资薪金,只要是属于对应会计年度的,就可以在汇算清缴时扣除。由于工资薪金是三费扣除限额的计算基数,对企业影响是方方面面的,必然是税务检查的重点关注之处。对于确实有特殊情况的,一般而言只要确实有明细表而且在检查前已经按表发放的,需向税务机关作出专项说明。

二、扣除凭证

会计扣除凭证是证明合理、实际的重要依据,工资薪金扣除凭证多为企业内部自制凭证,因此需要企业具有较为健全的内部控制以保证自制凭证的真实性和准确性,主要扣除凭证有:

(一)工资表

工资表又称工资结算表,是按部门或项目编制的、履行了必要授权审批手续、用于核算员工工资的表格。在实际工作中,企业发放职工工资、办理工资结算都围绕编制与审核工资表来进行的。在编制时,工资表应包括"应付工资""代扣款项""实发金额"三个基本部分,需根据工资卡、考勤记录、产量记录及代扣款项等资料按人名填列,并根据内部控制要求,履行了必要授权审批手续。

表 5-3 工资表例样

序号	工号	姓名	工资构成			应扣款项			实发工资	备注
			基本工资	绩效工资	其他	养老险	个税	……		

工资表是最基本的工资、薪金支出扣除凭证,可以集中体现出单位的薪资管理制度、劳动合同约定和员工福利计划等各方面信息。同时,工资表又是工资发放、个税管理、社保及公积金管理、会计核算的最重要输入信息源。

(二)银行对账单

银行对账单是银行和企业核对账务的联系单,也是证实企业业务往来的记录,也可以作为企业资金流动的依据。就其特征来说,银行对账单具有客观性、真实性、全面性等基本特征。工资发放的银行对账单主要是证明工资是已经实际发放的,如果企业以现金形式给员工发放工资,那么就需要员工签字的确认收据以证明工资实际发放情况。

(三)劳动合同

根据《劳动合同法》规定,劳动合同是劳动者与用工单位之间确立劳动关系,明确双方权利和义务的协议。订立和变更劳动合同,应当遵循平等自愿、协商一致的原则,不得违反法律、行政法规的规定。劳动合同依法订立即具有法律约束力,当事人必须履行劳动合同规定的义务,主要内容包括:

(1)用人单位的名称、住所和法定代表人或者主要负责人;

（2）劳动者的姓名、住址和居民身份证或者其他有效身份证件号码；

（3）劳动合同期限；

（4）工作内容和工作地点；

（5）工作时间和休息休假；

（6）劳动报酬；

（7）社会保险；

（8）劳动保护、劳动条件和职业危害防护；

（9）法律、法规规定应当纳入劳动合同的其他事项。

劳动合同除前款规定的必备条款外，用人单位与劳动者可以约定试用期、培训、保守秘密、补充保险和福利待遇等其他事项。

根据这个协议，劳动者加入企业、个体经济组织、事业组织、国家机关、社会团体等用人单位，成为该单位的一员，承担一定的工种、岗位或职务工作，并遵守所在单位的内部劳动规则和其他规章制度。用人单位应及时安排被录用的劳动者工作，按照劳动者提供劳动的数量和质量支付劳动报酬，并且根据劳动法律、法规规定和劳动合同的约定提供必要的劳动条件，保证劳动者享有劳动保护及社会保险、福利等权利和待遇。

（四）定（调）薪单

如果员工入职时在合同中已经明确约定了工资薪酬水平，就无须另行确定。当员工的薪酬发生变动时，一般都会用定（调）薪单等文件明确工资待遇。

表5-4　　　　　　　　　　　　　　定（调）薪通知单例样

填表日期：＿＿＿年＿＿月＿＿日

员工姓名		身份证号			
部　　门		入职岗位		调整后岗位	
入职日期	年 月 日	调薪次数		定（调）薪生效日期	年 月 日
试用期起止时间	20＿＿年＿＿月＿＿日 至 20＿＿年＿＿月＿＿日				
1.本《定（调）薪通知单》的相关内容为员工本人与公司双方在平等、自愿的前提下经协商一致后的共同约定，经双方签名确认后生效。					
薪资定（调）类别	入职定薪□　转正□　普调□　特调□　岗位晋升□ 降薪□　其他□				
2.员工在调整前（试用期间）及调整后（试用期结束后）薪酬待遇按以下标准执行：					

薪酬结构	项 目	调整前（转正前）	调整后（转正后）	备注
	基本工资	元/月	元/月	与出勤率挂钩，按照每月满勤__天计算
	加班费	元/月□	元/月□	
	餐补	元/月□	元/月☑	
	绩效工资	元/月	元/月	与绩效考核得分挂钩，实际考核得分*800 元
	合计	元/月	元/月□	
	业务提成	按照公司业务提成政策执行，按月结算，一般每月25日发放		

3. 社保及其他未及事项按照公司薪酬福利制度相关规定执行。

4. 员工必须承诺遵守薪酬保密纪律、服从岗变薪变原则，不得向任何第三者公开、询问或评论个人薪资情况，如有违反自愿接受解除劳动关系或降薪处罚。

公司基本信息告知

公司在签订《劳动合同》前，已如实告知员工：

①工作内容□　②工作条件□　③工作地点□　④工作时间□　⑤工作职责□

⑥工作期间安全状况□　⑦劳动报酬□　⑧员工要求了解的其他情况□

对于以上所有内容本人已清晰了解并同意。

_____　签字：_____

批准		经办人		员工签字	
日期		日期		日期	

（五）员工福利计划

员工福利计划是一个比较笼统的概念，一般是指企业为员工提供的非工资收入福利的综合计划。而从现代人力资源管理的角度看，员工福利计划是指企业为员工提供的非工资收入福利的一揽子计划，所包含的项目内容可由各企业根据其自身实际情况加以选择和实施。

员工福利计划是现代企业人力资源管理的重要组成部分，它涵盖保险保障、退休计划、带薪假期、教育津贴等各种各样的津贴和福利。对于企业来说，一个完善的员工福利计划，不仅可以作为企业吸引并留住人才的重要手段，同时还是专业人力资源风险管理的重要组成部分。对于员工来说，则可以得到周到全面的保障和长远的财务规划、投资和管理，免除后顾之忧，全心投入工作、享受生活。

（六）其他材料

企业因享受研究开发费加计扣除、残疾职工工资加计扣除等税收优惠，需要残疾人证、研究人员明细等材料要复印存档,以备税务检查。

三、扣除金额

(一)货币性薪酬的扣除金额

从工资表中直接取得的、可税前扣险的工资、薪金支出应取自应发工资,包括实发工资、个人承担和由单位代扣三险一金和个人所得税以及列入工资的代扣支出。有的企业为了给员工创造更大的利益,采用集团方式购买商品物资、商业保险等服务,其支出划分到企业员工,从工资中直接扣除后由单位统一支付,即使企业取得了对方开具的发票,也不能直接入账,而应纳入工资一并核算。如果企业为员工全额或部分承担个人所得税、三险一金等支出,而工资表直接体现实发工资,这时就需返算成含税薪酬,然后再税前抵扣,具体计算方法详见第二章个人所得税法。

根据《企业所得税实施条例》规定,企业所得以人民币以外的货币计算的,预缴企业所得税时,应当按照月度或者季度最后一日的人民币汇率中间价,折合成人民币计算应纳税所得额。年度终了汇算清缴时,对已经按照月度或者季度预缴税款的,不再重新折合计算,只就该纳税年度内未缴纳企业所得税的部分,按照纳税年度最后一日的人民币汇率中间价,折合成人民币计算应纳税所得额。但当员工薪酬以外币形式发放时,应按《个人所得税法》及相关规定进行折算为人民币金额以税前扣除,折算汇率的选择详见第二章个人所得税部分。

(二)非货币性薪酬的扣除金额

当员工薪酬以实物、股权等非货币形式发放时,需要将实物折算成公允价值金额以税前扣除。企业以其生产的产品作为非货币性福利提供给职工的,应当按照该产品的公允价值和相关税费,作为计入成本费用的职工薪酬金额,并确认为销售商品收入,于税法称为"视同销售"。具体要求详见第一章职工薪酬准则和第二章个人所得税法。

四、税收优惠

(一)因研究开发费加计扣除而带来的人力成本税后优惠

研究开发费,自 2018 年至 2020 年 12 月 31 日,未形成无形资产计入当期损益的,在按照规定据实扣除的基础上,再按照研究开发费用的 75% 加计扣除;形成无形资产的,按照无形资产成本的 175% 摊销。从 2017 年 1 月 1 日起,可以加计扣除的研究开发费包括：人员人工费用、直接投入费用、折旧摊销费用和其他相关费用。

人员人工费用指直接从事研发活动人员的工资薪金、基本养老保险费、基本医疗保险费、失业保险费、工伤保险费、生育保险费和住房公积金，以及外聘研发人员的劳务费用。

（1）直接从事研发活动人员包括研究人员、技术人员、辅助人员。研究人员是指主要从事研究开发项目的专业人员；技术人员是指具有工程技术、自然科学和生命科学中一个或一个以上领域的技术知识和经验，在研究人员指导下参与研发工作的人员；辅助人员是指参与研究开发活动的技工。

外聘研发人员是指与本企业或劳务派遣企业签订劳务用工协议（合同）和临时聘用的研究人员、技术人员、辅助人员。接受劳务派遣的企业按照协议（合同）约定支付给劳务派遣企业，且由劳务派遣企业实际支付给外聘研发人员的工资薪金等费用，属于外聘研发人员的劳务费用。

（2）工资薪金不但包括月度工资、绩效奖金、年终奖金、五险一金等，也包括按规定可以在税前扣除的对研发人员股权激励的支出。

（3）直接从事研发活动的人员、外聘研发人员同时从事非研发活动的，企业应对其人员活动情况做必要记录，并将其实际发生的相关费用按实际工时占比等合理方法在研发费用和生产经营费用间分配，未分配的不得加计扣除。

另外，职工福利费、补充养老保险费、补充医疗保险费属于其他相关费用，职工教育经费和工会经费不纳入研发费用加计扣除。

【例5-2】A公司研发团队有5名科技工作者，全部参与甲项目的研发。2019年全年发生工资薪金86万元、五险一金15万元（其中住房公积金3万元）、补充医疗保险4万元、职工福利费5万元、职工教育经费1万元、工会经费1万元，则2019年甲项目可归集的人工费用101万元（86+15），可归入其他相关费用9万元（4+5），可计入当年税前扣险金额为110×175%＝192.5（万元），职工教育经费1万元和工会经费1万元正常限额扣除。

（二）企业安置残疾人员所支付的工资

企业安置残疾人员所支付工资费用的加计扣除，是指企业安置残疾人员的，在按照支付给残疾职工工资据实扣除的基础上，按照支付给残疾职工工资的100%加计扣除。

【例5-3】A公司安置残疾人3人，全年实际发放给残疾人工资（应发工资总额）97 200元（2700元/人/月），在年度企业所得税纳税申报时，在纳税调整中再调整减少应纳税所得额 97 200 元,相当于再在企业所得税前按照 100% 的比例扣除一次。

第四节 工资、薪金支出相关的税前扣除项目

企业发生的职工福利费、工会经费、职工教育经费等支出按标准扣除,未超过标准的按实际数扣除,超过标准的只能按标准扣除。

一、职工福利费

企业职工福利费是指用于增进职工物质利益,帮助职工及其家属解决某些特殊困难和兴办集体福利事业所支付的费用,是企业为职工提供的除职工工资、奖金、津贴、纳入工资总额管理的补贴、职工教育经费、社会保险费和补充养老保险费(年金)、补充医疗保险费及住房公积金以外的货币性与非货币性福利待遇支出,包括以下内容:

(1)尚未实行分离办社会职能的企业,其内设福利部门所发生的设备、设施和人员费用,包括职工食堂、职工浴室、理发室、医务所、托儿所、疗养院等集体福利部门的设备、设施及维修保养费用和福利部门工作人员的工资薪金、社会保险费、住房公积金、劳务费等。

(2)为职工卫生保健、生活、住房、交通等所发放的各项补贴和非货币性福利,包括企业向职工发放的因公外地就医费用、未实行医疗统筹企业职工医疗费用、职工供养直系亲属医疗补贴、供暖费补贴、职工防暑降温费、职工困难补贴、救济费、职工食堂经费补贴、职工交通补贴等。

(3)按照其他规定发生的其他职工福利费,包括丧葬补助费、抚恤费、安家费、探亲假路费等。

值得注意的是:企业发生的职工福利费,应该单独设置账册,进行准确核算。没有单独设置账册准确核算的,税务机关应责令企业在规定的期限内进行改正。逾期仍未改正的,税务机关可对企业发生的职工福利费进行合理的核定。

企业发生的职工福利费支出,不超过工资薪金总额 14% 的部分准予扣除。上述工资薪金总额,是指企业按照《企业所得税法》规定实际发放的工资薪金总和,个包括企业的职工福利费、职工教育经费、工会经费以及养老保险费、医疗保险费、失业保险费、工伤保险费、生育保险费等社会保险费和住房公积金。

二、工会经费

工会经费是根据企业会计制度企业可以根据工资总额计提入费用的一种基金。

一般按工资总额的2%提取,40%上缴上级工会,60%记入公司账户,由公司用于职工福利,具体用途包括:

(1)会员活动费。工会费组织会员开展集体活动及会员特殊困难补助的费用。如会员活动日、郊游活动、联欢会、参观、电影、舞会、游园以及其他集体活动的费用等。

(2)职工活动费。用于开展职工教育、文娱、体育、宣传活动以及其他活动等方面的开支。

①职工教育方面。用于工会举办的职工教育、业余文化、技术、技能教育所需的教材、教学、消耗用品;职工教育所需资料、教师酬金;优秀员工奖励;工会为职工举办政治、科技、业务、再就业等各种知识培训等。

②文体活动方面。用于工会举办职工业余文艺活动、节日联欢、文艺创作、美术、书法、摄影、展览;文体活动所需设备、器材、用品购置与维修;文体会演、比赛奖励;以及按规定开支的伙食补助费、误餐费、夜餐费等。

③宣传活动方面。用于工会组织政治、时事、政策、科技、讲座、报告会的酬金;工会组织技术交流、职工读书活动以及举办展览、黑板报等所消耗的用品;重大节日工会组织活动的宣传费;工会举办图书馆、阅览室、读报组所需图书、报刊以及工会广播站的消耗用品费等。

④其他活动方面。除上述支出以外,用于工会开展的其他活动的费用。如:职工集体福利事业补助等。

(3)工会业务费。用于履行工会职能、加强自身建设和开展业务工作等方面的费用。如工会干部和积极分子学习政治、业务所需费用;培训工会干部和积极分子所需教材、参考资料和讲课酬金;评选、表彰优秀工会干部和工会积极分子的奖励;工会会员(代表)大会的费用;建家活动费用;工会维护职工合法权益开展的法律咨询服务、劳动争议协调等各项工作活动的费用;慰问困难职工的费用;基层工会办公、差旅、维修等方面的费用。

(4)事业支出。用于工会管理的为职工服务的文化、体育、教育、生活服务等附属事业的相关费用以及对所属事业单位必要的补助支出。

(5)其他支出。用于以上支出以外的,由工会组织的活动费用。

(6)上缴经费支出。按规定比例上缴上级工会的经费。

企业拨缴的工会经费,不超过工资薪金总额2%的部分准予扣除。自2010年7月1日起,企业拨缴的职工工会经费,不超过工资薪金总额2%的部分,凭工会组织开具的《工会经费收入专用收据》在企业所得税税前扣除。自2010年1月1日起,在委托税务机关代收工会经费的地区,企业拨缴的工会经费,也可凭合法、有效的工会经费代收凭据依法在税前扣除。

三、职工教育经费

职工教育经费是指企业按工资总额的一定比例提取用于职工教育事业的一项费用，是企业为职工学习先进技术和提高文化水平而支付的费用。

职工教育经费是按工资总额的一定比例提取用于职工教育事业的一项费用。单位职工不但有取得劳动报酬的权利、享有集体福利的权利，还有接受岗位培训、后续教育的权利，为此需要一定的教育经费。

根据财政部、全国总工会等11个部门联合印发的《关于企业职工教育经费提取与使用管理的意见》（财建〔2006〕317号），职工教育培训经费必须专款专用，面向全体职工开展教育培训，特别是要加强各类高校技能人才的培养。具体列支范围包括：

（1）上岗和转岗培训；

（2）各类岗位适应性培训；

（3）岗位培训、职业技术等级培训、高技能人才培训；

（4）专业技术人员继续教育；

（5）特种作业人员培训；

（6）企业组织的职工外送培训的经费支出；

（7）职工参加的职业技能鉴定、职业资格认证等经费支出；

（8）购置教学设备与设施；

（9）职工岗位自学成才奖励费用；

（10）职工教育培训管理费用；

（11）有关职工教育的其他开支。

除国务院财政、税务主管部门另有规定外，企业发生的职工教育经费支出，自2018年1月1日起不超过工资薪金总额8%的部分，准予在计算企业所得税应纳税所得额时扣除；超过部分，准予在以后纳税年度结转扣除。

软件生产企业发生的职工教育经费中的职工培训费用，根据财政部、国家税务总局《关于企业所得税若干优惠政策的通知》（财税〔2012〕27号）规定，可以全额在企业所得税前扣除。软件生产企业应准确划分职工教育经费中的职工培训费支出，对于不能准确划分的，以及准确划分后职工教育经费中扣除职工培训费用的余额，一律按照工资薪金总额8%的比例扣除。

核力发电企业为培养核电厂操纵员发生的培养费用，依据国家税务总局公告2014年第29号规定，可作为企业的发电成本在税前扣除。企业应将核电厂操纵员培养费与员工的职工教育经费严格区分,单独核算,员工实际发生的职工教育经费支出不得计入核电厂操纵员培养费直接扣除。

四、社会保险费

根据《社会保险法》规定,国家建立基本养老保险、基本医疗保险、工伤保险、失业保险、生育保险等社会保险制度,保障公民在年老、疾病、工伤、失业、生育等情况下依法从国家和社会获得物质帮助的权利。同时,国家还通过各项社会保险制度,明确了基本养老保险、基本医疗保险等社会保险的范围、征缴、使用、监督的相关要求。

根据税法规定,社会保险费实行据实扣除和限额扣除双原则,其中基本社会保险实行据实扣除、补充社会保险限额扣除,具体要求如下:

(1)企业依照国务院有关主管部门或者省级人民政府规定的范围和标准为职工缴纳的五险一金,即基本养老保险费、基本医疗保险费、失业保险费、工伤保险费、生育保险费等基本社会保险费和住房公积金,准予扣除。

(2)企业为投资者或者职工支付的补充养老保险费、补充医疗保险费,在国务院财政、税务主管部门规定的范围和标准内,准予扣除。企业依照国家有关规定为特殊工种职工支付的人身安全保险费和符合国务院财政、税务主管部门规定可以扣除的商业保险费,准予扣除。

(3)企业参加财产保险,按照规定缴纳的保险费,准予扣除。企业为投资者或者职工支付的商业保险费,不得扣除。

五、案例分析

2019年6月,A市税务机关风险管理部门在通过金三系统对辖区企业申报的数据进行比对分析时,发现甲公司2018年度企业所得税申报表填列的工资薪金计税基数与该公司2018年度代扣代缴的个人所得税工资薪金计税基数存在较大差异,遂将该问题作为风险疑点推送给税务稽查部门。税务稽查部门经立案检查,发现甲公司存在这样的问题:

甲公司是一家工业制造企业,根据其自行申报的纳税申报表数据显示,2018年度该公司代扣代缴的个人所得税工资薪金计税基数为640万元。

而甲公司2018年度企业所得税申报表中《A105050职工薪酬支出及纳税调整明细表》显示,甲公司当年工资薪金支出总额为820万元,两者差额高达180万元。那么,出现该差额的原因究竟是甲公司存在少代扣代缴个人所得税问题,还是存在虚列人工成本费用在企业所得税税前扣除的问题呢?

检查人员要求企业提供了 2018 年度人员花名册及工资明细,经核查加总,甲公司当年工资性支出确实为 640 万元,即甲公司不存在少代扣代缴个人所得税问题。那么,为何企业所得税相关报表中填报的工资薪金支出为 820 万元呢?

针对该问题,财务人员提供了一份劳务用工合同并做了这样的解释:

2018 年度因出现一些临时性用工需要,甲公司接受外部劳务派遣用工发生费用共计 180 万元。根据甲公司与劳务公司签订的合同约定,甲公司直接将 180 万元的用工费用支付给了劳务派遣公司。财务人员认为,上述劳务用工支出是因企业生产经营需要发生的,因此,将该笔支出计入了工资薪金支出项目核算,并以此作为职工福利费支出、职工教育经费支出与工会经费支出在企业所得税税前扣除的计税基数。那么,财务人员的理解正确吗?

根据国家税务总局《关于企业工资薪金和职工福利费等支出税前扣除问题的公告》(国家税务总局公告 2015 年第 34 号)第三条的规定,企业接受外部劳务派遣用工所实际发生的费用,应分两种情况按规定在税前扣除:按照协议(合同)约定直接支付给劳务派遣公司的费用,应作为劳务费支出;直接支付给员工个人的费用,应作为工资薪金支出和职工福利费支出。其中属于工资薪金支出的费用,准予计入企业工资薪金总额的基数,作为计算其他各项相关费用扣除的依据。

在本案例中,甲公司与劳务公司签订的合同明确规定,甲公司直接将 180 万元的用工费用支付给了劳务派遣公司而并非直接支付给员工个人,因此,该笔支出应作为劳务费支出不应计入企业工资薪金总额的基数。甲公司将该笔支出计入企业工资薪金总额导致作为职工福利费支出、职工教育经费支出与工会经费支出在企业所得税税前扣除的计税基数人为增加。

(1)针对职工福利费支出税前扣除问题,企业原来的税务处理:

实际发生额为 1 188 000 元,自行计算的扣除限额:8 200 000×14% = 1 148 000 元,纳税调增金额:1 188 000 - 1 148 000 = 40 000(元);

正确的税务处理:实际发生额为 1 188 000 元,计算的扣除限额:6 400 000×14% = 896 000 元,纳税调增金额:1 188 000 - 896 000 = 292 000(元);

(2)针对职工教育经费支出税前扣除问题,企业原来的税务处理:

实际发生额为 606 000 元,自行计算的扣除限额:8 200 000×8% = 656 000(元),因为实际发生额小于扣除限额,所以纳税调增金额为 0 元;

正确的税务处理:实际发生额为 606 000 元,计算的扣除限额:6 400 000×8% = 512 000 元,纳税调增金额:606 000 - 512 000 = 94 000(元);

(3)针对工会经费支出税前扣除问题,企业原来的税务处理:

实际发生额为 200 000 元,自行计算的扣除限额:8 200 000×2% = 164 000(元),纳税调增金额:200 000-164 000 = 36 000(元)。

正确的税务处理:实际发生额为 200 000 元,计算的扣除限额:6 400 000×2% = 128 000 元,税调增金额:200 000-128 000 = 72 000(元);

最终,税务机关按照 640 万元工资薪金总额作为上述三项支出在企业所得税税前扣除的计税基数,对于甲公司将上述三项支出多列支扣除的部分依法予以补征税款并加收滞纳金的处理。

第六章　企业职工薪酬的预算管理

第一节　企业预算管理概述

一、企业预算管理的含义

企业预算管理,是指企业以战略目标为导向,通过对未来一定期间内的经营活动和相应的财务结果进行全面预测和筹划,科学、合理配置企业各项财务和非财务资源,并对执行过程进行监督和分析,对执行结果进行评价和反馈,指导经营活动的改善和调整,进而推动实现企业战略目标的管理活动。对预算管理的理解要点如下:

(1)预算管理不是单纯的财务预算,而是全面预算。预算管理是全面控制企业生产经营活动,引导企业战略目标落地的重要工作,是为数不多的几个能把组织(企业)所有关键问题融合于一个体系之中的管理控制方法之一(戴维·奥利)。

(2)预算管理以战略目标为导向,并推动实现企业战略目标的管理活动。预算管理应起于企业战略规划,止于业绩考核评价,形成一个完整的管理闭环,将企业战略规划与经营管理活动有效连接起来,使经营管理活动始终服务于企业战略规划的贯彻落地。实践证明,不能体现企业战略的预算管理可能将企业发展带入歧途,而离开预算管理,企业战略规划也难以得到有效的贯彻实施。预算管理与企业战略之间的关系,如图6-1所示。

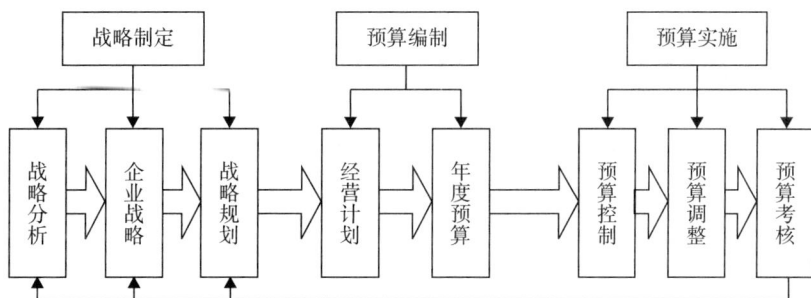

图 6-1　企业战略与预算管理的关系

（3）预算管理是业务系统，而不仅仅是财务系统。预算管理是企业管理者将企业所有经营、投资和财务等活动，通过运用数量化的系统工具编制为预算，并使之成为企业预算期内、具有高度权威性的行动指南，所以预算管理是计划未来工作、实现预定目标的过程，是对有限的企业资源进行分配的过程，是对计划实施进行控制的过程。总而言之，预算管理是协调完成战略与业务目标的业务系统。

（4）预算管理是管理平台而不仅是管理工具。预算管理是企业战略目标达成的重要工具，必然有预算管理自身的工具方法，一般包括滚动预算、零基预算、弹性预算、作业预算等。但是预算管理更需要根据其战略目标、业务特点和管理需要，借助和融和各种管理工具，才能达到预期目标。例如，整合战略管理领域的工具方法，强化预算对战略目标的承接分解；整合成本管理、风险管理领域的工具方法，强化预算对战略执行的过程控制；整合营运管理领域的工具方法，强化预算对生产经营的过程监控；整合绩效管理领域的工具方法，强化预算对战略目标的标杆引导，从而使预算管理成为各管理领域工具方法整合和协同的平台。

（5）预算管理是筹划控制而不仅仅是预测经营。预算管理的前提是预计经营成果，但本质作用在于筹划、在于控制。预算管理是实现资源优化配置的重要工具，科学、合理配置企业各项财务和非财务资源，发挥投入产出效益最大化，并推动战略目标的实现。预算管理核心理念是过程控制，对执行过程进行监督和分析，对执行结果进行评价和反馈，指导经营活动的改善和调整。

二、企业预算管理的主要内容

企业预算管理内容的本质是企业经营、投资、筹资等经济管理活动，表现为预算形式即：经营预算、专门决策预算和财务预算。这些预算按经济管理内容及相互关系有序排列、相互关联、相互制约、环环相扣，形成一个完整的、科学的、系统的全面预算体系。其中，企业职工薪酬预算为预算管理体系的一部分。

（一）业务预算

业务预算是指与企业日常业务直接相关的一系列预算，包括销售预算、生产预算、采购预算、费用预算和其他经营预算等。

（1）销售预算是指预算期内企业销售产品或提供劳务等经营管理活动的预算，主要内容包括销售量、营业收入、营业成本和销售资金回款等。

（2）生产预算是指预算期内企业生产产品或提供劳务等经营管理活动的预算，主要内容包括业务量（产品产量、服务提供量）、直接材料、直接人工、制造费用、产品成本等。

（3）采购预算是指预算期内企业物资与服务的采购储备、货款支付等经营管理活动的预算，主要内容包括采购量、存量周转期、库存结余、货款额等。

（4）费用预算是指预算期内企业组织管理、销售和融资等经营活动而发生的管理费用、财务费用和销售费用的预算。

（5）其他经营预算是指预算期内企业日常经营活动中有关折旧、税费、职工薪酬等方面的预算。一般情况下，这些预算涉及采购、生产和销售及管理的各个方面。

（二）专门决策预算

专门决策预算是指企业重大的或不经常发生的、需要根据特定决策编制的预算，如固定资产投资预算、股权投资预算、筹资预算等。

（1）固定资产投资预算是预算期内企业为购建、改扩建厂房、设备等而进行的资本性投资预算，常见的固定资产投资预算包括基本建设项目预算、更新改造项目预算、设备购置预算等。

（2）股权投资预算是预算期间企业为了获得外部企业的经营决策和利润分配等股权性收益权而作出的资本投资计划，常见的股权投资预算包括产业性股权投资预算、财务性股权投资预算等。

（3）筹资预算是预算内企业为经营、投资等业务活动所需资金的筹措及借款偿还安排的预算，常见的筹资预算包括股权筹资预算、债权筹资预算等。

（三）财务预算

财务预算是指与企业资金收支、财务状况或经营成果等有关的预算，包括资金预算、预计资产负债表和预计利润表等。

（1）预计利润表是预算期内企业经营成果及利润分配的预算，主要内容包括损益项目和利润分配。

（2）预计资产负债表是预算期初和预算期末，企业财务状况情况的预算，主要内容包括资产、负债及所有者权益。

（3）资金预算是反映预算期内企业现金收支及结余的预算，主要内容包括经营资金、投资资金和筹资资金等。

（四）职工薪酬预算与全面预算之间的关系

全面预算是由业务预算、专门决策预算和财务预算等类别的一系列预算构成的体系,各项具体预算之间相互联系、关系复杂。图 6-2 以制造业企业为例,勾画了全面预算体系中各项预算之间的关系。

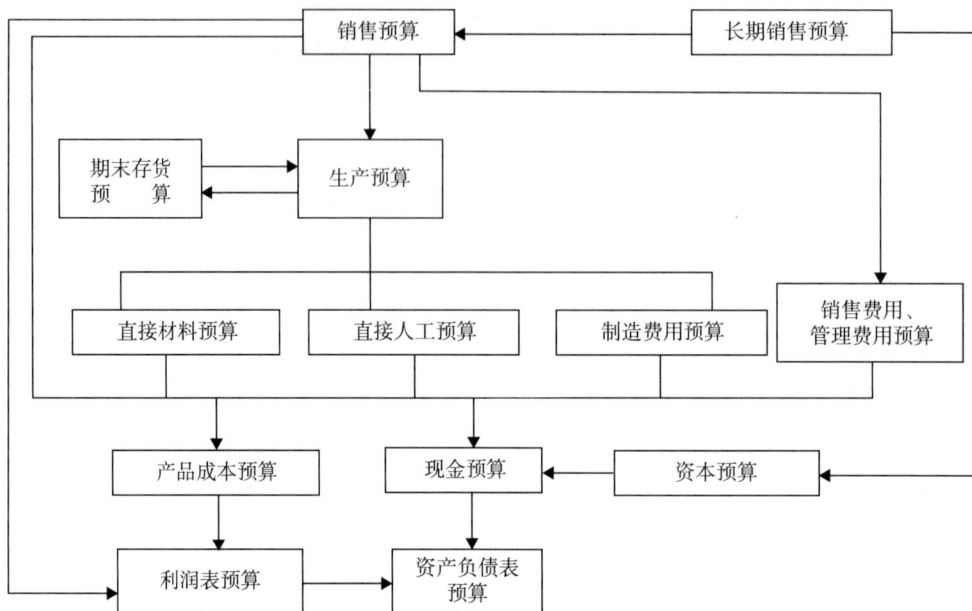

图 6-2　全面预算体系关系

企业应当根据长期市场预测和生产能力,编制长期销售预算,以此为基础,确定本年度的销售预算,并根据企业财力确定资本预算。销售预算是年度预算的编制起点,根据"以销定产"的原则确定生产预算,同时确定所需要的销售费用和管理费用。生产预算的编制,除了考虑计划销售量外,还要考虑现有存货和年末存货。根据生产预算来确定直接材料、直接人工和制造费用预算。产品成本预算和现金预算是有关预算的汇总。利润表预算和资产负债表预算是全部预算的综合体现。

根据企业职工薪酬的会计政策,企业职工薪酬预算主要体现在直接人工预算、制造费用预算、销售费用预算和管理费用预算之中。

三、预算管理的业务流程

企业应用预算管理工具方法,一般按照预算编制、预算控制、预算调整和预算考核等程序进行。

首先,预算编制是预算管理的基础。根据确定企业整体战略规划和经营目标,编制经营计划和预算,经过授权审批手续,形成具有约束力的企业年度预算的过程。

其次,预算控制是全面预算目标得以顺利实现的保障。企业以预算为标准,通过预算分解、过程控制、差异分析、执行反馈等措施,确保企业及各部门全面落实和实现预算目标的过程。

再次,预算调整是保障预算科学性的重要措施。经批准的年度预算原则上不作调整,但当内外战略环境发生重大变化或突发重大事件等特定原因,按照规定的程序对预算进行修改、完善的过程。

最后,预算考核是推动预算落地的重要推动力。通过定期与不定期对各项经营指标进行考核评价,对责任部门和个人进行奖励,并总结经验教训,为提升预算管理水平而提供指导的过程。

四、预算管理的基本原则

(一)战略导向原则

预算管理应围绕企业的战略目标和业务计划有序开展,引导各预算责任主体聚焦战略、专注执行、达成绩效。企业应按照战略目标,将战略目标和业务计划具体化、数量化作为预算目标,确立预算管理的方向、重点和目标,促进战略目标落地。

(二)过程控制原则

预算管理应通过及时监控、分析等把握预算目标的实现进度并实施有效评价,对企业经营决策提供有效支撑。

通过过程监督、差异分析等促使日常经营不偏离预算标准的管理活动,及时发现预算执行过程存在的偏差,或采取必要的补救措施,或调整预算,以应对实际情况的办法。

(三)融合性原则

预算管理应以业务为先导、以财务为协同,将预算管理嵌入企业经营管理活动的各个领域、层次、环节。预算管理有许多融入企业管理的切入点,其中最基本的是预算管理工具要与经营管理工具的融合,编制预算与经营计划的融合。

(四)平衡管理原则

预算管理应平衡长期目标与短期目标、整体利益与局部利益、收入与支出、结果与动因等关系,促进企业可持续发展。

各责任单位在编制经营计划时,都是从自己的职责范围出发编制的,容易局限于短期目标、局部目标,缺乏对长远利益和整体利益的把握,而过于重视长远利益,又会影响企业当前的发展,所以预算管理就是要综合平衡,实现均衡发展。

(五)权变性原则

预算管理应刚性与柔性相结合,强调预算对经营管理的刚性约束,又可根据内外环境的重大变化调整预算,并针对例外事项进行特殊处理。

预算的刚性是预算管理中一直强调的重要原则,但是企业战略、组织架构、市场环境等重大变化,可能使预算编制的基础随着变化,使预算企业的指导偏离于实际情况,预算就须及时进行调整。而这样做即减少预算编制时因不可预算因素导致的复杂性,也利于预算可以灵活应对现实经济活动中的特殊状况。

第二节 企业人力资源规划管理

人力资源规划(Human Resource Planning,HRP)是一项系统的战略工程,是人力资源管理工作的起点,也是人力资源管理工资的"纲领"。它以企业发展战略为指导,以全面核查现有人力资源、分析企业内外部条件为基础,以预测组织对人员的未来供需为切入点,内容包括晋升规划、补充规划、培训开发规划、人员调配规划、工资规划等,基本涵盖了人力资源的各项管理工作,人力资源规划还通过人力资源政策的制定对人力资源管理活动产生持续和重要的影响。

企业人力资源规划是企业职工薪酬预算编制的前提。一方面,企业人力资源部门要研究企业自身的情况,基于长期的人力资源规划,制定与之相符的短期人工总量计划和人均计划,并形成相应的职工薪酬预算。另一方面,企业要建立健全职工薪酬的预测机制,通过全面收集企业当前年度的营业收入及成本费用变动趋势等财务数据与运营数据,深入研究分析当前年度的职工薪酬现状,从而合理预测下一年度职工薪酬发生额。

一、人力资源规划的含义

人力资源规划是指企业的人力资源部门和相关业务部门根据企业的发展战略、目标以及企业内外部环境的变化,科学地制定必要的人力资源政策和措施,使企业人力资源供需平衡,保证企业长期持续发展和员工个人利益的实现。

人力资源规划有广义与狭义之分。广义的人力资源规划是企业所有各类人力资源规划的总称。狭义的人力资源规划是企业从战略规划和发展目标出发,根据其内外部环境的变化,预测企业未来发展对人力资源的需求,以及为满足这种需求所提供人力资源的活动过程。从时限上来看,人力资源规划可以分成长期(五年以上)、短期(一年及以内)及介于两者的中期计划。它的主要作用可以分为以下五点:(1)满足企业总体战略发展的要求;(2)促进企业人力资源管理的开展;(3)协调人力资源管理的各项计划;(4)提高企业人力资源的利用效率;(5)使组织和个人发展目标相一致。

二、人力资源规划的工作流程与具体方法

设计和执行人力资源规划内部控制的前提是对人力资源的流程与方法进行深入的探讨,这是识别和应对风险不可或缺的步骤。人力资源规划作为企业人力资源管理的一项基础性活动,它的核心部分主要包括:人力资源需求预测、人力资源供给预测及供需综合平衡三项工作,如图6-3所示。

(一)人力资源需求预测

人力资源需求预测就是估算组织未来需要的员工数量和能力组合,是公司编制人力资源规划的核心和前提,其直接依据是公司发展规划和年度预算。企业人力资源需求预测中还需要注意需求与净需求的区别。需求通常是指毛需求,即企业用人总的数量;而净需求是指需求与企业自身供给的差额,是需要企业招聘和配置的人数。

企业人力资源的预测受不确定因素的影响比较大,人才预测具体方法多种多样,总体可分为定性预测和定量预测两大类。其中定性预测主要有经验预测法、描述法和德尔菲法。其中德尔菲法又叫专家评估法,一般采用问卷调查的方式,听取专家(尤其是人事专家)对企业未来人力资源需求量的分析评估,并通过多次重复,最终达成一致意见。这种方法既可用于企业整体人力资源需求量预测,也可用来预测部门人力资源需求,他的目标是通过综合专家们各自的意见来预测某一领域的发展状况,适合于对人力需求的长期趋势预测。

定量预测法主要包括转换比率法、人员比率法、趋势外推法、回归分析法、经济计量模型法、灰色预测模型法、生产模型法、马尔可夫分析法、定员定额分析法、计算机模拟法。其中转换比率法和数学模型法都是以现存的或是过去的组织业务量和员工之间的关系为基数,都适合于预测具有共同特征的员工的需求。

人力资源需求预测具体步骤如下:

(1)根据职务分析的结果,来确定职务编制和人员配置;

(2)进行人力资源盘点,统计出人员的缺编、超编及是否符合职务资格要求;

(3)将上述统计结论与部门管理者进行讨论,修正统计结论;

(4)该统计结论为现实人力资源需求;

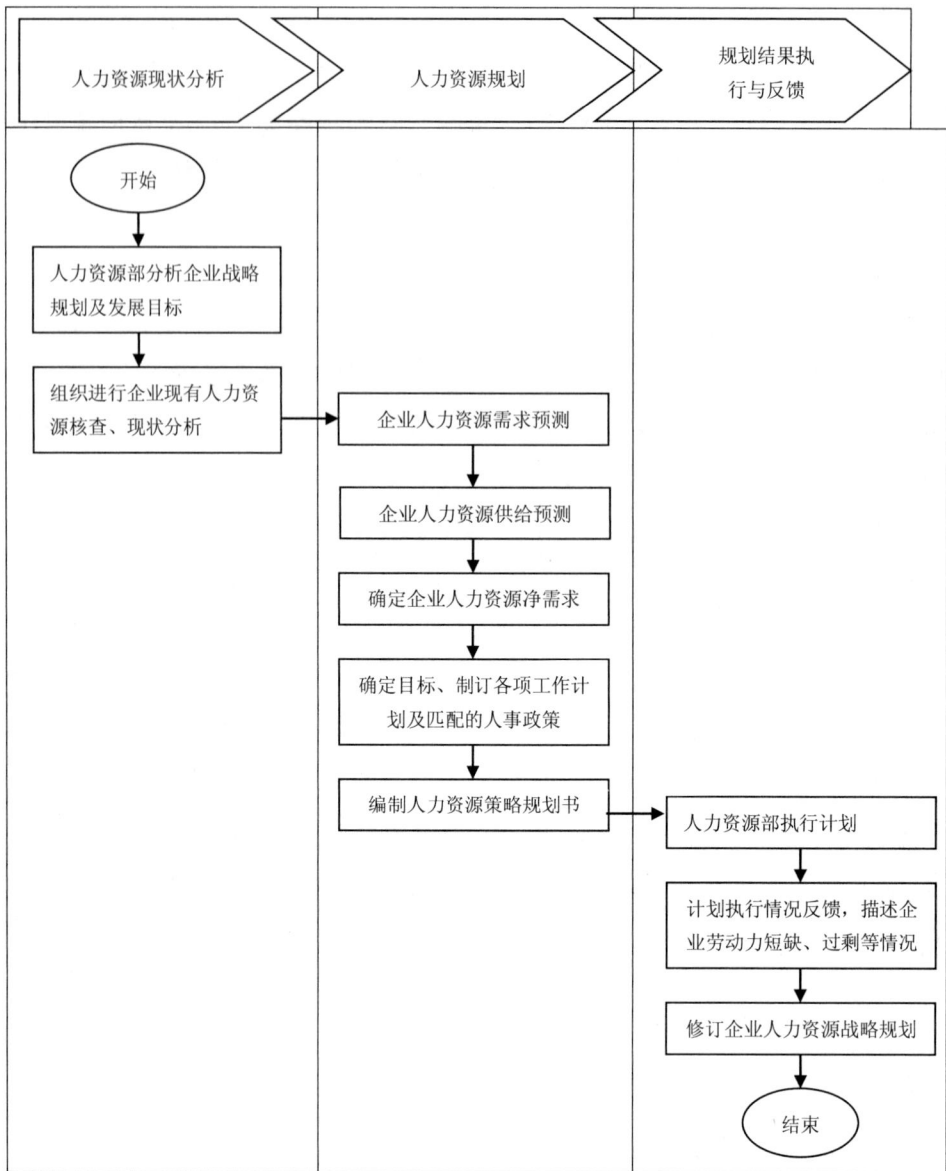

图 6-3 人力资源规划工作流程

(5)根据企业发展规划,确定各部门的工作量;

(6)根据工作量的增长情况,确定各部门还需增加的职务及人数,并进行汇总统计;

(7)该统计结论为未来人力资源需求;

(8)对预测期内退休的人员进行统计;

(9)根据历史数据,对未来可能发生的离职情况进行预测;

(10)将(8)和(9)统计和预测结果进行汇总,得出未来流失人力资源需求;

(11)将现实人力资源需求、未来人力资源需求和未来流失人力资源需求汇总,即得企业整体人力资源需求预测。

(二)人力资源供给预测

企业确定了人力资源的需求之后,接着需要考虑的问题,即企业是否拥有足够的合格人员,由此而产生内部供给和外部供给。

企业未来内部人力资源供给,一般来说是企业人力资源供给的主要部分。企业人力资源需求的满足,应优先考虑内部人力资源供给,主要有人力资源信息库、管理人员阶梯模型、马尔可夫模型三种方法。人力资源信息库是通过计算机建立的、记录企业每个员工技能和表现的功能模拟信息库,主要包括技能清单和管理才能清单,是大多数企业组织信息系统的管理工作重点;对于管理人员供给的预测,最简单有效的方法就是设计管理人员的接替模型;马尔可夫模型是分析组织人员流动的典型矩阵模型。其基本思想是,通过发现组织人力资源变动的规律,推测组织在未来的人员供给情况。

(三)人力资源供需关系

在对企业人力资源的供给与需求情况进行深入的预测分析之后,需要根据两个方面的预测结果,进行全面的综合平衡。企业人力资源供求关系有三种情况:人力资源供求平衡;人力资源供大于求,结果是导致组织内部人浮于事,内耗严重,生产或工作效率低下;人力资源供小于求,企业设置闲置,固定资产利用率低,也是一种浪费。由此可见,企业人力资源供求实现平衡是人力资源规划的重要目的。

第三节　企业职工薪酬预算编制[①]

一、企业职工薪酬测算的基本思路

一方面,人力资源部门要研究企业自身的情况,基于长期的人力资源规划,制定与之相符的短期人工总量计划和人均计划;另一方面,也要建立健全人工成本的预测机制,通过全面收集当前年度的营业收入、企业增长数额等财务数据以及薪酬绩效等管理资料,统计各部门和员工反馈的信息,深入研究分析当前年度的人工成本现状,从而合理预测下一年度人工成本发生额。

根据企业盈亏平衡点、企业目标利润和企业最低的人力资源保障,企业的职工薪酬

---

① 　主要引用于罗胜强等:《管理会计指引讲解重点、难点与案例解析》,新华出版社 2018 年版。

成本一般可以分为三条线和四个区间。

(一)最低人力成本额的测算

为了保证企业的正常运转,企业一般对其需要的人力资源数量有最低要求,从而企业对职工薪酬成本产生保底要求,形成人力成本最低线。当企业职工薪酬成本低于人力成本最低线时,企业则无法保证正常运转所需要的人力资源,这时企业已经不能正常运营。

最低人力成本额=人均人力成本额×企业最低人数

最低人力成本费用率=(人均人力成本额×企业最低人数)÷预期销售收入×100%

(二)基于目标利润的适度人力成本额的测算

在正常情况下,企业一般会根据其战略规划确定其目标利润或目标利润率。

适度人力成本额=预期销售收入×(1-目标利润率)-预期其他成本费用

适度人力成本费用率=适度人力成本额÷(适度人力成本额+预期其他成本费用+目标利润额)×100%

当人力成本高于最低水平、且低于适度人力成本额时,如果减少人力成本,则企业的利润会增加。当企业人力成本高于适度水平且低于最高水平时,增加人力成本,将会使企业的利润下降。

(三)基于盈亏平衡点的最高人力成本额的测算

企业人力成本的最高线,是达到企业的盈亏平衡点。当企业人力成本高于企业的最高线时,企业会出现亏损。

最高人力成本额=盈亏平衡点的销售收入-预期其他成本费用

最高人力成本费用率=最高人力成本额÷(最高人力成本额+预期其他成本)×100%

值得注意的是,人力成本最低线、适度线和最高线的计算适用于处于正常运营和盈利状态的企业。如果企业本身是连续亏损状态,则测算的人力成本最高线可能会低于人力成本最低线。这时,企业应当参考人力成本的最低线标准。

二、企业职工薪酬预算编制方式

(一)基于职工薪酬的成本习性来编制

如前所述,企业职工薪酬包含的内容比较多,每个部分的成本习性不一样,也较为复杂。企业在进行职工薪酬预算编制时,可将职工薪酬分为固定成本部分、变动成本部分和不确定部分。对固定成本部分,可以按照职工人数来编制,它不受企业经营状况的影响,一般保持不变或者不会减少的成本,例如,企业职工的基础工资部分、社会保险及住房公积金等法定费用、交通补贴和电话费补贴等。变动成本部分,是指会随企业绩效情况变化而变化的职工薪酬,主要包括职工的绩效工资、关于利润分享的奖金以及职工的培训费用等。在对这部分人工成本编制预算时,可以将其与利润和营业收入等关键绩效指标挂钩,按比例进行计提。职工薪酬的不确定部分一般包括临时招聘成本、员工抚恤金等。这部分费用主要受企业外部因素影响,具有不确定性,企业可以根据历史经验数据进行打包编制预算。

(二)基于综合运营计划来编制

编制职工薪酬预算时,要从整体上按照企业综合经营计划,并结合竞争战略,研究确定职工薪酬成本需要把总量控制在什么范围内。主要是要分解职工薪酬总量目标以及确定职工薪酬的结构比例。在企业职工薪酬总量控制过程中,既要结合企业历史数据,也要结合企业所处行业的数据,科学地进行计算和分析。在分解人工成本总量控制时,可以根据企业实际情况和总体目标选择不同的角度进行综合考虑:(1)以职工薪酬具体项目的种类作为标准,将总量目标分解至企业各个部门,并指定专门的人员进行负责,建立与完善职工薪酬成本的部门责任体系。(2)企业可以按照时间维度,按月制定职工薪酬预算,定时考核,动态监测职工薪酬的控制情况并适时调整。

(三)基于目标利润来编制

目标利润,是指企业在未来的一段时间内,经过努力可以达到的最优化经营目标。目标利润是企业经营预期实现的利润目标,是根据经营目标和财务目标,在全面分析和研究影响企业收入与成本各项因素之后,经过充分的市场调查和反复的计算平衡确定的。

确定目标利润,是实施以目标利润为导向的企业预算管理的一项至关重要的工作,目标利润一旦被确定,就成为企业经营管理的导向,并对执行预算的全过程产生制约作用。

1. 目标利润的确定方法

确定目标利润主要有四种常用方法,企业应根据自身特点,选用与企业经营环境相适合的确定方法。

(1)本量利分析法。

本量利分析法是一种利用产品销售量、单价、固定成本、变动成本与利润之间的变动规律,对目标利润进行预测的方法。运用本量利分析法应建立在对市场进行充分调查研究的基础上,通过对市场的调查分析,首先对产品的销售量或销售额做出科学预测,然后再分析和预测企业的固定成本、变动成本和贡献毛利率等,最后确定目标利润。

(2)相关比率法。

与目标利润相关的比率主要有销售利润率、成本利润率、经营杠杆率及资本净利率等,企业管理层可根据运营分析和财务分析,先对这些比率进行预测,根据预测结果来确定目标利润。

(3)利润增长比率测算法。

利润增长比率测算法也是企业确定目标利润的一种常用方法,主要适用于发展比较稳定的企业。该种方法是根据企业历史最好利润水平、上年度达到的利润水平及过去连续若干年特别是近两年利润增长率的变动趋势与幅度,结合预测期可能发生的变动情况,来确定利润增长率,然后测算出目标利润。

(4)标杆法。

标杆法是以最强的竞争对手企业或同行业中领先的、最有名望的企业为基准,将本企业产品、服务和管理措施等方面的实际状况与基准企业进行定性和定量化评价和比较,分析基准企业的绩效达到优秀水平的原因,在此基础上选择改进的最优策略,并在企业连续不断地反复进行,以改进和提高企业绩效的一种管理方法。标杆法的应用范围十分广泛,企业可以全方位、全过程、多层面地进行标杆管理,也可以就企业的某一项经济活动进行标杆管理。采取标杆法确定目标利润,就是根据行业中的标杆利润目标,经过相应的调整之后,作为本企业的目标利润。

2. 确定目标利润的基本流程

确定目标利润和职工薪酬成本预算的基本流程具体如下:

(1)考察上期利润计划的执行情况,分析下期影响利润变动的因素。

(2)基于上述方法确定初步的利润目标。

(3)通过综合平衡,最终确定目标利润。

(4)确定目标利润后,根据目标利润的要求测定为完成目标利润的各项收入预算和成本费用预算,其中包括企业职工薪酬预算。

三、职工薪酬预算编制方法

预算编制方法是指用于预算编制的专门技术,是预算编制方法、步骤和技巧等规则的集合。从若干种预算编制的方法中,科学地选择正确的预算编制方法,不仅可以有效提高预算编制的效率,更可以提高预算的准确性和恰当性。

因此,选择正确的预算编制方法是保证预算科学性、可行性和准确性的前提与基础。常用的预算编制方法有固定预算法、弹性预算法、零基预算法、增量预算法、滚动预算法、概率预算法和作业预算法等。每种方法都有其自身的优缺点，适用于不同的业务和管理要求。在实际工作中，企业没必要强调方法的一致性，而应根据不同的业务特点和管理要求，因地制宜地选用合适的预算编制方法。企业在编制职工薪酬预算时要根据业务内容的特点，选取不同的方法，从而保证薪酬预算方案的最优化。

（一）定期预算法与滚动预算法

1. 定期预算法

定期预算法是以固定的起止时间（如年度、季度和月度）作为预算期间的预算编制方法。用定期预算法编制的预算也称为定期预算。更准确地说，定期预算法是以预算期间固定不变为特征的一类预算编制方法，而不是一种单纯的预算编制方法。实际工作中，编制的各种预算，即凡是预算期间固定不变的预算编制方法，都可以称为"定期预算法"。例如，本章所介绍的固定预算法、弹性预算法、增量预算法和零基预算法等预算编制方法通常都是以固定不变的起止期间作为预算期间，因此都可以称为定期预算法。

（1）定期预算法的优点。

①保持了预算期间与会计核算期间的一致性。定期预算法编制的预算，在预算期间上与会计核算期间相一致，便于预算资料的归集与整理，也便于预算数据与会计数据的相互比较，有利于对职工薪酬预算执行情况和执行结果进行分析和评价。

②保持了预算期间与业务工作周期的一致性。实际工作中，业务计划与考核常以年度为单位，固定的预算期间便于人力资源业务计划、绩效管理与预算管理的有效衔接，有利于预算指标的执行和预算执行的考核。

③预算编制过程比较简单，接近大众化思维。由于预算期间固定不变，因而简化了预算编制过程，容易被非财务人员所接受和推广。

（2）定期预算法的缺点。

①预算执行难度大。一般企业预算在预算年度开始前三个月启动编制工作，大中型企业一般需要提前四五个月。此时，许多预算编制部门还在努力开展年底业绩冲刺，对下一年度的经营计划并不十分清楚或者未来得及做出详细计划，尤其是编制后半时期的预算容易带有盲目性，往往只能提出比较粗略的预算数据。当预算期内各项经营活动发生重大变化时，预算指标的指导意义就会减弱，从而导致预算执行难度较大。

②预算衔接难度大。由于企业的各种业务活动是连续不断的，即使投资类活动也很可能跨多个年度，而采用定期预算法编制的预算将业务活动强行分割成数段固定不

变的期间,从而打断了企业连续不断的业务活动过程,这样就必然造成前后各个期间预算衔接的难度,不适用于连续性要求比较高的业务活动。

③缺乏长远的指导性。随着预算的执行,剩余预算期间会越来越短,会导致企业管理层只考虑剩余期间的经营活动,过多地着眼于企业或部门的短期利益,并采取短期化的业务行为,从而忽视企业的长远利益和可持续发展。

④缺乏灵活适应性。很多企业都是以销定产,依据客户的产品订单组织生产。许多企业的生产任务,周期性强,或者订单小而多,或者产品是客户化订制的,在此种情况下,按年编制预算不仅难度较大,而且编制的预算对企业管理的指导意义也比较小。

在企业管理实务中,为了解决定期预算所带来的问题,企业往往被迫采取定期调整预算的办法,结果在一定程度上威胁到预算的权威性。为弥补定期预算法的不足,企业可以采用滚动预算法来编制连续不断的滚动预算。

2. 滚动预算法

滚动预算法又称连续预算法或永续预算法,是指随着时间的推移,在上期预算完成情况的基础上,并将预算期间逐期连续向后滚动推移,使各个预算期间保持一定的跨度,预算内容不断进行补充。用滚动预算法编制的预算称为滚动预算。滚动频率是指调整和补充预算的时间间隔,一般以月份、季度和年度等为滚动频率。

(1)滚动预算法的基本原理。

滚动预算法的基本原理是使预算期始终保持一个固定期间,通常以 12 个月为预算的固定期间。当基期年度预算编制完成后,每过去一个月或一个季度,便补充下一个月或下一个季度的预算,对预算方案进行调整和补充,逐期向后滚动,使整个预算处于一种永续滚动状态,从而在任何一个时期都能使预算保持固定的时间跨度。

滚动预算一般分为中期滚动预算和短期滚动预算。中期滚动预算的预算编制周期通常为 3 年或 5 年,将预算与战略规划结合,以年度作为预算滚动频率。短期滚动预算通常以 1 年为预算编制周期,以月份、季度作为预算滚动频率。企业应研究外部环境变化,分析行业特点、战略目标和业务性质,结合企业管理基础和信息化水平,确定预算编制的周期和预算滚动的频率。

(2)滚动预算法的应用方式。

短期滚动预算中,按照滚动的时间单位不同,滚动预算法可分为逐月滚动、逐季滚动和混合滚动。中期滚动预算通常都是逐年滚动。

①逐月滚动。

逐月滚动方式,是指在预算编制过程中,以月份为预算的编制和滚动单位,每个月调整一次预算的方法。例如,在 2017 年 1—12 月的预算执行过程中,需要在 2017 年 1

月末根据 1 月预算的执行情况修订 2017 年 2—12 月的预算,同时补充 2018 年 1 月的预算;到 2017 年 2 月末,要根据 2017 年 1 月和 2 月预算的执行情况,修订 2017 年 3—12 月的预算,同时补充 2018 年 2 月的预算以此类推,如图 6-4 所示。

2017年预算											
1 月	2 月	3 月	4 月	5 月	6 月	7 月	8 月	9 月	10 月	11 月	12 月

2017年预算											2018年
2 月	3 月	4 月	5 月	6 月	7 月	8 月	9 月	10 月	11 月	12 月	1 月

图 6-4 逐月滚动示意图

采用逐月滚动方式编制的预算具有比较精确的优点,但缺点是预算编制工作量较大,每个月都需滚动编制一次,而且预算后期的月份预算准确性也是大打折扣的。

②逐季滚动。

逐季滚动方式,是指在预算编制过程中,以季度为预算的编制和滚动单位,每个季度调整一次预算的方法。例如,在 2017 年 1—12 月的预算执行过程中,需要在第 1 季度末根据第 1 季度预算的执行情况,修订第 2 季度至第 4 季度的预算,同时补充 2018 年第 1 季度的预算;到第 2 季度末,要根据前两个季度预算的执行情况,修订第 3 季度至 2018 年第 1 季度的预算,同时补充 2018 年第 2 季度的预算。以此类推,如图 6-5 所示。

2017年预算			
第 1 季度	第 2 季度	第 3 季度	第 4 季度

2017年预算			2018年
第 2 季度	第 3 季度	第 4 季度	第 1 季度

图 6-5 逐季滚动示意图

采用逐季滚动方式编制的预算的优点是工作量较小,每个季度滚动编制一次,但也存在精确度较差的缺点,特别是近期预算不够细致,对近期业务活动的指导意义有待提高。

③混合滚动。

混合滚动方式,是指在预算编制过程中,同时以月份和季度作为预算的编制和滚动单位,按每个季度细化调整一次预算的方法。按照"近细远粗"的原则,将逐月滚动和逐季滚动的预算方法进行改进。在编制年度预算时,先将第一个季度按月划分,编制各月份的明细预算指标,以方便开展预算控制,剩余三个季度的预算则可按季度编制、略粗一点,等接近第一季度期末时,再将第二季度的预算按月进行细分,第三季度和第四季度以及新增列的下一季度预算,则只需列出各季度的预算总数。以此类推,使预算不断地滚动下去。例如,在 2017 年 1—12 月的预算执行过程中,需要在第 1 季度末根据第 1 季度预算的执行情况,分月份细化修订第 2 季度预算,修订第 3 季度至第 4 季度的预算,同时补充 2018 年第 1 季度的预算;到第 2 季度末,要根据第 2 季度预算的执行情况,分月份细化修订第 3 季度预算,修订第 4 季度至 2018 年第 1 季度的预算,同时补充 2018 年第 2 季度的预算。以此类推,如图 6-6 所示。

2017年预算					
1 月	2 月	3 月	第 2 季度	第 3 季度	第 4 季度

2017年预算					2018年
4 月	5 月	6 月	第 3 季度	第 4 季度	第 1 季度

图 6-6 混合滚动示意图

混合滚动方式集中了逐月滚动和逐季滚动方式的优点,规避了其缺点,既减小预算编制的工作量,又提高近期预算的准确度。以这种方式编制的预算有利于企业管理人员不断更新预算数据,并能根据当前预算的执行情况加以修订和完善下期预算,这些优点都是传统的定期预算编制方式所不具备的。因此,具有较高的实用性。

(3)滚动预算法的优点。

与定期预算法相比,滚动预算法具有以下优点:

①滚动预算能够以动态与发展的眼光,把握企业近期目标和远期目标之间的关系,使预算具有较高的指导性和战略性,从而有利于企业管理人员可以将长远战略布局与近期各项经营活动有效结合,更利于战略的执行与落地。

②滚动预算不受会计年度的限制,随着业务活动逐期延长,与企业连续不断的业务活动过程保持一致,并遵循企业生产经营活动的变动规律,有助于确保企业各项工作的连续性和完整性。

③滚动预算采取长计划和短安排的具体做法,可根据预算执行结果和企业经营环境的变化情况,对预算不断加以修正,使预算更接近当前实际情况,实现动态地反映市场的变化,建立跨期综合平衡,从而有效指导企业营运,强化预算的决策与控制职能,也有利于预算的顺利执行。

（4）滚动预算法的缺点。

①工作量较大。采用滚动预算法编制预算，由于预算的自动延伸工作比较耗时，预算滚动的频率越高，对预算沟通的要求就越高，预算编制的工作量越大，因此，预算管理的工作量会大幅度增加。

②预算编制成本高。企业一般需要配备数量较多的专职预算人员负责预算的编制、调控与考核，这就导致预算管理成本的直接增加。

③过高的滚动频率容易增加管理层的不稳定感，会使预算执行者无所适从，从而在一定程度上削弱预算对业务活动的指导与约束力。

（5）滚动预算法的适用范围。

①管理基础比较好的企业，具备丰富的预算管理经验和能力。

②信息化程度较高的企业，信息技术为滚动预算提供了良好的技术支持。

③生产经营活动与市场紧密接轨的企业，预算灵活度要求比较高。

④规模较大、时间较长的工程类项目预算或工程企业。

（6）应用滚动预算时应注意的问题。

①企业应建立先进和科学的信息系统，及时获取充足、可靠的外部市场数据和企业内部数据，以满足编制滚动预算的需要，同时实现预算编制方案的快速生成，减少预算滚动编制的工作量。

②企业应遵循重要性原则和成本效益原则，结合业务性质和管理要求，确定滚动预算的编制内容。

③企业实行中期滚动预算的，应在中期预算方案的框架内滚动编制年度预算。第一年的预算约束对应年度的预算，后续期间的预算指引后续对应年度的预算。

④短期滚动预算服务于年度预算目标的实施。企业实行短期滚动预算的，应以年度预算为基础，分解编制短期滚动预算。

（7）应用滚动预算法编制预算举例。

经预测，公司 2018 年计划销售产品 1000 吨，四个季度的销售量分别是 200 吨、240 吨、300 吨和 260 吨。其中，第 1 季度各月份的销售数量分别是 60 吨、70 吨和 70 吨，销售单价（不含税金）为 1 万元/吨。

2018 年 3 月末，在编制 2018 年第 2 季度至 2019 年第 1 季度产品销售滚动预算时，计划第 2 季度各月份产品的销售量分别为 70 吨、90 吨、80 吨。同时，根据市场供求关系，计划自第 3 季度开始，产品的销售单价提高到 1.2 万元/吨。

根据上述资料，采用混合滚动预算法编制第 1 期产品销售预算表及职工薪酬总额预算和第 2 期产品销售预算表及职工薪酬总额预算，如表 6-1 和表 6-2 所示。假定职工薪酬总额占销售收入的比重为12%,并保持不变。

表 6-1   产品销售滚动预算表(第 1 期)

项目	2018 年					
	1 季度			2 季度	3 季度	4 季度
	1 月	2 月	3 月			
销售数量(吨)	60	70	70	240	300	260
销售单价(万元)	1	1	1	1	1	1
销售收入(万元)	60	70	70	240	300	260
职工薪酬总额(万元)	7.2	8.4	8.4	28.8	36	31.2

表 6-2   产品销售滚动预算表(第 2 期)

项目	2018 年					2019 年
	2 季度			3 季度	4 季度	1 季度
	4 月	5 月	6 月			
销售数量(吨)	70	90	80	300	260	240
销售单价(万元)	1	1	1	1.2	1.2	1.2
销售收入(万元)	70	90	80	360	312	288
职工薪酬总额(万元)	8.4	10.8	9.6	43.2	37.44	34.56

(二)增量预算法与零基预算法

1. 增量预算法

增量预算法又称调整预算法,是在基期水平的基础上,分析预算期业务量水平及有关影响因素的变动情况,通过调整有关基期项目及数额的预算编制方法。用增量预算法编制的预算叫增量预算。

增量预算法的显著特点是以基期实际发生水平为基础,结合预算期业务活动的变动量,然后按业务量与收支比例,测算收入和支出指标,即根据业务活动的增减量对基期预算的实际发生额进行增减调整,从而确定预算期的收支预算目标。

(1)增量预算法的假定前提。

①基期的各项经济活动是企业所必需的。

②基期的各项业务收支都是合理的。

③预算期内业务量变动与收支存在强相关性。

（2）增量预算法的优点。

①增量预算法的编制比较简便,操作容易,简便易行。

②增量预算法便于理解,容易获得企业管理人员的认同。增量预算法是以基期预算的实际执行情况为出发点和基础,所编制的预算比较容易得到企业管理层和员工的理解和认同。

（3）增量预算法的缺点。

①预算理念保守,不利于提升企业管理水平。增量预算法是假定基期经济业务活动在预算期内仍然发生,而且发生额是合理的,完全接受原有业务活动和收支额使得某些不合理的开支合理化,不利于企业管理水平的提升。

②预算结果消极,不利于挖掘增收节支的潜力。当预算期情况发生新变化时,而预算目标却受限基期的干扰,可能导致预算指标不能反映预算期实际情况,不利于调动各部门完成预算目标的积极性,不利于调动各部门增收节支的积极性。

（4）增量预算法的适用范围。

①经营活动比较稳定的企业。

②业务量与成本的关系明确、可量化。

（5）应用增量预算法编制预算举例。

公司2018年度预计产品销售收入为550万元,比2017年度增长20%,采用增量预算法编制2018年度销售费用预算。

预算编制的基本程序和方法具体如下:销售费用中的折旧费和业务管理人员工资等项目一般为固定费用,不会因产品营业收入的增减而增减,因此,只对变动费用项目按增量预算法相应地增加预算数额。销售费用增量预算,如表6-3所示。职工薪酬增量预算如表6-4所示。

表6-3　　　　　　　　　　　　销售费用增量预算表

项目	2017年实际 （万元）	增减比例 （%）	增减额 （万元）	2018年预算 （万元）
职工薪酬(管理人员)	30	5%	1.5	31.5
职工薪酬(销售人员)	180	20%	36	216
广告费	100	20%	20	120
差旅费	20	20%	4	24
会议费	10	20%	2	12

表 6-4   职工薪酬预算表

单位:元

序号	费用项目			上年度实际	本年度预测	变动量	变动率(%)
1	工资成本	基础成本					
		计时成本					
		计件工资					
		职务工资					
		奖金					
		津贴					
		补贴					
		加班工资					
2	福利与保险	福利	员工福利费				
			员工公积金				
			员工教育经费				
			员工住房基金				
		保险	基本养老保险				
			基本医疗保险				
			失业保险				
			工伤保险				
			生育保险				
3	招聘费用	招聘广告费					
		招聘会会务费					
4	培训费	培训	教材费				
			讲师劳务费				
			培训费				
			差旅费				
		公务出国	护照费				
			签证费				
5	行政管理费	办公用品与设备费					
		法律咨询费					

续表

序号	费用项目		上年度实际	本年度预测	变动量	变动率(%)
6	其他支出	调研费				
		测评费				
		专题研究会议费				
		协会会员费				
		认证费				
		辞退员工补偿费				
		残疾人就业保证金				
合计						

2. 零基预算法

零基预算法全称为"以零为基础编制预算"的方法,是指企业不考虑历史期预算及实际经济活动的项目及金额,以零为起点,一切从实际需要和可能出发,分析预算期经济活动的合理性,进而在综合平衡的基础上形成企业整体预算的预算编制方法。零基预算的基本特征是不受上期预算安排和预算执行情况的影响,一切预算收支均以"零"为出发点,根据实际需要和可能来编制预算。零基预算适用于所有企业各类预算的编制。

采用零基预算编制预算时,要按照预算期内经营目标和工作内容,合理测算收入支出,对所有预算项目重新进行详尽的审查、分析和测算,从实际需要出发,逐一审议各项收支内容及合理性,并决定人财物等资源的分配。

(1)零基预算法的特点。

与传统的增量预算相比,零基预算有以下三个特点:

①预算的编制基础不同。增量预算的编制基础是基期预算的执行结果,零基预算的编制基础是零,本期预算是根据预算期经济活动内容和可用资源量确定的。

②预算编制审查重点不同。增量预算重点是对预算期新增加的经济业务活动进行审查和分析,而延续性的经济业务活动则不做分析研究。零基预算需要对预算期内所有的经济业务活动逐一进行审查和分析。

③预算的着眼点不同。增量预算主要以预算金额的高低为重点,着重从货币角度控制预算金额的增减,忽略了业务活动的合理性审查;零基预算除重视预算金额高低外,主要是从经济业务活动的合理性和重要性来分配预算。

(2)零基预算的应用环境。

企业编制零基预算,应在分析预算期各项经济活动合理性的基础上制订详细、具体的业务计划,并搜集和分析企业相关外部信息及企业内部管理要求,作为零基预算的编制基础。企业应明确每项零基预算项目的预算归口管理部门。预算归口管理部门负责确定和维护该预算项目编制标准,配合预算管理部门评价相关经济活动的合理性并审核业务计划。

另外,企业应充分利用信息系统或其他工具,分析历史期经济活动的有效性和预算编制标准的合理性,完成零基预算的编制。

（3）零基预算的应用步骤。

①确定企业预算目标及编制规则。在正式编制预算之前,企业预算管理部门要根据企业的战略规划和经营目标,综合考虑各种资源条件,提出预算构想和预算目标,并预测收支额。

②编制业务计划,测算预算需求。相关业务计划责任部门应依据企业战略和年度经营目标安排预算期经济活动,制订详细、具体的业务计划并对业务计划的合理性进行分析和解释。同时,以相关业务计划为基础,根据预算归口管理部门提供的预算编制标准,匹配形成相关预算项目和金额。

③审查业务活动,进行成本效益分析。企业预算管理部门对各部门提报的预算项目首先进行审查,分析成本效益,说明每项费用开支后将会给企业带来什么影响,主要审查要点有:a.各项业务活动的目标是什么,与企业目标是否一致? b.各项业务活动为什么是必要的,能从此项业务活动中获得什么效益? c.各项业务活动有哪些可选择方案,哪个方案是最好的? d.各项业务活动的重要度次序。

④确定业务活动的轻重缓急排序。确定各项业务活动的权衡轻重缓急,将各个收支项目分成若干个层次,排出重要性程度,明确哪些业务活动是必须被充分保障的。

⑤分配资源,落实预算。根据预算项目的排列顺序,对预算期内可动用的资源进行合理安排,首先满足确保项目,根据重要性程序和成本效益结果分配剩余资源,做到保证重点,兼顾一般。

⑥编制并执行预算。资源分配方案确定以后,企业要对预算草案进行审核、汇总,编制正式预算,经批准后下达执行。

（4）零基预算的主要优点。

①零基预算是以零为起点编制预算,剔除历史期经济活动中的不合理因素,科学分析预算期经济活动的合理性,预算编制更贴近预算期企业经济活动需要。

②零基预算是强调全员参与,有利于达成预算期企业运营共识,提高企业管理水平。

（5）零基预算的缺点。

①预算编制工作量较大、成本较高。由于零基预算要求一切均以零为起点,需要进

行历史资料、现有情况和未来业务活动的效益分析,需要花费大量的人力、物力和时间来编制预算,预算编制工作量相当繁重,编制预算的时间也较长,预算管理成本较高。

②预算编制的准确性受企业管理水平和相关数据标准的准确性影响较大。在判断项目"轻重缓急"时,主要依据经济效益,虽然管理层可以依据企业目标而定,但不是每项业务活动都与企业目标存在强关联性,许多"轻重缓急"的判断都是管理层的职业判断。因此,零基预算法在进行分层、排序和资源分配时,易受主观判断的影响,且可能因管理层的偏好而强调短期项目和当前利益,忽视长期项目和长远利益。

(6)零基预算的适用范围。

零基预算适用于所有企业各类预算的编制,但对于具有明显投入产出关系的产品制造活动则较少使用零基预算法。在以下两种情况下较多使用零基预算:一是管理基础工作比较好的企业。二是由企业职能管理部门编制费用预算。

(7)应用零基预算编制预算举例。

公司采用零基预算编制2018年度的管理费用资金支出预算,根据公司主营目标和总体预算安排,2018年用于管理费用资金支出的总额度为390万元。管理费用资金支出预算编制的基本程序如下:

第一步,企业管理部门根据2018年度企业的总体经营目标及管理部门的具体任务,经过集思广益和认真分析测算后,提出管理费用预算方案,确定了费用项目及其支出金额。管理费用预算,如表6-5所示。

表6-5　　　　　　　　　　　　　　管理费用预算表

项目	金额(万元)	测算依据
工资	300	管理人员30名,年均工资10万元/人
办公费	4.5	管理人员30名,办公费定额1 500元/人
差旅费	60	管理人员30名,年均差旅费2万元/人
培训费	30	内部培训费用20万元,外部培训费10万元
招待费	36	每月招待费3万元
税金	6	根据业务预测税金6万元
合计	436.5	

第二步,企业预算管理部门经过分析研究认为,工资、办公费和税金三项费用开支均为预算期内管理部门的最低费用支出,属于约束性费用,必须全额保证其对资金的需求。而差旅费、培训费和招待费三项开支属于酌量性开支的费用项目,在满足工资、办公费和税金等需求的前提下,将剩余的资金按照其对企业收益的影响程度

来择优分配。

第三步,将预算期内可运用的资金总额390万元在各项费用之间进行分配,分配结果,如表6-6所示。

表6-6 管理费用预算表

项目	金额(万元)	测算依据
工资	300	管理人员30名,年均工资10万元/人
办公费	4.5	管理人员30名,办公费定额1 500元/人
税金	6	根据业务预测税金6万元
小计	310.5	
差旅费	40	控制措施:增加远程会议,减少出差频率
培训费	20	控制措施:减少培训员工涵盖范围
招待费	18	控制措施:归口办公室统一管理,加强控制
小计	78	
合计	388.5	

(三)固定预算法与弹性预算法

1. 固定预算法

固定预算法又称静态预算法,是以预算期内正常的、可实现的某一固定业务量(如产品产量、销售量)水平作为唯一基础,来确定相应预算指标的预算编制方法。固定预算法是编制预算最基本的方法,按固定预算法编制的预算称作固定预算。

(1)固定预算法的优点和缺点。

固定预算法的优点在于简单明了、直观易行。

固定预算法的缺点在于仅适用于实际业务量与预算业务量变化不大的预算项目。当实际业务量偏离预算业务量较多时,预算就失去了其编制的基础,预算指标的实际数与预算数也会因业务量基础不同而失去可比性。

(2)固定预算法的适用范围。

①经营业务比较稳定的企业,主要是产品产销量稳定,能准确预测产品需求及产品成本的企业。

②企业经营管理活动中的某些相对固定的成本费用支出。

(3)应用固定预算法编制预算举例。

A公司2018年计划销售产品1 000吨,四个季度的销售量分别是200吨、240吨、

300 吨和 260 吨,销售单价(不含税金)为每吨产品 1 万元;2018 年回款政策与 2017 保持不变,即销售货款当季收回现金 80%,其余 20% 下一季度收回,2017 年末应收账款余额 30 万元。根据 A 公司关于销售人员的奖金方案,销售人员提成的销售奖金为销售收入的 5% 和现金回款的 10%。

根据上述资料,采用固定预算法编制公司 2018 年分季度的产品销售预算、现金回款预算和销售奖金预算,如表 6-7 所示。

表 6-7　　　　　　　　产品销售及现金回款预算表

项目		1 季度	2 季度	3 季度	4 季度
产品销售预算	销售量(吨)	200	240	300	260
	销售单价(万元/吨)	1	1	1	1
	销售收入(万元)	200	240	300	260
现金回款预算	期初应收账款余额(万元)	30	40	48	60
	本期增加应收账款(万元)	40 ·	48	60	52
	本期减少应收账款(万元)	30	40	48	60
	期末应收账款余额(万元)	40	48	60	52
销售奖金预算(万元)		13	16	19.8	19

2. 弹性预算法

(1)弹性预算法的含义。

弹性预算法又称动态预算法、变动预算法,是指企业在分析业务量与预算项目之间数量依存关系的基础上,分别确定不同业务量及相对应的预算项目所耗费的资源,进而编制企业整体预算的预算编制方法。用弹性预算法编制的预算称为弹性预算。

弹性预算法是对固定预算方法的改进与提升。固定预算法是企业根据单一固定业务量的水平编制预算,其预算指标具有唯一性,而一旦预算期内的实际业务量水平与预算业务量水平相差较大时,预算指标就不能成为规划、控制和客观评价企业经济活动与工作业绩的依据。弹性预算法正是为弥补固定预算法的这一缺陷而产生,它根据预算期内可预见的多种业务量水平,分别编制相应预算指标的方法,即弹性预算法不仅适用于一个业务量水平下的预算编制,也适用于多种业务量,预算会随着业务量变化而对应不同的预算目标。

(2)弹性预算法的优点。

弹性预算是按预算期内各种可能的业务量水平编制的,使任何实际业务量都可以找到相同或相近的预算标准,从而有效扩大了预算的适用范围,提高了预算的适应性,使预算能够更好地履行其在控制依据和评价标准两方面的职能。

(3)弹性预算法的缺点。

①编制工作量大。

②企业很难对市场及其变动趋势做出准确预测,对预算项目与业务量之间依存关系的判断还受数据积累、分析深度等的制约,这些因素都会影响弹性预算的合理性。

(4)弹性预算法的适用范围。

弹性预算适用于市场、产能等存在较大不确定性的企业,主要用于编制变动性成本费用预算及其他与业务量水平变动有关的预算。

(5)弹性预算法的应用环境。

企业编制弹性预算,应合理甄别与预算项目相关的业务量,长期跟踪、完整记录预算项目与业务量的变化情况,并对二者的相关性进行深入分析。企业编制弹性预算,应成立由财务、战略和有关业务部门组成的跨部门团队。企业应借助信息系统或其他编制工具,合理预测预算期间的可能业务量,科学匹配和及时修订弹性定额,完成弹性预算的编制。

(6)弹性预算的应用步骤。

企业编制弹性预算,一般按照确定适用项目、识别业务量、确定业务量弹性幅度、确定弹性定额、构建弹性预算编制模型并形成预算方案、评价并修正预算方案、确定预算控制标准等程序进行。

①企业应结合业务性质和管理要求,遵循重要性原则和成本效益原则选择弹性预算适用项目。一般情况下,企业选择的弹性预算适用项目应与业务量有明显数量依存关系,且企业能有效分析该数量依存关系,并积累了一定的分析数据。企业在选择成本费用类弹性预算适用项目时,还要考虑该预算项目是否具备较好的成本性态分析基础。

②企业应分析、确定与预算项目变动直接相关的业务量指标,作为弹性预算编制的切入点。企业在选定业务量指标后,应确定其计量标准和方法。

③企业应深入分析市场需求、价格走势、企业产能等内外因素的变化,预测预算期可能的不同业务量水平,编制销售计划、生产计划等各项业务计划。一般而言,可定在正常业务量水平的70%—110%,或者以历史上最高业务量和最低业务量为其范围的上下限。

④企业应收集技术指标和历史数据,逐项分析、认定预算项目和业务量之间的数量依存关系、依存关系的相关范围及变化趋势,最终确定弹性定额。企业在确定弹性定额后,应不断强化弹性差异分析,修正和完善上述数量的依存关系;根据企业管理需要,增补新的弹性预算定额,形成企业弹性定额库。

相关弹性定额可能仅在一定的业务量范围内准确。当业务量变动超出该适用范围时,应及时修正、更新上述弹性定额。

⑤企业通常采用公式法或列表法构建弹性预算编制模型,形成基于不同业务量的多套预算方案。

⑥企业预算审批机构应按照预算管理制度的授权审核、评价和修正各弹性预算方案,并根据预算期最有可能实现的业务量水平确定预算控制标准。

(7)弹性预算法的编制方法。

弹性预算法主要有列表法和公式法两种应用方法。

①公式法。

公式法下弹性预算的基本公式为:

预算项目的弹性预算=固定基数①+Σ(与业务量相关的弹性定额×预计业务量)

运用公式法编制弹性预算时,相关弹性定额可能仅在一定的业务量范围内准确。当业务量变动超出该适用范围时,应及时修正、更新上述弹性定额。

公式法的优点是可以计算出任何业务量的预算数值。但是,由于任何事物都会有一个从量变到质变的过程,当业务量变化到一定限度时,固定成本可能不再固定不变,而变动成本的单位成本也可能发生变化,采用公式法编制预算时,需要说明每个公式的适用业务量范围。

②列表法。

列表法是指企业通过列表的方式,在业务量范围内依据已划分出的若干个不同等级,分别计算并列出该预算项目与业务量相关的不同可能性下的预算方案。

在应用列表法时,业务量之间的间隔应根据实际情况确定。间隔越大,水平级别越少,可简化编制工作,但间隔太大就会丧失弹性预算的优点;间隔较小,用以控制成本费用的标准就较为准确,但又会增加编制预算的工作量。一般情况下,业务量的间隔以5%—10%为宜。

列表法的优点是无论实际业务量是多少,不必经过计算即可找到与业务量相近的预算目标,用以控制成本较为方便。但是,预算不可能详细列出每一种可能的业务量,因此运用列表法考核业绩时,往往需要使用插补法来计算实际业务量的预算目标,又显得不够直观。

(8)应用弹性预算法编制预算举例。

公司2018年预计产品的销售量为800—1 000 吨,销售单价(不含税)为 1 万

---

①　固定基数,是指与业务量变动无关的预算因素,比如固定成本预算。

元/吨,产品单位变动成本为 0.55 万元,固定成本总额为 400 万元。根据上述资料,采用弹性预算法的列表法,按照 50 吨间隔编制收入、成本和利润预算,其中,变动成本包括直接人工成本预算,假定直接人工成本占变动成本总额的 40%。利润预算如表 6-8 和表 6-9 所示。

表 6-8　　　　　　　　　　　　　利润预算表

项目	方案 1	方案 2	方案 3	方案 4	方案 5
销售量(吨)	800	850	900	950	1 000
销售收入(万元)	800	850	900	950	1 000
变动成本(万元)	440	467.5	495	522.5	550
直接人工成本(万元)	176	187	198	209	220
边际贡献(万元)	360	382.5	405	427.5	450
固定成本(万元)	400	400	400	400	400
利润(万元)	-40	-17.5	5	27.5	50

表 6-9　　　　　　　　　　　　利润预算表(公式法)

$$Y = 400 + 0.55X$$

序号	销售量 (吨)	销售收入 (万元)	变动成本 (万元)	直接人工 (万元)	固定成本 (万元)	利润 (万元)
01	800	800	440	176	400	-40
02	801	801	440.55	176.22	400	-39.55
03	802	802	441.1	320.8	400	-39.1
04	803	803	441.65	176.66	400	-38.65
05	……	……	……	……	……	……

在编制职工薪酬预算时,实际上是上述方法的综合运用,企业要根据企业管理层的决策需求和管理特点选择适合本企业实际情况的预算编制方法。表 6-10 展示了某企业最终编制的人力成本预算表。

表6-10

××公司人力资源使用成本预算表

部门名称	整体销售预算（元/年）	岗位	部门整体人力资源成本占整体销售额比例（%）	部门整体人力资源成本（元/年）	部门整体月度成本（元/月）	各岗位在部门成本占比（%）	各岗位成本总额（元/年）	编制（人数）	固定成本占比（%）	变动收入占比（%）	变动成本占整体销售预算比例（‰）	社会保险和公积金总额（元/年）	岗位固定成本总额	单人固定成本	岗位变动成本总额	单人变动成本	人均总成本	单人固定成本	固定成本小计	人均变动成本	变动成本小计	人均总成本	备注
人力资源部		总监																					
		薪酬岗位																					
		招聘岗位																					
		绩效岗位																					
		小计																					
财务部		总监																					
		报表岗																					
		会计岗																					
		出纳																					
		小计																					

（说明：表头包含"人力资源使用成本占整体销售预算比例（%）"大类，下分"部门整体人力资源成本占整体销售额比例（%）""部门整体人力资源成本（元/年）""部门整体月度成本（元/月）""各岗位在部门成本占比（%）""各岗位成本总额（元/年）""编制（人数）""固定成本占比（%）""变动收入占比（%）""变动成本占整体销售预算比例（‰）"；"人力资源使用成本总额（扣除社保和公积金之后）（元/年）"大类下分"年度"（岗位固定成本总额、单人固定成本、岗位变动成本总额、单人变动成本、人均总成本）与"月度"（单人固定成本、固定成本小计、人均变动成本、变动成本小计、人均总成本）。）

四、职工薪酬财务预算的具体编制

(一)直接人工成本预算编制

直接人工成本预算是以生产预算为基础编制的,其主要内容有预计产量、单位产品工时、人工总工时、每小时人工成本和人工总成本。"预计产量"数据来自生产预算。单位产品人工工时和每小时人工成本数据,按照标准成本法确定。人工总工时和人工总成本是在直接人工预算中计算出来的。直接人工成本预算如表6-11所示。

表6-11 直接人工预算

季度	一	二	三	四	全年
预计产量(件)	105	155	198	182	640
单位产品工时(小时/件)	10	10	10	10	10
人工总工时(小时)	1 050	1 550	1 980	1 820	6 400
每小时人工成本(元/小时)	2	2	2	2	2
人工总成本(元)	2 100	3 100	3 960	3 640	12 800

(二)制造费用预算

制造费用预算一般分为变动制造费用和固定制造费用两部分进行预算。变动制造费用一般以生产预算为基础来编制。如果有完善的标准成本资料,用单位产品的标准成本与产量相乘,即可得到相应的预算金额。如果没有标准成本资料,就需要逐项预计计划产量需要的各项制造费用。固定制造费用,需要逐项进行预计,通常与本期产量无关,按每季度实际需要的支付额预计,然后求出全年数。在制造费用预算中,变动制造费用中的职工薪酬属于变动部分,与生产预算紧密相关,固定制造费用中的管理人员薪酬属于固定成本。表6-12为制造费用预算。

表6-12 制造费用预算

季度	一	二	三	四	全年
变动制造费用:					
间接职工薪酬(1元/件)	105	155	198	182	640
间接材料(1元/件)	105	155	198	182	640
修理费(2元/件)	210	310	396	364	1 280
水电费(1件/件)	105	155	198	182	640

季度	一	二	三	四	全年
小计(万元)	525	775	990	910	3 200
固定制造费用:					
管理人员薪酬(万元)	200	200	200	200	800
修理费(万元)	1 000	1 140	900	900	3 940
折旧与摊销(万元)	1 000	1 000	1 000	1 000	4 000
保险费(万元)	75	85	110	190	460
财产税(万元)	100	100	100	100	400
小计(万元)	2 375	2 525	2 310	2 390	9 600
合计(万元)	2 900	3 300	3 300	3 300	12 800

(三)销售费用和管理费用预算

销售费用预算,是指为了实现销售预算所需安排的费用预算。它以销售预算为基础,分析销售收入、销售利润和销售费用的关系,力求实现销售费用的最有效使用。销售费用预算应和销售预算相配合,应有按品种、按地区、按用途的具体预算数额。销售费用中的职工薪酬一般也分为固定部分和变动部分,其中,固定部分一般为销售人员的固定薪酬,而变动部分取决于销售人员的销售提成部分。

管理费用是企业管理业务所必需的费用。随着企业规模的扩大,企业管理的职能日益重要,其费用也相应增加。在编制管理费用预算时,要分析企业的业绩和一般经济状况,务必做到费用合理化。管理费用多属于固定成本,因此,一般是以过去的实际开支为基础,按预算期的可预见变化予以调整。管理费用预算必须充分考察每种费用是否必要,以便提高费用的合理性和有效性。管理费用中的职工薪酬主要是企业管理部门员工的薪酬,一般也分为固定部分和变动部分,其中,固定部分一般为管理人员的固定薪酬,而变动部分取决于管理人员的绩效奖金。

表 6-13　　　　　　　　　　　**销售费用和管理费用预算**

单位:万元

季度	一	二	三	四	全年
销售费用:					
销售人员薪酬	200	230	350	500	1 280
广告费用	50	60	70	80	260
包装与运输费用	55	54	67	64	240

续表

季度	一	二	三	四	全年
保管费用	34	32	36	39	141
小计	339	376	523	683	1 921
管理费用:					
管理人员薪酬	250	260	256	300	1 066
保险费用	30	33	35	39	137
办公费	10	12	11	14	47
信息技术费	46	48	43	41	178
小计	2 375	2 525	2 310	2 390	9 600
合计	2 714	2 901	2 833	3 073	11 521

五、职工薪酬预算编制案例分析

A 公司为一家制造性企业。由于 A 公司的生产车间并不只生产制造一种单一产品,一条生产线上同时会生产或者装配不同的产品,因此,生产车间的工人薪酬以及车间管理人员的薪酬全部纳入制造费用进行会计核算,在其所生产的产成品中进行分摊。

人工成本预算由人力资源部根据每种产品单位人工成本乘以销售部门提供的产品销量计算人工成本。人工成本预算包含工资、午餐补贴、养老保险、失业保险、医疗保险、工伤保险、生育保险、意外保险、高温补贴、职工培训费和外聘劳务费等。社会保险与公积金则是按照当年社会平均工资标准作为基数进行缴纳,并随工资总额的变化而变化,影响不大,但是,对社会平均工资的提高具有较大的敏感性。

以甲产品为例,A 公司甲产品平均人工成本预算标准=上年年度实际制造费用工资总额/合计产量。表6-14 展示了 A 公司2017 年人工成本实际发生数与2018 年预算数、实际数对比。

表 6-14 　　　　　　　　　制造费用—人工成本预算分析表

单位:万元

职工薪酬	2017 年实际数	2018 年预算数	2018 年实际数	预算差异率(%)
工资	8 411.68	8 480.11	9 162.41	8.05
车辆补贴	53.00	31.33	43.50	38.85
午餐补贴	258.26	251.69	278.22	10.54
养老保险费	847.71	593.13	597.83	0.79
失业保险费	57.13	31.72	32.30	1.82
医疗保险费	361.81	288.80	306.84	6.24

续表

职工薪酬	2017 年实际数	2018 年预算数	2018 年实际数	预算差异率（%）
工伤保险费	52.5	51.94	55.23	6.33
生育保险	26.66	17.50	18.75	7.15
意外保险费	3.2	4.19	5.45	30.19
住房公积金	157.40	153.32	195.08	27.24
工伤赔偿补贴	21.72	5.16	5.00	-3.14
高温补贴	60.55	36.21	39.28	8.49
出国人员保险		0.07		-100.00
职工培训费	7.29	2.84	3.64	28.1
外聘劳务费	850.61	823.44	907.63	10.22
合计	11169.54	10771.94	11651.14	

A 公司甲产品在 2017 年的实际销量为 28.08 万台，算出每台甲产品人工成本为 299.56 元/台。2018 年的职工薪酬预算 = 299.56 元/台×26.96 万台（预测销售量）×（1+工资增长率 5%）。这种职工薪酬预算较为粗放，因为单台的工资标准受很多种因素的影响，比如，装配工艺的改进提升人工效率、装配线上装配不同产品的所需要的准备时间、工人的熟练程度、机器设备的利用效率等诸多因素都影响单台人工成本。

车辆补贴在 2018 年的实际发生数比预算数高出了 38.85%，主要为管理层新增加的车辆油费补贴。该项费用的增加额在职工薪酬总额中所占比重不大，但由于 A 公司规定公司管理人员购车后可申请油卡补贴，随着员工生活水平的提高，公司管理层购车的人数会越来越多，该项费用下降幅度不会小，因此，编制该项费用预算时对此考虑不够周全。

福利费午餐补贴为 100 元/人/月，据此计算出公司 2017 年度在职员工为 2 152 人，预计 2018 年度在职员工为 2 097 人，较 2017 年减少了 55 人。但 2018 年度实际在职员工为 2 319 人，实际费用超出预算数 10.54%。

社会保险随社会平均工资的提高同步增加。A 公司为员工购买的住房公积金为 108 元/月/人，计算出 2017 年购买公积金人数为 1 311 人，预计 2018 年购买公积金人数为 1 183 人，较 2017 年减少 128 人。

由于受 2017 年整体市场环境的不利影响，同时加上制造行业的用工（主要为车间工人）比较紧张，加大了 2018 年预算年度的外聘劳务力度，但是最后实际发生数比预算数超出了 10.22%，说明了对 2018 年的用工明显估计不足。

2018 年甲产品实际销量为 25 万台，计算出当年实际人工成本为 366 元/台，比较预算的299.56元/台增加了66.45元/台,原因在于销售量下降了7.3%,员工人数增加,提高了单台的人工成本。

分析:通过上述人工成本预算的数据及相关分析可以看出,A公司人工成本预算上涨幅度比较大。但该公司人工成本预算根据当年的实际数乘以一定的比例得出预算年度的人工成本数据,此种预算方式较为粗放,原因在于,并不是所有制造费用中人工成本的比例都会增加,而且公司每年销售产品的构成会不一样,不同产品所耗费的工时(单台人工成本标准)并不完全一样。人工成本预算原则上为增量预算,A公司显然没有考虑到预算年度业务的实际变动对人工成本预算带来的各方面影响。

第四节　企业职工薪酬预算执行与分析

企业预算编制完成并被批准之后,企业应将预算目标层层分解至各预算责任中心,这意味着企业预算期内的经营活动就有了明确的目标和方向,但是预算能不能达到预期目标,关键还在于企业是否能够做好预算的执行与控制,并适时调整预算,使预算与业务计划完美契合。预算执行,是指以预算为标准开展企业业务活动的行为,包括从预算审批下达到预算期结束的全过程。预算执行一般按照预算控制和预算调整等程序进行。预算控制,是指企业以预算为标准,通过预算分解、过程监督、差异分析等促使日常业务活动不偏离预算标准的管理活动,主要控制手段为预算执行分析。

在企业预算管理体系中,预算分析处于承上启下的作用。通过预算分析可以发现预算编制与执行中存在的问题,不仅为预算执行注入动力,也为以后预算管理打下基础。企业应建立预算执行的监督、分析制度,并通过信息系统展示、会议、报告、调研等多种途径及形式,及时监督、分析预算执行情况,分析预算执行差异的原因,提出对策建议,提高预算管理对业务的控制能力。

一、企业职工薪酬预算执行分析方法

企业职工薪酬预算执行分析方法由定量分析方法和定性分析方法两大类组成。定量分析方法是最基本的分析方法,定性分析方法是辅助分析方法,二者优势互补、有机结合,才能达成完整、系统、科学的预算分析效果。在预算执行分析中,应根据具体分析对象和管理要求,选择合适的定量分析方法和定性分析方法,实现两者的有机结合、灵活运用。

(一)职工薪酬预算定量分析方法

定量分析方法是借助于数学模型,从数量上测算、比较和确定各项职工薪酬预算指

标变动的数额,以及影响预算指标变动的原因和金额的一种分析方法。常用的定量分析方法主要有因素分析法、比较分析法、比率分析法、因果分析法、价值分析法、趋势分析法、本量利分析法和敏感性分析法等。预算分析常用的定量分析法是比较分析法和比率分析法。

比较分析法,通过某项职工薪酬指标与性质相同的指标评价标准进行对比,揭示企业经济状况和经营成果的一种分析方法。在运用比较分析法时,要注意各项指标的可比性,相互比较的经济指标必须是相同性质或类别的指标。一般而言,应做到指标的计算口径、计价基础和时间单位都保持一致,以保证比较结果的准确性。在预算执行分析中,一般是通过预算执行结果与预算标准之间的比较,来揭示结果与标准之间的差异,为进一步深入分析指明方向。

比率分析法,通过计算和对比各种职工薪酬比率指标来确定经济活动变动程度的分析方法。采用比率分析法首先要将对比的指标数值变成相对数,然后再进行对比分析。比率分析法具有计算方法简便,计算结果也比较容易判断,适应范围较广的优点。但采用比率分析法时,应当注意对比项目的相关性、对比口径的一致性和衡量标准的科学性。

(二)职工薪酬预算定性分析方法

定性分析方法是指运用归纳和演绎、分析与综合、抽象与概括等方法,对企业各项经济指标变动的合理性、有效性进行思维加工、去粗取精、去伪存真、由此及彼、由表及里的科学论证和说明。它是对定量分析的结果,根据国家有关的法规、政策和企业的客观实际进行相互联系的研究,考虑各种不可计量的因素加以综合论证,并对定量分析结果进行切合实际的修正,并做出"质"的判断的分析方法。定性分析方法的具体方法包括实地观察法、经验判断法、会议分析法和类比分析法等。

二、企业职工薪酬预算执行分析步骤

职工薪酬预算执行分析通常包括确定目的、前期准备、确定差异、分析原因和提出措施等基本步骤。

(1)确定分析对象,明确分析目的。在开展职工薪酬预算执行分析之前,先要确定分析的对象及范围,明确分析的目的,以保证有的放矢地开展分析工作。

(2)收集信息资料,掌握真实情况。进行职工薪酬预算执行分析时,必须广泛收集内容真实、数字正确的资料,包括预算标准及其执行情况等内部资料、影响预算执行结果的外部因素和可比信息等外部资料,例如,原材料市场价格的变动情况、同行业竞争对手的销售及盈利状况、相关技术指标的变动等。

（3）对比职工薪酬预算目标，确定执行差异。通过职工薪酬预算执行结果与预算标准的对比，可以得到两者之间的差额，然后采用比率分析法和因素分析法等定量分析法的定性分析指明方向。

（4）分析差异原因，找出问题根源。一般情况下，先通过定量分析，找出执行数量上的差异，再通过定性分析进行深入研究，分析造成差异的原因，抓住主要矛盾。

（5）提出改进措施，形成分析报告。找出问题原因后，就应根据分析的结果，提出加强职工薪酬预算编制、执行和控制的具体措施，指导企业提高经营管理水平，并归纳分析的内容，编写书面分析报告。

三、企业职工薪酬预算执行分析反馈

企业职工薪酬预算分析反馈，是指通过会议、报告、调度和分析等多种形式，及时掌握职工薪酬预算执行情况的预算管理活动。建立健全职工薪酬预算信息反馈系统是确保职工薪酬预算管理系统高效、协调运行的基础与保障，也是实施职工薪酬预算控制的重要工具。职工薪酬预算执行分析反馈主要包括职工薪酬预算执行分析反馈例会和职工薪酬预算执行分析反馈报告两种形式。

（一）职工薪酬预算执行分析反馈例会

在预算执行过程中，人力资源部门会定期召开各种预算例行会议，通报职工薪酬预算执行情况及存在的问题。通过召开各种例会，可以对照职工薪酬预算指标及时掌握预算执行情况、掌握差异、分析原因、提出改进措施。例如，"月度财务分析会"和"月度经营总结会"等都是职工薪酬预算执行分析反馈例会的有效形式。

（二）职工薪酬预算执行分析反馈报告

职工薪酬预算执行分析反馈报告是指采用报表、报告、通报等书面或电子文档形式进行预算执行分析信息反馈的预算管理方式。根据使用对象的不同，可以将职工薪酬预算反馈报告设计成标准反馈报告和专题反馈报告两种类型。其中，标准反馈报告是针对日常业务活动的常规分析报告，专题反馈报告是针对特定对象、特定目的的专项分析报告。

标准反馈报告一般以表格方式展现，简单明了，主要反映预算项目、预算指标、预算执行情况、预算执行差异和预算执行说明五个方面的情况。其基本格式如表6-15所示。

表 6-15　　　　　　　　　企业职工薪酬预算执行情况反馈报告

项目	预算目标	实际发生数	差异	形成原因	关键行动计划
生产成本——直接人工					
制造费用——职工薪酬					
销售费用——职工薪酬					
管理费用——职工薪酬					

专题反馈报告是指非定期编报的、对预算执行中出现的重大事件或非常规事件所编报的反馈信息。一般在下列情况下需要编制专题反馈报告：一是对重大预算事件进行的专题调研分析；二是标准反馈报告不能涵盖的预算事项；三是根据企业管理需要而报送专题反馈报告的预算事项。

四、企业职工薪酬预算分析的指标体系

企业职工薪酬控制指标可分为总量型指标、结构型指标和效益型指标。这些评价指标虽然没有直接影响职工薪酬的变动，但是却可以在一定程度上反映企业人工成本的控制水平，是评价企业职工薪酬控制时需要参考的必要指标。

（一）职工薪酬总量型指标

职工薪酬总量型指标主要体现企业职工薪酬的整体规模，主要包括人均水平与职工薪酬总额两方面内容。

职工薪酬总额指标可以体现报告期内企业职工薪酬的支出水平。职工薪酬增长率可以反映一个企业的职工薪酬变化趋势，稳定的职工薪酬增长率可以在一定程度上说明企业良好的职工薪酬控制能力。

职工薪酬增加额＝报告期职工薪酬总额－基期职工薪酬总额

职工薪酬增长率＝（报告期职工薪酬总额－基期职工薪酬总额）÷基期职工薪酬总额×100%

人均水平指标，主要包括人均职工薪酬指数、企业人均职工薪酬等指标。人均水平指标除了适用于企业自身纵向比较外，还适合不同规模企业间的横向比较。职工薪酬总额随着雇佣员工的数量变化而变化。而企业之间往往在雇佣员工的数量上产生差异，因此在进行企业之间的比较时，职工薪酬总额的比较会缺乏说服力。在这种情况下，企业一般采纳人均水平指标来进行企业之间的比较，进而反映企业职工薪酬所处的

水平状态。

企业人均职工薪酬＝职工薪酬总额÷从业人数

人均职工薪酬指数＝（报告期人均职工薪酬－基期人均职工薪酬）÷基期人均职工薪酬×100%

【例6-1】A公司人工成本总量分析如下：

表6-16 　　　　　　　　A公司人工成本支出情况统计表

单元:万元

支出项目	2016年	2017年	2018年	2017年比2016年		2018年比2017年	
				增减额	增长率	增减额	增长率
工资	12 552.26	17 960.69	21 566.02	5 408.43	30.11%	3 605.33	20.07%
职工福利费	977.74	1 134.06	1 238.57	156.32	13.78%	104.51	9.22%
社会保险费	496.39	615.60	855.79	119.21	19.36%	240.19	39.02%
住房公积金	239.97	360.37	440.00	120.40	33.41%	79.63	22.10%
工会经费和职工教育经费	288.47	524.59	605.21	236.12	45.01%	80.62	15.37%
离职后福利设定提存计划	855.46	1 141.37	1 602.12	285.91	25.05%	460.75	40.37%
合计	15 410.29	21 736.68	26 307.71	6 326.39	29.10%	4 571.03	21.03%

如表6-16所示,2016—2018年,A公司人工成本总额分别为15 410.29万元、21 736.68万元和26 307.71万元,呈现出增长态势。2017年比2016年增加了6 326.39万元,增长率为29.10%,其中,工会经费和职工教育经费增长幅度最大,较上一年度增加了45.01%;工资总额较上一年度增加了30.11%,位居第二。2018年,A公司人工成本总额增长幅度稍有回落,较上一年增加4 571.03万元,增长率为21.03%,其中,离职后福利设定提存计划的增长幅度最大,较上年度增加了460.75万,增长率为40.37%。社会保险费较上一年增加了240.19万,增长率为39.02%。

表6-17 　　　　　　　　A公司人工成本人均指标统计表

年份	从业人数（人）	人均人工成本（万元/人）	人均工资（万元/人）	人均人工成本增长率	人均工资增长率
2016	1 186	12.99	10.58		
2017	2 122	10.24	8.46	−21.16%	−20.03%
2018	2 296	11.46	9.39	11.86%	10.97%

（万元/人）

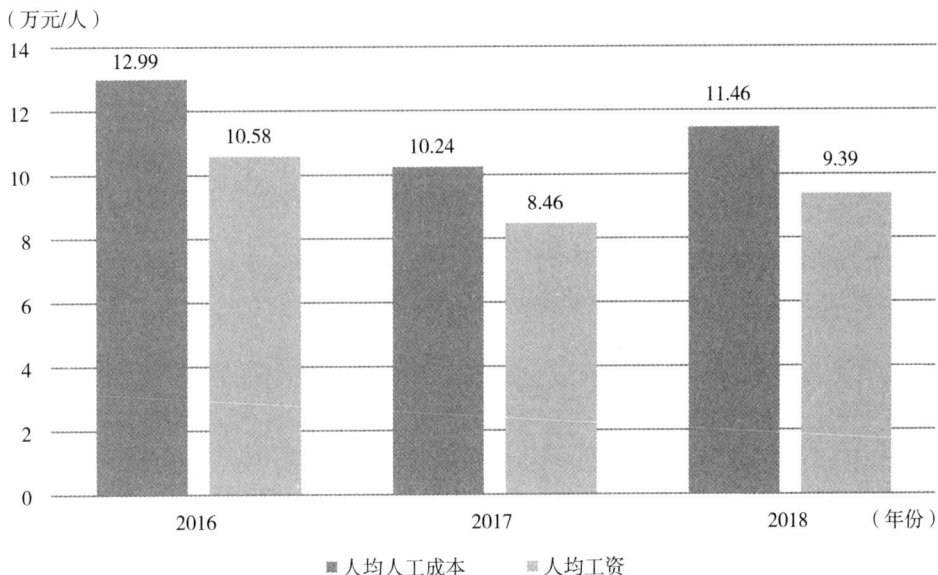

图 6-7　**A 公司人均水平统计图**

2017 年 A 公司人均人工成本较上一年下降了 21.16%，但 2018 年迅速回升了 11.86%，相较于 2016 年，人均人工成本仅下降了 1.53 万元。2017 年 A 公司增加员工 936 人，其中，中专以下学历比上年同比增长 203%，在一定程度上降低了 2017 年的人均人工成本。2018 年 A 公司继续增加员工 174 人，但中专以下学历人员减少了 21 人，助长了 2018 年人工成本的增加。由此可见，A 公司内部人员结构的调整影响着人工成本的变动。

A 公司 2016—2018 年的人均工资分别为：10.58 万元、8.46 万元和 9.39 万元。据中国统计年鉴可查，2016—2018 年我国制造业城镇就业人员平均工资分别为 51 369 元、55 324 元、59 470 元。A 公司的人均工资远超过行业平均工资，其人工成本负担比较大。

综上分析，我们可以得出如下结论：A 公司人工成本在整体规模上是逐年增加，但增速有所放缓。在人均水平上是波动的，但一直超过行业平均值。在总体来说，A 公司的人工成本可能会继续保持增长趋势，人工成本压力不可忽视，应当加强人工成本控制。

（二）职工薪酬结构型指标

职工薪酬结构型指标主要包含两个方面，一为企业的职工薪酬所占总成本比重，二为组成职工薪酬的各项目所占职工薪酬总额比重。其中，企业的职工薪酬占总成本比重主要是用于同行业的不同企业间竞争力的对比。一般来说,该比值越小,表示企业职工薪酬的竞争力越大,但该比重在不同行业间并无可比性。组成职工薪酬的各项目所占职工薪酬总额比重,可反映职工薪酬的支出构成情况以及合理性,如若可以精确地核算各个组成项目成本的大小与来源,将更便于发现问题,从而实现职工薪酬的精益化控制。在职工薪酬结构型指标中,职工薪酬工资率也是较为普遍使用的统计指标,主要用于观察企业制定的工资水平是否合理。

职工薪酬工资率=工资总额/职工薪酬总额×100%

(三)职工薪酬效益型指标

职工薪酬效益指标又名为投入产出型指标、职工薪酬比率型指标,以人力资本角度分析企业一定的时期内投入及产出比例,包含劳动分配率、人事费用率、职工薪酬利润率三个主要方面。这些比率型指标可反映出企业职工薪酬与经营活动所产生效益之间的关系,判断职工薪酬的支出是否具备一定的市场竞争力,衡量企业在人力资本上的投资是否有效。

劳动分配率即同一期间内企业的职工薪酬与企业增加值之间的比值,体现一单位职工薪酬的投入能带来多少经济效益。

劳动分配率=职工薪酬总额/企业增加值×100%

人事费用率即企业的职工薪酬与企业当期销售收入的比值,表明企业经营的过程中为了获得一单位收入付出多少的职工薪酬。此指标与职工薪酬的使用效率呈现出负相关的关系。

人事费用率=职工薪酬总额/营业收入×100%

职工薪酬利润率是指企业职工薪酬的总额与企业当期利润的总额之间的比率,代表的是一单位职工薪酬所创造出的利润收入。该指标与职工薪酬价值创造力呈现出正相关的关系。

职工薪酬利润率=利润总额/职工薪酬总额×100%

【例6-2】人工成本利润率分析:

表6-18　　　　　　　　　A公司人工成本利润率统计表

单位:万元

年份	人工成本总额	利润总额	人工成本利润率	变化趋势
2016	15 410.29	15 577.59	101.09%	—
2017	21 736.68	18 890.40	86.91%	下降

续表

年份	人工成本总额	利润总额	人工成本利润率	变化趋势
2018	26 307.71	11 980.74	45.54%	急速下降

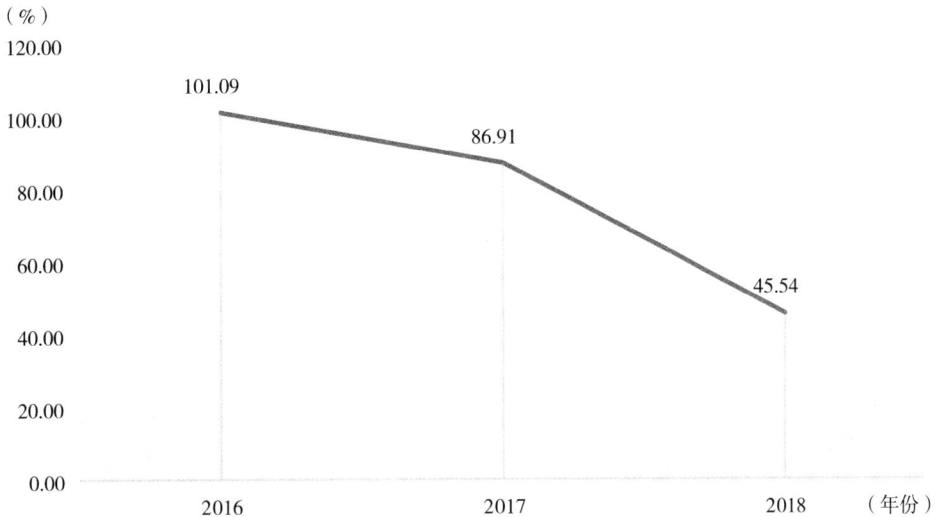

图 6-8 A 公司人工成本利润率趋势

由表 6-18 可知,A 公司的人工成本利润率自 2016 年开始逐年下滑,说明 A 公司的人工成本投入所能带来的利润正在逐步减少。而从图 6-8 可以看出,企业人工成本在 3 年期间的利润率下滑速度加快,说明 A 公司对人工成本的产出难以抵消其投入,过多的人工成本支出正在导致利润的下降,因此,A 公司要加强对人工成本的控制,防止该趋势继续恶化。

【例 6-3】人事费用率分析:

表 6-19 A 公司人事费用率统计表

单位:万元

年份	人工成本总额	营业收入	人事费用率	变化趋势
2016	15 410.29	110 875.17	13.90%	—
2017	21 736.68	128 578.55	16.91%	上升
2018	26 307.71	142 163.50	18.51%	上升

从表 6-19 和图 6-9 中可以看出,在 2×16—2018 年期间,虽然 A 公司营业收入一直在上升,但人工成本上升幅度更大,人事费用率逐年增加,说明 A 公司人工成本支出

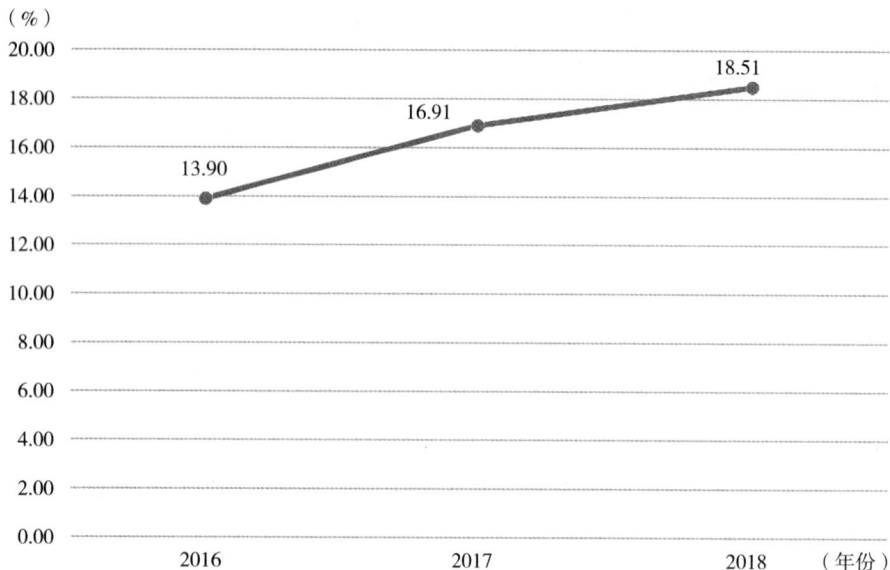

图6-9 A公司人事费用率变动趋势

在营业收入中所占比重越来越大,每单位营业收入需要更多的人工成本才能实现。

第五节 企业职工薪酬预算调整

企业职工薪酬预算正式经批准下达以后,由于内外战略环境发生重大变化或突发重大事件等特定原因,导致职工薪酬预算编制的基本假设发生重大变化时,按照规定的程序对预算进行修改和完善。

年度职工薪酬预算经批准后,原则上不作调整。因为如果预算调整过于频繁,就会动摇预算管理制度的权威性,冲击预算对企业的业务活动的"硬约束",而且会造成"计划不如变化快"的感觉,企业职工也就不会以严肃的态度去对待预算管理工作了,因此,预算调整必须谨慎从事,严格执行预算调整的程序和原则。

一、企业职工薪酬预算调整的条件

为了保证职工薪酬预算的科学性和可操作性,在预算执行过程中,当发生下列情况,致使预算的编制基础发生变化时,或者将导致预算执行结果产生重大偏差时,就需要对现有预算进行调整。

(1)国家相关政策发生重大变化,导致无法执行现有预算时。国家产业、财政税收、对外贸易等相关政策的调整,对本行业和企业的生产经营、对外投资等业务活动产生重大影响。

（2）企业管理层对企业生产经营做出重大调整，致使现有预算失去对业务活动的指导意义。为了更好地利用企业的各项资源，实现价值最大化目标，企业会根据内部资源条件的变化而主动调整业务结构，因此，必须及时调整职工薪酬预算，以适应经营调整的需求。

（3）国内外市场环境发生重大变化，企业必须调整营销策略和产品结构时。预算编制起点是销售预算，销售预算编制的重要依据是市场环境。当国内外市场需求发生重大变化时，企业必须调整产品销售结构和生产计划，职工薪酬预算进行调整也是必需的。

（4）突发事件及其他不可抗力导致现有预算无法执行时。如果发生诸如战争、瘟疫、地震、水灾、火灾等企业无法控制的重大事件，导致企业无法正常生产或无法执行现行预算时，必须调整职工薪酬预算。

二、企业职工薪酬预算调整的程序

职工薪酬预算调整同预算编制一样，是预算管理的一个既重要又严肃的环节，必须建立严格、规范的调整审批制度。一般而言，需要经过以下程序：

（1）职工薪酬预算调整申请。预算调整申请由预算执行部门或预算编制部门向企业预算管理工作机构提出申请，申请报告包括但不限于以下内容：①现行预算执行情况和执行进度；②预算调整的原因和理由；③建议调整方案；④预算调整后对企业预算总目标的影响；⑤预算调整后的措施等。

（2）职工薪酬预算审议调整方案。预算管理办公室应当对各预算执行部门提交的预算调整方案进行审核分析。对于预算执行单位提出的预算调整事项，企业进行审核分析时，一般应当遵循以下原则：①预算调整事项不能偏离企业发展战略；②预算调整方案应当在经济上能够实现最优化；③预算调整重点应当放在预算执行中出现的重要的、非正常的、不符合常规的关键性差异方面。

（3）职工薪酬预算批准调整申请。经过审议后的预算调整申请，需要根据预算调整事项性质或预算调整金额的不同，按照依据授权进行审批，或提交原预算审批机构审议批准，然后下达执行。一般情况下，如果只是调整产品结构、成本结构、筹资结构的经营预算调整事项，而不涉及收入利润等预算总目标，预算管理工作机构即可批准；涉及收入、利润等预算总指标，甚至涉及重大投资、股权结构变更等重大预算调整事项，一般需要由公司董事会审批，或报请股东（大）会审议批准。

企业应当建立内部弹性预算机制，对于不影响预算目标的业务预算、资本预算、筹资预算之间的预算内调整,企业可以按照内部授权批准制度执行,鼓励预算执行单位及时采取有效的经营管理对策,保证预算目标的实现,从而提高企业经营活动的灵活性。而对于预算外调整和重大事项的调整,则应充分讨证、逐级审核、严格审批。

三、企业职工薪酬预算调整的频率和时间

预算调整的频率一般为一年2—3次,调整的时间一般在每年4月初、7月初或10月初,选择这个时间的主要原因是便于总结、分析过去一个季度、半年及三个季度的预算执行情况。半年度的预算调整范围和幅度较大,而季度的预算调整则基本是微调。

在预算实务中,企业可以采取分大项预先设置预算调整额度的办法,解决某些预算项目由于基础资料掌握不全或由预算项目本身的复杂性而导致的预算编制不准确的问题。通过设置预算调整额度,日常预算的微调,就可以由预算管理办公室或预算执行部门自行调节处理了。这样既可以使预算保持一定的灵活性,又不失预算的控制力,有利于预算的顺利执行。

第六节 企业职工薪酬绩效考核

一、职工薪酬预算考核的重要性

企业职工薪酬预算考评是职工薪酬预算管理的一项重要职能,是企业预算管理的生命线。预算管理如果缺少考评环节,预算执行者就缺乏预算执行的积极性和主动性,预算就会流于形式,预算管理的功能就会大打折扣。

1. 预算考核是预算管理顺利实施的保障

预算管理包括预算编制、控制、调整、考核等一系列环节构成,各个环节相互关联、密不可分,任何一个环节出现问题都会影响到预算管理的实施。只有对各个环节实施有效的考核,才能使企业各级员工重视预算管理,才能把预算编制与执行等各项工作落到实处,从而确保职工薪酬预算管理所有环节的顺利实施。

2. 预算考核是促使预算目标实现的保证

预算目标从确定到实现的过程中,通过对各责任中心预算执行的考核,督促其主动分析预算执行与预算标准之间的差异,找出差异的原因,提出纠正预算偏差的对策,从而强化预算执行力和约束力,促进各执行部门及时发现并迅速纠正预算执行中的偏差,为预算目标的实现提供可靠的保障。

3. 预算考核是绩效激励与约束机制的重要内容

在职工薪酬预算管理实施的过程中,通过严格的预算考核制度,强化预算执行的力

度,督促各责任中心完成预算指标,还可以科学评价各责任中心的工作业绩,将预算执行情况与责任中心的绩效考核密切挂起钩来,调动企业员工的工作积极性和创造性。

二、职工薪酬预算考核的原则

职工薪酬预算考核的基本目标是实现预算的激励与约束作用,确保预算管理的顺利实施和预算目标的圆满完成。为此,职工薪酬预算考核过程中应遵循以下原则:

1. 目标性原则

职工薪酬预算考核是为确保企业职工薪酬预算目标的实现。因此,在预算考核指标设计和执行过程中,必须遵循目标性原则,以预算目标为基准,以考核引导各预算执行部门的行为,避免各部门只顾局部利益和短期利益而不顾全局利益,甚至为了局部利益损害全局利益。

2. 可控性原则

在职工薪酬预算考核指标设计和执行过程中,必须遵循可控性原则,凡是该责任中心无法控制的指标就应坚决予以剔除,不可控因素所导致预算执行差异也应予以剔除。但是可控性是相对的,而不是绝对的,要注意避免因为强调可控性而导致的责任推诿的现象。

3. 分级考核原则

职工薪酬预算目标是分级落实、分级实施的,因此,预算考核也须分级进行,而且还要根据企业预算管理的组织结构层次或预算目标的分解次序进行,预算考评只能是直接上级考评直接下级,而不能是间接上级隔级考评间接下级。这是实行分权管理和实现责权利有机统一的基本要求,也是预算管理激励与约束机制作用得以发挥的重要保证。

4. 客观公正原则

职工薪酬预算考评应以预算目标、预算执行结果、预算分析结论、预算考核制度为基本依据,按照客观公正的原则进行。为此,要做到以客观事实作为依据、以定量考评指标为主、执行人与考评人分离、考核人定期轮换等,以增强预算考核的客观公正性。

5. 时效性原则

职工薪酬预算考核应及时进行,及时兑现,才能取信于民,才能使预算管理起到激励和约束作用,才能有助于各项预算目标的完成。一般情况下,企业职工薪酬预算考核的周期应与预算管理的周期保持一致,月度考核预兑现,年度考核统一结算。

6. 利益挂钩原则

职工薪酬预算考核的结果不但与预算执行部门绩效挂钩,还与员工的薪酬分配和职位升降紧密结合起来,否则,职工薪酬预算考评将难以起到激励作用,这一点毋庸置疑。

7. 书面化原则

职工薪酬预算考核的书面化原则,是指企业要建立健全预算考核制度,使预算考核的原则、方法、内容、程序、奖惩等明晰化、规范化,并且企业应采用签订目标责任书的方式,将预算考核目标、权力和责任、奖惩办法等内容予以明确,以此作为实施预算考核的书面依据。

三、职工薪酬预算考核的内容

为保证预算管理工作的有效推动,发挥预算的激励和约束作用,企业职工薪酬预算考核内容不但要全面体现既定预算目标,也要反映预算管理的全过程。

(一)职工薪酬考核预算目标完成情况

职工薪酬预算指标是一个全面的业务衡量体系,包括内容丰富,无法将所有预算指标全纳入考核范围,需选取一定代表性的预算指标作为预算考核指标。在选取预算考核指标时,需注意:

(1)局部指标与整体指标有机结合。预算考核指标要以各责任中心承担主要预算指标为主,并增加全局性的预算指标。

(2)定量指标与定性指标有机结合。预算考核要以定量指标为主,同时必须辅之以定性指标。

(3)绝对指标与相对指标有机结合。预算考核通常要以绝对指标为主,相对指标为辅,绝对指标与相对指标的选取要根据收入或成本项目的性质确定。

(4)长期指标与短期指标有机结合。预算指标要以预算期的短期指标为主,同时也必须考核关系到企业远期利益的长期指标。

(二)职工薪酬考核预算管理工作情况

预算考核在预算管理过程中都发挥着重要作用,是预算编制、预算控制、预算分析,以及预算结束的全过程考核。

1. 职工薪酬预算编制考核

职工薪酬预算编制是预算管理的首要环节,预算编制是否准确、及时,对于预算能否顺利执行是至关重要的。因此,这一阶段主要考核预算编制制度设计与运行是否有效,并对预算编制的准确性和及时性进行考核,促进各部门保质保量完成预算编制工作。

2. 职工薪酬预算控制考核

预算偏差确认和处理得越及时,对预算执行就越有利,也就越有利于预算目标的实现。因此,这一阶段主要考核的是预算控制制度设计与运行是否有效,并对预算控制过程中预算执行分析进行考核,保证及时发现预算执行中存在的预算偏差和问题。

3. 职工薪酬预算综合考评

职工薪酬预算综合考评是以预算管理目标为依据,以各个预算执行部门为对象,以预算执行结果为核心,对预算管理全过程进行一个综合评价。预算综合考核作为本期预算的终点和下期预算的起点,不仅涉及对企业内部各部门的绩效评价和利益分配,而且关系到企业整体经营绩效评价以及对企业预算管理实施效果的评价,是预算考评的重点内容。

四、建立与企业职工薪酬成本相关的绩效考核指标体系

建立有效的与企业职工薪酬成本相关的绩效考核体系,是基于企业职工薪酬成本的关键绩效指标体系对企业当期的职工薪酬控制情况进行绩效评价,是实现职工薪酬成本得以有效控制的必要环节。

(一)建立企业职工薪酬评价比率指标体系

没有建立有效的职工薪酬控制评价体系的企业,职工薪酬的总量、平均值以及效用指标的数据通常会高于行业的平均数值,会影响企业的生产效率,从而在市场上缺乏劳动力的竞争优势。企业可以通过建立职工薪酬控制指标体系将自身指标数据与行业的平均值以及优秀企业的职工薪酬投入产出情况进行标杆对比,从而评估和分析自身对于人力资源的使用情况。通过这种横向的比较分析,企业可以发现在职工薪酬控制上的优劣势,扬长避短,提高企业的职工薪酬控制水平,促进企业的稳定发展。

(二)建立与企业历史比较的职工薪酬弹性指标体系

企业除了与其他企业及行业进行横向对比外,还需要纵向考察本企业的历史数据。这一对比可以反映出企业自身的发展情况,也可以在一定程度上反映出职工薪酬控制与战略规划的匹配度。与历史情况进行比较时,企业可以细化至各部门、各职工薪酬项目,有利于发现企业职工薪酬的具体流向和问题所在,有利于企业采取针对性的措施。企业可以通过构建职工薪酬弹性控制模型更直观地反映职工薪酬变动给主营业务收入、总成本以及经济增加值带来的影响。

第七章 企业职工薪酬成本管理

第一节 企业成本管理的含义及基本原则

一、成本管理的含义

成本管理是指企业在营运过程中实施成本预测、成本决策、成本计划、成本控制、成本核算、成本分析和成本考核等一系列管理活动的总称。成本管理是企业管理的一个重要组成部分，它要求系统、全面、科学和合理，它对于促进增产节支、加强经济核算，改进企业管理，以及提高企业整体成本管理水平具有重大意义。

在不同的经济环境中，企业成本管理系统总体目标的表现形式也不同，而在竞争性经济环境中，成本管理系统的总体目标主要依竞争战略而定。在成本领先战略指导下成本管理系统的总体目标是追求成本水平的绝对降低，而在差异化战略指导下成本管理系统的总体目标则是在保证实现产品、服务等方面差异化的前提下，对产品全生命周期成本进行管理，实现成本的持续性降低。

二、成本管理的基本原则

企业进行成本管理，一般应遵循以下原则：

1. 融合性原则

成本管理应以企业业务模式为基础，将成本管理嵌入业务的各领域、各层次、各环节，实现成本管理责任到人、控制到位、考核严格、目标落实。

2. 适应性原则

成本管理应与企业生产经营特点和目标相适应，尤其要与企业发展战略或竞争战略相适应。

3. 成本效益原则

成本管理应用相关工具方法时，应权衡其为企业带来的收益和付出的成本，避免获得的收益小于其投入的成本。

4. 重要性原则

成本管理应重点关注对成本具有重大影响的项目,对于不具有重要性的项目可以适当简化处理。

三、成本管理的基本工具及其应用

成本管理领域应用的工具方法,一般包括目标成本法、标准成本法、变动成本法、作业成本法等。企业应结合自身的成本管理目标和实际情况,在保证产品的功能和质量的前提下,选择适合企业的成本管理工具方法或综合应用不同成本管理工具方法,以更好地实现成本管理的目标。综合应用不同成本管理工具方法时,应以各成本管理工具方法具体目标的兼容性、资源的共享性、适用对象的差异性、方法的协调性和互补性为前提,通过综合运用成本管理的工具方法实现最大效益。

第二节　企业人工成本的构成要素及成本习性

一、人工成本的构成要素[①]

企业人力成本可分为四个部分,分别为人力获取成本、人力开发成本、人力使用成本和离职成本,可理解为分别来自人力资源管理中的甄选、开发、使用和留用四个维度的成本。有些人力成本是可以量化的,但有些不能量化。

（一）人力获取成本

人力资源的获取成本,是指企业在招聘和录用员工的过程中发生的成本。这些成本一般发生在企业对人力资源获取过程中,对人力资源的招聘、选择和录用环节发生的所有支出,包括招聘成本、选择成本、录用成本和安置成本。

1. 招聘成本

招聘成本是指企业为了吸引和确定企业需要的内外部人力资源而产生的各类支出,包括因招聘活动而产生的费用和为招聘人员支付的费用,具体包括招聘人员的交通费、住宿费、餐饮费、宣传材料费、广告费、场地租用费、设备使用费以及其他与招聘活动相关的费用。

2. 选择成本

选择成本是指企业从内外部的求职者中选择合格的人力资源而产生的各类支出,

---

① 　主要引用于任康磊:《人力资源成本管控》,人民邮电出版社 2019 年版。

包括人才测评环节的费用、笔试环节的费用、面试环节的费用、背景调查环节的费用、体检环节的费用等,这些支出都与决定人力资源是否录用直接相关。

3. 录用成本

录用成本是指企业为取得已经确定聘用的人力资源的合法使用权而发生的各类支出,包括录用手续费、路途补助费、调动补偿费等,这些支出都与人力资源的录用过程直接相关。

4. 安置成本

安置成本是指企业将录用的人力资源安置至某一个岗位的过程中而发生的各类支出,包括人力资源部安置员工所损失的时间成本等。

(二)人力开发成本

人力资源的开发成本,是指企业为了提高企业职工的工作效率和效果,对提升其素质、知识和技能而发生的各类支出,包括岗前培训成本、在岗培训成本和脱岗培训成本,这些支出一般发生在企业职工上岗前和在岗时。

1. 岗前培训成本

岗前培训成本是指企业为了让新员工在正式上岗之前,了解和学习企业的企业文化、公司战略、行业和业务特点、规章制度、业务流程和操作细则等而发生的各类支出,包括对新员工培训所消耗的资料费用、场地使用费、设备使用费以及负责新员工培训工作人员的相关支出等。

2. 在岗培训成本

在岗培训成本是指企业为了让职工的素质、知识和技能能够达到岗位要求,更好地完成工作岗位的任务,而对其进行短期培训(一般一次持续时间小于1个月)而发生的各类支出,包括对员工在岗期间提供培训付出的资料费用、设备使用费用、员工接受培训时间的薪酬支出以及负责在岗培训工作人员的相关支出等。

3. 脱岗培训成本

脱岗培训成本是指企业根据战略与运营管理的需要(一般为了培训高层管理人才和专业技术人才),允许员工脱离工作岗位接受较长期限(一般一次持续时间大于1个月)的培训而发生的各类支出,包括企业为脱岗员工而支出的相关支出(包括薪酬支出)、脱岗培训支出以及因岗位空缺而可能产生的损失等。

(三)人力使用成本

人力资源的使用成本是指企业为了使用员工而发生的各类支出。与职工薪酬相关的各类支出，都包括在人力资源的使用成本之中。人力资源的使用成本还包括维持成本、奖励成本、调剂成本和保障成本等。

1. 维持成本

维持成本是指企业保持正常生产和再生产所需要的职工薪酬，包括职工的计时工资、计件工资、岗位津贴、法定加班费、各类福利费用、劳动保护费、社会保险费、住房公积金费用、年终分红、住房费用、工会费用和保密费用等维持员工在岗工作所需要付出的支出。

2. 奖励成本

奖励成本是指企业为了调动员工的工作积极性，促使员工更好地实现绩效目标，为企业创造更大的价值，对其员工为企业作出贡献而支付的各项支出，包括超产奖励、超额绩效奖金、变革创新奖励、合理化建议奖励、优秀表彰奖励和特殊贡献奖励等。

3. 调剂成本

调剂成本是指企业为了调剂员工工作和生活节奏，调节员工的工作情绪，增强员工的凝聚力，消除员工的疲劳以及稳定员工队伍而发生的各类支出，包括员工业余活动费用、员工文体活动费用、员工定期休假费用、改善员工工作环境以及员工疗养费用等。

4. 保障成本

保障成本是指企业因工作原因（比如工伤或职业病）或工作以外的原因（比如疾病、生育和受伤害等）而引发员工的身心健康问题，从而使企业承担的经济补偿费用，包括员工工伤工资、员工患职业病的工资、医药费、残疾补贴、丧葬费和员工缺勤的损失等。

（四）离职成本

人力资源的离职成本，是指企业因员工离职而需要付出的成本，包括企业需要支付给员工的离职津贴、因特定原因而需要支付的一定时期的生活费以及因员工离职对其岗位造成的损失等。人力资源的离职成本可分为离职管理成本、离职补偿成本、离职前低效成本和岗位空缺成本等。

1. 离职管理成本

离职管理成本是指企业为办理员工离职手续而消耗的各类支出，包括办理员工离职手续的相关员工的薪酬，以及与办理员工离职手续相关的资料费用及需要承担的交通费用等。

2. 离职补偿成本

离职补偿成本是指企业因员工离职而需要支付给离职员工的各类支出，包括必要的离职员工安置费用以及一次性支付给员工的离职金等。

3. 离职前低效成本

离职前低效成本,是指从员工决定离职至实际离职之前,因员工心态和行为的变化而造成其工作效率下降,以及引发其他员工工作效率的下降,而让企业承担的损失。

4. 岗位空缺成本

岗位空缺成本,是指在员工实际离职至找到接任者补充到该岗位之前,企业因该岗位空缺而产生的损失,以及因该岗位补充的接任者能力或经验不足而造成工作效率达不到原岗位水平而给企业造成的损失。

二、人工成本的成本性态

成本性态,又称成本习性,是指成本总额与业务量(如产品产量、销量等)之间的内在关系。成本按其性态分类,可分为固定成本、变动成本与混合成本三大类。

(一)固定成本

固定成本是指在特定的业务量范围内不受业务量变动影响,一定期间的总额能保持相对稳定的成本。例如,职工的固定薪酬、固定资产折旧费、取暖费、财产保险费、部分职工培训费、研究开发费和广告费等。

一定期间的固定成本的稳定性是有条件的,即业务量的变动是在特定的范围之内。例如,照明用电一般不受业务量在特定范围内变动的影响,属于固定成本。然而,如果业务量变动超出了特定范围,需要调增或调减生产班次,照明用电的成本也会发生变动。能够使固定成本保持稳定的特定的业务量范围,可称为"相关范围"。一定期间固定成本的稳定性是相对的,即对于业务量来说是稳定的,但这并不意味着每月该项成本的实际发生额都完全一样。例如,照明用电在相关范围内不受业务量变动的影响,但每个月实际用电度数和支付的电费仍然会有或多或少的变化。

固定人工成本一般是指单位高管人员、主要职能负责人和固定岗位等的人力成本,固定岗位包括总经理、人力资源经理、财务主管、门卫和绿化工等。

(二)变动成本

变动成本是指在特定的业务量范围内其总额随业务量变动而正比例变动的成本。例如,直接材料、部分直接人工成本、外部加工费和销售佣金等。

这类成本直接受产量的影响,两者保持正比例关系,比例系数稳定。这个比例系数就是单位产品的变动成本。单位成本的稳定性也是有条件的,即业务量的变动是在特定的相关范围内。例如,产品的材料消耗通常会与产量成正比,属于变动成本。如果产量很低,不能发挥套裁下料的节约潜力;或者产量过高,废品率上升,单位产品的材料成本都会增大。因此,变动成本和产量之间的线性关系,通常只在一定的相关范围内存在。在相关范围之外就可能表现为非线性的。

变动人工成本主要是指发生在以实际工时或者工作量作为绩效工资标准的岗位人员的人工成本,其大小会直接随着产品或者是服务的增加而上升。这些岗位人员一般是变动的,是以实际工作量或者工作时间作为计量单位的,例如,单位直接的生产操作人员,可以直接通过计量或者计时来评价其绩效。

(三)混合成本

混合成本是指除固定成本和变动成本之外的成本,它们因业务量变动而变动,但不成正比例关系。混合成本的情况比较复杂,需要进一步分类,一般又将其分为三种主要类别。

1. 半变动成本

半变动成本,是指在初始成本的基础上随业务量正比例增长的成本。例如,电费和电话费等公用事业费、燃料、维护和修理费等,多属于半变动成本。这类成本通常有一个初始成本,一般不随业务量变动而变动,相当于固定成本;在这个基础上,成本总额随业务量变化呈正比例变化,又相当于变动成本。这两部分混合在一起,构成半变动成本。

2. 阶梯式成本

阶梯式成本,是指总额随业务量呈阶梯式增长的成本,亦称步增成本或半固定成本。例如,受开工班次影响的动力费、整车运输费用和检验人员工资等。这类成本在一定业务量范围内发生额不变,当业务量增长超过一定限度,其发生额会突然跳跃到一个新的水平,然后,在业务量增长的一定限度内其发生额又保持不变,直到另一个新的跳跃为止。

3. 延期变动成本

延期变动成本,是指在一定业务量范围内总额保持稳定,超出特定业务量则开始随业务量比例增长的成本。例如,在正常业务量情况下支付给员工的固定月工资,当业务量超过正常水平后则需支付加班费,这种人工成本就属于延期变动成本。延期变动成本在某一业务量以下表现为固定成本,超过这一业务量则成为变动成本。

第三节　企业职工薪酬成本控制的目标和原则

一、企业职工薪酬成本控制的内涵

职工薪酬成本,作为企业总成本的一部分,直接影响到企业的盈利能力,又与企业职工个人利益息息相关,影响着企业职工的工作积极性。在市场环境快速多变的今天,合理有效地控制职工薪酬成本是保证企业可持续发展的重要举措。

首先,有效地控制职工薪酬成本可以增加企业利润。从传统角度来看,职工薪酬成本作为企业总成本的一部分,与利润是对立的。当营业收入一定时,职工薪酬成本越小,企业所获取的利润越多,因此降低职工薪酬成本的绝对值有利于增加企业利润。但是,职工薪酬成本与其他成本有着本质的不同,从附加值的角度来看,企业生产经营活动所产生的价值除去基本的物耗成本,剩余的便是由企业职工创造的新价值——企业利润和职工薪酬成本。二者来源相同,同增同减,因此,通过控制职工薪酬成本的增减幅度有利于提升企业盈利能力。

其次,提高企业劳动生产效率可依赖于合理的职工薪酬成本控制。生产效率越高,对提升企业的市场竞争力越有利,而生产效率的高低与企业职工的素质和工作积极性息息相关。如果一个企业制定的薪酬福利水平低于行业平均水平,则会极大地挫败企业职工的工作热情,甚至会造成优秀人才的流失。除了通过从外部招聘吸引高素质人才以外,企业还需要在内部通过培训的方式提升企业职工的专业素质和工作技能,培养核心人才。无论是通过薪酬激励还是加大培训力度,都说明了职工薪酬成本的投入直接关系着企业职工的素质和积极性。因此,通过对职工薪酬成本的合理把控有助于提升劳动生产效率,进而促进企业可持续发展。

最后,适当控制职工薪酬成本可以降低企业的经营风险。企业职工薪酬成本是为了让企业职工更好地为企业创造价值。从边际收益递减规律来看,无条件地增加员工收入不但不会带来理想的经营效益,还会造成边际收益的削减。而人工成本的较大部分属于付现成本,过度的支出会使企业面临较大的经营风险。

二、企业职工薪酬成本控制的目标

第一,企业实施职工薪酬成本控制是为了增加企业经营利润。企业是以盈利为目标的,一个企业若无法创造增值收益,就会面临入不敷出的困境。企业的利润是由生产经营活动带来的收入减去投入的成本而获取的,控制和削减成本是保证企业盈利能力的一种保障性措施。而企业成本包含的一项重要组成部分便是职工薪酬成本。当对职工薪酬成本过度投资时,企业获取的利润绝对值就会下降,职工薪酬成本边际收益也会下降,因此,合理控制职工薪酬成本是企业提升经营业绩的有效手段之一。

第二,通过有效的职工薪酬成本控制可以合理地提升企业职工的收入水平。按照现代财务管理的理念,企业目标不再是单纯地追求利润绝对值的最大化,而是为了实现企业价值的最大化和股东财富的最大化。作为企业的一项重要资源,企业需要为其职工提供满意的物质和文化条件,尽可能地满足职工对生理、安全、归属、尊重和自我实现等各方面的需求。因此,职工薪酬成本控制的目标之一在于,企业在享受职工为企业创造价值的同时,要将获取的收益合理地分配给职工,为职工实现自我价值创造有利的条件。

增加企业经营利润和提高员工收入水平,这两个目标看似是对立的,实则本质上是统一的。职工薪酬成本控制就是运用科学的手段合理分配资源,既保障职工的个人利益,又增加企业的经营利润,从而实现企业与职工的双赢局面。

三、企业职工薪酬成本控制的原则

(一)公平性原则

无论是在职工薪酬成本控制的会计核算阶段,还是在职工薪酬成本控制的分析评价阶段,都要遵循公平性原则,这是职工薪酬成本控制的前提。职工薪酬成本是与企业职工自身利益直接挂钩的,因此,在制定与职工薪酬相关的政策时,需要理解和了解企业职工的心理状态,评估该项政策是否会被企业大多数职工所接受和认可。企业同时也要考虑职工薪酬政策的可靠性和透明度,尽最大可能为企业职工创造一个公平竞争的环境。职工薪酬成本控制一旦丧失公平性,极有可能招来企业职工的不满和抱怨,从而导致企业职工工作的积极性下降,甚至会导致企业核心人员的流失。

(二)激励性原则

企业进行职工薪酬成本控制,是为了尽可能地提高职工的积极性,鼓励其为企业创造更多价值,加大人力资源的投入产出比。从这个角度来看,激励性原则对于职工薪酬成本控制来说是必不可少的。企业要制定合理的薪酬激励制度,完善职工薪酬体系,鼓励员工在工作期间发挥主观能动性,不断地创造佳绩。

(三)战略性原则

企业在不同的发展阶段,对职工薪酬成本存在不同的需求。例如,企业在起步阶段需要销售人员去开辟市场,在增速发展阶段需要专业技术人员提升产品竞争力,在面临严峻的市场环境时则需要精简职工。因此,在对职工薪酬成本进行控制时,企业需要基于企业战略角度去考虑。尤其在对职工薪酬成本进行预算管理时,不要只关注于企业目前的经营状况作出判断,而是要围绕企业的整体规划和战略目标,制定符合企业发展方向的长期计划。

第四节　企业职工薪酬成本控制的基本思路和方法

一、企业职工薪酬成本控制的基本思路

有效的职工薪酬成本控制体系应是基于实施企业全面预算管理的前提之下,一般以一个会计年度为周期,通过全面预算管理对职工薪酬成本进行事前管理、事中管理和事后管理。

(一)事前职工薪酬成本管理阶段

事前职工薪酬成本管理,是指企业依据自身的发展战略和经营目标,对下一年的生产经营活动进行排兵布阵,对职工薪酬成本总量以及各项职工薪酬成本组成部分进行预测、决策和计划,为下一年度的职工薪酬成本控制提供参考依据。职工薪酬事前成本管理阶段,主要是对企业未来的职工薪酬成本水平及其发展趋势所进行的预测与规划,一般包括职工薪酬成本预测、职工薪酬成本决策和职工薪酬成本计划等步骤。

职工薪酬成本预测是以企业现有条件为前提,在历史成本资料的基础上,根据未来可能发生的变化,利用科学的方法,对未来的职工薪酬水平及其发展趋势进行描述和判断的成本管理活动。它是根据企业成本统计的历史资料,和市场调查预测,研究企业外部环境与内部影响因素的变化,对职工薪酬成本变化的影响作用关系,运用专门的方法,科学地估算一定时间内的职工薪酬成本目标、成本水平,以及成本变化的趋势。成本预测同时也是成本计划的基础,是编制职工薪酬成本计划的依据。没有职工薪酬成本预测,职工薪酬成本控制计划也就必然是主观臆断。

职工薪酬成本决策是在职工薪酬成本预测及有关职工薪酬成本资料的基础上,综合经济效益、质量、效率和规模等指标,运用定性和定量的方法对各个职工薪酬成本方案进行分析并选择最优方案的成本管理活动。它是按照既定的总目标,在充分收集职工薪酬成本信息的基础上,运用科学的决策理论和方法,从多种可行方案中选定一个最佳方案的过程。它是以提高经济效益为最终目标,强调划清可控与不可控因素,在全面

分析方案中的各种约束条件,分析比较费用和效果的基础上,进行的一种优化选择。它是职工薪酬成本管理工作的核心,职工薪酬成本管理的方法都得由成本决策确定。

职工薪酬成本计划是以企业综合营运计划和有关职工薪酬成本数据、资料为基础,根据职工薪酬成本决策所确定的目标,通过一定的程序,运用一定的方法,针对计划期企业的职工薪酬成本水平进行的具有约束力的成本筹划管理活动。它是在职工薪酬成本预测和职工薪酬成本决策的基础上,根据计划期的生产任务和利润目标,通过"由下而上"和"由上而下"的两条路线,在充分发挥和调动全体员工积极性的基础上,汇总编制而成的、具有可操作性的职工薪酬成本控制计划体系。职工薪酬成本计划一经决策机构批准,就具有了权威性,必须坚决贯彻、执行,不得随意改动。它是职工薪酬成本控制和职工薪酬成本考核的依据。

(二)事中职工薪酬成本管理阶段

事中职工薪酬成本管理阶段,主要是对企业营运过程中发生的职工薪酬成本进行监督和控制,并根据实际情况对职工薪酬成本预算进行必要的修正,即成本控制步骤。

职工薪酬成本控制是人力资源部根据预定的目标,对职工薪酬成本发生和形成过程以及影响职工薪酬成本的各种因素条件施加主动的影响或干预,把实际职工薪酬成本控制在预期目标内的成本管理活动。

(三)事后职工薪酬成本管理阶段

事后职工薪酬成本管理阶段,主要是在职工薪酬成本发生之后进行的会计核算、分析和考核,一般包括职工薪酬成本核算、职工薪酬成本分析和职工薪酬成本考核等步骤。

职工薪酬成本核算是根据职工薪酬成本核算对象,按照国家统一的会计制度和企业管理要求,对营运过程中实际发生的各种职工薪酬按照规定的成本项目进行归集、分配和结转,取得不同成本核算对象的总成本和单位成本,向有关使用者提供职工薪酬成本信息的成本管理活动。它是通过对职工薪酬成本的确认、计量、记录、分配、计算等一系列活动,确定职工薪酬成本控制效果。其目的是为职工薪酬成本管理的各个环节提供准确的信息。只有通过职工薪酬成本核算,才能全面准确地把握企业生产经营管理的效果。

职工薪酬成本分析是利用职工薪酬成本核算提供的成本信息及其他有关资料,分析职工薪酬成本水平与构成的变动情况,查明影响职工薪酬成本变动的各种因素和产生的原因,并采取有效措施控制职工薪酬成本的成本管理活动。它主要是运用职工薪酬成本核算所提供的信息,通过同行比较和关联分析,包括对职工薪酬成本指标和目标成本的实际完成情况、职工薪酬成本计划和成本责任的落实情况,上年的实际成本、责任成本,国内外同类产品成本的平均水平、最好水平,进行比较,分析确定导致职工薪酬成本目标、计划执行差距的原因,以及可挖潜的空间。同时通过分析,把握成本变动规律,总结经验教训,寻求降低职工薪酬成本的途径。

职工薪酬成本考核是对职工薪酬成本计划及其有关指标实际完成情况进行定期总结和评价,并根据考核结果和责任制的落实情况,进行相应奖励和惩罚,以监督和促进企业加强职工薪酬成本管理责任制,提高成本管理水平的成本管理活动。它是把职工薪酬成本的实际完成情况与应承担的成本责任进行对比,考核、评价职工薪酬目标成本计划的完成情况。其作用是对每个成本责任单位和责任人,在降低职工薪酬成本上所作的努力和贡献给予肯定,并根据贡献的大小,给予相应的奖励,以稳定和提升职工进一步努力的积极性。同时对缺少成本意识,职工薪酬成本控制不到位,造成浪费的单位和个人,给予处罚,以促其改善。

二、企业职工薪酬成本控制的基本方法[①]

(一)企业工时管理方面的职工薪酬成本控制方法

工时是计算职工薪酬的重要依据。工时管理是企业管理和维护劳动纪律的最基本日常工作,是企业职工薪酬和绩效管理的前端保障。企业通过工时管理可以根据生产经营情况随时调整人力资源的分配状态。

1. 计件工资制

计件工资制,也称计件工作制,是指以劳动者完成一定数量的合格产品或一定的作业量以及预先确定的计价单价来确定劳动报酬的一种工资形式。计件工资制是间接用劳动时间来计算工资的制度,是计时工资制的转化形式,是一种特殊类型的不定时工作制。计件工资制具体包括超额累进计件、直接无限计件、限额计件和超定额计件等形式。

实行计件工资制的优点包括以下几个方面:

①由于计件工资制体现了多劳多得的特性,员工凭借自身的能力和付出获取薪酬,因此这种工资制度能够提高员工的工作积极性,从而提高企业的劳动生产效率。

②计件工资制使员工具有自发提高工作效率的动力。员工会强化工作技能、提高

---

① 主要引用于任康磊:《人力资源成本管控》,人民邮电出版社 2019 年版。

工作效率、改进工作方法,从而形成学习与成长的良好氛围。

③在计件工资制下,企业的成本支出比较清晰,有利于成本规划与控制,减少隐性的成本浪费,提升经营管理的效率和效果。

实行计件工资制的缺点包括以下几个方面:

①员工可能会过分重视数量,而忽视产品的质量,对企业产品的质量要求具有一定的对抗情绪。

②对于新产品、非标产品、生产量较少的产品,有时计价单价难以确定。

③计件工资制的管理方式如果实施不当,管理成本会上升,而且达不到管理效果。

2. 加强加班管理

企业应当明确规定允许加班的具体情形。一般认为在下列情况下企业允许员工申请加班。

①在原工作计划内,由于非主观因素造成的不能按照原计划完成工作,但是又必须在原计划时间内完成的工作。

②在原工作计划外,临时增加的、必须在特定时间内完成的工作。比如,临时增加的重要会议、临时增加的客户订单。

③适合在工作时间之外进行的工作。例如,工作中需要利用的机器设备的维护与检修、生产工艺调整的实验等。

④某些工作量较大,但必须在规定时间内完成的工作。例如,月度盘点工作。

⑤其他根据企业需要的临时任务加班。

员工在加班之前必须履行加班的申请和审批手续。员工必须提前填写加班申请单,注明加班的原因、内容、工作量和加班时长等,由本部门负责人审核申请单内容与实际情况是否相符以及是否属实。

(二)企业职工薪酬策略方面的职工薪酬成本控制方法

企业职工薪酬策略是指企业为了实现战略目标,有效利用薪酬管理体系,合理配置人力资源,激发员工积极性而制定的薪酬计划和具体行为的总和,是企业整体薪酬管理体系的工作思路和行动方案,是对企业人力资源的配置、激励和开发进行预见性、远见性和全局性规划。

1. 企业竞争战略的类型

企业竞争战略,是指在企业总体战略的指导下,各业务单位为了在参与市场竞争中取得竞争优势,在充分考察外部市场环境,结合自身发展状况的基础上,制定的战略决策。竞争战略主要包含以下三种:成本领先战略、差异化战略和集中战略。一般来说,企业需要从中选出一种战略作为企业的主要竞争战略。成本领先战略要求把成本控制到行业的平均水平之下,比竞争对手的成本更低;差异化战略要求企业的产品或者服务不同于竞争对手,给消费者创造更多的惊喜;集中化战略要求企业主攻某个特殊的消费群、某产品线的细分市场或某一特殊地域的市场。总而言之,三种竞争战略的区别还是很大的,要根据自身的条件和外部环境来综合分析从而选择其中的一种作为企业的主要竞争战略实施。

(1)成本领先战略。

成本领先战略,也称低成本战略,是指企业通过控制自身内部以及外部的经营活动,使得成本最大限度地降低,从而取得竞争优势的战略。成本领先战略想要实施成功,必须在消费者最看重的产品以及服务方面满足消费者的需求,同时相比较于竞争对手拥有可持续的低成本优势。成本领先战略需要企业改善经营模式、尽可能的规模化生产,最大限度地降低成本,企业在成本管理上必须下大功夫,才能最后使总成本相比竞争对手有优势,拥有低成本的企业便会拥有高于行业平均的利润,从而获得企业持续竞争优势。

(2)差异化战略。

差异化战略,是指将企业所提供的产品或者服务与其他竞争对手区分开来,并且能够树立几个整个产业范围所独有的东西,从而使企业获得一定竞争优势的战略。差异化战略最重要的是能带给消费者极具价值的产品或者服务。打造品牌文化及形象,完善技术、提高服务能力、推出新的业务等,都可以实现差异化战略。如果在几个方面都和其他竞争对手区分开来,有差异化,可以建立很多方面的竞争优势,自然是最好的情况。一般情况下,差异化战略的实施都会给企业带来很高的收益,但是与成本领先战略不同的是,差异化战略实施后,由于一般情况其成本比较高,导致价格会相对偏高,从而会影响企业的市场占有率。但另一方面,差异化战略可以建立起抵抗"五力"的防御壁垒,从而用品牌忠诚度吸引客户,使企业具有竞争优势。

(3)集中化战略。

集中化战略,也称聚焦战略,指的是企业重点进攻某个特殊的消费群、某产品线的一个细分市场或某一特殊地域的市场,通过种种市场活动,最终赢得所定位的市场的竞争优势的战略。集中化战略指的是把目标放在某个特定的而又相对狭小的范围内,在局部市场获得成本领先或者差异化,从而确立竞争优势。细分的话,集中化战略包括:产品集中化战略、地域集中化战略、顾客集中化战略和低占有率集中化战略。集中化战略要想实施成功,必须要有如下条件:企业用更高的效率达成更优异的成果来服务于一个相对范围较小的战略对象,依靠一个小方面的成功,带动大范围的超越竞争对手,从而使得公司的盈利能力在整个行业的平均水平之上。

2. 企业职工薪酬策略定位

企业职工薪酬策略,是指企业基于自身的战略规划,相对于竞争对手对职工薪酬水平高低所采取的策略。

企业职工薪酬策略首先应当与企业的竞争战略相配合,职工薪酬策略的定位取决于企业的竞争战略定位。其对应关系如表 7-1 所示。

表 7-1　　　　　　　　企业职工薪酬策略与竞争战略之间的关系

企业竞争战略	企业职工薪酬策略定位
成本领先战略	(1)职工薪酬注重成本控制,关注竞争对手的人力成本构成及其变化; (2)职工薪酬水平受成本控制和竞争对手的影响; (3)浮动薪酬应当与生产运营效率提升和成本控制效果直接相关; (4)薪酬管理通常一般采取集权式管理方式
差异化战略	(1)职工薪酬策略关注人才的引进、培养、开发和保留; (2)职工薪酬水平可考虑高于或等于市场水平或竞争对手的水平; (3)浮动薪酬更注重生产运营过程中的创新,以及研究与开发; (4)职工薪酬管理一般具有一定的放权和灵活性
集中战略	(1)职工薪酬策略关注专业技术人才的激励和保留; (2)核心人才的薪酬水平应当高于市场水平或竞争对手的水平; (3)浮动薪酬更注重客户评价和满意度; (4)职工薪酬管理需要一定的放权和灵活性

企业职工薪酬策略定位还需要考虑企业的发展阶段。企业发展阶段可分为初创期、成长期、成熟期和衰退期四个阶段,企业不同的发展阶段,应匹配不同的职工薪酬策略,如表 7-2 所示。

表 7-2　　　　　　　　企业职工薪酬策略与企业发展阶段之间的关系

策略要点	企业发展阶段			
	初创期	成长期	成熟期	衰退期
人力资源管理重点	创新与吸引关键人才	招聘与培训	开发内部人才、保持员工团队的稳定性、奖励管理技巧	减员和控制人力成本
职工薪酬策略	重外轻内、提高弹性、注重个人激励	内外并重、结构灵活、个人与集体激励相结合	重公正、促合作、个人与集体激励相结合	奖励成本控制
固定工资	低于市场水平	相当于市场水平	高于或相当于市场水平	相当于或低于市场水平
短期激励方式	绩效激励	绩效激励与福利	利润分享和利润	—
长期激励方式	全面参与股权	有限参与股权	股票购买	—

续表

策略要点	企业发展阶段			
	初创期	成长期	成熟期	衰退期
奖金	高	高	相当于市场水平	视财务状况来定
福利	低	低	高于或相当于市场水平	视财务状况来定

3. 企业职工薪酬策略的类型

企业职工薪酬策略可分为四种类型,分别为薪酬领袖策略、市场追随策略、市场拖后策略和薪酬混合策略。关于这四种类型策略的讨论,详见第一章的讨论。

(三)企业职工薪酬结构的职工薪酬成本控制方法

如前所述,每个企业采取的竞争战略和薪酬策略会有所不同,在不同类型岗位的固定薪酬和浮动薪酬在总工资中所占的比重也应有所区别。根据固定薪酬和浮动薪酬两者之间的比例不同,薪酬结构可分为三种类型,分别为高稳定性模式、高弹性模式和折中模式。关于这三种模式的讨论,详见第一章的讨论。

(四)企业流程层面的职工薪酬成本控制方法

企业要在流程层面方面加强职工薪酬成本,首先,需要分析企业的行业价值链和内部价值链,找准并把控企业的核心竞争优势;其次,要在价值链梳理和分解的基础上,强化企业价值链管理;最后,要实施必要的业务流程优化和再造,提高运营效率,从而降低职工薪酬成本。

1. 价值链分析法

(1)价值链分析法的含义。

价值链分析法是由美国哈佛商学院教授迈克尔·波特提出来的,是一种寻求确定企业竞争优势的工具。价值链分析更多的关注于企业内部活动的价值产生。通过分析识别企业活动,将企业活动归类分析、加以区分,确定企业价值链的关键环节,从而确立企业的竞争优势来源。

任何一个企业都是其产品在设计、生产、销售、交货和售后服务方面所进行的各项活动的聚合体。每一项经营管理活动就是这一价值链条上的一个环节。企业的价值链及其进行单个活动的方式,反映了该企业的历史、战略、实施战略的方式以及活动自身的主要经济状况。企业从事价值链活动,一方面创造客户认为有价值的产品或劳务,另一方面也需负担各项价值链活动所产生的成本。企业经营的主要目标,在于尽量增加客户对产品或劳务所愿支付的价格与价值链活动所耗成本之间的差距(即利润),一定水平的价值链是企业在一个特定产业内的各种作业的组合。

(2)价值活动的分类。

价值链分析法(见图7-1),把企业内外增加价值的活动分为基本活动和辅助性活动。基本活动是指生产经营的实质性活动,与商品实体的加工流转直接相关,是企业的基本增值活动。涉及任何产业内竞争的各种基本活动分为5种类型:

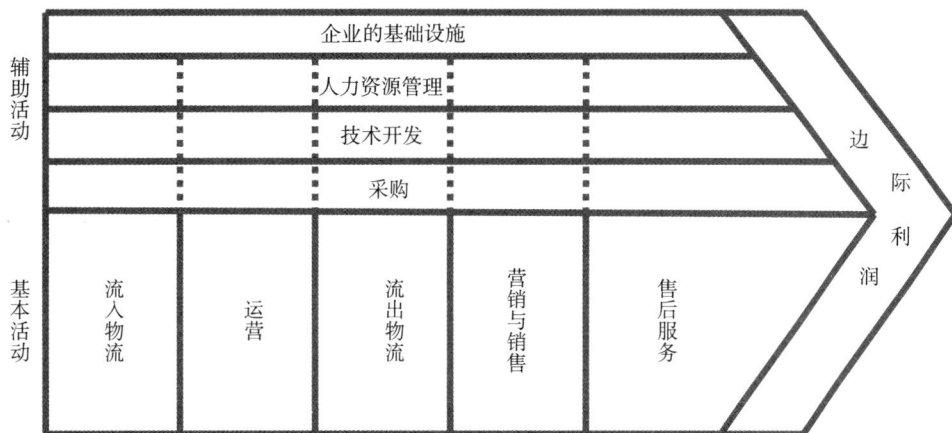

图7-1　企业价值链

①流入物流。与接收、存储和分配相关联的各类作业,比如,原材料搬运、仓储、库存控制、车辆调度和向供应商退货等。

②运营。与将各种投入转化为最终产品形式(或服务)相关的各种作业,比如,机械加工、包装、组装、设备维护、检测等。

③流出物流。与集中、存储和将产品发送给客户有关的各种作业,比如,产成品库存管理、送货车辆调度等。

④营销与销售。与提供客户购买产品的方式和引导它们进行购买等相关的各种作业,比如,广告、促销、销售队伍和渠道建设等。

⑤售后服务。与提供服务以增加或保持产品价值有关的各种活动,如安装、维修、培训和零部件供应等。

在任何产业内所涉及的各种辅助性活动可以被分为4种基本类型:

①采购。与购买用于企业价值链各种投入的活动,既包括企业生产原料的采购,也包括辅助性活动相关的购买行为,如研发设备的购买等,另外也包含物料的管理作业。

②研究与开发。每项价值活动都包含着技术成分,无论是技术诀窍和程序,还是在

工艺设备中所体现出来的技术。

③人力资源管理。包括各种涉及所有类型人员的招聘、雇佣、培训、开发和报酬等各种活动。人力资源管理不仅对基本和辅助性活动起到辅助作用，而且支撑着整个价值链。

④企业的基础设施。企业基础设施支撑了企业的价值链条，比如，会计制度和行政流程等。

对于企业价值链进行分析的目的在于分析公司运行的哪个环节可以提高客户价值或降低生产成本。对于任意一个价值增加行为，关键问题在于：一、是否可以在降低成本的同时维持价值（收入）不变；二、是否可以在提高价值的同时保持成本不变；三、是否可以降低工序投入的同时有保持成本收入不变；四、企业是否可以同时实现前三条。

（3）价值链分析法的特点。

①价值链分析的基础是价值，其重点是价值活动分析。各种价值活动构成价值链。价值是买方愿意为企业提供给他们的产品所支付的价格。也是代表着顾客需求满足的实现。价值活动是企业所从事的物质上和技术上的界限分明的各项活动。它们是企业制造对买方有价值的产品的基石。

②价值链列示了总价值。价值链除包括价值活动外，还包括利润，利润是总价值与从事各种价值活动的总成本之差。

③价值链的整体性。企业的价值链体现在更广泛的价值系统中。供应商拥有创造和交付企业价值链所使用的外购输入的价值链（上游价值），许多产品通过渠道价值链（渠道价值）到达买方手中，企业产品最终成为买方价值链的一部分，这些价值链都在影响企业的价值链。因此，获取并保持竞争优势不仅要理解企业自身的价值链，而且也要理解企业价值链所处的价值系统。

④价值链的异质性。不同的产业具有不同的价值链。在同一产业，不同的企业的价值链也不同，这反映了他们各自的历史、战略以及实施战略的途径等方面的不同，同时也代表着企业竞争优势的一种潜在来源。

2. 企业价值链定位

价值链可以分为三个层面，如图7-2：

（1）行业价值链，是企业整个行业价值创造的过程，是通过整个行业不同的分工，不同的企业承担不同的角色，最终把产品或服务交付给客户，从而完成整个行业的价值创造过程。

企业可以将行业价值链各环节展开后对其利润区分布及战略控制点进行深入分析，其中战略控制点是指对整个产业产生重大影响的关键环节（如电脑行业的芯片）。

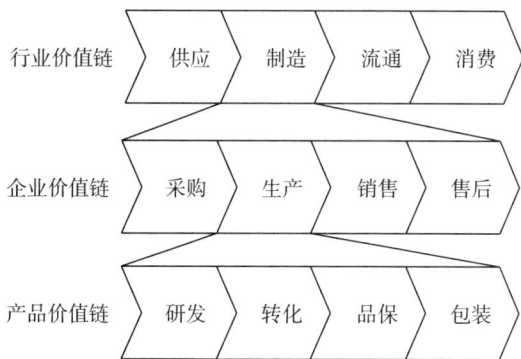

图7-2 价值链的三个层级

企业需要根据其战略规划将其产业链向高利润区进行延伸以获取更高的盈利能力。如果可能的话，企业应将其经营范围覆盖战略控制点，或与之结成战略同盟，以此来巩固其在行业的竞争优势。

（2）企业价值链，是整个企业价值创造的过程，是单个企业如何通过一系列价值链环节，把产品或服务交付给下一级消费者，从而完成企业内部的价值创造过程。企业可以通过分析企业内部价值链，灵活运用其他竞争对手无法效仿的本企业特有的差异化要素，使之成为企业的竞争优势来源，从而制定出企业的竞争战略和运营战略。

（3）产品价值链，是企业生产和提供产品与服务的过程，是企业如何通过流程和作业优化，把产品或服务实现从无到有的过程。产品或服务创造的过程本身，本身就是价值创造的过程。

在理清这三个层面的价值链关系之后，企业便可以找到自身在这三条价值链中所处的位置，能够清晰了解企业上一级为自身提供的价值，以及下一级为自身提供的价值，并能够找到自身价值链上的"关键环节"或者"战略环节"。企业要保持自身的竞争优势，实际上就是要保持价值链某些特定关键环节上的优势。例如，有些企业的竞争优势在产品的研发上，有些企业的竞争优势在终端渠道资源上，有些企业的竞争优势在原材料的进价上，这些竞争优势就构成了企业的核心竞争力。

3. 企业价值定位与职工薪酬成本控制

企业在确定了其自身价值链上的"关键环节"或者"战略环节"（即竞争优势）之后，职工薪酬成本控制的基本方法为将企业的核心人力资源聚焦于企业的"关键环节"或者"战略环节"，次要的人力资源则需要围绕和服务于企业的"关键环节"或者"战略环节"，而其他人力资源如果与企业的"关键环节"或者"战略环节"无关，则可以在考虑投入产出的效率之后进行删减。

三、构建职工薪酬成本控制预警体系

在企业职工薪酬成本控制过程中,企业需要建立职工薪酬的预警机制,以便当市场环境发生巨大变化或企业内部投入产出发生较大问题时能够及时发现,并发出警报,从而帮助企业在问题更加严峻之前及时做出调整,完善对职工薪酬成本控制的监测和预警。职工薪酬预警机制的重点在于制定合理有效的预警线。企业若要保持稳定健康的增长势头,其职工薪酬成本的投入产出应该是保持在一个合理水平的。因此,在设立职工薪酬成本预警线时可以从横向和纵向两个维度进行考虑,横向的职工薪酬成本预警线应当以行业的平均水平为标准,纵向的人工成本预警线应当以企业历年经营情况的平均数据为标准。一旦企业的实际职工薪酬成本指标与这两项标准偏离太多,就要发出预警,提高警惕性,进一步检测分析职工薪酬成本的变动原因,及时做出反应加以控制。

第八章 企业职工薪酬管理的内部控制体系建设

第一节 企业内部控制的目标、原则与要素

一、企业内部控制的定义

企业内部控制，是指由企业董事会、监事会、经理层和全体员工共同实施的、旨在实现控制目标的过程。建立与实施一套统一、高质量的企业内部控制规范体系，有助于提升企业内部管理水平和风险防范能力，促进企业的可持续发展。

二、企业内部控制的目标

企业内部控制的目标，是合理保证企业经营管理合法合规、资产安全、财务报告及相关信息真实完整，提高经营效率和效果，促进企业实现发展战略。

(一)促进遵循国家法律法规

内部控制要求企业必须把发展置于国家法律法规允许的基本框架之下，在合法合规的基础上实现自身的发展。合规性目标是内部控制目标的重要组成部分。

(二)促进维护资产安全

资产安全，是投资者和其他利益相关者普遍关注的重大问题，是企业可持续发展的物质基础。良好的内部控制，应当为资产安全提供扎实的制度保障。

(三)促进提高信息报告质量

可靠及时的信息报告能够为企业提供准确而完整的信息、支持企业经营管理决策和对营运活动及业绩的监控。同时，保证对外披露的信息报告的真实与完整，有利于提升企业的诚信度和公信力，维护企业良好的声誉和形象。

（四）促进提高经营效率和效果

建立健全企业有效的内部控制,要结合企业自身所处的内外部环境,不断提高企业经营活动的盈利能力和管理效率。

（五）促进实现发展战略

建立健全企业有效的内部控制,需要企业将短期利益和长远利益结合起来,在企业经营管理中努力作出符合战略要求、有利于提升可持续发展能力和创造长久价值的策略选择。

三、企业内部控制的原则

企业建立与实施内部控制,应当遵循下列原则:

（1）全面性原则。内部控制应当贯穿决策、执行和监督全过程,覆盖企业及其所属单位的各种业务和事项。

（2）重要性原则。内部控制应当在全面控制的基础上,关注重要业务事项和高风险领域。例如,企业对"三重一大"事项实行集体决策和联签制度,就是重要性原则的应用。重要性原则的应用需要一定的职业判断,企业应当根据所处行业环境和经营特点,从业务事项的性质和涉及金额两个方面来考虑是否及如何实行重点控制。

（3）制衡性原则。内部控制应当在治理结构、机构设置及权责分配、业务流程等方面形成相互制约、相互监督,同时兼顾运营效率。制衡性原则要求企业完成某项工作必须经过互不隶属的两个或两个以上的岗位环节,同时还要求履行内部控制监督职责的机构或人员具有良好的独立性。

（4）适应性原则。内部控制应当与企业经营规模、业务范围、竞争状况和风险水平等相适应,并随着情况的变化及时加以调整。适应性原则要求企业建立与实施内部控制应当具有前瞻性,适时地对内部控制系统进行评估,发现可能存在的问题,并及时采取措施予以补救。

（5）成本效益原则。内部控制应当权衡实施成本与预期效益,以适当的成本实现有效控制。成本效益原则要求企业内部控制建设必须统筹考虑投入成本和产出效益之比。对成本效益原则的判断需要从企业整体利益出发。

四、企业内部控制的要素

企业建立与实施有效的内部控制,应当包括下列要素:

（一）内部环境

内部环境是企业实施内部控制的基础，一般包括治理结构、机构设置及权责分配、内部审计、人力资源政策、企业文化等。

（二）风险评估

风险评估是企业及时识别、系统分析经营活动中与实现内部控制目标相关的风险，合理确定风险应对策略。

（三）控制活动

控制活动是指企业根据风险应对策略，采用相应的控制措施，将风险控制在可承受度之内，是实施内部控制的具体方式。常见的内部控制措施包括不相容职务分离控制、授权审批控制、会计系统控制、财产保护控制、预算控制、运营分析控制和绩效考评控制等。企业应当根据内部控制目标、结合风险应对策略，综合运用控制措施，对各种业务和事项实施有效控制。

1. 不相容职务分离控制

所谓不相容职务，是指那些如果由一个人担任，既可能发生错误和舞弊行为，又可能掩盖其错误和舞弊行为的职务。不相容职务一般包括：授权批准与业务经办、业务经办与会计记录、会计记录与财务保管、业务经办与稽核检查等。对于不相容的职务，如果不实行相互分离的措施，就容易发生舞弊等行为。不相容职务分离的核心是"内部牵制"，因此，企业在设计内部控制系统时，首先应确定哪些岗位和职务是不相容的；其次要明确规定各个机构和岗位的职责权限，使不相容岗位和职务之间能够相互监督、相互制约，形成有效的制衡机制。因资源限制等原因无法实现不相容职务相分离的，企业应当采取抽查交易文档、定期资产盘点等替代性控制措施。

2. 授权审批控制

授权审批是指企业在办理各项经济业务时，必须经过规定程序的授权批准。授权审批形式通常有常规授权和特别授权之分。常规授权是指企业在日常经营管理活动中按照既定的职责和程序进行的授权，用以规范经济业务的权力、条件和有关责任者，其时效性一般较长。特别授权是企业在特殊情况、特定条件下对办理例外的非常规性交易事项的权力、条件和责任的应急性授权。企业必须建立授权审批体系，编制常规授权的权限指引，规范特别授权的范围、权限、程序和责任，严格控制特别授权。对于重大的业务和事项，企业应当实行集体决策审批或者联签制度，任何个人不得单独进行决策或擅自改变集体决策。

3. 会计系统控制

会计作为一个信息系统,对内能够提供经营管理的诸多信息,对外可以向投资者、债权人等提供用于投资等决策的信息。会计系统控制主要是通过对会计主体所发生的各项能用货币计量的经济业务进行记录、归集、分类和编报等而进行的控制。其内容主要包括:依法设置会计机构,配备会计从业人员,建立会计工作的岗位责任制,对会计人员进行科学合理的分工,使之相互监督和制约;按照规定取得和填制原始凭证;设计良好的凭证格式;对凭证进行连续编号;规定合理的凭证传递程序;明确凭证的装订和保管手续责任;合理设置账户,登记会计账簿,进行复式记账;按照《会计法》和国家统一的会计准则的要求编制、报送和保管财务会计报告。

4. 财务保护控制

保障财产安全特别是资产安全,是企业内部控制的重要目标之一。财产保护控制的措施主要包括:①财产记录和实物保管。关键是要妥善保管涉及资产的各种文件资料、避免记录受损、被盗、被毁。对重要的文件资料,应当留有备份,以便在遭受意外损失或毁坏时重新恢复,这在信息系统的环境下尤为重要。②定期盘点和账实核对。它是指定期对实物资产进行盘点,并将盘点结果与会计记录进行比较。盘点结果与会计记录如不一致,说明资产管理上可能出现错误、浪费、损失或其他不正常现象,应当分析原因,查明责任,完善管理制度。③限制接近。它是指严格限制未经授权的人员对资产的直接接触,只有经过授权批准的人员才能接触资产。限制接近包括限制对资产本身的接触和通过文件批准方式对资产使用或分配的间接接触。一般情况下,对货币资金、有价证券、贵重物品、存货等变现能力强的资产必须限制无关人员的直接接触。

5. 预算控制

预算是企业未来一定时期内经营、资本和财务等各方面的收入、支出、现金流的总体计划。预算控制的内容涵盖了企业经营活动的全过程,企业通过预算的编制和检查预算的执行情况,可以比较和分析各部门未完成预算的原因,并对未完成预算的不良后果采取改进措施。在实际工作中,预算编制不论采用自上而下或自下而上的方法,其决策权都应落实到内部管理的最高层,由这一权威层进行决策、指挥和协调。预算确定后由各预算单位组织实施,并辅以对等的权、责、利关系,由内部审计等部门负责监督预算的执行。分解预算控制的主要环节有:确定预算的项目、标准和程序;编制和审定预算;预算指标的下达和责任人的落实;预算执行的授权;预算执行过程的监控;预算差异的分析和调整；预算业绩的考核和奖惩。

6. 运营分析控制

运营分析是对企业内部各项业务、各类机构的运行情况进行独立分析或综合分析，进而掌握企业运营的效率和效果，为持续的优化调整奠定基础。运营分析控制要求企业建立运营情况分析制度，综合运用生产、购销、投资、筹资和财务等方面的信息，通过因素分析、对比分析和趋势分析等方面，定期开展运营情况分析，发现存在的问题，及时查明原因并加以改进。

7. 绩效考评控制

绩效考评是对所属单位及个人占有、使用、管理与配置企业经济资源的效果进行的评价。绩效考评控制的主要环节包括：确定绩效考评目标，绩效考评目标应当具有针对性和可操作性；设置考核指标体系，考核指标既要有定量指标，以反映评价客体的各种数量特征，又要有定性指标，以说明各项非数量指标的影响，同时，针对不同的评价指标赋予相应的权重，体现各项评价指标对绩效考评结果的影响程度和重要程度；选择考核评价标准，评价标准是反映评价指标优劣的具体参照物和对比尺度，企业可以根据评价目标运用不同的评价标准，如历史标准、预算标准和行业标准等；形成评价结果，根据评价指标和评价标准，对企业全体员工的业绩进行定期考核和客观评价，在此基础上形成评价结论；制定奖惩措施，企业应当将绩效考评结果作为确定员工薪酬以及职务晋升、降级、调岗和辞退等的依据。

除上述常见控制措施以外，企业还需要建立重大风险预警机制和突发事件应急处理机制，明确风险预警标准，对可能发生的重大风险或突发事件，制定应急预案，明确责任人员、规范处理程序，确保突发事件得到及时妥善的处理。

（四）信息与沟通

信息与沟通是企业及时、准确地收集、传递与内部控制相关的信息，确保信息在企业内部、企业与外部之间进行有效沟通。

（五）内部监督

内部监督是企业对内部控制建立与实施情况进行监督检查，评价内部控制的有效性，发现内部控制缺陷，应当及时加以改进。

第二节　企业职工薪酬管理的内部控制体系建设①

一、企业职工薪酬管理的含义

企业职工薪酬管理,是指在企业发展战略指导下,对员工薪酬支付原则、薪酬策略、薪酬水平、薪酬结构和薪酬构成进行确定、分配和调整的动态管理过程。

企业职工薪酬管理要为实现薪酬管理目标服务,薪酬管理目标是基于人力资源战略设立的,而人力资源战略服从于企业竞争战略。

企业职工薪酬管理可分为薪酬体系设计和薪酬日常管理两个方面。薪酬体系设计主要包括薪酬水平设计、薪酬结构设计和薪酬构成设计,而薪酬日常管理是由薪酬预算、薪酬支付和薪酬调整组成的循环。

二、企业职工薪酬管理的内部控制目标

企业员工薪酬管理的控制目标是:以企业可以承受的、具有竞争优势的薪酬标准,吸引和留住人才,建立适当的公平性,激励各层次人员努力提高对企业的贡献水平,合理保证企业经营管理合法合规、提高经营效率和效果、促进企业实现发展战略。具体来说,企业薪酬管理的内部控制目标可以分为以下几个方面:

(一)效率目标

效率目标包括两个层面:(1)从产出角度来看,薪酬管理要能给企业绩效带来最大价值。(2)从投入角度来看,薪酬管理要实现薪酬成本最小化。薪酬管理效率目标的本质在于,用适当的薪酬成本给企业带来最大的价值。

(二)公平目标

公平目标包括三个层次,即分配公平、过程公平和机会公平。分配公平是指企业在进行人力资源决策以及决定各种奖励措施时,要满足公平的要求。如果企业员工认为受到了不公平对待,将会影响其工作积极性。过程公平是指在决定任何奖惩决策时,企业所依据的决策标准或方法符合公正性原则,程序公平一致、标准明确、过程公开等。机会公平是指企业赋予所有员工同样的发展机会,包括企业在决策之前与员工互相沟

---

① 主要引用于罗胜强:《企业内部控制精细化设计与实务案例》,立信会计出版社 2018 年版。

通,企业决策考虑员工的意见,主管考虑员工的立场,建立员工申诉机制等。

(三)合法性目标

合法性目标是企业薪酬管理的最基本前提,要求企业实施的薪酬制度符合国家和省区的法律法规、政策条例要求,例如,不能违反最低工资制度、法定保险福利和薪酬指导线制度等规定的要求。

三、企业职工薪酬管理的主要风险点

风险评估是企业及时识别、系统分析企业职工薪酬管理中与实现内部控制目标相关的风险,并合理确定风险应对策略。与员工薪酬政策相关的有战略研究风险、岗位分析风险、岗位评价风险、薪酬调查风险、薪酬定位风险、薪酬结构设计风险、薪酬体系实施和调整风险、薪酬政策执行的道德风险等。一般而言,影响企业薪酬政策目标实现的风险因素主要包括外部环境因素和内部管理因素,以上这些风险因素均存在于企业人力资源规划的制定和企业职工薪酬政策的执行过程之中。为了营造良好的人力资源内部控制环境,在薪酬政策的制定和执行过程中,必须识别这些风险。

(一)与人力资源规划相关的主要风险点

人力资源规划是指企业的人力资源部门和相关业务部门根据企业的发展战略、目标以及企业内外部环境的变化,科学地制定必要的人力资源政策和措施,使企业人力资源供需平衡,保证企业长期持续发展和员工个人利益的实现,关于人力资源规划的讨论,参见第五章的讨论。

对于人力资源规划各环节存在的主要风险包括:

(1)在人力资源规划过程中,可能由于人力资源需求信息、供给信息和其他信息不准确、不相关等导致人力资源规划不科学、不合理的可能性。比如,在人力资源规划过程中,因理论依据的选择、领导传达的信息和价值出现偏差,从而导致人力资源政策走偏,甚至出现背离。

(2)因人力资源规划工作的相关岗位设计不合理,相关岗位人员胜任能力不足、道德低下等导致企业人力资源规划不科学、不合理的可能性。如在人力资源规划过程中,人力资源部门的负责人与业务部门的负责人之间分工不明确、责任不清晰,从而导致人力资源规划过程中出现不和谐的现象,并有可能进一步导致人力资源政策不合理。

(3)在人力资源规划过程中,由于对外部环境的扫描和评估程序或方法不当,导致评估出现偏差。人力资源规划过程在很大程度上是企业在人力资源工作方面对外部环境变化的积极应对。

（4）人力资源规划过程中，由于对需求与供给的预测不准确，导致后续的人力资源配备计划、人力资源培训计划出现较大偏差的可能性。

（5）因人力资源规划的变更缺乏合理的授权，批准和监督程序，导致人力资源规划变更不合理，人力资源规划缺乏约束力的可能性。

（6）因人力资源规划缺乏领导的重视、企业各部门的参与，导致人力资源规划无法实施或实施困难的可能性。

（7）由于沟通机制不健全等原因，导致人力资源规划形成的各种政策、方针和工作计划无法有效向有关人员传递的可能性。

（二）与企业职工薪酬政策执行相关的主要风险点

在企业职工薪酬管理中，与职工薪酬政策执行相关的主要风险点如下：

（1）实际发放的职工薪酬总额没有严格按照企业会计准则及企业会计核算办法进行确认与计量，导致财务报表中职工薪酬信息失真的风险。

（2）为职工缴纳的基本养老保险费、基本医疗保险费、失业保险费、工伤保险费和生育保险费等基本社会保险费和住房公积金，未按照国务院有关主管部门或者省级人民政府规定的范围和标准税前扣除的风险。

（3）为职工支付的补充养老保险费和补充医疗保险费未在财政和税务部门规定的范围和标准内税前扣除的风险。

（4）为特殊工程职工支付的人身安全保险费和国家财政和税务主管部门规定可以扣除的其他商业保险费之外，未为职工支付其他的商业保险费。

（5）据实列支的职工福利费、职工教育经费和工会经费未在国家财政和税务部门规定的范围和标准内税前扣除的风险。

（6）将外购或自行生产的商品用于职工福利或奖励未按照税法规定代扣代缴个人所得税的风险。

（7）辞退福利、以权益结算的股份支付和以现金结算的股份支付，未按照税法规定列支成本和费用的风险。

（8）企业岗位薪酬与市场严重脱节，导致关键岗位人员流失或人力成本增加的风险。

（9）职工激励机制中过分强调业绩指标，导致管理者和员工片面追求短期利益，忽视长远发展的风险。

四、企业职工薪酬管理的关键控制点

(一)与人力资源规划相关的关键控制点

针对人力资源规划的上述风险,与人力资源规划相关的关键控制点如下:

1. 授权审批控制

在授权审批控制方面,人力资源规划的关键控制点主要包括以下内容:

(1)在人力资源规划工作中,对于各部门提交的人力资源需求与供给信息必须经过各部门主管人员审核签字,并明确其相关责任。

(2)人力资源规划过程中使用的战略规划数据、组织结构数据、财务规划数据及各部门年度规划数据等信息必须经过各部门主管人员审核签字后才能使用。

(3)企业应成立专门的人力资源供需平衡决策小组、委员会或由总经理、总经理授权的人或部门来负责企业人力资源供需平衡工作。

(4)在人力资源规划过程中,人力资源部门应指定专人负责在相关数据的基数上对企业人力资源需求和供给趋势进行分析,形成分析报告,报告在提交公司总经理或相关的决策小组、委员会讨论并批准后,方为有效。

(5)人力资源规划过程中的供需平衡决策要在总经理或相关的委员会会议讨论通过并经全体成员签字同意后,方可作为进行下一步人力资源规划的依据。

(6)人力资源部门根据经批准的供需平衡决策信息,组织相关人员汇总信息,拟写人力资源规划草案,并组织相关人员召开专项会议审核草案。

(7)人力资源部门根据专项会议通过的草案,安排专人负责企业年度人力资源规划的编制和汇总,形成企业年度人力资源规划报告,规划报告经各职能部门负责人审定签字后,交由公司人力资源部门负责人审核通过,报请公司总经理批准生效。

(8)公司人力资源部门负责组织实施年度人力资源规划报告的有关内容,并在公司内部做好沟通与传达工作,保障全体员工知晓公司人力资源规划的相关内容,保证人力资源规划实施的顺利进行。

2. 不相容职务分离控制

根据不相容职务分离的原则,人力资源规划的关键控制点主要包括以下内容:

(1)为保证决策使用信息的真实性、相关性,在人力资源规划过程中决策使用信息的收集、鉴证和使用须职务相分离。

(2)人力资源需求计划的提出、审批、执行与监督须实行职务相分离。

(3)人力资源规划相关文件的保管、使用和审批须实行职务相分离。

（4）人力资源规划方案的修订建议的提出、审批须实行职务相分离。

3. 接触控制

涉及人力资源的政策、信息、材料等是公司重要的机密，应该有专门的控制。在此方面的关键控制点包括以下主要内容：

（1）人力资源规划的相关会议及会议决定，需要制定专人负责记录和整理，经过与会人员签字后存档。

（2）公司人力资源部门应该将年度人力资源规划书作为重要机密文件存档，严格控制借阅，并将年度人力资源规划书的管理纳入公司有关商业机密和经营管理重要文件的管理制度。

（3）编制人力资源规划书过程中使用和生成的各种报告，应作为企业的机密文件存档，未经企业人力资源负责人批准，任何人不得调用。

（4）若企业人力资源部门采用人力资源管理信息系统，企业人力资源部门负责人应根据以上所述权限，设定各相关人员对各种文件的使用权限，不得越权接近和使用。

4. 反馈检查的控制

对人力资源规划的制定和实施进行跟踪、反馈、检查和审核是企业人力资源工作的重要内容，在此方面的关键控制点包括以下主要内容：

（1）企业内部审计部门应采用定期或不定期的方式，对人力资源规划的制定过程和实施情况进行审计和评价，并形成书面的审计报告。审计报告应提交公司审计委员会或类似的机构。

（2）企业人力资源部门应根据内部审计报告提出的缺陷进行分析，提出处理方案。处理方案应提交总经理审批，同时抄送内部审计部门，内部审计部门认为必要时可以采取跟踪审计等措施。

（二）与企业职工薪酬政策相关的关键控制点

与企业职工薪酬政策相关的关键控制措施主要包括制定科学合理的员工薪酬策略、合理运用岗位分析方法、建立岗位评价机制、制定科学的薪酬调查流程、定位准确的企业薪酬、制定科学的薪酬结构、建立企业员工薪酬管理风险预警体系、建立风险责任机制等。其关键控制点如下：

（1）外部公平性的设定。企业要想在吸引和留住人才方面取得竞争优势，其薪酬最起码要保持外部的公平性，即和社会上的类似企业保持可比性或一致性。企业要有社会薪酬水平调查机制，根据企业的承受能力和企业的薪酬定位目标，通过和社会水平的对比，形成自己的薪酬结构。企业要建立薪酬总水平的控制目标，可以让薪酬水平和企业利润、收入等保持一定的比例关系。

（2）内部公平性的建立。内部公平比外部公平让员工感受得更明显，企业要力求薪酬设计的内部公平性。关键控制点包括职务分析、评估岗位价值等方面。通过职务分析，做好岗位的设计和职责的分配。评估不同岗位的价值，是内部公平性的关键和最难点。企业要运用专门的技术，建立岗位价值的评估模型，让不同的岗位有相对的可比性。

（3）收入的差距与岗位价值评估的对应。薪酬制度的目的之一就是激励员工，激发斗志，鼓励员工通过技能、知识、意愿等的提高而提高薪酬水平。收入的差距要反映岗位价值的评估结果，体现薪酬制度的激励性。

在企业职工薪酬管理中，与职工薪酬政策执行相关的控制目标与关键控制点如下：

1. 人事关系管理

人事关系管理子流程包括对薪酬主文档的新增、变更和删除维护。

（1）控制目标。

①工资主文档的新增项目代表有效的员工记录。

②解雇员工的记录从工资主文档中删除。

③解雇员工遵循法规及工会的规定。

（2）关键控制点。

①公司要制定相关的员工招聘、岗位调动和离职制度，明确规定关键业务流程和业务文档。

②新员工入职时，人力资源部门人事管理员根据部门负责人员和公司领导审批的员工入职信息，在员工信息汇总表中添加新员工的基本信息，包括：姓名、岗位、部门、进厂时间、基本工资等。人力资源部门负责人定期审核员工信息汇总表和原始单据，并留下审核痕迹。

③员工调动和离职时，人力资源部门人事管理员根据部门负责人员和公司领导审批的员工调动和离职信息，在员工信息汇总表中更新员工的基本信息。人力资源部门负责人定期审核员工信息汇总表和原始单据，并留下审核痕迹。

④终止劳动合同时，公司遵循劳动合同规定履行员工劳动合同的变更、终止与解除。人事管理员根据劳动法定期对劳动合同规定进行更新，以确保公司的劳动合同制规定与劳动法一致。员工离职、解聘和退休流程应符合劳动法和公司相关制度的规定，经过相关部门和公司负责人审核后，方可与员工解除劳动合同。

2. 记录工时

记录工时主要包括日常考勤的记录与审批、加班申请与审核、休假的申请与审核、员工外出的申请与审核等。

（1）控制目标。

①所有工作时间都已输入。

②工时及出勤记录反映了经审批的实际工作时数。且工资、补贴及扣款已被准确的计算。

（2）关键控制点。

①公司制定相关制度，明确考勤记录，休假、加班等审批流程。

②考勤的记录和审批。公司各部门采用打卡或考勤员手工记录考勤的方式记录员工出勤情况，连同按审批权限适当审批的未按时出勤相关单据（如：请假单和病假单等）提交给单位工资核算人员，进行工资的核算。工资核算人员根据员工岗位级别和考勤记录计算当月岗位工资。考勤记录应得到相关部门负责人的审批。

③公司制定相关制度，明确薪酬考核流程。

④计算岗位工资。岗位工资和绩效奖金的公司工资核算人员根据员工岗位级别、考勤记录以及当月人员岗位变动情况计算员工岗位工资。岗位工资的计算应得到相关部门负责人的审批。

⑤计算绩效工资。根据相关薪酬考核制度中规定的绩效考核标准，公司各部门定期对员工进行考核评分，并根据考核结果计算绩效奖金。绩效工资的计算应得到相关部门负责人的审批。

⑥计算汇总工资。人力资源部门工资核算人员汇总各部门岗位工资和绩效奖金信息，编制工资汇总表，经人力资源部门和公司相关负责人进行适当审批并留有审核记录。

3. 计算工资

计算工资包括工资的计算与记录、各类奖金的计算与记录等。

（1）控制目标。

工资（包括补贴及扣款）已被准确地计算及记录。

（2）关键控制点。

①人力资源部门汇总各部门岗位工资和绩效奖金工资信息，编制当月工资审批单，列明各部门当月岗位工资、绩效奖金和工资总额，提交至公司分管领导审批签字。

②薪酬的计算分为两种类型：计时工资制和计件工资制。

计时工资制是按照工作时间发放薪酬的方式，包括基本工资、绩效工资和年度奖励及福利等。基本工资的关键控制点，一是工资标准的确定，二是实际工作时间的确定。必须严格地按照编制定员和业务技术标准，为实行计时工资制的每个职工确定岗位、职务或者评定技术(业务)等级,建立健全考勤制度,对职工的实际工作时间进行严格的监督与统计,同时,还应对职工的技术(业务)水平进行考核,根据考核结果,在支付计时工资时做到奖优罚劣、奖勤罚懒,以更好地体现按劳分配原则。绩效工资和年度奖励要按公司的制度规定,进行考核和核算,以体现全面的贡献。实际工作时间的确定则要求建立考勤制度,对于工时进行计量。

计件工资制是按照生产的合格产品的数量或完成的一定作业量,根据一定的计件单价计算劳动报酬的一种工资形式。它的关键控制点由工作物等级、劳动定额和计件单价所组成。工作物等级是根据某种工作物的技术复杂程度、劳动繁重程度、责任大小和不同的生产设备状况划分的等级。它按照技术等级标准的要求,规定从事该工作的工人所应达到的技术等级。它是确定劳动定额水平、计算计件单价和合理安排劳动力的科学依据。工作物等级确定以后,一般不宜变动。但是在工人技术等级标准作了修订,生产设备、工艺操作和技术条件起了变化的时候,有关的工作物等级也应该进行调整。劳动定额,分产量定额和工时定额。产量定额就是在单位时间内应该生产的合格产品的数量。工时定额就是在一定条件下,完成某一产品所必须消耗的劳动时间。劳动定额是考核和衡量工人生产效率的尺度,也是合理组织劳动和计算劳动报酬的依据,是实行计件工资的关键。计件单价就是完成某种产品的单位产量的工资支付标准。

同时,企业要加强企业基础管理工作,建立健全各项规章制度。在生产组织方面要完善材料的保管、发放、运输制度;在劳动组织方面,要完善编制定员制度;在管理制度方面,要完善劳动定额管理制度、原材料的消耗定额管理制度和收发保存制度,各种原始记录和统计制度,质量检验制度,设备保养与检查制度,以及安全操作规程、工艺规程的管理等。在生产条件和技术、设备水平发生重大变化时,要及时修订各项定额标准,建立定期检查和修订定额的制度。

4. 支付工资

支付工资包括薪酬的支付及记录、工资信息软盘的维护和工资单的发放等。

(1)控制目标。

工资支付给适当的员工。

(2)关键控制点。

①工资支付。每月人力资源部门工资核算人员将经审批的工资汇总表送交至财务部门,财务部门会计人员对工资扣缴项目进行审核后,由出纳开具转账支票或电子转账方式将应发放的工资转至银行,银行代为发放工资。公司应明确规定只有经授权的人员才可接触工资银行转账磁盘。

②工资支付的账务处理。财务部门会计人员根据银行回单进行账务处理并编制记

账凭证,由独立的会计人员复核单据及记账凭证编制的准确性。

③工资发放。每月工资通过银行转账划入员工个人账户,相关部门人员打印工资发放清单,向员工发放工资条。员工自行核对工资单与实际发放金额,对于差错等情况,个人向财务部门和人力资源部门反映。

5. 不相容职责分离

企业应建立岗位责任制,明确相关部门和岗位的职责、权限,确保日常业务的不相容岗位相互分离、制约和监督,以降低舞弊或纰漏的风险。如表 8-1 所示,列示了企业薪酬管理中的不相容职责分离,"×"即表示不相容的职责。

表 8-1 不相容职责分离表

互相分离岗位职责及编号		A 计算员工薪资	B 审核员工薪资	C 薪资支付申请	D 薪资支付审批	E 薪资付款账务处理	F 薪资计提账务处理
A	计算员工薪资		×		×	×	×
B	审核员工薪资					×	×
C	薪资支付申请				×	×	×
D	薪资支付审批					×	×
E	薪资付款账务处理						
F	薪资计提账务处理						

例如,表中横行 A 和纵列 B 交汇处以"×"表示,则表明 A 与 B 即员工薪资的计算与审核是不相容的职责。员工薪资的计算与审核的职责分离是指员工薪资应经过独立于计算的人员审核,确保员工薪资计算的准确性。

五、企业薪酬管理制度—案例

××集团有限公司薪酬管理制度

1. 目的

为适应企业发展要求,充分发挥薪酬的激励作用,进一步拓展员工职业上升通道,建立一套相对密闭、循环、科学、合理的薪酬体系,根据集团公司现状,特制定本规定。

2. 制定原则

本方案本着公平、竞争、激励、经济、合法的原则制定。

(1)公平:是指相同岗位的不同员工享受同等级的薪酬待遇;同时根据员工绩效、服务年限、工作态度等方面的表现不同,对职级薪级进行动态调整,可上可下同时享受或承担不同的工资差异。

（2）竞争：使公司的薪酬体系在同行业和同区域有一定的竞争优势。

（3）激励：是指制定具有上升和下降的动态管理，对相同职级的薪酬实行区域管理，充分调动员工的积极性和责任心。

（4）经济：在考虑集团公司承受能力大小、利润和合理积累的情况下，合理制定薪酬，使员工与企业能够利益共享。

（5）合法：方案建立在遵守国家相关政策、法律法规和集团公司管理制度基础上。

3. 管理机构

（1）薪酬管理委员会

主任：总经理

成员：分管副总经理、财务总监、人力资源部经理、财务部经理

（2）薪酬委员会职责

①审查人力资源部提出的薪酬调整策略及其他各种货币形式的激励手段（如年终奖、专项奖等）。

②审查个别薪酬调整及整体薪酬调整方案和建议，并行使审定权。

本规定所指薪酬管理的最高机构为薪酬管理委员会，日常薪酬管理由人力资源部负责。

4. 制定依据

本规定制定的依据是根据内、外部劳动力市场状况、地区及行业差异、员工岗位价值（对企业的影响、解决问题、责任范围、监督、知识经验、沟通、环境风险等要素）及员工职业发展生涯等因素（岗位价值分析评估略）。

5. 岗位职级划分

（1）集团所有岗位分为六个层级分别为一层级（A）：集团总经理；二层级（B）：高管级；三层级（C）：经理级；四层级（D）：副经理级；五层级（E）：主管级；六层级（F）：专员级。

具体岗位与职级对应见下表：

表8-2

	序号	职级	对应岗位
××公司职级岗位对应表	1	A	集团总经理
	2	B	各分管副总经理、总监
	3	C	集团总经理助理、各部门经理、分公司总经理
	4	D	集团各部门副经理、分公司副总经理
	5	E	集团及各子公司承担部门内某一模块的经理助理、主管、专员
	6	F	集团及各子公司承担某一具体工作事项的执行者

（2）A、B、C 岗位层级分别为八个级差（A1、A2、……、A8），D、E 岗位层级分为六个级差。

6. 薪酬组成

基本工资+岗位津贴+绩效奖金+加班工资+各类补贴+个人相关扣款+业务提成+奖金。

（1）基本工资：是薪酬的基本组成部分，根据相应的职级和职位予以核定。正常出勤即可享受，无出勤不享受。

（2）岗位津贴：是指对主管以上行使管理职能的岗位或基层岗位专业技能突出的员工予以的津贴。

（3）绩效奖金：绩效奖金是指员工完成岗位责任及工作，公司对该岗位所达成的业绩而予以支付的薪酬部分。绩效奖金的结算及支付方式详见《公司绩效考核管理规定》。

（4）加班工资：加班工资是指员工在双休日、法定节假日及 8 小时以外为了完成额外的工作任务而支付的工资部分。公司 D 职级（包含 D 级）以上岗位及实行提成制的相关岗位实行不定时工作制，工作时间以完成固定的工作职责与任务为主，所以不享受加班工资。

（5）各类补贴：

①特殊津贴：是指集团对高级管理岗位人员基于他的特长或特殊贡献而协议确定的薪酬部分。

②其他补贴：其他补贴包括手机补贴、出差补贴等。

（6）个人相关扣款：

扣款包括各种福利的个人必须承担的部分、个人所得税及因员工违反公司相关规章制度而被处的罚款。

（7）业务提成：公司相关业务人员享受业务提成，按公司业务提成管理规定执行。

（8）奖金：奖金是公司为了完成专项工作或对作出突出贡献的员工的一种奖励，包括专项奖、突出贡献奖等。

7. 试用期薪酬

（1）试用期的工资为（基本工资+岗位津贴）的80%。

（2）试用期被证明不符合岗位要求而终止劳动关系的或试用期员工自己离职的，不享受试用期的绩效奖金。

（3）试用期合格并转正的员工，正常享受试用期的绩效奖金。

8. 见习期薪酬

见习员工的薪酬详见公司关于见习期的相关规定。

9. 薪酬调整

薪酬调整分为整体调整和个别调整。

（1）整体调整：指集团公司根据国家政策和物价水平等宏观因素的变化、行业及地区竞争状况、集团公司发展战略变化以及公司整体效益情况而进行的调整，包括薪酬水平调整和薪酬结构调整，调整幅度由董事会根据经营状况决定。

（2）个别调整：主要指薪酬级别的调整，分为定期调整与不定期调整。

薪酬级别定期调整：指公司在年底根据年度绩效考核结果对员工岗位工资进行的调整。

薪酬级别不定期调整：指公司在年中由于职务变动等原因对员工薪酬进行的调整。

（3）各岗位员工薪酬调整由薪酬管理委员会审批，审批通过的调整方案和各项薪酬发放方案由人力资源部执行。

10. 薪酬的支付

（1）薪酬支付时间计算：

①执行月薪制的员工，日工资标准统一按国家规定的当年月平均上班天数计算。

②薪酬支付时间：当月工资为下月 15 日。遇到双休日及假期，提前至休息日的前一个工作日发放。

（2）下列各款项须直接从薪酬中扣除：

①员工工资个人所得税；

②应由员工个人缴纳的社会保险费用；

③与公司订有协议应从个人工资中扣除的款项；

④法律、法规规定的以及公司规章制度规定的应从工资中扣除的款项（如罚款）；

⑤司法、仲裁机构判决、裁定中要求代扣的款项。

（3）工资计算期间中途聘用或离职人员，当月工资的计算公式如下：

$$实发工资 = 月工资标准 \times \frac{实际工作日数}{20.83}$$

工资计算期间未全勤的在职人员工资计算如下：

应发工资 ＝（基本工资＋岗位津贴）－（基本工资＋岗位津贴）×缺勤天数/20.83

（4）各类假别薪酬支付标准：

①产假：按国家相关规定执行。

②婚假：按正常出勤结算工资。

③护理假:(配偶分娩)不享受岗位技能津贴。

④丧假:按正常出勤结算工资。

⑤公假:按正常出勤结算工资。

⑥事假:员工事假期间不发放工资。

⑦其他假别:按照国家相关规定或公司相关制度执行。

11. 社会保障及住房公积金

(1)上海户籍员工依照劳动合同约定的工资为基数缴纳养老保险金、失业保险金、医疗保险金、住房公积金。

(2)非上海户籍员工由本人提出申请,经公司审批后也可按上海户籍员工同等标准缴纳。

(3)其他非上海户籍员工一律缴纳上海综合保险。

12. 薪酬保密

人力资源部、集团财务及财务所有经手工资信息的员工及管理人员必须保守薪酬秘密。非因工作需要,不得将员工的薪酬信息透漏给任何第三方或公司以外的任何人员。薪酬信息的传递必须通过正式渠道。有关薪酬的书面材料(包括各种有关财务凭证)必须加锁管理。工作人员在离开办公区域时,不得将相关保密材料堆放在桌面或容易泄露的地方。有关薪酬方面的电子文档必须加密存储,密码不得转交给他人。员工需查核本人工资情况时,必须由人力资源部会同财务部门出纳进行核查。违反薪酬保密相关规定的一律视为严重违反公司劳动纪律的情形予以开除。

公司执行国家规定发放的福利补贴的标准应不低于国家规定标准,并随国家政策性调整而相应调整。

第九章　企业职工薪酬法律风险管理

第一节　企业职工薪酬的常见法律风险类型

一、劳动关系的争议风险

(一)劳动关系与劳务雇佣关系的区别与联系

劳动关系是指劳动者个人与用人单位之间在实现劳动过程中,一方有偿提供劳动力,另一方使用和管理劳动力并获取劳动成果的社会关系。雇佣关系是指双方当事人约定,一方于一定或不定期限内为他方提供劳务,他方给付报酬的社会关系。劳动关系和雇佣关系是具有很大相似性的两种不同的法律关系。在这两种不同的法律关系中,提供劳动的都是自然人,都是通过提供劳动来获取报酬。

确认劳动关系的劳动仲裁,是劳动者与用人单位之间的一种常见的劳动争议类型。劳动者与用人单位建立劳动关系,是用人单位计算职工薪酬的前提条件,劳动关系确立可以依据《劳动合同法》来确定。

劳动关系和雇佣关系的主要区别体现在以下几个方面:

一是适用的法律不同,受国家干预程度不同。国家对劳动关系有强制的法律规定,劳动关系双方必须遵守,不得以合同排除法律的适用,而雇佣关系的本质是一种劳务关系,双方遵守意思自治原则,雇佣合同的内容双方可以约定,只要不违反社会公共利益和第三人的利益,法律一般不加以干涉。

二是管理形式不同,要看是否形成行政隶属关系。在劳动关系中,用人单位与劳动者之间产生组织领导的行政隶属关系,劳动者要接受用人单位的领导和管理、并成为用人单位的成员,要遵守用人单位依法制定的各项规章制度。在雇佣关系中,劳动者虽然是在雇主的授权或指示范围内从事生产经营或其他劳务活动,并接受雇主的指挥、控制、支配、监督和管理,但是,劳动者不是雇用单位的成员,也不必遵守该单位的各项规章制度,雇用单位与劳动者之间是一种平等的人身关系,不属于行政上的隶属关系。

三是劳动者享受权利不同,福利待遇也不同。在劳动关系中,劳动者有权享有养老、医疗、工伤和失业等社会保障和福利待遇,而雇佣关系中的劳动者一般不享有这些社会保障和福利待遇权,即雇佣关系的劳动者无法享受用人单位的工伤保险。

四是服务期限不同,员工约束机制不同。从所从事的工作(劳务)时间上看,劳动关系中用工单位对雇请的劳动者一般打算长期使用,劳动者一般同样有长期、持续、稳定在用工单位工作的主观意图,而雇佣关系中一般具有临时性。

五是用工主体不同,法律地位不同。这是劳动关系与雇佣关系的根本区别。在雇佣关系中,对用工主体没有特别限制,自然人、法人和合伙人都可以作为雇佣人(用工主体),在劳动关系中,《劳动法》第二条规定了劳动合同的用人单位(用工主体),用工主体限定为在我国境内的各类企业、个体经济组织(个体工商户)和与劳动者建立劳动合同关系的国家机关、事业组织、社会团体及民办非企业单位。

明确劳动关系和雇佣关系的区别,有利于在劳动争议过程中正确适用法律法规,有利于在支付劳动报酬形式上作出适当的选择,有利于在劳动者福利待遇享受上正确适用法律法规的规定。另外,劳动关系确认还是工伤认定的前提条件。

(二)确认劳动关系的主要法律法规依据

1.《劳动合同法》

第七条　用人单位自用工之日起即与劳动者建立劳动关系,用人单位应当建立职工名册备查。

第十条　订立书面劳动合同。

建立劳动关系,应当订立书面劳动合同。已建立劳动关系,未同时订立书面劳动合同的,应当自用工之日起一个月内订立书面劳动合同。用人单位与劳动者在用工前订立劳动合同的,劳动关系自用工之日起建立。

2.《劳动和社会保障部关于确立劳动关系事项的通知》(2005 年 5 月 25 日劳社部发〔2005〕12 号)

一、用人单位招用劳动者未订立书面合同,但同时具备下列情形的,劳动关系成立。

(一)用人单位和劳动者符合法律法规的主体资格;

(二)用人单位依法制定了各项劳动规章制度适用于劳动者,劳动者受用人单位劳动管理,从事用人单位安排的有报酬的活动;

(三)劳动者提供的劳动是用人单位业务组成部分。

二、用人单位未与劳动者签订劳动合同,认定双方存在劳动关系时可以参照下列凭证:

（一）工资支付凭证或记录（职工花名册），缴纳各项社会保险的记录；

（二）用人单位向劳动者发放的"工作证""服务证"等能够证明身份的证件；

（三）劳动者填写的用人单位招工招聘"登记表""报名表"等招用记录；

（四）考勤记录；

（五）其他劳动者的证言等。

其中（一）（三）（四）项的有关凭证由用人单位负责举证。

三、用人单位招用劳动者符合第一条规定的情形的，用人单位应与劳动者补签劳动合同，劳动合同期限由双方协商确定。协商不一致的，任何一方均可提出解除劳动关系，但对复核签订无固定期限劳动合同条件的劳动者，如果劳动者提出订立无固定期限劳动合同，用人单位应当签订。

用人单位提出终止劳动关系的，应当按照劳动者在本单位工作年限每满一年支付一个月经济补偿金。

四、建筑施工、矿山企业等用人单位将工程（业务）或经营权发包给不具备用工主体资格的组织或自然人，对该组织或自然人招用的劳动者，由具备用工主体资格的发包方承担用工主体。

3.《北京市高级人民法院、北京市劳动争议仲裁委员会关于劳动争议案件法律适用问题研讨会会议纪要》（2009年8月17日）

（15）外国人、港澳台地区居民未依法办理《外国人就业证》《台港澳人员就业证》的，其与用人单位签订的劳动合同应为无效劳动合同。外国人、港澳台地区居民已经付出劳动的，由用人单位参照合同约定支付劳务报酬。

（16）外国企业常驻代表机构为通过涉外就业服务单位直接招用中国雇员的，应认定为有关用工关系为雇佣关系。

4.《天津法院劳动争议案件审理指南》（2018年1月1日　津高法〔2017〕246号）

（8）雇佣在校学生关系的认定，在校学生为了完成学习任务到用人单位提供劳务的，双方不构成劳务关系或者劳动关系，在校学生为勤工俭学到用人单位提供劳动的，双方构成劳务关系。

（9）雇佣退休人员关系认定，已经享受基本养老保险待遇或者退休金的人员与用人单位之间形成实际用工关系，按劳动关系处理。因用人单位原因致使已经达到法定退休年龄的劳动者未享受基本养老保险或者尚未领取退休金，劳动者与用人单位之间形成实际用工关系的，按照劳动关系处理。

（11）设立中的用人单位聘用人员的关系认定，设立中的用人单位不具备用人主体资格，其与劳动者不构成劳动关系，可以认定为双方构成劳务关系。用人单位依法设立后,劳动关系的存续期间自颁发营业执照之日起计算。

5.《深圳市中级人民法院关于审理劳动争议案件的裁判指引》(2015 年 9 月 2 日)

四十九、派出到合资、参股的单位工作的劳动者与原用人单位仍保持劳动关系,原用人单位与合资、参股但未对劳动者的工资、社会保险、福利等有明确约定,且劳动者没有提出异议的,按该约定处理,无约定或无明确约定的,劳动者的相关待遇可由原用人单位和合资、参股单位共同负担。

五十一、企业集团将其员工派往下级法人单位或将员工在下级法人单位之间调动,按员工与其所在单位签订的劳动合同来确认劳动关系;未签订劳动合同的,按工资关系确定劳动关系。

6. 最高法院《劳动争议司法解释(三)》

第八条 企业停薪留职人员、未达到法定退休年龄的内退人员、下岗待岗人员以及企业经营性停产放长假人员,与新的用人单位发生用工争议的,依法向人民法院提起诉讼的,人民法院应按劳动关系处理。

(三)劳动合同的几个概念区别

1. 试用期、见习期、学徒期

(1)试用期

试用期①是用人单位和劳动者建立劳动关系后为了互相了解、选择而约定的不超过六个月的考察期。同一用人单位只能约定一次试用期,试用期适用初次就业或再次就业时改变劳动岗位或工种的劳动者。试用期包含在劳动合同期限内。

试用期的时间规定,根据《劳动合同法》规定,劳动合同期限在三个月以上不满一年的,试用期不得超过一个月,劳动合同期限一年以上不满三年的,试用期不得超过二个月,三年以上固定期限合同或无固定期限的劳动合同,试用期不得超过六个月。用人单位只能与同一劳动者约定一次试用期。以完成一定工作任务为期限的劳动合同期限不满三个月的,不得约定试用期。

试用期工资不得低于本单位相同岗位最低档或者合同约定工资的 80%,并不得低于用人单位所在地的最低工资标准。

试用期员工辞职需提前三天向公司提出,公司若发现员工有《劳动合同法》第三十九条和第四十一条第一款情形时,用人单位可以解除劳动合同。正式员工辞职需提前一个月向主管领导或人事部门提出书面申请,否则员工要赔偿公司的损失,而公司辞退

---

① 《劳动部办公厅对〈关于劳动用工管理有关问题的请示〉的复函》(劳办发〔1996〕5 号)。

员工需符合劳动法的相关条例规定,并按法定程序解除劳动合同。具体在试用期内可以解除劳动合同的情形有:(1)在试用期间被证明不符合录用条件的;(2)严重违反用人单位的规章制度的;(3)严重失职,营私舞弊,给用人单位造成重大损害的;(4)劳动者同时与其他用人单位建立劳动关系,对完成本单位的工作任务造成严重影响,或者经用人单位提出,拒不改正的;(5)因《劳动合同法》第二十六条第一款第一项规定的情形致使劳动合同无效的;(6)被依法追究刑事责任的。(7)劳动者患病或者非因工负伤,在规定的医疗期满后不能从事原工作,也不能从事由用人单位另行安排的工作的;(8)劳动者不能胜任工作,经过培训或者调整工作岗位,仍不能胜任工作的。因此,用人单位在试用期解除劳动合同的,应当向劳动者说明理由,证明其不符合录用条件。

对于试用期期满不合格的员工的辞退,不需要支付补偿金。需要注意的是违法约定的试用期已经履行的,由用人单位以劳动者试用期满月工资为标准,按已经履行的超过法定期限向劳动者支付赔偿金。

(2)学徒期

学徒期①是对进入某些工作岗位的新招工人熟悉业务、提高工作技能的一种培训方式,在授信劳动合同制后这一培训形式应继续采用,并按照技术等级标准的规定执行。学徒期包含在劳动合同期限内,学徒期和试用期可以同时在合同中约定,但学徒期没有法定的时间规定。

(3)见习期

见习期是除博士生、硕士生以外的具有中等以上学历的应届大中专毕业生分配工作后确定为正式职工前所需要的期限,一般为一年。是一个熟悉业务、试行工作的过程。在见习期内不评定正式工资,只发给临时工资。在见习期间领取的临时工资标准,一般由国家规定。1987年7月22日发布的《高等学校毕业生见习暂行办法》第二条规定:"高等学校本、专科毕业生分配工作后,原则上都要安排到基层见习。见习期为一年。对入学前已从事一年有关实际工作的,经所在单位批准,可免去见习期。有些行业的人才,需要更长时间的实际锻炼,可以在见习期满后自行安排。"因此从性质上看,见习期也是一种试用期。

试用期与见习期的区别:(1)从功能上看:设立见习期是用人单位便于对劳动者熟悉业务、提高技能的教育和培训,其主要功能是学习;而试用期强调的是相互了解、选择,认定彼此是否适应,其功能是评判。(2)从适用对象上看:见习期仅适用于首次参加工作的劳动者(一般为毕业的学生);而试用期对变更工作后的劳动者同样适用。

---

① 《劳动部办公厅对〈关于劳动用工管理有关问题的请示〉的复函》(劳办发〔1996〕5号)。

(3)从适用上的不利后果看:用人单位对表现特别不好的见习生退回学校,由学校重新分配;而对试用工则是解除劳动合同。

2. 劳动合同与劳务合同的区别

劳动合同是劳动者与用人单位确立劳动关系,明确双方权利和义务的协议。

劳务合同是平等主体的公民之间、法人之间、公民与法人之间,以提供劳务为内容而签订的协议。劳务合同是民事合同,是独立经济实体的单位之间、公民之间以及它们相互之间在平等协商的情况下达成的,就某一项劳务以及劳务成果所达成的协议。二者主要区别如下:

(1)主体资格不同。

依据《劳动合同法》第二条规定,劳动关系的双方主体具有特定性的,即一方是用人单位,另一方必然是劳动者。劳动者是指符合劳动年龄条件,具有劳动权力和劳动行为能力的自然人,用人单位是指与劳动者建立起劳动关系的国家机关、事业单位、社会团体、企业、个体经济组织或民办非企业;而劳务关系的主体类型较多,其主体不具有特定性,可能是两个平等主体,也可能是两个以上的平等主体;可能是法人之间的关系,也可能是自然人之间的关系,还可能是法人与自然人之间的关系。此外,法律法规对劳务提供者主体资格的要求,不如对劳动关系主体要求得那么严格。

(2)主体地位不同。

在建立劳动关系之后,劳动者与用人单位双方地位不平等,不仅存在财产关系,还存在着领导与被领导的行政隶属关系。劳动者作为用人单位的成员,除提供劳动之外,还要接受用人单位的管理,遵守其规章制度,从事用人单位分配的工作和服从用人单位的人事安排等。它反映的是一种稳定、持续的生产资料、劳动者与劳动对象相结合的关系。而在劳务关系中,双方是平等的民事权利义务关系,劳动者提供劳务服务,用人单位支付劳务报酬,彼此之间只体现财产关系,不存在行政隶属关系,且二者关系往往呈"临时性、短期性和一次性"等特点。

(3)当事人权利义务不同。

在劳动关系中,劳动者与用人单位之间存在一般义务外,还存在附随义务,如用人单位应当为劳动者办理社会保险,劳动风险由用人单位承担,劳动者应当遵守用人单位的内部规章制度等。劳务关系却不存在这些附随义务。

(4)承担的法律责任不同。

在劳动关系中,劳动者作为用人单位的一员,以用人单位的名义进行工作,因劳动者的过错导致的法律责任由用人单位承担。而在劳务关系中,一般由提供劳务的一方独立承担法律责任。在劳动关系中,若不履行、非法履行劳动合同,当事人不仅要承担民事的责任，而且还要承担行政责任，如经济补偿金、赔偿金、劳动行政部门给予用人单位罚款等行政处罚。在劳务关系纠纷中，当事人之间违反劳务合同的约定，可能产生的责任一般是违约和侵权等民事责任，无行政责任。

综上所述，双方签署劳务合同建立的应该是劳务关系，虽然说也是个人获得劳动报酬的途径，但是与劳动关系是有本质区别的。

实践中，在以下两种情况下，虽然劳动者签的是劳务合同，但实际上已经构成了劳动关系：一种是合同名写的是劳务合同，但内容上却与劳动合同内容相同，则这类合同实际上仍属于劳动合同，双方建立的是劳动关系；另一种是合同名称和合同内容都明确属于劳务合同，但在具体履行中，劳动者是作为用工单位中的一员，接受单位的管理和支配，根据单位提供的工具、生产资料或办公环境，遵守单位的规章制度进行劳动，这也构成了事实上的劳动关系，至于所签订的劳务合同本身，可认定为"以合法形式掩盖非法目的"而归于无效。对于以上两种情况，劳动者仍然可要求用工单位按《劳动法》和《劳动合同法》的有关规定履行义务，发生争议的，可以向当地劳动争议仲裁委员会提起劳动仲裁。因此，至于到底是劳务关系还是劳动关系，我们不能完全只看合同名称，还要看合同的具体内容以及劳动者与所在单位之间在劳动过程中发生的关系。因此，区分各种情形的合同，是劳动关系确认前提，是最大程度上保障公司和员工利益的关键。

例如，有一家民营企业在放暑假期间招了一位实习生，该实习生与公司签订了实习协议。这位实习生上班骑车摔了一跤，下巴粉碎性骨折，重症监护室待了一个星期，医疗费9万多元，起初公司人事专员以为是工伤，借医疗费3万元治病，组织公司捐款近2万元，经咨询律师，律师认为这份实习协议是属于劳务，不能享受到工伤待遇。

3. 劳动合同、劳务合同、实习合同的区别

劳动合同是指劳动者与用工单位之间确立劳动关系，明确双方权利和义务的协议。订立和变更劳动合同，应当遵循平等自愿、协商一致的原则，不得违反法律和行政法规的规定。劳动合同依法订立即具有法律约束力，当事人必须履行劳动合同规定的义务。实习合同则有所不同，一般是指学校与用人单位签订的、约定学生到用人单位实习期间的权利义务的协议。实习的目的在于教学，让学生接触社会、实践理论知识。

实习合同协议属于劳务合同的范畴之一，但又与一般劳务合同有区别，实习合同是学校与企业之间签订的实习协议，不同于劳动者与企业之间签订的劳务输出合同。实习协议的本质是平等主体之间的民事合同关系，不适用《劳动法》，不受《劳动法》的特别保护；而劳动合同的签订即意味着劳动关系的建立，如发生纠纷，则应先诉至劳动仲裁，劳动仲裁及法院处理的依据是《劳动法》。劳动合同适用《劳动法》，劳务合同也适用《合同法》,适用的是不同的法律关系。

在实习期间学生并不能享受到工资、最低工资、工伤和社会保险等劳动法法定的保障,双方权利义务基本靠实习协议来自行约定,受教育法规及民事法规的保护。

根据劳动合同,劳动者加入用工单位,就应承担用工单位的某一项工作,遵守单位的内部纪律和其他规章制度。用人单位按劳动者的劳动数量和质量支付劳动报酬,并根据有关法律和双方的协议,提供各种劳动条件,保证劳动者享受本单位职工的各种权利和福利待遇。

劳务合同是平等主体的公民之间、法人之间、公民与法人之间,以提供劳务为内容而签订的协议。劳务合同是民事合同,是独立经济实体的单位之间、公民之间以及它们相互之间在平等协商的情况下达成的,就某一项劳务以及劳务成果所达成的协议。

4. 全日制与非全日制劳动合同的主要区别

(1)工作时间约定不同。

在全日制合同下,每日工作 8 小时,每周不得超过 40 小时。

在非全日制合同下,以小时计酬为主,劳动者在同一用人单位一般平均每日工作时间不超过 4 小时,每周工作时间累计不超过 24 小时的用工形式。

(2)合同订立形式不同。

在全日制合同下,用人单位与劳动者必须以书面形式订立劳动合同。

在非全日制合同下,可以订立口头协议。

(3)工资支付时间不同。

在全日制合同下,按月计薪,每月至少支付一次工资。

在非全日制合同下,受其自身特征的限制,以小时计酬为主,且工资的结算支付周期最长不得超过 15 天。

(4)试用期约定。

在全日制合同下,除了三个月以内的劳动合同和以完成一定任务为期限的劳动合同两种情形外,用人单位都可以与劳动者约定试用期,而在非全日制中,当事人双方不得约定试用期。

(5)购买社会保险的承担者不同。

在全日制用工中,无论劳动合同期限长短,用人单位都必须依法为劳动者缴纳至少"五险",有特殊规定的除外。在非全日制用工中,除了企业应当依法为劳动者缴纳工伤保险外,对其他各项社会保险,都由劳动者以个人身份缴纳。

(6)解除和终止劳动合同。

在全日制合同下,劳动者或者用人单位解除、终止劳动合同,必须按《劳动合同法》

规定办理离职手续。单位单方解除劳动合同的,劳动者可以获得经济补偿。

在非全日制合同下,企业可以随时通知员工终止劳动合同,却无须支付经济补偿金,从而企业用工更灵活,成本更低。

(7)劳动关系的排他性。

全日制合同具有排他性,根据《劳动合同法》规定,劳动者不能与两个以上的用人单位签订劳动合同。

在非全日制合同下,劳动关系不具有排他性,员工可以与两个及两个以上的用人单位同时建立非全日制用工关系,但是订立后的劳动合同不得影响先订立的劳动合同的履行。

(四)劳动关系确认中关注的主要风险点

根据相关法律法规,确认劳动关系时要关注以下主要风险点:

(1)正确签订劳动合同,正确选择合同类型,按劳动合同法的要素签订合同,明确双方权利与义务、合法约定试用期期限,以保证合同的合法有效性;

(2)关注劳动关系主体的合规性,在承包或分包合同中,注意分清主体责任和连带责任,确定承包方、发包方、分包方的劳动关系风险;

(3)劳动合同的签订不是确定劳动关系确认的唯一依据,也不一定是充分证据,劳动合同是判断劳动用工关系的一个重要依据,在发生劳动关系纠纷时除了要看劳动合同内容、签订时间以外,还要有实际用工的证据;

(4)用人单位与劳动者未签订劳动合同,在判断劳动关系时,采取实质重于形式的判断标准;

(5)特殊情形下劳动关系的确认遵循特殊相关规定。

二、加班工资的劳动争议风险

(一)加班工资计算的法律规定

1. 加班费支付法律依据

依据《劳动合同法》(2012 年 12 月 28 日修正)第三十一条的规定,用人单位不得强迫或者变相强迫劳动者加班。用人单位安排加班的应按照国家有关规定向劳动者支付加班费。

2. 加班费时间限制和计算方法

依据《中华人民共和国劳动法》(2018 年 12 月 29 日修正)第四十一条、四十二条、四十三条和四十四条的规定,一般加班一天不超过一个小时,因特殊原因需要延长工作时间的,在保障劳动者身体健康前提下延长工作时间每天不得超过 3 个小时,但每月不得超过 36 小时。

加班工资支付标准如下:

(1)用人单位依法安排劳动者在日法定标准工作时间以外延长工作时间的,按照不低于劳动合同规定的劳动者本人小时工资标准的 150% 支付劳动者工资;

(2)用人单位依法安排劳动者在休息日工作,而又不能安排补休的,按照不低于劳动合同规定的劳动者本人日或小时工资标准的 200% 支付劳动者工资;

(3)用人单位依法安排劳动者在法定休假节日工作的,按照不低于劳动合同规定的劳动者本人日或小时工资标准的 300% 支付劳动者工资。

3. 特殊工种加班工资认定

依据北京市高级人民法院、北京市劳动争议仲裁委员会《关于劳动争议案件法律适用问题研讨会的会议纪要(二)》(2014 年 5 月 7 日)的规定,出租车司机主张休息日和法定节假日的加班费不予支持。

4. 综合计算工时工作制企业加班时间认定

依据劳动部《关于职工工作时间有关问题的复函》(劳部发〔1997〕271 号)的规定,实行综合计算工时工作制的企业,在综合计算周期内,按实际工作时间总数是否超过该周期法定标准工作时间总数,来判断是否延长工作时间。

(二)加班费计算容易产生争议的风险点

依据相关法律法规的规定,在日常工作中加班费计算的主要关注点如下:

(1)加班不得强迫,休息日安排加班,应首先安排补休;

(2)加班的时间有限制,不同时间加班费计算标准不一致;

(3)综合计算工时的工作制,加班是按一个周期计算;

(4)月工资基数确定、日工资和小时工资计算错误风险;

(5)特殊工种(如出租车司机)、特殊情形加班只需要支付正常的工资。

公司在签订劳动用工合同时,要明确月收入标准、法定福利待遇、公司内部福利待遇,工资结构中是否含加班工资,另外,加班审批流程和依据、加班考勤证据的保留,有利于在加班费计算发生争议时分清责任,积极解决纷争。

三、最低工资标准实施的法律风险

(一)最低工资支付的法律法规依据

最低工资标准是国家为了保护劳动者的基本生活,在劳动者提供正常劳动的情况下,而强制规定用人单位必须支付给劳动者的最低工资报酬。《劳动法》第四十八条规定,国家实行最低工资保障制度。用人单位支付劳动者的工资不得低于当地最低工资标准。最低工资标准每年会随着生活费用水平、职工平均工资水平、经济发展水平的变化而由当地政府进行调整。

最低工资指劳动者在法定工作时间提供了正常劳动的前提下,其雇主(或用人单位)支付的最低金额的劳动报酬。最低工资不包括加班工资、特殊工作环境、特殊条件下的津贴、伙食补贴(饭贴)、上下班交通费补贴、住房补贴,也不包括劳动者保险、福利待遇和各种非货币的收入,最低工资应以法定货币按时支付。最低工资包含个人应依法缴纳的社会保险费和住房公积金。

最低工资保障制度是我国一项劳动和社会保障制度。《最低工资规定》(中华人民共和国劳动和社会保障部令第 21 号)已于 2003 年 12 月 30 日颁布,于 2004 年 3 月 1 日起施行。最低工资标准的确定和调整方案,由各省、自治区、直辖市人民政府劳动保障行政部门会同同级工会、企业联合会、企业家协会研究拟订,并报经劳动保障部①同意。各地调整最低工资标准时间不一致,请关注省级人力资源社会保障部门的调整通知。

(二)最低工资保障关注的风险提示

关于最低工资保障,需要关注以下几个重点:

(1)程序上必要的民主程序和备案制。使用最低工资标准适用少数困难企业,经济效益下滑的单位,用人单位需要按照最低工资标准支付工资的,应履行必要的民主程序并事先报同级劳动保障行政部门备案。劳动保障部门对执行最低工资标准的用人单位要纳入重点监控范围,加强跟踪检查,切实维护劳动者基本劳动报酬权益。用人单位在生产经营恢复正常后,应及时恢复或提高工资标准。

(2)适用最低工资规定的特别时期。劳动者在试用、见习、熟练或学徒期间,用人单位和劳动者双方的劳动关系事实已经成立,适用最低工资规定。

(3)适用最低工资规定法定假期。劳动者法定年休假、探亲假、婚假、丧假和产假、哺乳假等假期,是法律赋予劳动者的休息休假权利,应视为提供正常劳动,适用最低工资规定。

(4)劳动者提供正常劳动并按基本计件单价计算的工资不得低于最低工资标准。

(5)用人单位依法缴纳的社会保险费,以及通过补贴伙食、住房支付或提供给劳动

---

① 2008 年 3 月在国务院机构改革中被撤销,与中华人民共和国原人事部的职权被整合划入新组建的中华人民共和国人力资源和社会保障部。

者的非货币收入,不得抵扣最低工资标准。

(6)非劳动者本人原因造成用人单位停工、停业的,在一个工资支付周期内,用人单位应按照正常提供劳务支付劳动者工资;超过一个工资支付周期的,可以根据劳动者提供劳动,按照双方新约定标准支付工资,但不得低于本市最低工资标准;用人单位没有安排劳动者工作,应按照不低于本市最低工资标准70%支付劳动者基本生活费用,国家或者本市另有规定的从其规定。

(7)因劳动者本人原因给用人单位造成经济损失的,用人单位可按照劳动合同的约定要求其赔偿经济损失。经济损失的赔偿,可从劳动者本人的工资中扣除。但每月扣除的部分不得超过劳动者当月工资的20%。若扣除后的剩余工资部分低于当地月最低工资标准,则按最低工资标准支付。

四、"五险一金"缴纳的法律风险

(一)社会保险缴纳的相关法律法规

1.《社会保险法》和《劳务派遣暂行规定》

社会保险缴纳是按照《社会保险法》和《劳务派遣暂行规定》法律法规要求由用人单位和个人缴纳的法定义务。二者主要区别在于,一般签订劳动合同的劳动者的社会保险由用人单位缴纳,其适用法律为《社会保险法》。跨地区劳务派遣劳动者由派遣单位在派遣所在地的分支机构或用工单位在用工所在地缴纳社会保险,其适用法规为《劳务派遣暂行规定》。

2. 社会保险登记、申报、缴纳和转移的时间要求

社会保险登记、申报、缴纳、转移的时间规定,详见表9-1。

表9-1 社保办理责任主体及时间要求表

业务事项	责任主体	时间要求
用人单位的社会保险登记、变更和终止	用人单位凭营业执照、登记证书和单位印章	自单位成立、变更和终止30天内办理登记、变更和注销手续
员工办理保险登记和转移	用人单位	自用工之日起30天内办理
社会保险的缴纳	用人单位	按月代扣代缴,申报缴纳
个人与用人单位发生社保争议	社会保险机构	依法处理
个体工商户、自由择业者和非全日制用工	个人	自行申报缴纳

3. 可以享受社会保险的情形

依据《劳动法》第七十三条的规定,劳动者在下列情形下,依法享受社会保险待遇:(1)退休;(2)患病、负伤;(3)因工伤残或者患职业病;(4)失业;(5)生育。另外,劳动者死亡后,其遗属依法享受遗属津贴。劳动者享受社会保险待遇的条件和标准由法律、法规规定。劳动者享受的社会保险金必须按时足额支付。

(二)基本养老保险缴纳的相关规定及主要风险点

1. 开户及账户管理

《社会保险法》第十二条规定,用人单位应当按照国家规定的本单位职工工资总额的比例缴纳基本养老保险,计入基本养老统筹基金。职工应当按照国家规定的本人工资的比例缴纳基本养老保险,计入个人账户。无雇工的个体工商户、未在用人单位参加基本养老保险的非全日制从业人员以及其他灵活就业人员参加基本养老保险的,应当按照国家规定缴纳养老保险,分别计入基本养老保险和个人账户。

2. 缴纳基数

按照职工个人上年度的月平均工资确定缴纳基数(新进人员按首月的全部收入确定),但不能低于当年度社保缴费的保底数(一般是上年度全省职工社会平均工资的60%),也不能高于封顶数(一般是上年度全省职工社会平均工资的300%)。每年在社保机构规定的时间内申报保险本年度的员工缴费基数。

职工的上年度工资收入总额,是指职工在上一年的 1 月 1 日至 12 月 31 日整个日历年度内所取得的全部货币收入,包括计时工资、计件工资、奖金、津贴和补贴、加班加点工资、特殊情况下支付的工资。

针对用人单位工资发放形式的多种化,职工在确定缴费基数时应注意以下几个方面:

(1)单位从职工工资中直接代扣代缴的各项社会保险费、住房公积金和个税等,应纳入缴费基数。

(2)单位以现金或银行存款形式支付给职工个人的交通补贴、电话补贴、午餐补贴、过节费以及支付高温、高空、井下、有毒有害等特殊岗位的津贴,应纳入缴费基数。

(3)单位通过税后利润提成或分红的办法支付给职工个人的工资,应纳入缴费基数。

(4)实行底薪制的职工,根据营业额或经营业绩提成取得的收入,应纳入缴费基数。

(5)实行业务承包或费用包干,单位不再报销差旅费用的职工,其承包收入的60%应纳入缴费基数。

3. 违规风险

对用人单位违反社会保险法律法规,瞒报、漏报、少报社会保险缴费基数,侵害劳动者社会保险合法权益的行为,劳动者可以到当地社保经办机构或劳动保障监察机构举报投诉。根据《劳动保障监察条例》(国务院令第 423 号)第二十七条规定,劳动保障行政部门将责令其改正,并处瞒报工资数额 1 倍以上 3 倍以下的罚款。

(三)医疗保险相关规定及主要风险点

1. 法律法规相关规定

(1)参保要求。

《社会保险法》第二十三条规定,职工应当参加职工基本医疗保险,由用人单位和职工按照国家规定共同缴纳基本医疗保险。无雇工的个体工商户、未在用人单位参加基本医疗保险的非全日制从业人员以及其他灵活就业人员可以参加职工基本医疗保险,由个人按照国家规定缴纳基本医疗保险。

(2)开支范围。

《社会保险法》第三十条规定,下列医疗费用不纳入基本医疗保险基金支出范围:①应当从工伤保险基金中支付;②应当由第三人负担的;③应当由公共卫生负担的;④在境外就医的。

(3)医疗保险基金缴纳的归集路径。

依据《国务院关于建立城镇职工基本医疗保险制度的决定》(国发〔1998〕44 号)的相关规定,医疗保险基金的缴纳及归集分配路径如图 9-1 所示。

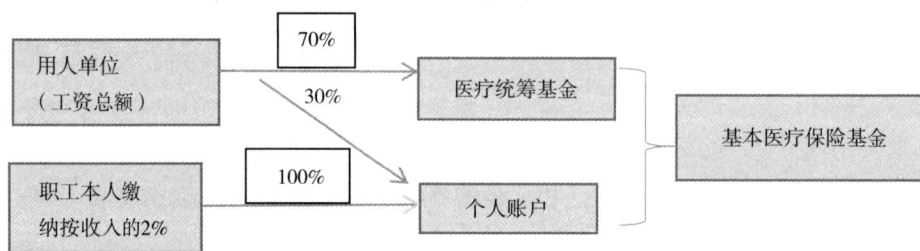

图 9-1 医疗保险基金归集路线图

(4)流动就业人员医疗保险的相关规定。

流动就业人员医疗保险的缴纳按照《流动就业人员基本医疗保障关系转移接续暂行办法》(人社部发〔2009〕191 号)的相关规定执行。农村户籍人员可以选择户籍所在地新型农村合作医疗或就业地社会(医疗)保险机构办理登记手续。城镇跨统筹地区流动人员无接收单位,个人应在中止原基本医疗保险关系 3 个月内到新就业地社会(医疗)保险经办机构办理登记手续,按当地规定参加城镇职工基本医疗保险或城镇居民基本医疗保险。

（5）领取失业金期间的医疗保险缴纳。

依据人力资源和社会保障部《关于领取失业保险金人员参加职工基本医疗保险有关问题的通知》（人社部发〔2011〕77号）的相关规定，参加其失业前失业保险参保地的职工医保，由参保地失业保险经办机构统一办理职工医保参保缴费手续，基本保险费从失业保险基金中支付，个人不缴费，费率可以参照统筹地区上年度职工平均工资的一定比例确定，最低不低于60%。缴纳期限与领取失业保险期限相一致。

2. 医疗保险缴纳的主要风险点

（1）用人单位未依法给劳动者参加基本医疗保险或者缴纳基本医疗保险费，用人单位应参照医疗保险待遇标准报销费用；

（2）个人在失业、转移非统筹地区用工关系时，未及时缴纳医疗保险或办理转移及缴纳衔接手续带来的空档期就医无保障的风险；

（3）领取失业保险金期间的医疗保险缴纳的主体把握风险。

（四）失业保险的相关规定及主要风险点

1. 失业保险的相关规定

（1）缴纳主体。

《社会保险法》第四十四条规定，职工应当参加失业保险，由用人单位和职工按照国家规定共同缴纳失业保险费。

（2）领取失业保险金的条件。

《社会保险法》第四十五条规定，失业人员符合以下条件的，从失业保险基金中领取失业保险金：①失业前用人单位及本人已经缴纳失业保险费满一年；②非因本人意愿中断就业的；③已经进行失业登记，并有求职要求的。

（3）领取失业保险金的期限。

《社会保险法》第四十六条规定，缴纳失业保险时间不同可领取的失业保险金的时间不一样，具体如表9-2所示。

表9-2　　　　　　　　　　失业保险领取与缴纳时间对照表

序号	用人单位与个人缴纳失业保险时间	失业人员可以领取失业保险的最长期限
1	累计缴费1—5年(不含5年)	12个月
2	累计缴费5—10年(不含10年)	18个月
3	累计缴费10年以上	24个月
4	重新就业再失业，重新计算缴费年限	领取期限与前次失业应当领取尚未领取的合并计算，最长不得超过24个月

（4）失业保险金缴纳标准。

《社会保险法》第四十七条规定，失业保险金缴纳标准由各省、自治区、直辖市人民政府确定，但不得低于城市居民最低生活保障标准。

（5）领取失业保险金期间的其他待遇。

《社会保险法》第四十八条规定，失业人员在领取失业保险金期间，参加职工基本医疗保险，享受基本医疗保险待遇，应当缴纳的基本医疗保险费从失业保险基金中支付，个人不缴纳基本医疗保险费。

第四十九条规定，失业人员在领取失业保险金期间死亡的，参照当地对在职职工死亡的规定，向其遗属发给一次性丧葬补助金和抚恤金，所需资金从失业保险基金中支付。如果同时符合领取基本养老保险丧葬补助金、工伤保险丧葬补助金和失业保险丧葬补助金条件的，其遗属只能选择领取其中一项。

（6）停止缴纳的情形。

《社会保险法》第五十一条和《失业保险条例》（中华人民共和国国务院令第258号）第十五条规定，停止领取失业保险的情形包括：①重新就业；②应征服兵役；③移居境外；④享受基本养老保险待遇；⑤被判刑收监执行或者被劳动教养；⑥无正当理由，拒不接受当地人民政府制定的部门或者机构介绍的工作；⑦有法律、行政法规规定的其他情形的。

2. 关于失业保险缴纳、领用和转移的主要风险点

失业保险缴纳、领用和转移环节的主要风险点包括：

（1）失业保险金缴纳主体、基数、时间和比例的合规性风险；单位与个人因未按时缴纳、缴纳基数、时间、比例不合规会带来职工失业不能享受失业保险费领取的风险；

（2）要注意失业保险金领用主体的条件，领用期限的限制性规定，注意时间的连续性，不间断的累计计算年限和实际享受年限的匹配性；

（3）失业保险在非统筹区转移时，与职工医保一并转移。转入地失业保险机构按照当地有关规定为领取失业保险金人员办理职工医保参保缴费手续。

（五）工伤保险的相关规定及主要风险点

1. 法律法规的相关规定

（1）缴纳主体及费率规定。

《社会保险法》第三十三条规定，职工应当参加工伤保险，由用人单位缴纳工伤保险费，职工不缴纳工伤保险费。

第三十四条规定，国家根据不同行业的工伤风险程度确定行业的差别费率，并根据使用工伤保险基金、工伤发生率等情况在每个行业确定费率档次,报国务院批准后公布实施。

(2)特殊行业的相关规定。

《部分行业企业工伤保险费缴纳办法》(中华人民共和国人力资源社会保障部令第10号)第三条规定,建筑施工企业可以实行以建筑施工项目为单位,按照项目工程总造价的一定比例,计算缴纳工伤保险费;

第四条规定,商贸、餐饮、住宿、美容美发、洗浴以及文体娱乐等小型服务企业以及有雇工的个体工商户,可以按照营业面积的大小核定应参保人数,按照统筹地区上一年度职工月平均工资的一定比例和相应的费率,计算缴纳工伤保险费,也可以按照一定的营业额的一定比例计算缴纳工伤保险费;

第五条规定,小型矿山企业可以按照总产量、吨矿工资含量和相应的费率计算缴纳工伤保险费。

(3)工伤认定。

《工伤保险条例》(中华人民共和国国务院令第586号)第十四条规定,职工有下列情形之一的,应当认定为工伤:①在工作时间和工作场所内,因工作原因受到事故伤害的;②工作时间前后在工作场所内,从事与工作有关的预备性或者收尾性工作受到事故伤害的;③在工作时间和工作场所内,因履行工作职责受到暴力等意外伤害的;④患职业病的;⑤因工外出期间,由于工作原因受到伤害或者发生事故下落不明的;⑥在上下班途中,受到非本人主要责任的交通事故或者城市轨道交通、客运轮渡、火车事故伤害的;⑦法律、行政法规规定应当认定为工伤的其他情形。

第十五条规定,职工有下列情形之一的,视同工伤:①在工作时间和工作岗位,突发疾病死亡或者在48小时之内经抢救无效死亡的;②在抢险救灾等维护国家利益、公共利益活动中受到伤害的;③职工原在军队服役,因战、因公负伤致残,已取得革命伤残军人证,到用人单位后旧伤复发的。职工有前款第①项、第②项情形的,按照本条例的有关规定享受工伤保险待遇;职工有前款第③项情形的,按照本条例的有关规定享受除一次性伤残补助金以外的工伤保险待遇。

第十六条规定,职工符合本条例第十四条、第十五条的规定,但是有下列情形之一的,不得认定为工伤或者视同工伤:①故意犯罪的;②醉酒或者吸毒的;③自残或者自杀的。

(4)工伤费用支付口径。

《社会保险法》第三十八条规定,因工伤发生的下列费用,按照国家规定从工伤保险基金中支付:①治疗工伤的医疗费用和康复费用;②住院伙食补助费;③到统筹地区以外就医的交通食宿费;④安装配置伤残辅助器具所需费用;⑤生活不能自理的,经劳动能力鉴定委员会确认的生活护理费;⑥一次性伤残补助金和一至四级伤残职工按月领取的伤残津贴;⑦终止或者解除劳动合同时,应当享受的一次性医疗补助金;⑧因工死亡的,其遗属领取的丧葬补助金、供养亲属抚恤金和因工死亡补助金;⑨劳动能力鉴定费。

第三十九条规定,因工伤发生的下列费用,按照国家规定由用人单位支付:①治疗工伤期间的工资福利;②五级、六级伤残职工按月领取的伤残津贴;③终止或者解除劳动合同时,应当享受的一次性伤残就业补助金。

第四十三条规定,工伤职工有下列情形之一的,停止享受工伤保险待遇:①丧失享受待遇条件的;②拒不接受劳动能力鉴定的;③拒绝治疗的。

(5)职业病人员待遇。

职业病人员除依法享受工伤社会保险外,依照法律法规有权利向用人单位提出赔偿要求。职业病人员变动工作单位,其依法享有的待遇不变。

(6)因工死亡补助金标准。

《社会保险法》第三十八条第八项中的因工死亡补助金,是指《工伤保险条例》第三十九条的一次性工亡补助金,标准为工伤发生时上一年度全国城镇居民人均可支配收入的 20 倍。

2. 工伤缴纳、认定和补偿待遇的主要风险点

(1)在缴纳费率方面,不同行业的费率有所不同;

(2)在缴纳主体方面,个人不需要缴纳;

(3)员工的工伤范围、工伤认定、劳动力鉴定、待遇标准等要按照《工伤保险条例》规定执行,在实践中出现争议的情形比较多;

(4)工伤认定申请材料不完备会带来无法认定工伤的风险;

(5)特殊行业与小微企业的特殊规定;

(6)职业病认定及职业病人员工作单位转移的风险;

(7)工伤及伤亡补助金标准争议、支付时间节点的争议(例如,标准是注册地与经营地,以及抚恤金供养亲属范围的确定问题)。

(六)生育保险的相关规定及主要风险点

1. 法律法规的相关规定

《社会保险法》第五十三条规定,职工应当参加生育保险,由用人单位按照国家规定缴纳生育保险费,职工不缴纳生育保险费。

用人单位已经缴纳生育保险费的,其职工享受生育保险待遇;职工未就业配偶按照国家规定享受生育医疗费用待遇。所需资金从生育保险基金中支付。生育保险待遇包括生育医疗费用和生育津贴。

第五十五条规定,生育医疗费用包括下列各项:(1)生育的医疗费用;(2)计划生育的医疗费用;(3)法律、法规规定的其他项目费用。

第五十六条规定,职工有下列情形之一的,可以按照国家规定享受生育津贴:(1)女职工生育享受产假;(2)享受计划生育手术休假;(3)法律、法规规定的其他情形。生育津贴按照职工所在用人单位上年度职工月平均工资计发[①](实际执行各地标准可能不一致)。

2. 生育保险的主要风险点

(1)缴纳主体为用人单位,注意个人不缴纳;

(2)生育医疗费用和医疗津贴由生育保险基金支付,是指规定的开支范围内的部分;

(3)员工产假领取了生育基金津贴,并不再领取公司工资。

(七)住房公积金的相关规定及主要风险点

1. 法律法规的相关规定

住房公积金是职工个人与职工所在单位依据《住房公积金管理条例》(中华人民共和国国务院令第710号)规定缴纳,属于个人所有,用于在职职工的长期住房储金。职工住房公积金管理包括缴存、提取、使用、管理和监督。

职工住房公积金的月缴存额为职工本人上一年度月平均工资乘以职工住房公积金缴存比例。缴存比例均不得低于职工上一年度月均工资的5%,有条件的城市,可以适当提高缴存比例。

依据《中央国家机关住房资金管理中心、北京住房公积金管理中心中央国家机关分中心关于软件企业、集成电路企业和金融企业从业人员提高住房基金缴存比例的通知》(京房公积金国管发〔2005〕1号)的相关规定,凡是市科委认定的软件企业,经信息产业部授权认定机构认定的集成电路企业和在京注册的具备独立法人资格的金融企业及经批准其他金融企业,可为本企业员工提高缴存比例到20%。缴存的职工工资基数,原则上不应超过职工工作地所在社区城市统计部门公布上一年度职工月平均工资的2倍或3倍。

---

① 《企业职工生育保险试行办法》(劳部发〔1994〕504号)。

《住房公积金管理条例》第二十四条规定,可以提取职工住房公积金账户内的存储余额的情形及使用范围:①购买、建造、翻新、大修自住住房的;②离休、退休的;③完全丧失劳动能力,并与单位终止劳动关系的;④出境定居的;⑤偿还购房贷款本息的;⑥房租超出家庭工资收入的规定比例的。依照上述第②、③、④项规定提取职工住房公积金,应当同时注销职工公积金账户。

2. 住房公积金缴存、提取和使用的主要风险点

(1)住房公积金的缴存基数不得高于职工工作地所在社区城市统计部门公布的上一年度月工资平均水平的2倍或者3倍。具体标准各地根据实际情况确定。

(2)单位职工缴存比例不应低于5%,原则上不高于12%,特殊行业有规定的最高可到20%。

(3)单位发生合并、分立、撤销、破产或者改制等情形的,应当为职工补缴以前欠缴的住房公积金。

(4)在符合条件的情况下,单位出具证明可以提取使用。

(5)转入新单位住房公积金缴纳不满一年的职工,申请提取住房公积金时,须提供新的单位为其缴纳基本养老保险的证明。没有证明不予办理提取。

五、劳动合同签订环节的法律风险

(一)未按规定签订劳动合同的相关补偿规定

依据《劳动合同法》第八十二条与《劳动合同实施条例》第六条和第七条的规定,用人单位自用工之日起超过一个月不满一年未与劳动者订立书面劳动合同的,应当向劳动者支付二倍工资。用人单位违反本法规定不与劳动者签订无固定期限合同的,自应当签订无固定期限劳动合同之日起向劳动者支付二倍的工资。同时,应与劳动者补签劳动合同,劳动者不愿意签订合同的,用人单位书面通知劳动者终止劳动关系,并依据《劳动合同法》第四十七条规定支付补偿金。支付二倍工资计算时间自用工之日起满一个月的次日,截止时间是补订书面合同的前一日。

(二)二倍工资支付容易产生争议的主要风险点

1. 工资计算基数

依据《北京市高级人民法院、北京市劳动人事争议仲裁委员会关于审理劳动争议案件法律适用问题的解答》(2017年4月24日)中的规定,计算"二倍工资"的工资标准时,因基本工资、岗位工资、职务工资、工龄工资、级别工资等按月支付的工资组成项目具有连续性、稳定性特征,金额相对固定,属于劳动者正常劳动的应得工资,应作为未签订劳动合同的二倍工资差额的计算基数,不固定发放的提成工资、奖金等一般不作为未签订劳动合同二倍工资差额的计算基数。

实际工作中准确确定支付二倍工资的工资计算基数,是正确计算和发放《劳动合同法》规定支付二倍工资的前提。

2. 未签订无固定合同需要支付二倍工资的标准

依据《北京市高级法院、北京市劳动争议仲裁委员会关于劳动争议案件法律适用问题研讨会会议纪要(二)》(2014 年 5 月 7 日)和《北京市高级人民法院 2014 年部分劳动争议法律适用疑难问题会议纪要》(2015 年 1 月 5 日)对二倍工资计算做了明确。

(1)《会议纪要二》第 28 条第(2)项规定,"用人单位因违反《劳动合同法》第十四条第三款规定,自用工之日满一年不与劳动者订立书面合同,视为用人单位与劳动者已订立无固定期限劳动合同的情况下,劳动者向仲裁委、法院主张确认其与用人单位之间属于无固定期限劳动合同关系。在此情况下,劳动者同时主张用人单位支付用工之日满一年后的二倍工资的不予支持"。

这条可以理解为:如果应当签订无固定期限劳动合同而没有签订,在一年内,劳动者提出支付二倍工资要求,用工单位应当依法支付二倍工资;如果没有按规定签订无固定期限劳动合同的时间超过了一年,劳动者没有提起仲裁或诉讼(即超过诉讼时效),或经仲裁委、法院确认劳动者与用人单位是事实的无固定期限劳动合同,在这种情况下,劳动者提出支付二倍工资不被支持。因此,关注应当签订劳动合同的时间节点、争议发生的时间节点很重要。

(2)《会议纪要二》第 28 条第(4)项规定,"用人单位违反《劳动合同法》第十四条第二款、第八十二条第二款规定,不与劳动者订立无固定期限劳动合同的,二倍工资自应订立无固定期限合同之日起计算,截止点为双方实际订立无固定合同期限的劳动合同前一日"。

3. 二倍工资的计算方法

依据《调解仲裁法》第 27 条第一款规定,仲裁时效为一年。因此,二倍工资适用时效的计算方法,在劳动者主张二倍工资时,因未签订劳动合同行为处于持续状态,故时效可从其主张权利之日起往前计算一年,据此实际给付二倍工资不超过 12 个月,二倍工资按未订立劳动合同所对应时间用人单位应当正常支付的工资为标准计算。

【例 9-1】张某于 2015 年 4 月 5 日到公司工作,未签订劳动合同,2016 年 5 月 15 日双方劳动关系终止。张某 2016 年 10 月 15 日申请仲裁要求支付未签订劳动合同的二倍工资。

案例分析:张某仲裁应补发的工资,从实际工作时间满一个月即 2015 年 5 月 4 日开始计算,到 2016 年 4 月 4 日。如果用人单位提出仲裁时效抗辩,二倍工资计发从 2015 年 10 月 14 日至 2016 年 4 月 4 日。

【例9-2】李某于 2015 年 4 月 5 日到公司工作,签订了一年的劳动合同,到期后未续签合同,2018 年 8 月 15 日双方劳动关系终止。李某 2018 年 10 月 15 日申请仲裁要求支付未续签劳动合同的二倍工资。

案例分析:李某合同到期日 2016 年 4 月 3 日,未续签合同要求支付二倍工资从 2016 年 4 月 4 日开始计算至 2017 年 4 月 3 日为止。从 2017 年 4 月 4 日以后视为无固定期限合同。如果用人单位提出时效抗辩,则可追补的工资期间为 2017 年 10 月 16 日至 2018 年 8 月 15 日,则未续签合同要求支付的二倍工资主张时效已过,不予支持。

4. 不予支持二倍工资的情形

(1)根据《劳动合同法》第四十二条规定,当职工患病,或者非因工负伤在规定医疗期内停止工作治病休息,或者女职工在孕期、产期、哺乳期间等规定情形下,劳动合同期满的,用人单位与劳动者之间的劳动关系延续至规定的医疗期届满之日。劳动关系法定延续的,用人单位与劳动者未签订书面劳动合同的,用人单位无需支付延续期间的二倍工资。

(2)用人单位法定代表人,依据《劳动合同法》第八十二条规定向用人单位主张二倍工资的,一般不予支持。用人单位高管可予支持,但用人单位证明该高管职责范围包括管理订立劳动合同内容的除外。

(3)用人单位的人事管理部门负责人或主管人员,用人单位能够证明订立劳动合同属于该人事管理部门负责人的工作职责,不予支持,有证据证明该人事负责人或主管人员提出签订合同,公司拒绝签订的除外。

(4)劳动合同注明劳动合同到期顺延,到期后未补签合同,劳动者主张未签订劳动合同的二倍工资不应支持。

(5)用人单位自用工之日起满一年因乙方原因未与劳动者签订劳动合同,视为用人单位与劳动者已经签订了无固定期限的劳动合同,劳动者请求用人单位支付未订立书面劳动合同二倍工资的,不予支持。

六、劳动合同解除环节的法律风险

近年来,受宏观经济环境的影响,劳动纠纷案件数量不断上升,大部分案件都是由于用人单位单方解除劳动合同而不按照《劳动法》和《劳动合同法》等法律法规的相关规定予以赔偿而引起的。

一般而言,解除劳动合同有三种类型:双方协商解除、员工单方面提出解除、公司单方面提出解除。用人单位解除合同分两种情况:依法解除和协商解除。用人单位单方解除合同又分为:过错性解除、非过错性解除和经济性裁员。

(一)劳动者提出解除劳动合同,用人单位应当支付经济补偿的情形

劳动者提出解除劳动合同,用人单位应当支付经济补偿金的有 11 种情形:

(1)用人单位未按照劳动合同约定提供劳动条件,劳动者解除劳动合同的;

(2)用人单位未及时足额支付薪酬,劳动者解除劳动合同的;

(3)用人单位低于当地最低工资标准支付劳动者工资,劳动者解除劳动合同的;

(4)用人单位未依法为劳动者缴纳社会保险费,劳动者解除劳动合同的;

(5)用人单位的规章制度违反法律、法规的规定,损害劳动者权益,劳动者解除劳动合同的;

(6)用人单位以欺诈、胁迫的手段或者乘人之危,使劳动者在违背真实意思的情况下订立或者变更劳动合同,致使劳动合同无效,劳动者解除劳动合同的;

(7)用人单位免除自己的法定责任、排除劳动者权利,致使劳动合同无效,劳动者解除劳动合同的;

(8)用人单位订立劳动合同违反法律、行政法规强制性规定,致使劳动合同无效,劳动者解除劳动合同的;

(9)用人单位以暴力、威胁或者非法限制人身自由的手段强迫劳动,劳动者解除劳动合同的;

(10)用人单位违章指挥、强令冒险作业危及劳动者人身安全,劳动者解除劳动合同的;

(11)法律、行政法规规定的其他情形。

(二)用人单位解除或终止劳动合同,用人单位应当支付补偿的情形

1. 用人单位正常解除或终止劳动合同,应当向劳动者支付经济补偿金的有 12 种情形:

(1)用人单位提出,双方协商解除劳动合同的;

(2)劳动者患病或者非因工负伤,在规定的医疗期满后不能从事原工作,也不能从事由用人单位另行安排的工作,用人单位解除劳动合同的;

(3)劳动者不能胜任工作,经过培训或者调整工作岗位,仍不能胜任工作,用人单位解除劳动合同的;

(4)劳动合同订立时所依据的客观情况发生重大变化,致使劳动合同无法履行,经用

人单位与劳动者协商,未能就变更劳动合同内容达成协议,用人单位解除劳动合同的;

(5)用人单位依照企业破产法规定进行重整,依法裁减人员的;

(6)用人单位生产经营发生严重困难,依法裁减人员的;

(7)企业转产、重大技术革新或者经营方式调整,经变更劳动合同后,仍需裁减人员,用人单位依法定程序裁减人员的;

(8)其他因劳动合同订立时所依据的客观经济情况发生重大变化,致使劳动合同无法履行,用人单位依法定程序裁减人员的;

(9)劳动合同期满,劳动者同意续订劳动合同而用人单位不同意续订劳动合同,由用人单位终止固定期限劳动合同的;

(10)因用人单位被依法宣告破产而终止劳动合同的;

(11)因用人单位被吊销营业执照、责令关闭、撤销或者用人单位决定提前解散而终止劳动合同的;

(12)法律、行政法规规定的其他情形。

表9-3   各类解除及终止合同的经济补偿一览表

解除和终止		条件	期限	经济补偿金
协商解除	单位提出	不论何种类型的劳动合同,也不需要任何条件,都可以协商解除	无要求	需支付
	员工提出		无要求	无需支付
单位解除的情形	即时通知解除劳动合同(过失性解除劳动合同)	试用期内不符合录用条件	随时	无需支付
		严重违纪	随时	无需支付
		造成重大损害	随时	无需支付
		兼职,对本职工作有严重影响或经提出拒不改正的	随时	无需支付
		以欺诈、胁迫手段或者乘人之危订立劳动合同	随时	无需支付
		被追究刑事责任	随时	无需支付
	预告通知解除(非过失性解除劳动合同)	患病或非因工负伤医疗期满不能从事原工作,也不能从事另行安排的工作	提前30天或支付一个月工资	需支付
		不能胜任工作,经培训或调岗后仍无法胜任的	提前30天或支付一个月工资	需支付
		劳动合同无法履行且无法达成变更劳动合同协议的	提前30天或支付一个月工资	需支付
	裁员解除	破产;经营困难;转产、重大技术革新或者经营方式调整;客观情况发生重大变化	履行法定程序后可以裁员	需支付

续表

解除和终止		条件	期限	经济补偿金
员工解除的情形	提前 30 天通知解除	不论何种类型的劳动合同,也不需要任何条件,劳动者都可以提前 30 天通知解除劳动合同	提前 30 天通知	无需支付
	提前 3 天通知解除	在试用期内	提前 3 天通知	无需支付
	随时通知解除	未提供约定的劳动保护和条件	随时通知	需支付
		未按时足额支付劳动报酬	随时通知	需支付
		未依法缴纳社会保险费	随时通知	需支付
		规章制度违法损害劳动者利益	随时通知	需支付
		以欺诈、胁迫的手段或者乘人之危订立劳动合同的	随时通知	需支付
		法律法规规定的其他情况	随时通知	需支付
	无需通知立即解除	以暴力、威胁或者非法限制人身自由的手段强迫劳动者劳动的	立即解除,无需通知	需支付
		违规违章强令冒险作业	立即解除,无需通知	需支付
劳动合同终止	劳动合同期满的	用人单位不同意续订的		需支付
		用人单位降低劳动条件续订劳动合同,劳动者不同意续订的		需支付
		用人单位维持或者提高劳动条件续订劳动合同,劳动者不同意续订的		无需支付
	劳动者开始享受基本养老保险待遇的			无需支付
	劳动者死亡、或被法院宣告死亡或失踪的			无需支付
	单位被宣告破产			需支付
	被吊销营业执照、责令关闭、撤销或者用人单位决定提前解散的			需支付
	法律、行政法规规定的其他情形			无需支付
不得解除或需逾期终止的情形	从事接触职业病危害作业的劳动者未进行离岗前职业健康检查,或者疑似职业病病人在诊断或者医学观察期间			
	患职业病或者因工负伤并被确认丧失或者部分丧失劳动能力的			
	患病或者负伤,在规定的医疗期内的			
	女职工在孕期、产期、哺乳期内的			
	在单位连续工作满 15 年,且距法定退休年龄不足 5 年的			
	法律、行政法规规定的其他情形			

2. 用人单位无故单方解除合同应当支付赔偿

《劳动合同法》第四十八条规定,用人单位违反本法规定解除或者终止劳动合同,劳动者要求继续履行劳动合同的,用人单位应当继续履行;劳动者不要求继续履行劳动合同或者劳动合同已经不能继续履行的,用人单位应当依照本法第八十七条规定支付赔偿金。

第八十七条规定,用人单位违反本法规定解除或者终止劳动合同的,应当依照本法第四十七条规定的经济补偿标准的二倍向劳动者支付赔偿金。

3. 职工过错性解除合同的赔偿问题

《劳动合同法》规定,用人单位行使过错性解除权无需向劳动者支付经济补偿金。根据劳动部门《违反〈劳动法〉有关劳动合同规定的赔偿办法》的规定,因劳动者过错给用人单位造成经济损失的,可以要求劳动者给予赔偿。

4. 用人单位可以单方解除劳动合同的情形

根据《劳动合同法》第三十九条规定,劳动者有下列情形之一的,用人单位可以单方解除劳动合同:(1)在试用期间被证明不符合录用条件的;(2)严重违反用人单位的规章制度的;(3)严重失职,营私舞弊,给用人单位造成重大损害的;(4)劳动者同时与其他用人单位建立劳动关系,对完成本单位的工作任务造成严重影响,或者经用人单位提出,拒不改正的;(5)因劳动者欺诈、胁迫、乘人之危签订劳动合同致使劳动合同无效的;(6)被依法追究刑事责任的。

上述情况解除合同,用人单位无需支付补偿金。

5. 经济性裁员需注意的事项

根据《劳动合同法》第四十一条规定,用人单位有下列情形之一的,可以裁减人员:(1)依照企业破产法规定进行重整的;(2)生产经营发生严重困难的;(3)企业转产、重大技术革新或者经营方式调整,经变更劳动合同后,仍需裁减人员的;(4)其他因劳动合同订立时所依据的客观经济情况发生重大变化,致使劳动合同无法履行的。

经济性裁员主要是由于用人单位生产经营方面的原因而造成的,与劳动者是否存在过错无关。应当注意的是,《劳动合同法》扩大了经济性裁员的适用范围,这种扩大极易造成用人单位对经济性裁员权利的滥用,为保护劳动者的合法权益,相关的法律解释应对经济性裁员予以限制。

用人单位进行经济性裁员应当遵守下列规则:

第一,用人单位应提前三十日向工会或者全体职工说明情况,听取工会或者职工的意见。这里实际上设定了三道程序即提前三十日、说明情况和听取意见。

第二,裁减人员方案应向劳动行政部门报告。向劳动行政部门报告除说明裁员的

实体性情况还应当附上职工或工会的意见。

第三,一些特殊人员应当优先留用。与本单位订立较长期限的固定期限劳动合同的,与本单位订立无固定期限劳动合同的,家庭无其他就业人员,有需要扶养的老人或者未成年人的。

第四,用人单位在六个月内重新招用人员的,应当通知被裁减的人员,并在同等条件下优先招用被裁减的人员。

第五,用人单位裁减人员应当向劳动者支付经济补偿金。

6. 用人单位单方解除劳动合同的程序

用人单位单方依据《劳动合同法》第三十九条、第四十条的规定解除劳动合同的,应当履行如下程序:

(1)制作书面解除劳动合同通知书,并且送达给劳动者,解除劳动合同通知书应当载明用人单位解除劳动合同的事实、理由及依据。

(2)应当事先将解除劳动合同理由通知工会。用人单位违反法律、行政法规规定或者劳动合同约定的,工会有权要求用人单位纠正。用人单位应当研究工会的意见,并将处理结果书面通知工会。用人单位解除劳动合同与职工的利益密切相关,而工会是维护职工合法权益的组织,因此,在劳动合同解除时应发挥工会的作用以防止企业滥用权利,保护职工合法权益。用人单位将单方面解除劳动合同的理由事先告知工会,就能使工会及时发现单位违法解除、侵害职工权益的情况并予以制止。

(3)在解除或者终止劳动合同时出具解除或者终止劳动合同的证明,并在15日内为劳动者办理档案和社会保险关系转移手续。

(4)用人单位依照法律有关规定应当向劳动者支付经济补偿的,在劳动者办结工作交接时支付。用人单位对已经解除或者终止的劳动合同的文本,至少保存2年备查。

(三)经济补偿金的计算

1. 标准

《劳动合同法》规定,经济补偿金计算按劳动者在本单位工作的年限,每满一年支付一个月工资的标准向劳动者支付。六个月以上不满一年的,按一年计算;不满六个月的,向劳动者支付半个月工资的经济补偿。劳动者月工资高于用人单位所在直辖市、社区的市级人民政府公布的本地区上年度职工月平均工资三倍的,向其支付经济补偿的标准按职工月平均工资三倍的数额支付,向其支付经济补偿的年限最高不超过十二年。此处所称月工资是指劳动者在劳动合同解除或者终止前十二个月的平均工资。

2. 年限

对于因用人单位的合并、兼并、合资、单位改变性质、法人改变名称等原因而改变工作单位的,其改制前的工作时间可以计算为在本单位的工作时间。另外,劳动者非因本人原因从原用人单位被安排到新用人单位工作的,劳动者在原用人单位的工作年限合并计算为新用人单位的工作年限。原用人单位已经向劳动者支付经济补偿的,新用人单位在依法解除、终止劳动合同计算支付经济补偿的工作年限时,不再计算劳动者在原用人单位的工作年限。

3. 基数

经济补偿金中的月平均工资,是指劳动者在解除劳动合同前 12 个月的月实际平均工资,而不仅仅是劳动合同中约定的基本工资。根据劳动部《关于贯彻执行〈中华人民共和国劳动法〉若干问题的意见》的规定,"工资"是指用人单位依据国家有关规定或劳动合同的约定,以货币形式直接支付给本单位劳动者的劳动报酬,一般包括计时工资、计件工资、资金、津贴和补贴、延长工作时间的工资报酬以及特殊情况下支付的工资等,劳动者应得的年终奖或年薪双薪,计入工资基数时应按每年 12 个月平均分摊。《劳动合同法》第四十七条规定的计算经济补偿月工资标准应依照《劳动合同法实施条例》第二十七条规定予以确定,应得工资包含由个人缴纳的社会保险和住房公积金以及个人所得税。

（四）解除劳动补偿的主要风险点

1. 职工解除合同劳动补偿纠纷的主要风险点

（1）提出解除合同的主体分为劳动者还是用人单位,不同主体提出解除合同的后果是不一样的。解除劳动合同的理由是否合法也是引起风险的一个重要原因;提出解除合同的时间节点是否符合法律规定也是计算补偿的一个重要依据。

（2）劳动者在解除合同时是否有过错,无过错解除合同、单方无故解除合同补偿金计算上的差异性,也是我们要关注的风险点。

（3）合同约定和公司管理规定不明确引发解除合同理由不充分,导致解除合同补偿计算争议的风险。

（4）解除合同是否赔偿及赔偿的标准及赔偿金额计算分歧。

（5）解除合同程序上合法性、手续上完备性的风险。

（6）用人单位在法定禁止解除合同期提出解除合同的风险。

2. 违法解除合同的主要风险

（1）造成劳动者工资收入损失的,按劳动者本人应得工资收入支付给劳动者,并加

付应得工资收入 25% 的赔偿费用;

(2)造成劳动者劳动保护待遇损失的,应按国家规定补足劳动者的劳动保护津贴和用品;

(3)造成劳动者工伤、医疗待遇损失的,除按国家规定为劳动者提供工伤、医疗待遇外,还应支付劳动者相当于医疗费用 25% 的赔偿费用;

(4)根据工作年限获得相应的经济补偿或赔偿金。

七、薪酬核算、发放与考核的法律风险

根据北京市人力资源和社会保障局发布的劳动争议信息显示①:从仲裁诉求看,86.9% 的争议诉求涉及劳动报酬、经济补偿和赔偿金等直接经济利益;从案件涉及的企业类型看,90% 以上的争议发生在非公企业。在工资核算中涉及加班、各类休假和补偿金、个人所得税、代扣代缴事项等具体问题,使得工资核算标准的繁杂性在企业人力资源管理中显得尤为突出。

与薪酬核算、发放与考核相关的主要风险点包括:

(1)最低工资保障问题。劳动者在法定工作时间或依法签订的劳动合同约定的工作时间提供了正常的劳动前提下,用人单位应当支付劳动报酬不得低于最低工资。注意临时工、实习期工资(八折后)、扣款后实发工资等不得低于国家规定最低工资标准。

正常工作时间最低工资,不包含下列各项:延长工作时间工资;中班、夜班、高温、低温、井下、有毒有害等特殊工作环境、条件下的津贴;法律法规和国家规定的劳动者福利待遇等。但法定工作时间内或依法约定的合同劳动时间内,由其本人原因未提供正常劳动的,不适用于最低工资支付。

对于企业下岗待工人员,由企业依据当地政府的有关规定支付其生活费,生活费可以低于最低工资标准。女工因生育、哺育请长假下岗的,其享受法定产假期间,依法领取生育津贴,没有参加生育保险的企业,由企业照发工资。

(2)劳动者在法定休假日、带薪年假、探亲假、生育(产)假、节育手术假和婚丧假期间以及依法参加社会活动期间,用人单位应当依法支付工资。

(3)劳动合同被确认无效后,用人单位对劳动者付出劳动一般可参照本单位同期、同工种、同岗位的工资标准支付劳动报酬。

---

① http://www.mohrss.gov.cn/tjzcgls/TJZCgongzuodongtai/201609/t20160918_247355.html,发布日期 2016.9.18。

（4）工资集体协商的合法流程和工资协议草案应提交职工代表大会或职工大会讨论审议，工资集体合同经双方首席代表签字盖章后成立，劳动行政部门应收到工作协议15日内进行审查，并及时向协议双方送达《工资审查意见书》，工资集体合同即行生效。生效工资协议5天内以适当形式向全体人员公布。一般来说，工资集体合同有效期为1—3年，双方在原工资协议期满前60天内，提出协商意见书。

（5）正确区别工资范围与非工资范围。工资范围包括：计时工资、计件工资、奖金、津贴和补贴、延长工作时间的工作报酬以及特殊情况下支付的工资。非工资范围包括：社会保险福利费用，如丧葬救济费、生活困难补助、计划生育补贴等，劳动保护方面费用，未列入工资总额范畴的劳动报酬及其他劳动收入，如创造发明奖、国家星火奖、自然科学奖、科技进步奖、合理化建议奖和技术改进奖、中华技能大奖等，以及其他稿酬、讲课费和翻译费等。

（6）工资支付不及时的风险。工资应当每个月支付，不得克扣或者无故拖欠劳动者工资。

（7）带薪年休假未安排休假的风险。带薪年休假未安排的，应当责令改正，逾期不改正的，单位支付年休假工资报酬及同金额的赔偿金。

（8）日工资、小时工资计算错误风险。劳动和社会保障部《关于职工全年月平均工资时间和工作折算问题的通知》（劳社部发〔2008〕3号）规定，月计薪天数 = （365 - 104）/12 = 21.75（天）。

（9）职工患病或非因工负伤期间，工资可以低于当地最低工资标准支付，但不能低于最低工资标准的80%。

（10）非因劳动者原因造成单位停工、停产在一个工资支付周期内的，用人单位应按劳动合同规定的标准支付劳动者工资，超过一个工资支付周期的，若劳动者提供了正常劳动，则支付劳动者的劳动报酬不得低于当地的最低工资标准，没有提供正常劳动的，应按国家有关规定办理。

（11）职工给公司造成的经济赔偿从工资中扣款的风险。每月扣款不得超过劳动者当月工资的20%，且不得低于最低工资标准支付。

（12）工资支付记录保存不当的风险。劳动者薪酬问题产生纠纷时，用人单位负有举证责任。保存时间最少2年。2年是劳动者申请仲裁之日起往前推算2年。

（13）注意各地工资支付规定的差异化，以本地相关规定为准。

总而言之，用人单位在支付劳动者工资时必须遵守相关最低工资的法律规定，避免低于最低工资支付的法律风险，同时要适时关注各地区最低工资支付金额的变化。

八、年终奖发放时间与条件的法律风险

(一)年终奖发放的法律来源及依据

1. 年终奖的法律依据

国家统计局《关于工资总额组成的规定》第四条规定,工资总额由下列六个部分组成:(1)计时工资;(2)计件工资;(3)奖金;(4)津贴和补贴;(5)加班加点工资;(6)特殊情况下支付的工资。

《〈关于工资总额组成的规定〉若干具体范围的解释》第二条规定,有关奖金范围的规定包括:"(一)生产(业务)奖包括超产奖、质量奖、安全(无事故)奖、考核各项经济指标的综合奖、提前竣工奖、外轮速遣奖、年终奖(劳动分红)等。……"

由上可见,年终奖一般被定义为工资总额中的奖金部分,但它不是强制性要求,单位可以通过制定相关制度来对其进行界定。

2. 年终奖的发放依据

(1)遵循同工同酬原则。

《劳动法》第四十六条规定,工资分配应当遵循按劳分配原则,实行同工同酬。如果单位没有约定年终奖的发放方式,则就要做到同工同酬,对于同样的岗位,年终奖的发放方式和基数应该是相同的。如出现纠纷,劳动部门会按照同岗位的发放方式执行。

(2)遵循单位制度原则。

按照我国《劳动法》第四十七条的规定,企业有自主经营权,也就是说用人单位可根据本单位的生产经营特点和经济效益,依法自主决定工资分配方式和水平。如果单位的制度有明确规定年终奖该如何发放,就按照单位的制度执行,以免造成纠纷。制度上最好对年终奖有个定性说法。例如,工资组成部分(比如,绩效工资)和福利组成部分(比如,过年费、过年红包和公司留用补贴);年终奖发放条件及考核或发放办法;发放时间等。另外,对于个税承担主体及代扣代缴也要予以明确。如果没有制度做支撑,很可能出现相同岗位员工发放不同的年终奖,存在同工不同酬或者克扣工资之嫌。

(3)遵守劳动合同约定原则。

如果年终奖在劳动合同中有明确约定,就要按照该约定执行。当劳动合同、单位制度与同工同酬相互不一致时,其效力的大小如下:劳动合同约定≥单位制度≥同工同酬,即有约定按照约定执行(约定不合法除外),没有约定按照制度执行,制度没有规定按照同工同酬标准执行。

(二)年终奖不同发放形式和条件的风险分析

1. 年终奖的发放形式及风险分析

(1)固定年终奖形式或扣留部分薪酬年底发放,例如,13薪和14薪等,再如,工资30%年终发放。如果劳动合同约定了这种年终奖形式,则必须遵守,原因在于,这种年终奖属于工资的一部分,不能因辞职、解除劳动合同或者没满一年为由而拒付,员工可以换算到每个月要求补发工资。因此,企业谨慎签订这种年终奖的合同。

(2)绩效奖金等浮动年终奖形式。例如,年终奖与员工绩效直接挂钩的,与员工的绩效表现直接相关。再如,年终奖与企业业绩直接挂钩的,与企业的盈利水平直接挂钩,如果企业不盈利可以少发。企业管理者需要充分评估这种年终奖金形式,要符合企业的实际情况,否则可能会发生年终奖金发放与企业收益增长倒挂或者不是同幅度增长,超过了企业可以承受的风险。

另外,绩效考核制度需要经过职工代表大会或者部门负责人和员工认可签字,同时注意收集年终绩效考核依据及计算过程,并保留计算结果,以避免年终奖的后续纠纷。

(3)可以采用春节红包、旅游奖励和留任津贴等灵活的福利发放形式。这种年终奖形式规避了员工中途或12月解除合同或离职要求补发工资的风险。

2. 发放时间和次数不当的风险分析

年终奖可以一次发放,也可以分次发放。为了挽留员工,有些单位第二年6月发放或推迟更长时间发放,这个属于企业的自主发放权。但需要注意的是,个人所得税享受年终奖税收优惠政策一年就一次,即无论发放几次,只能享受一次,其他各次发放的年终奖并入发放当月的工资所得,按月预交,年终汇算清缴。如果在企业所得税汇算年度已经预提年终奖,并在企业所得税汇算清缴之前已发放,则可以在企业所得税汇算清缴年度进行税前扣除。如果在企业所得税汇算清缴之后发放,则只能在发放年度进行税前扣除。

分次发放和推迟发放年终奖,一定要在单位制度中予以明确规定,否则,容易造成克扣工资之嫌。

3. 离职员工不享受年终奖的风险分析

用人单位不能简单地对离职员工不发放年终奖,否则容易引起劳动纠纷。例如,合同约定年薪分次发放、固定13薪或者固定14薪和绩效工资等,职工正常离职都有权利要求单位补发工资。要规避这种风险,单位可以从以下几个方面入手:

(1)劳动合同中不约定年终奖发放,或者劳动合同或者单位制度明确约定年终奖发放条件,明确规定离职员工没有年终奖;

（2）单位制度明确约定详细的考核体系、发放条件、发放标准、计算方法和发放时间；

（3）可以将年终奖约定为一种福利性质，同时规定享受该福利的条件。

九、女员工权益及未成年员工特殊保护的用工风险

依据《劳动法》第五十八条规定，国家对女职工与未成年人实行特殊劳动保护。未成年是指年满 16 周岁未满 18 周岁的劳动者。

（一）特殊保护内容

1.《劳动法》第五十九至六十五条规定：

第五十九条　禁止安排女职工从事矿山井下、国家规定的第四级体力劳动强度的劳动和其他禁忌从事的劳动；

第六十条　不得安排女职工在经期从事高处、低温、冷水作业和国家规定的第三级体力劳动强度；

第六十一条　不得安排女职工在怀孕期从事国家规定的第三级体力劳动强度的劳动和孕期禁忌从事的劳动。对怀孕七个月以上的女职工，不得安排其延长工作时间和夜班的劳动；

第六十二条　女职工享受不少于九十天的产假；

第六十三条　不得安排女职工在哺乳期未满一周岁的婴儿期间从事国家规定的第三级体力劳动强度和哺乳期禁忌从事的其他劳动，不得安排其延长工作时间和夜班劳动；

第六十四条　不得安排未成年人从事矿山井下、有害有毒、国家规定的第四级体力劳动和其他禁忌从事的劳动；

第六十五条　用人单位对未成年工定期进行健康检查。

2.《妇女权益保障法》第二十二至二十七条规定：

第二十二条　国家保障妇女享有与男子平等的劳动权利和社会保障权利；

第二十三条　录用员工时，除不适合妇女的工种或者岗位外，不得以性别为由拒绝录用妇女或提高妇女的录用标准……劳动（聘用）合同或者服务协议中不得规定限制女职工结婚、生育的内容……；

第二十四条　实行男女同工同酬。妇女在享受福利待遇方面享有与男子完全平等的权利；

第二十五条　在晋职、晋级、评定专业技术职务等方面，应当坚持男女平等的原则，

不得歧视妇女；

第二十六条　任何单位均应根据妇女的特点，依法保护妇女在工作和劳动时的安全与健康，不得安排不适合妇女从事的工作和劳动；

第二十七条　任何单位不得因结婚、怀孕、产假、哺乳等情形，降低女职工的工资，辞退女职工，单方解除劳动（聘用）合同或服务协议……

（二）主要风险点

依据《劳动法》《妇女权益保障法》《女职工劳动保护特别规定》和《未成年特殊保护规定》等相关规定，单位要关注以下主要风险点：

（1）在招工宣传上不得有歧视妇女的条款；

（2）在劳动合同上不得有违反妇女权益保障的条款；

（3）在工资核算上对妇女的婚假、产假、哺乳期的工资核算合规性；

（4）在妇女特殊时期不能解除合同；

（5）在工作安排上妇女和未成年不适合的岗位不得安排；

（6）在工资和福利待遇方面男女平等，同工同酬。

十、竞业禁止及竞业限制协议的法律风险

（一）竞业禁止与竞业限制的差异

竞业禁止是《公司法》规定的公司高级管理人员（比如，董事和经理等）不得自营或与他人合作经营与其所任职的公司同类的业务。《公司法》规定的竞业禁止义务主要是针对在职期间的公司高级管理人员、掌握核心技术的技术人员而言的，如果想对商业秘密进行保护，就涉及如何对离职后的掌握商业秘密的人员进行竞业禁止限制问题。

竞业禁止是用人单位对员工采取的以保护其商业秘密为目的的一种法律措施，是根据法律规定或双方约定，在劳动关系存续期间或劳动关系结束后的一定时期内，限制并禁止员工在本单位任职期间同时兼职于业务竞争单位，限制并禁止员工在离职后从事与本单位竞争的业务，包括不得在生产同类产品或经营同类业务且有竞争关系或其他利害关系的其他业务单位任职，不得到生产同类产品或经营同类业务且具有竞争关系的其他用人单位兼职或任职，也不得自己生产与原单位有竞争关系的同类产品或经营同类业务。

竞业限制义务是用人单位与劳动者通过合同约定，由用人单位支付一定的补偿金来限制劳动关系终止后劳动者的择业权，进而保护用人单位的商业秘密和商业利益。

竞业禁止与竞业限制的区别主要表现在以下几点：

（1）如果股东是公司的董事、高级管理人员，则负有法定的竞业禁止义务，在违背竞业禁止义务并对公司或其他股东合法利益造成损害时，公司或股东可以依法追究相关董事、高级管理人员的责任。

（2）如果股东是公司的技术人员、财务人员等对公司商业秘密负有保密义务的人员，则需由公司与股东签订竞业限制协议约定离职后竞业限制的具体期限、范围、地域及补偿条款等内容。

（3）如果股东既非公司的董事、高级管理人员，亦未与公司建立劳动关系，为了避免同业竞争的存在，最好是在公司章程中明确约定竞业限制的期限、范围、地域等内容。

在前述（2）、（3）点所述情况下，如果公司与股东之间没有相关的竞业限制约定，实践中如果出现股东同业竞争的行为，则难以有效地追究该股东的责任。因此，为了避免此种现象出现，最好在公司设立之初就在公司章程或相关协议中进行明确约定。

（二）竞业禁止的法律依据

《劳动合同法》对竞业禁止适用范围、期限以及补偿方式均作出了明确规定。

《劳动合同法》第二十三条规定，用人单位与劳动者可以在劳动合同中约定保守用人单位的商业秘密和与知识产权相关的保密事项。对负有保密义务的劳动者，用人单位可以在劳动合同或者保密协议中与劳动者约定竞业限制条款，并约定在解除或者终止劳动合同后，在竞业限制期限内按月给予劳动者经济补偿。劳动者违反竞业限制约定的，应当按照约定向用人单位支付违约金。

《劳动合同法》第二十四条规定，竞业限制的人员限于用人单位的高级管理人员、高级技术人员和其他负有保密义务的人员。竞业限制的范围、地域、期限由用人单位与劳动者约定，竞业限制的约定不得违反法律、法规的规定。在解除或者终止劳动合同后，前款规定的人员到与本单位生产或者经营同类产品、从事同类业务的有竞争关系的其他用人单位，或者自己开业生产或者经营同类产品、从事同类业务的竞业限制期限，不得超过二年。

（三）不同对象的竞业禁止协议约束范围不一样

1. 股东及公司高管

股东和公司高管的竞业禁止是法定义务。

（1）《公司法》第七十条规定，国有独资公司的董事长、副董事长、董事、高级管理人员,未经国有资产监督管理机构同意,不得在其他有限责任公司、股份有限公司或者其他经济组织兼职。

《公司法》第一百四十八条规定,董事、高级管理人员不得有下列行为:未经股东会或者股东大会同意,利用职务便利为自己或者他人谋取属于公司的商业机会,自营或者为他人经营与所任职公司同类的业务。

（2）《中外合资经营企业法实施条例》第三十七条规定,总经理或者副总经理不得兼任其他经济组织的总经理或者副总经理,不得参与其他经济组织对本企业的商业竞争。

（3）《合伙人企业法》第三十二条规定,合伙人不得自营或者同他人合作经营与本合伙企业相竞争的业务。

2. 核心团队及核心技术员工竞业限制的法律依据

最高人民法院《关于审理劳动争议案件适用法律若干司法解释（四）》（以下简称《司法解释（四）》）中一共15条都涉及竞业限制的问题。

《司法解释（四）》第六条规定,当事人在劳动合同或者保密协议中约定了竞业限制,但未约定解除或者终止劳动合同后给予劳动者经济补偿,劳动者履行了竞业限制义务,要求用人单位按照劳动者在劳动合同解除或者终止前十二个月平均工资的30%按月支付经济补偿的,人民法院应予支持。

前款规定的月平均工资的30%低于劳动合同履行地最低工资标准的,按照劳动合同履行地最低工资标准支付。

《司法解释（四）》第七条规定,当事人在劳动合同或者保密协议中约定了竞业限制和经济补偿,当事人解除劳动合同时,除另有约定外,用人单位要求劳动者履行竞业限制义务,或者劳动者履行了竞业限制义务后要求用人单位支付经济补偿的,人民法院应予支持。

《司法解释（四）》第八条规定,当事人在劳动合同或者保密协议中约定了竞业限制和经济补偿,劳动合同解除或者终止后,因用人单位的原因导致三个月未支付经济补偿,劳动者请求解除竞业限制约定的,人民法院应予支持。

《司法解释（四）》第九条规定,在竞业限制期限内,用人单位请求解除竞业限制协议时,人民法院应予支持。在解除竞业限制协议时,劳动者请求用人单位额外支付劳动者三个月的竞业限制经济补偿的,人民法院应予支持。

《司法解释（四）》第十条规定,劳动者违反竞业限制约定,向用人单位支付违约金后,用人单位要求劳动者按照约定继续履行竞业限制义务的,人民法院应予支持。

（四）竞业禁止及限制协议的主要风险点

1. 协议有效性的风险

对于公司股东及高管,一般在公司章程中约定竞业禁止性条款,以规避股东未签订竞业禁止协议带来的风险。代理商、核心技术和骨干员工通过竞业限制性协议进行约定。

雇佣双方自愿签订的竞业禁止或限制条款,作为劳动合同的一部分,具有法律效力。但由于竞业禁止或限制协议限制的是员工的劳动权,而劳动权属于宪法保障的公民基本权利之一。因此,竞业禁止或限制合同的合法有效性,其关键在于是否符合法律的相关规定。作为竞业限制协议的一个基本条款,企业必须对员工的竞业限制行为做出经济补偿,竞业限制协议中必须同时写明补偿金的数额和发放办法。对于竞业限制的补偿金数额,如果协议中没有明确补偿金额,根据最高人民法院的司法解释,劳动者履行了竞业限制义务,要求用人单位按照劳动者在劳动合同解除或者终止前十二个月平均工资的30%按月支付经济补偿的,人民法院应予支持。

2. 协议合理性的风险

(1)竞业禁止或限制,是以与本单位的业务相同的竞争业务为限,即竞业禁止或限制的范围应以雇员在本单位任职时接触或可能接触到的商业秘密范围相适应,而不能扩大到任职人员所熟悉的整个专业领域或行业领域,更不能扩大到与本单位商业秘密无关的雇员所掌握到的一般知识、经验和技能。

(2)商业秘密的范围,应根据商业秘密的价值性、新颖性、保密性、秘密性等诸要素来确定,商业秘密是一种存在于生产、经营、管理各过程中的知识与经验,包括技术秘密和经营秘密两种。竞业禁止或限制的义务主体如果利用自己掌握的企业所有的技术秘密或经营秘密进行兼职或在一定期限内和他人经营与原企业业务相同的竞争企业,或引诱掌握上述商业秘密的人员离职,或将上述商业秘密提供给他人的,均是违反竞业禁止或限制的行为,应当承担相应的法律责任。

(3)竞业禁止或限制的期限,商业秘密的竞争优势即在于具有较强的时间性,超过一定的期限,其优势就不复存在。确定竞业禁止或限制的期限,要兼顾国家、单位和雇员三方面的合法权益。国外大多数国家和中国台湾地区一般将竞业禁止或限制的期限限制在二年之内,根据中国的经济发展水平,职工个人收入状况,社会保障情况,企业的行业特点,雇员的性质,对竞业禁止的合理期限由企业掌握。

(4)在对竞业禁止期限作出规定的同时,应赋予雇员在竞业禁止或限制期间享有获得补偿的权利。因为竞业禁止或限制的目的在于保护雇主的商业秘密,但在保护雇主利益的同时,也不能无视雇员的择业自由权。竞业禁止或限制的实行,无疑限制和剥夺了雇员在自己最为熟悉的行业中就业及将自己的能力、知识、经验充分施展,服务社会的权利和机会。

第二节　职工薪酬法律纠纷解决

一、劳动争议范围

(一)劳动争议仲裁委员会受理的争议范围

《劳动争议调解仲裁法》第二条规定,在中华人民共和国境内的用人单位与劳动者发生的下列劳动争议,适用本法:

(1)因确认劳动关系发生的争议;

(2)因订立、履行、变更、解除和终止劳动合同发生的争议;

(3)因除名、辞退和辞职、离职发生的争议;

(4)因工作时间、休息休假、社会保险、福利、培训以及劳动保护发生的争议;

(5)因劳动报酬、工伤医疗费、经济补偿或赔偿金等发生的争议;

(6)法律法规规定的其他劳动争议。

(二)人民法院受理的劳动争议诉讼范围

最高人民法院《关于审理劳动争议案件适用法律若干问题的解释(一)、(二)、(三)》受理劳动争议范围包括:

(1)劳动者以用人单位未为其办理社会保险手续,且社会保险机构不能补办导致其无法享受社会保险待遇为由,要求用人单位赔偿损失而发生争议的;

(2)因企业自主进行改制引发的争议;

(3)劳动者依据《劳动合同法》第八十五条规定,向人民法院提起诉讼的,要求用人单位支付加付赔偿金的;

(4)劳动者以用人单位的工资欠条为证据直接向人民法院起诉,诉讼请求不涉及其他劳动关系争议的,视为拖欠劳动报酬争议,按普通民事纠纷受理;

(5)用人单位与劳动者因劳动关系是否已经解除或终止,以及应否支付解除或终止劳动关系经济补偿发生争议,经劳动仲裁委员会仲裁后,当事人起诉的。

(6)劳动者与用人单位解除或终止劳动关系后,请求用人单位退还收取的劳动合同定金、保证金、抵押金、抵押物产生的争议或者办理劳动者的人事档案、社会保险关系等转移手续产生的争议，经劳动仲裁委员会仲裁后，当事人向人民法院起诉的；

（7）劳动者因工伤、职业病，请求用人单位依法承担给予工伤保险待遇的争议，经劳动仲裁委员会仲裁后，当事人起诉的；

（8）属于《劳动法》第二条规定的劳动争议，当事人不服劳动争议仲裁委员会作出的裁决，依法向人民法院起诉的。

（三）不属于劳动争议的事项

不属于劳动争议的事项包括：

（1）劳动者请求社会保险机构发放社会保险金；

（2）劳动者与用人单位因住房制度改革产生的共有住房转让的纠纷；

（3）劳动者对劳动力鉴定委员会的伤残等级鉴定结论或者对职业病诊断鉴定委员会的职业病诊断鉴定结论的异议纠纷；

（4）家庭或者个人与家政服务人员之间的纠纷；

（5）个体工匠与帮工、学徒之间的纠纷；

（6）农村承包经营户与受雇人之间的纠纷。

（四）劳动争议的管辖权

1. 劳动争议仲裁委员会管辖权

《劳动争议调解仲裁法》第二十一条规定，劳动争议由劳动合同履行地或者用人单位所在地的劳动争议仲裁委员会管辖。双方当事人分别向劳动合同履行地和用人单位所在地的劳动争议仲裁委员会申请仲裁的由劳动合同履行地的劳动争议仲裁委员会管辖。

2. 劳动争议诉讼管辖权

依据《民事诉讼法》的规定，因合同引起纠纷的，由被告住所地或者合同履行地人民法院管辖。《司法解释（四）》第一条规定，劳动人事争议仲裁委员会以无管辖权为由对劳动争议案件不予受理，当事人提起诉讼，人民法院按照以下情形分别处理：

（1）经审查认为该劳动人事争议仲裁委员会对案件无管辖权的，应当告知当事人向有管辖权的劳动争议仲裁机构申请仲裁；

（2）经审查认为该劳动人事争议仲裁委员会对案件有管辖权的，应当告诉当事人申请仲裁，并将审查意见书通知该劳动人事仲裁委员会，劳动人事争议仲裁委员会不受理的，当事人就该劳动争议事项提起诉讼的，应予受理。

《劳动人事争议仲裁办案规则》（中华人民共和国人力资源和社会保障部令第33

号)规定,劳动合同履行地为劳动者实际工作场所地,用人单位所在地为用人单位注册地、登记地为主要办事机构所在地。

当事人分别向劳动合同履行地和用人单位所在地申请仲裁的,由劳动合同履行地的仲裁委员会管辖,有多个劳动合同履行地,由最先受理的仲裁委员会管辖。合同履行地不明确的,由用人单位所在地仲裁委员会管辖。案件受理后,合同履行地或用人单位所在地发生变化的,不改变争议仲裁管辖地。

(3)各地区劳动争议仲裁管辖权详细规定,请关注各地政府部门的规定。例如,北京市关注《北京市劳动和社会保障局关于进一步明确我市劳动争议仲裁案件管辖的通知》(京劳社仲发〔2009〕35 号)和《北京市劳动争议仲裁委员会北京市劳动争议仲裁办案规范(试行)》(京仲裁字〔1998〕4 号)。

二、劳动争议的时效

(1)《劳动争议调解仲裁法》第二十七条规定,劳动争议申请仲裁的时效为一年,申请时效期限从当事人知道或者应当知道其权利被侵害之日起计算。

前款规定的仲裁时效,因当事人一方向对方当事人主张权利,或者向有关部门请求权利救济或者对方当事人同意履行义务而中断。从中断时起,仲裁时效期间继续计算。

劳动关系存续期间内因拖欠劳动报酬发生争议的,不受本条第一款规定的仲裁时效期间限制,但是,劳动关系终止的,应当自劳动关系终止之日起一年内提出。

(2)《劳动法》第八十二条规定,提出仲裁要求的一方应当自劳动争议发生之日起 60 日内向劳动争议仲裁委员会提出书面申请。仲裁裁决一般应在收到仲裁申请的 60 日内作出。对仲裁裁决无异议的,当事人必须履行。

《最高人民法院关于审理劳动争议案件适用法律若干问题的解释(一)》(法释〔2001〕14 号)第三条规定,劳动仲裁委员会根据《劳动法》第八十二条规定,以当事人的仲裁申请超过 60 日期限为由,做出不予受理的书面裁决、决定或者通知,当事人不服,依法向人民法院起诉的,人民法院应当受理,对确已超过仲裁申请期限,又无不可抗力或者正当理由的,依法驳回其诉讼请求。

(3)劳动争议当事人对仲裁裁决不服的,可以自收到仲裁裁决书之日起 15 日内向人民法院提起诉讼。一方当事人在法定期限内不起诉又不履行仲裁裁决的,另一方当事人可以申请强制执行。

(4)《劳动法》第八十四条规定,因签订集体合同发生争议,当事人协商解决不成的,当地人民政府劳动行政部门可以组织有关各方协调处理。因履行集体合同发生争议,当事人协商解决不成的,可以向劳动争议仲裁委员会申请仲裁;对仲裁裁决不服的,可以自收到仲裁裁决书之日起 15 日内向人民法院提出诉讼。

三、劳动争议的证据

(一)举证责任方

发生劳动争议时,当事人对自己的主张,有责任提供证据。承担举证责任的当事人应当在仲裁机构规定的期限内提供有关证据。当事人确有困难的,可申请延长期限,但应当说明原因。拒不说明理由不成立的,仲裁委员会可以根据情况不予采纳该证据或者采纳该证据予以训诫。

1. 劳动者提供的证据

劳动者提出主张的,有责任提供证据。

2. 用人单位提供的证据

用人单位作出的开除、除名、辞退、解除劳动合同、减少劳动报酬、计算劳动者关系年限等决定而发生的劳动争议;与劳动争议有关的属于用人单位管理的证据。

当事人因客观原因不能自行收集证据的,仲裁委员会可以根据当事人申请,参照民事诉讼有关规定予以收集,仲裁委员会认为有必要的,也可以决定参加民事诉讼有关规定予以收集。仲裁委员会依法调查取证时,有关单位和个人应当协助配合。

(二)专门的鉴定类证据

仲裁对专门问题需要鉴定的,可由当事人约定的鉴定机构鉴定,没有约定或无法达成约定的,由仲裁机构指定鉴定机构。

四、劳动争议的解决路径

用人单位与劳动者发生劳动争议,当事人可以双方协商、依法申请调解、仲裁、提起诉讼,也可以协商解决。调解原则适用于仲裁和诉讼程序。

劳动争议发生后,当事人可以协商,或向本单位劳动争议调解委员会申请调解;调解不成,当事人一方要求仲裁的,可以向劳动争议仲裁委员会申请仲裁。当事人一方也可以直接向劳动争议仲裁委员会申请仲裁。对仲裁裁决不服的,可以向人民法院提出诉讼。

在用人单位内,可以设立劳动争议调解委员会。劳动争议调解委员会由职工代表、用人单位代表和工会代表组成。劳动争议调解委员会主任由工会代表担任。劳动争议经调解达成协议的,当事人应当履行。劳动争议仲裁委员会由劳动行政部门代表、同级工会代表、用人单位代表方面的代表组成。劳动争议仲裁委员会主任由劳动行政部门代表担任。

(一)协商

劳动争议当事人之间自行约定,通过协商,在法律允许的范围内相互让步或一方让步从而求得争议解决的方法为协商。协商不需要第三人参加,是争议双方互谅互让的结果,有利于防止矛盾的激化。但双方协商达成的协议没有强制执行力,当事人仍然可以申请仲裁或起诉。协商在争议处理的任何阶段均可进行。

(二)调解

调解是由第三者居间调和,通过疏导、说服促使当事人互谅互让,从而解决纠纷的办法。解决劳动争议中的调解,主要由企业内部的劳动争议调解委员会进行。调解达成协议后,争议双方应自觉履行,但没有强制执行力。

(三)仲裁

劳动争议仲裁在我国是由劳动争议仲裁委员会进行的。仲裁裁决具有强制执行力。

调解与仲裁都是我国劳动争议的法定解决方式,一般来说,劳动者在发生劳动争议后,往往首先会在用人单位内部力争解决纠纷,在内部无法解决时,才向劳动争议仲裁委员会申请仲裁。但这并不说明,当事人申请仲裁之前一定要先进行调解。劳动仲裁不收费。

对仲裁裁决不服的,除《劳动争议调解仲裁法》另有规定的外,可以向人民法院提起诉讼。

劳动人事争议仲裁委员会作出调解书已经发生法律效力,一方面当事人反悔提起诉讼的,人民法院不予受理;已经受理的,裁定驳回起诉。

(四)诉讼

劳动争议诉讼就是指劳动争议双方当事人对仲裁裁决不服,依法向人民法院进行诉讼,要求保护其合法权益的一种劳动争议处理方式,是解决劳动争议的最后一道程序。

五、劳动争议裁决的执行

(一)执行环节的法规依据

1. 仲裁庭裁决先予执行的条件

《劳动争议调解仲裁法》第四十四条规定,仲裁庭对追索劳动报酬、工伤医疗费、经济补偿或者赔偿金的案件,根据当事人的申请,可以裁决先予执行,移送人民法院执行。仲裁庭裁决先予执行的,应当符合下列条件:(1)当事人的权利义务关系明确;(2)先不予执行将严重影响申请人的生活。劳动者申请先予执行的,可以不提供担保。

2. 裁决的撤销

《劳动争议调解仲裁法》第四十九条规定,用人单位有证据证明本法第四十七条规定的仲裁裁决有下列情形之一,可以自收到仲裁裁决书之日起三十日内向劳动争议仲裁委员会所在地的中级人民法院申请撤销裁决:(1)适用法律、法规确有错误的;(2)劳动争议仲裁委员会无管辖权的;(3)违反法定程序的;(4)裁决所根据的证据是伪造的;(5)对方当事人隐瞒了足以影响公正裁决的证据的;(6)仲裁员在仲裁该案时有索贿受贿、徇私舞弊、枉法裁决行为的。人民法院组成合议庭审查核实裁决有前款规定情形之一的,应当裁定撤销。

《最高人民法院关于审理劳动争议案件适用法律若干问题的解释(三)》(法释〔2010〕12号)第十五条规定,被人民法院驳回起诉或者劳动者撤诉的,用人单位可以自收到裁定书之日起30日内,向劳动者人事争议仲裁委员会所在地的中级人民法院申请撤销仲裁裁决。第十六条规定,用人单位依照《仲裁法》第四十九条规定向中级人民法院申请撤销仲裁裁决,中级人民法院作出的驳回申请或者仲裁裁决的裁定为终审裁定。

3. 发生法律效力的调解书、裁决书的执行

《劳动争议调解仲裁法》第五十一条规定,当事人对发生法律效力的调解书、裁决书,应当依照规定的期限履行。一方当事人逾期不履行的,另一方当事人可以依照民事诉讼法的有关规定向人民法院申请执行,受理申请的人民法院应当依法执行。

《最高人民法院关于审理劳动争议案件适用法律若干问题的解释(三)》(法释〔2010〕12号)第十八条规定,劳动人事争议仲裁委员会作出终局裁决,劳动者向人民法院申请执行,用人单位向劳动人事争议仲裁委员会所在地的中级人民法院申请撤销的,人民法院应当裁定中止执行。用人单位撤回撤销终局裁决申请或者其申请被驳回的,人民法院应当裁定恢复执行。仲裁裁决被撤销的,人民法院应当终结执行。用人单位向人民法院申请撤销仲裁裁决被驳回后,又在执行程序中以相同理由提出不予执行抗辩的,人民法院不予支持。

最高人民法院《关于审理劳动争议案件适用法律若干问题的解释(一)》(法释〔2001〕14号,2008年12月16日调整)第十八条规定,劳动争议仲裁委员会对多个劳动者的劳动争议作出仲裁裁决后,部分劳动者对仲裁裁决不服,依法向人民法院起诉的,仲裁裁决对提出起诉的劳动者不发生法律效力;对未提出起诉的部分劳动者,发生法律效力,如其申请执行的,人民法院应当受理。

（二）执行环节的主要风险点

在劳动争议解决的执行环节，我们需要关注以下风险：

（1）调节、裁决的法律效力；

（2）当事人有异议情况下的处理方法；

（3）先予执行的条件；

（4）裁决撤销的路径及效力，执行时间点。

六、案例分析

案例一 未办理离职手续扣工资

1. 案情简介

张某系某网络公司的工程师，双方签订有期限自 2016 年 3 月 1 日至 2019 年 2 月 28 日的劳动合同，2018 年 2 月 14 日张某因个人原因向某网络公司提出离职，但公司未向张某支付 2018 年 1 月 1 日至 2018 年 2 月 14 日的工资。

张某遂向仲裁委提起申请，要求公司支付其 2018 年 1 月 1 日至 2018 年 2 月 14 日的工资。网络公司辩称，因张某未按照公司规定办理工作交接，故不同意支付张某 2018 年 1 月 1 日至 2018 年 2 月 14 日的工资，并称张某与其公司办理完工作交接后再支付工资。

2. 争议焦点

劳动者未履行办理工作交接的义务，单位能否扣发其工资？

3. 处理结果

仲裁委支持了张某的仲裁请求，裁决公司支付张某 2018 年 1 月 1 日至 2018 年 2 月 14 日期间的工资。

4. 案例分析

《中华人民共和国劳动合同法》第五十条规定，双方解除或终止劳动合同的，"劳动者应当按照双方约定，办理工作交接"。因此，工作交接是劳动者离职时应履行的法定义务，劳动者应在离职时就其工作内容按照用人单位的要求进行交接，用人单位应配合劳动者进行工作交接。

在本案中，张某未办理工作交接，能否成为公司不为张某结算工资的抗辩理由呢？答案是否定的。工资是指劳动者提供劳动后，用人单位依据国家相关规定或劳动合同的约定，以货币形式直接支付给劳动者的劳动报酬。

《中华人民共和国劳动合同法》第三十条规定,用人单位应当按照劳动合同约定和国家规定,向劳动者及时足额支付劳动报酬。依据该规定可以看出,只要劳动者正常提供劳动了,就有依法获得劳动报酬的权利。

《中华人民共和国劳动法》第五十条规定,工资应当以货币形式按月支付给劳动者本人,不得克扣或者无故拖欠劳动者的工资。

《工资支付暂行规定》(劳部发〔1994〕489号)第九条规定,劳动关系双方依法解除或终止劳动合同时,用人单位应在解除或终止劳动合同时一次性付清劳动者工资。

依据上述规定可以看出,用人单位不得随意拖欠劳动者工资。双方解除劳动关系时,用人单位应当一次性付清劳动者工资。

劳动者和用人单位应当依法履行各自的法定义务。本案中,用人单位的正确做法应当是依法支付张某应该享受的劳动报酬,再就张某未办理工作交接的情况,向仲裁委提出仲裁申请,请求裁决张某办理工作交接。

5. 法律建议

在实践中,用人单位与劳动者约定工作交接的,首先合同应有明确的具体内容;其次,交接内容具有可执行性,例如,返还办公电脑、工作文件、办公用品等。如果交接内容不具体或不具有可执行性,即使裁决劳动者办理工作交接,因交接内容约定不明确,实际执行中有可能无法有效地保护用人单位的利益。

案例二　公司聘书能否代表劳动合同

1. 案情简介

某公司以颁发聘书的形式聘用李某到公司上班。聘书的内容是"现聘用李某为公司的工程师",落款是公司名称及时间,并加盖了公章。

工作不到一年,李某被告知,一个月以后公司将解聘他。为此,李某以公司未与其签订劳动合同为由,向公司提出了支付未签订书面劳动合同的二倍工资的要求。而公司则认为,公司已向李某颁发过聘书,应视同双方签订了劳动合同。双方协商不成,李某提出了仲裁申请。

2. 争议焦点

公司单方颁发的聘书能否代替劳动合同?

3. 裁决结果

仲裁委支持了李某的仲裁请求。

4. 案件评析

根据《劳动合同法》第八十二条的规定,用人单位自用工之日起超过一个月不满一年未与劳动者订立书面劳动合同,应当向劳动者每月支付双倍的工资。

根据《劳动合同法》第十七条的规定,劳动合同应当以书面形式订立并具备以下条款:用人单位的名称、住所和法定代表人或者主要负责人;劳动者的姓名、住址和居民身份证或者其他有效身份证件号码;劳动合同期限;工作内容和工作地点;工作时间和休息休假;劳动报酬;社会保险;劳动保护、劳动条件和职业危害防护;法律、法规规定应当纳入劳动合同的其他事项。

本案中,公司给李某颁发的聘书显然不具备以上条款。

另外,根据《劳动合同法》第十六条的规定,劳动合同由用人单位与劳动者协商一致,并经用人单位与劳动者在劳动合同文本上签字或者盖章生效。本案中,公司向李某颁发的聘书并没有李某的签字,不具备劳动合同的效力。

因此,仲裁委认为双方没有签订劳动合同,公司应该支付李某双倍工资。

本案提醒我们,随着劳动者就业的方式越来越灵活多样,通过签订聘用协议、用工协议和颁发聘书等方式明确双方劳动关系的现象也越来越普遍,由此产生的纠纷也将越来越多。这就要求双方在签订劳动合同时一定要注意:首先,要有《劳动合同法》第十七条规定的必备条款,以确保形式完备;其次,要符合《劳动合同法》第十六条规定,以确保是双方真实意愿的表达;最后,从内容上看,条款约定不能与相关法律法规相违背,以确保合法有效。

案例三 职工旷工,企业为何还需支付赔偿金

1. 案情简介

2013 年 9 月 2 日,王某到 A 公司工作,并与 A 公司签订了一份固定期限劳动合同。合同期限为 2013 年 9 月 2 日起至 2016 年 9 月 1 日止。

2015 年 5 月 5 日早上 8:30,王某写了 5 天的假条,即申请从 2015 年 5 月 6 日到 2015 年 5 月 12 日(5 个工作日)的假期,并上交人事主管,随后在没有得到公司回复的前提下自行休假。A 公司以王某旷工 5 日,严重违反企业规章制度为由,与王某解除劳动合同。

为此,王某申请仲裁,要求确认 2015 年 5 月 6 日到 2015 年 5 月 12 日的 5 个工作日成功履行请假手续且有效,A 公司支付违法解除劳动合同的赔偿金。

A 公司认为,王某于 2013 年到 A 公司工作,已经是公司的老职工,王某对公司的规章制度应该是熟知的,他的旷工行为是故意违反公司的规章制度,公司依据规章制度对其作出解除劳动合同的决定合法有效,故王某要求公司支付赔偿金是不合理也不合法的,不应支持。但公司并未举证王某知晓规章制度及公司制度制定程序的合法性。

2. 裁决结果

劳动人事争议仲裁委员会依法裁决 A 公司向王某支付违法解除劳动合同的赔偿金 19 668 元。

3. 案件评析

本案有两个焦点：

其一，职工王某向公司递交假条后，请假是否有效？

请假是否成立，包括两个要件：第一，职工提出请假申请；第二，用人公司批复。本案中，王某只是向公司人事主管部门递交请假条，但未得到公司的批复。因此，王某未履行完整的请假手续，假期不能成立。在假期未生效的情况下，王某擅自离岗 5 天。事实上王某的行为已构成旷工。而且，请假手续的制定及履行、审批，属企业内部管理行为，企业有权利与义务依法制定规章制度对企业及员工进行管理。因此，王某要求确认2015 年 5 月 6 日到 2015 年 5 月 12 日的 5 个工作日履行请假手续且有效的仲裁请求，不属劳动人事争议仲裁委员会受案范围。

其二，既然王某旷工成立，公司为何还需支付赔偿金？

本案中，公司认为，王某是老职工，应该对公司的规章制度知晓，为此向仲裁庭出示了公司职工考勤管理制度，其中第 27 条明确规定："职工连续旷工达 5 日（包括 5 日）以上的，与其解除劳动合同。"因此，A 公司认为，依据该规章制度，与王某解除劳动合同是合法的。

但《劳动合同法》第四条规定，用人公司在制定、修改或者决定有关劳动报酬、工作时间、休息休假、劳动安全卫生、保险福利、职工培训、劳动纪律以及劳动定额管理等直接涉及劳动者切身利益的规章制度或者重大事项时，应当经职工代表大会或者全体职工讨论，提出方案和意见，与工会或者职工代表平等协商确定。用人公司应当将直接涉及劳动者切身利益的规章制度和重大事项决定进行公示，或者告知劳动者。因此，用人公司的规章制度要想生效，以下条件缺一不可：第一，内容必须合法；第二，必须经过民主程序制定；第三，必须公示或告知每位劳动者。

本案中，公司认为王某知晓其规章制度，却未向仲裁庭出示企业规章制度制定程序及向劳动者公示或告知的相关证据，因此，用人单位依据该尚未生效的规章制度单方解除与王某的劳动关系，已构成违法解除劳动合同，需承担不利后果。应当按照劳动合同约定和国家规定，向劳动者及时足额支付劳动报酬。依据该规定可以看出，只要劳动者正常提供劳动了，就有依法获得劳动报酬的权利。

《劳动合同法》第八十七条规定，用人单位违反本法规定解除或者终止劳动合同的，应当依照本法第四十七条规定的经济补偿标准的二倍向劳动者支付赔偿金。因此公司应当向王某支付因违法解除合同的赔偿金。

5. 法律建议

本案告诉用人单位,在制定、执行和修改涉及劳动者切身利益的规章制度或重大事项时,应严格履行法律规定的公示程序,使劳动者知晓相关规定,并保留好相关证据(如劳动者签字等)。在与劳动者签订劳动合同时,可以在合同中明确劳动者离职时应当办理的交接手续和交接内容。在劳动者未办理交接已经离职的情况下,应及时支付职工应得的工资,并就劳动者的过错给公司造成的损失寻求法律支持,不能采取扣留职工工资、档案、社保手续等违法手段。

参考目录

（1）罗胜强等：《企业内部控制精细化设计与实务案例》，立信会计出版社 2018 年版。

（2）罗胜强等：《管理会计指引讲解重点、难点与案例解析》，新华出版社 2018 年版。

（3）企业会计准则编审委员会：《企业会计准则案例讲解（2019 年版）》，立信会计出版社 2019 年版。

（4）任康磊：《人力资源成本管控》，人民邮电出版社 2019 年版。

（5）赵曙明、赵宜萱：《薪酬管理：理论、方法、实务》，人民邮电出版社 2018 年版。

（6）张瑞娟：《制造企业的人工成本控制研究——以 S 公司为例》，首都经济贸易大学硕士学位论文，2018 年。

（7）向均：《Y 公司薪酬管理体系设计》，西南交通大学硕士学位论文，2014 年。

（8）中国注册会计师协会：《税法》，中国财政经济出版社 2019 年版。

（9）盖地：《税务筹划学》（第 5 版），中国人民大学出版社 2018 年版。

（10）吴健：《新个人所得税实务与案例》，中国市场出版社 2019 年版。

（11）翟继光：《新个人所得税政策解析与纳税筹划技巧》，立信会计出版社 2019 年版。

（12）黄学迅、叶飞燕：《企业所得税税前扣除凭证与会计实务解析》，立信会计出版社 2019 年版。

（13）财政部会计资格评价中心：《财务管理》，经济科学出版社 2019 年版。

（14）W.B.梅格斯、R.F.梅格斯：《会计学》，南加州大学，1987 年。

（15）任明川、敖曼：《毕马威"恶性避税"及其分析》，中国注册会计师，2006 年。

（16）《劳动法》（2018 年 12 月 29 日修正）。

（17）《劳动合同法》（2012 年 12 月 28 日修正）。

（18）《劳动争议仲裁调解法》（2007 年 12 月 29 日）。

（19）《社会保险法》（2018 年 12 月 29 日修正）。

（20）《职业病防治法》（2018年12月29日修正）。

（21）《就业促进法》（2015年4月24日修正）。

（22）《妇女权益保障法》（2018年10月26日修正）。

（23）《劳动合同法实施条例》（2008年9月18日　国务院令第535号）。

（24）《工资支付暂行规定》（1994年12月6日颁布）。

（25）《劳务派遣暂行规定》（2014年4月24日　人力资源和社会保障部令第22号）。

（26）《国务院关于建立城镇职工医疗保险制度的决定》（1998年12月14日　国务院令第44号）。

（27）《人力资源和社会保障部关于领取失业保险金人员参加职工基本医疗保险有关问题的通知》（2011年7月1日　人社部发〔2011〕77号）。

（28）《流动就业人员基本医疗保障关系转移接续暂行办理》（2010年7月1日　人社部发〔2009〕191号）。

（29）《工伤保险条例》（2010年12月20日　国务院令第586号）。

（30）《工伤认定办法》（2011年1月1日　人力资源和社会保障部令第8号）。

（31）《人力资源社会保障部关于执行〈工伤保险条例〉若干意见》（2013年4月25日　人社部发〔2013〕34号）。

（32）《人力资源社会保障部关于执行〈工伤保险条例〉若干意见（二）》（2016年3月28日　人社部发〔2016〕29号）。

（33）《劳动和社会保障部、建设部、中华全国总工会关于加强建设等行业农民工劳动合同管理的通知》2005年4月18日。

（34）《集体劳动合同规定》（2004年1月20日　劳动和社会保障部令第22号）。

（35）《人力资源和社会保障部实施〈中华人民共和国社会保险法〉若干规定》（2011年7月1日　人力资源社会保障部令第13号）。

（36）《企业职工生育保险试行办法》（1995年1月1日　劳部发〔1994〕504号）。

（37）《住房公积金管理条例》（2019年3月14日修正　国务院令第710号）。

（38）《建设部、财政部、中国人民银行关于住房公积金管理若干具体问题的指导意见》（2005年1月10日　建金管〔2005〕5号）。

（39）《建设部、财政部、中国人民银行关于住房公积金管理几个具体问题的通知》（2006年3月13日　建金管〔2006〕52号）。

（40）《国家统计局关于工资总额组成的规定》（1990年1月1日　国家统计局令第1号）。

(41)《企业职工带薪年休假实施办法》(2008 年 9 月 18 日　人力资源社会保障部令第 1 号)。

(42)《劳动社会保障部关于职工全年月平均工作时间和工资折算问题的通知》(2008 年 1 月 3 日　劳社部发〔2008〕3 号)。

(43)《工资集体协商试行办法》(2000 年 11 月 8 日　劳动和社会保障部令第 9 号)。

(44)《劳动部关于贯彻执行(中华人民共和国劳动法)若干问题的意见》(1995 年 8 月 4 日　劳部发〔1995〕309 号)。

(45)《女职工劳动保护特别规定》(2012 年 4 月 28 日　国务院令第 619 号)。

(46)《未成年工特殊保护规定》(1994 年 12 月 9 日　劳部发〔1994〕498 号)。

(47)《劳动人事争议仲裁办案规则》(2017 年 5 月 8 日　人力资源和社会保障部令第 33 号)。

(48)《劳动和社会保障部关于非全日制用工若干问题的意见》(2003 年 5 月 30 日　劳社部发〔2003〕12 号)。

(49)《最高人民法院关于审理劳动争议案件适用法律若干问题的解释(四)》(2013 年 1 月 18 日　法释〔2013〕4 号)。

(50)《最高人民法院关于审理劳动争议案件适用法律若干问题的解释(三)》(2010 年 9 月 13 日　法释〔2010〕12 号)。

(51)《最高人民法院关于审理劳动争议案件适用法律若干问题的解释(二)》(2006 年 8 月 14 日　法释〔2006〕6 号)。

(52)《最高人民法院关于审理劳动争议案件适用法律若干问题的解释(一)》(2001 年 4 月 16 日　法释〔2001〕14 号)。

(53)《最高人民法院关于审理工伤保险行政案件若干问题的规定》(2014 年 4 月 21 日　法释〔2014〕9 号)。

(54)《最高人民法院关于审理劳动争议案件诉讼当事人问题的批复》(1988 年 10 月 19 日　法(经)复〔1998〕50 号)。

(55)各地劳动合同管理规定。如:《北京市劳动合同规定》《上海市劳动合同条例》《江苏省劳动合同条例》《山东省劳动合同条例》。

(56)《北京市高级人民法院、北京市劳动人事争议仲裁委员会关于审理劳动争议法律适用问题的解答》(2017 年 4 月 24 日)。